ABECEDARIO

DE

P. J. MARIETTE

ET AUTRES NOTES INÉDITES DE CET AMATEUR

SUR

LES ARTS ET LES ARTISTES

OUVRAGE PUBLIÉ
D'APRÈS LES MANUSCRITS AUTOGRAPHES CONSERVÉS AU CABINET DES ESTAMPES
DE LA BIBLIOTHÈQUE IMPÉRIALE, ET ANNOTÉ

PAR MM.
PH. DE CHENNEVIÈRES ET A. DE MONTAIGLON

TOME PREMIER

A—COL

BIBLIOTHEQUE NATIONALE
CENTRE DE PRET
Réf. Postale 1101
78011 VERSAILLES CEDEX

PARIS
J.-B. DUMOULIN, QUAI DES AUGUSTINS, 13
1853—1854

ABECEDARIO

DE

P.-J. MARIETTE

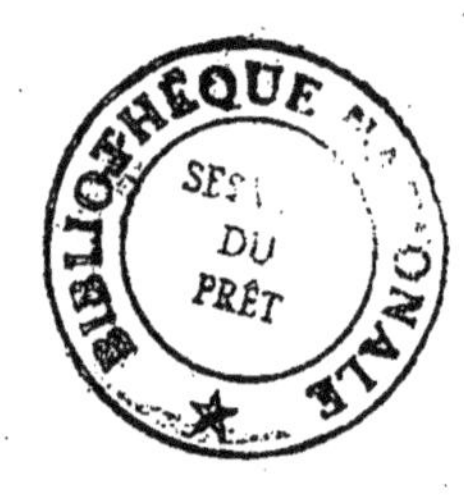

IMPRIMERIE DE PILLET FILS AINÉ, RUE DES GRANDS-AUGUSTINS, 5.

ABECEDARIO

DE

P. J. MARIETTE

ET AUTRES NOTES INÉDITES DE CET AMATEUR

SUR

LES ARTS ET LES ARTISTES

OUVRAGE PUBLIÉ
D'APRÈS LES MANUSCRITS AUTOGRAPHES, CONSERVÉS AU CABINET DES ESTAMPES
DE LA BIBLIOTHÈQUE IMPÉRIALE, ET ANNOTÉ

PAR MM.

PH. DE CHENNEVIÈRES ET A. DE MONTAIGLON

TOME PREMIER

A — COL

PARIS
J.-B. DUMOULIN, QUAI DES AUGUSTINS, 13
1851—1853

AVERTISSEMENT

La seule préface que nos lecteurs nous pardonneraient d'imprimer, en tête de l'*Abecedario de Mariette*, serait une étude quelque peu complète sur la vie, les goûts et les travaux de cet illustre amateur. Il est le maître, la loi, et le modèle que la France peut offrir avec orgueil, non-seulement à nous et aux générations de curieux qui nous succèderont, mais à toutes les nations où l'art ait ennobli et passionné les hommes. Par bonheur, ceux qui ont suivi avec un peu d'intérêt les premières feuilles de cette publication, savent par certains mots demi-personnels, qui se rencontrent à chaque pas dans les notes de Mariette, et n'en sont pas l'un des charmes les moins piquants, qu'il nous est impossible d'étudier et de faire apprécier comme il convient, les relations, les jugements, les sources de documents du plus sûr et du plus savant des historiens de l'art, jusqu'au jour où, arrivés à la dernière lettre de l'*Abecedario,* nos lecteurs et nous tiendrons dans nos mains ce gigantesque ensemble de recherches, de critique et d'érudition. Notre biographie de Mariette, au lieu d'être la préface de son livre, en sera donc la conclusion. C'est ainsi que Vasari ferma, par le Mémoire sur sa vie, son histoire des plus célèbres peintres, sculpteurs et architectes.

Nous n'avons plus à expliquer pourquoi nous avons entrepris le grand travail de cette publication. Pierre-Jean Mariette, dès sa jeunesse, et bien avant d'être arrivé à sa grande maturité de goût et de science, est frappé des erreurs et des omissions que le P. Orlandi a commises dans son *Abecedario pittorico*. Il se met en tête de corriger ces erreurs et de combler ces lacunes sur l'exemplaire qu'il possède de l'édition de 1719.

Cette tâche devint l'œuvre quotidienne de sa vie toute entière; les feuillets intercallés dans le livre du compilateur italien deviennent les dépositaires du butin que Mariette puise à chaque heure dans les livres d'art imprimés en Italie, — dans les correspondances d'artistes, qu'il a trouvées chez son père, le graveur et l'éditeur d'estampes, — dans les papiers de Félibien, — dans ceux de Sauval, — dans les comptes des bâtiments royaux, — dans les registres de l'Académie royale, — dans les souvenirs des familles de peintres ou de sculpteurs, — dans ses souvenirs et ses observations à lui-même. Il note tout, copie tout, discute tout; il condense tout en quelques lignes pour chaque artiste, et ces quelques lignes sont des chefs-d'œuvre, non pas toujours de correction de langage, mais de précision, de clarté, de justesse et de bonheur d'expression. Mariette travaillait encore à ce merveilleux monument d'histoire, et avec plus d'ardeur et de verve que jamais, dans les derniers jours de sa vie; et ce n'est pas l'une des moindres curiosités de son manuscrit d'y comparer par le changement, par la décomposition progressive de sa fine et nette écriture, les modifications et les progrès du goût et du jugement que l'âge apportait au savant connaisseur, souvent à propos du même artiste. Ne pouvant rendre ces modifications sensibles à nos lecteurs, par la vue de l'écriture de notre auteur, nous avons cherché à leur en rendre la perception possible en conservant les variations de son orthographe, à la distance parfois d'un demi-siècle.

En même temps que, sur les feuillets de son *Abecedario,* Mariette consignait ses trouvailles quotidiennes, relatives à la biographie des artistes de tous les siècles, et les intimes sensations que faisaient naître en lui le caractère, les ouvrages et les talents de ses contemporains, — cet homme rare, le plus délicat connaisseur qui ait certainement été, des dessins de grands maîtres, et qui, dès sa jeunesse, par goût et par métier, avait vu et décrit les plus belles estampes des cabinets de l'Europe, s'était appliqué à dresser le catalogue des œuvres des graveurs. Ce travail immense, Mariette l'avait commencé aussitôt, plus tôt peut-être que son *Abecedario;* et tous ceux qui de notre temps ont publié quoique ce soit sur les peintures ou sur les estampes anciennes, pourraient dire seuls ce qu'ils ont puisé dans ce trésor d'inestimables renseignements, que l'administration du cabinet des estampes a classé et fait réunir en dix volumes in-folio, en y mêlant toutes les autres notes éparses de Mariette sur les arts et les artistes. En tête de chacun de ces catalogues de graveurs, Mariette avait placé une notice sur le maître dont suivait l'œuvre, et ces notices ont complété pour nous un grand nombre d'articles de l'*Abecedario.*

Enfin, nous n'avons pas cru pouvoir nous dispenser de joindre à cet admirable dictionnaire des peintres, sculpteurs et graveurs, que Mariette avait légué inédit à la postérité, les quelques mots biographiques, publiés par lui dans le Catalogue de Crozat, et en tête des estampes du cabinet Boyer d'Eguilles.

Que dirions-nous ici de plus? Ce bien, dont quelques-uns profitaient, nous avons voulu le rendre le bien de tous. Nous avons cru, — et beaucoup de nos lecteurs le croient aujourd'hui avec nous, — que l'histoire des arts, et particulièrement de l'art français, se trouvait mieux dite et mieux faite dans ces papiers d'un infatigable annotateur que dans tous les livres des théoriciens et des biographes renommés.

Quant à nos éclaircissements personnels, à mesure que nous avons avancé dans le premier volume de notre publication, nous nous sommes aperçu qu'il fallait les réduire aux plus indispensables. Nous ne pouvions, en effet, sous peine de doubler le nombre des volumes de notre dictionnaire, avoir la prétention de grouper au-dessous du nom de chaque artiste, la mention, les renseignements déjà publiés sur lui. La discussion même de certains faits avancés par Mariette, nous avait et nous eût entraînés trop loin. Nous avons trop de passion pour notre auteur pour nous substituer à lui, et pour rendre fatigante par nos renvois et nos appendices une lecture que nous trouvons si vive, si savoureuse et si profitable.

ABECEDARIO

DE P.-J. MARIETTE

ET

AUTRES NOTES INÉDITES

SUR LES

ARTS ET LES ARTISTES

TIRÉES DE SES PAPIERS

Conservés à la Bibliothèque Nationale.

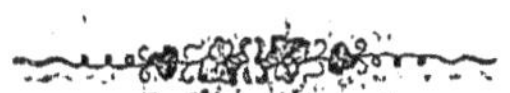

ABBATE (NICOLO DELL'). Dans un relevé des comptes des batimens royaux, que j'ai en mss, et que je scais avoir été fait par ordre de M. Colbert, pour servir à l'histoire des batimens du Roi, dont étoit chargé M. Felibien, je trouve, sous l'année 1533, qu'un peintre, nommé Nicolas Bellin, dit Modèsne, avoit touché la somme de cent livres, pour avoir vacqué, conjointement avec Francisque Primadicio, dit de Boullongne, peintre, ès ouvrages de peintures et de stuc dans la chambre de la grosse tour du chateau de Fontainebleau, autrement nommée la chambre de St Louis, peintures qui représentent en huit tableaux des sujets tirés d'Homère; comme elles se trouvoient presqu'éteintes, elles furent réparées par J. B. Vanloo en 1723, et elles sont aujourdhui, en 1768, si fort effacées qu'on n'y voit presque rien. Quoy qu'il en soit, il paroit par ce que je viens d'exposer que le vrai nom de famille de Niccolo étoit Bellin; qu'il étoit natif de Modène; qu'il fit un premier voyage en 1533, et il faut supposer qu'étant retourné

a

bientôt en Italie il y séjourna jusqu'en 1551 ou 1552, occupé à divers ouvrages tant à Modène qu'à Bologne, et qu'appelé de nouveau en France par le Primatice, il y reparut, n'en sortit plus et y travailla jusqu'à sa mort, et en effet on recommence à faire mention de ce peintre dans les comptes des batiments du Roy en 1555, et pour lors il n'y est plus designé sous un autre nom que sous celui de Nicolas de l'Abbé, ce qui ne permet guere de douter qu'il n'ait changé de nom et pris celui dell'Abbate par reconnaissance et par respect pour le Primatice, abbé de St Martin, et pour lui prouver son attachement, d'autant que cela était alors assés d'usage parmi les peintres italiens, Perin del Vague et tant d'autres en ayant ainsi usé? Il faut donc croire que le Vedriani étoit très mal fondé à vouloir que Nicolo fut de la famille des Abbati de Modène, sans en donner d'autre raison que parcequ'il se trouve qu'il y a eu à Modène plusieurs peintres du nom d'Abbati, ce qui ne prouve rien. Voici comment est conçu l'article dans les susdits comptes des bastiments sous l'année 1533: « A Nicolas Bellin, dit Modesne, peintre, la somme de cent livres, pour avoir vacqué avec Francisque de Primadicio, dit de Boullongne, Peintre, ès ouvrages de stucq et peinture encommencés a faire pour le Roi en la chambre de la grosse tour de son chasteau (de Fontainebleau) depuis le 2 juillet 1533 jusqu'au dernier 9bre, a raison de 20 livres par mois (1). »

(1) Cette note a déjà été indiquée par M. Claudius Tarral, dans sa brochure: *Courtes réflexions sur la galerie des tableaux du Louvre et analyse critique du nouveau livret, deuxième lettre*, Paris, Paul Dupont, 1850, in-8° de 50 pages. Elle a été publiée en entier par M. Otto Mündler, page 16, de son *Essai d'une analyse critique de la notice des tableaux italiens du musée national du Louvre, accompagné d'observations et de documents relatifs à ces mêmes tableaux*. Paris, Didot, 1850, in-12 de 230 pages Enfin, M. Léon de Laborde a retrouvé dans les comptes qu'il a consultés et a publié dans son dernier livre (*la Renaissance des arts à la cour de France*. Paris, Potier, 1850, page 385) la mention même, copiée par Féli-

ABRY (LOUIS). Abri a gravé à ma connaissance deux planches d'après Bertholet Flemaël; l'une, en 1673, représente une

---

bien et expliquée par Mariette. Malgré tout cela, il faut encore revenir sur cette note de Mariette.

Le fond de son opinion revient à ceci : Nicolas Bellin, dit Modène, qui travaillait en 1533 en France, est le même que Nicolo dell'Abate; à partir de 1555, il ne figure que sous ce seul nom, c'est donc qu'il en a changé et qu'il a pris celui del'Abate par respect pour son maître Primatice, abbé de Saint-Martin; ainsi il n'appartient pas à la famille des Abati de Modène comme le prétend Vedriani; ainsi il est venu deux fois en France, d'abord sous François Ier, et ensuite sous ses successeurs.

M. Mündler (page 17), a essayé de justifier Mariette, en conservant ce nom de Bellin sans ôter Nicolo à la famille des Abati, à laquelle Mariette n'eût pas pensé à contester qu'il appartint, si les excellents *Pittori Modenesi* de l'abbé Tiraboschi (Modena, 1786, in-4° de 399 pages), eussent été publiés avant sa mort. M. Mündler rappelle que Zani, dans son Encyclopédie méthodique des beaux arts, dit que Giovanni dell'Abate, père de Nicolo, fut ainsi appelé parce qu'il était originaire d'Abbà ou Abbù (et dans le registre mortuaire, cité par Tiraboschi, page 10, il est appelé Zovanno di Abbà), petite terre de la province de Reggio où il naquit et qui, en bon langage, s'appelle Abbate ; dans cette hypothèse, le nom, qui avait dans l'origine été celui de sa patrie, a toujours été appliqué, en France, à exprimer ses rapports avec le Primatice. Cette explication est ingénieuse, mais l'ensemble des documents, cités ou analysés par Tiraboschi, ne permettent pas d'adopter cette opinion. Nicolas Bellin et Nicolo dell' Abate sont deux peintres, car Nicolo n'est venu en France que sous Henri II; en 1533 il ne pouvait avoir que commencé à peindre et il était trop jeune, pour avoir une réputation qui le fît appeler en France. Un passage de la chronique manuscrite du Lancillotto, cité par Tiraboschi, justifie cette opinion; vers la date du 25 mai 1552, le chroniqueur rapporte que le père de Nicolo lui avait dit « que son fils, âgé de 40 ans, était à la cour de France, qu'il avait fait les portraits du roi et de la reine, qu'il peignait un cabinet, et qu'il demandait à être rejoint par sa femme et ses fils laissés par lui à Bologne.» On pourrait même remarquer que, si Nicolo fût déjà venu en France, Lancillotto l'aurait su de son père; mais les dates sont péremptoires. Si en 1552 Nicolo avait 40 ans, il était né en 1512, il avait 23 ans en 1533. De plus, ce que Nicolo fit en Italie avant 1552 est énorme et ne suppose guère de séjours à l'étranger. Les auteurs italiens le mettent toujours sous les successeurs de François Ier; ainsi le Spaccini, auteur de la fin du seizième siècle, dans sa copie manuscrite et remaniée de la chronique de Lancillotto (Tiraboschi, page 20), dit

sainte famille; l'autre est un sujet allégorique et est de l'an-

en parlant de lui: « *Nicolo dell'Abati che serve Carlo Re di Francia.* » Si des auteurs français, comme Gaillard (*Histoire de François Ier*), et Roland le Virloys, (*Dictionnaire d'architecture*), qui sont discutés par Tiraboschi, ont mis Nicolo sous François Ier, c'est parce que cette grande figure royale contient en quelque sorte toute la Renaissance, et ils n'ont pas seulement pensé que l'Abate eût pu ne pas avoir travaillé sous François Ier. De plus, Primatice ayant travaillé sous François Ier, et Nicolo ayant travaillé avec le Primatice, leur confusion est d'autant plus compréhensible.

Si Mariette se trompait en faisant une seule personne de Nicolas Bellin, dit Modesne, et de Nicolo dell'Abbate, M. Delaborde nous paraît se tromper, dans le livre que nous avons cité tout-à-l'heure, en faisant deux peintres de Nicolo dell'Abbate et de Nicolas Labbé; il dit à la table qu'il reviendra sur cette distinction; les passages, qu'il a cités sous ces deux noms, nous paraissent suffisants pour conclure contre lui-même. Ce n'est pas la différence d'appellation qui peut le déterminer: Labbé, L'abbé, Labbey, Labatti, L'abatti, Labatty ne sont que des formes d'un même nom. De plus, toutes ces mentions se trouvent, strictement et uniquement, dans l'époque du séjour de l'Abate en France; elles sont de 1556 à 1571; et même, toutes s'appliquent à des travaux de Fontainebleau, toutes à des travaux commandés par le Primatice, et faits sous sa direction. Cette différence de Labbé et de Labbate n'est pas plus importante pour se trouver dans un même compte, celui de 1561, car les deux mentions (p. 493) s'appliquent aux mêmes travaux; la première est ainsi conçue: « à Nicolas L'abbé, peintre, la somme de 30 liv. pour quatre tableaux et paysages qui ont été peints au cabinet de la chambre du Roy » et la seconde: « à maistre Nicolas L'Abbati (la forme *Nicolas L'abbé* se trouve aussi précédée de *maistre*. Voy. p. 489 et 525), peintre, la somme de 62 liv. 10 s. pour avoir peint plusieurs toiles et paysages qui restoient à achever pour la décoration du cabinet du Roy ». La raison, qui a pu déterminer M. Delaborde, ne doit pas être qu'on indique habituellement 1570 comme l'année de la mort de Nicolo, et qu'il trouvait Nicolas Labbé cité dans le compte des dépenses de l'entrée de Charles IX et d'Elisabeth à Paris, dans le mois de mars 1571 (Voy. son liv. p. 215 et 199 et le compte entier publié par M. Douet d'Arcq, dans la *Revue archéologique*, année 1848, p. 519-44, 572-89, 661-80); car le Forciroli, qui écrivait à la fin du seizième siècle, dans ses *Elogia illustrium mutinensium*, ouvrage manuscrit cité par Tiraboschi (p. 20), écrit que Nicolo mourut à Fontainebleau en 1571, et M. Delaborde lui-même a trouvé Nicolas L'abbati dans un compte de 1571 (p. 530-1). Ce qui me paraît l'avoir induit en erreur, c'est que, à côté de Nicolas Labbé, indiqué comme peintre du roy, demeurant à Paris, dans le compte des ouvrages de peinture à faire dans

née 1677. Je le crois liégeois (1), et, à la façon dont son burin est conduit, on juge qu'il n'en faisoit pas sa principale profession. (*Une seconde note de Mariette complète cette première*): Louis Abry ou d'Abri a été un peintre Liégeois, éleve de Gérard Lairesse, et je connois de lui deux estampes, une qui est une Ste famille d'après Bertolet, l'autre qui peut être de son invention et qui parait être un sujet de Thèse (2): son fils, aussi peintre, mais médiocre, vivoit en 1728, et m'a fourni des mémoires pour servir à la vie de Natalis le graveur; les premières lettres de son nom de baptême sont un S et un J.

ACHSTCHELLING (LUC) peintre paysagiste, étoit à Bruxelles, dont il avoit fait sa demeure. Il est mort à Veis en 1704, dans un âge très avancé. Il y a deux de ses tableaux dans la galerie de Dresde (3). Ils y sont énoncés dans le catalogue des tableaux de cette galerie, page 102 (4), et son âge, ainsi que

---

une salle de l'évêché (*Revue Arch.* p. 675), il a trouvé un Camille Labbé, son fils. En faisant remarquer que Nicolo devait avoir aussi bien un logement à Paris qu'à Fontainebleau, quand même le compte de l'entrée (*Rev. Arch.* p. 587) ne l'indiquerait pas comme demeurant à Fontainebleau, il faut dire surtout que Nicolo avait un fils, nommé *Giulio Camillo*, qui était peintre comme lui, et qui vint aussi en France, au rapport du Forciroli (Tiraboschi, p. 17). Cela suffirait déjà à prouver l'identité, si M. Delaborde (p. 525) ne nous donnait encore mieux; car, d'après un compte de 1570, il a donné ces deux articles: « A *Julles Camille de L'abbé* peintre la somme de 25 liv. pour ouvrages de peinture et grotesque qu'il a faits audit chasteau de Fontainebleau »; et immédiatement après: « A Maistre Nicolas de L'abbé peintre la somme de 160 fr., pour ouvrages de peinture qu'il a faits audit château de Fontainebleau ». Il nous semble après cela que l'identité ne peut pas être douteuse.

(1) Bartsch (XXI, 232), le croyait Italien et à tort. — Abry ne figure au reste pas dans l'énumération des artistes liégeois, contenue dans le discours préliminaire, mis par M. de Villenfagne en tête des œuvres choisies du baron de Walef, Liége, 1779, in-18.

(2) M. le docteur Pons en a trouvé une troisième pièce, des armoiries d'abbesse, qui figurent dans le *Manuel de l'amateur d'estampes*, de M. Ch. Le Blanc, p. 3.

(3) Nos 381 et 382 du livret de 1846, in-12 de 214 p.

(4) A Dresde, 1765, in-8° de 244 p. et une table de 28 p.

sa patrie, sont donnés dans la table à la fin du livre. Plusieurs de ses tableaux sont cités dans le Voyage pittoresque de Descamps (1), et dans le Peintre Amateur (2).

ACKEN (JEAN VAN). *Comme le père Orlandi écrit ce nom : Gio. Abak, Mariette ajoute :* Il falloit écrire Jean Van Acken, c'est-à-dire Jean de Aix-la-Chapelle, et ne point dire qu'il a gravé sur cuivre. Sandrart (3), que l'auteur cite (4), n'a eu garde de le dire ; il auroit parlé contre la vérité ; il se contente de remarquer que ce peintre a travaillé dans la manière de Spranger, et c'est ce qu'il est facile de voir dans un assez bon nombre d'estampes, qui ont été gravées, d'après ses desseins ou d'après ses tableaux, par les Sadelers. Elles nous donnent l'idée d'un peintre de génie, mais maniériste.

ADAM (JACOB SIGISBERT) (5), né à Nanci le 28 octobre 1670, est le père et l'instituteur des trois frères Adam, qui se sont transportés à Paris, et y ont joui d'un certain crédit, qui a dû rejaillir sur leur père. Celui-ci n'a guère fait que des ouvrages en terre, et comme on met au rang de ce qu'il a fait de plus accompli des Furies et des Parques, il faut croire que son génie le portoit à traiter des sujets austères et peu gracieux, et qu'il en inspira de trop bonne heure le goût à ses enfants, ce qui a mis dans leur manière une sécheresse tout à fait déplaisante. Il avoit appris la sculpture de César Ba-

---

(1) 1769, in-8°, p. 57, 82, 130, 287, 289, 290, 293.

(2) De J.-P. Mensaert, 1773, in-12, tome I, p. 74, 179.

(3) Academia nobilissimæ artis pictoriæ Joachimi Sandrart Pictoris, Norimbergæ, 1633, f°, p. 201.

(4) C'est-à-dire le Père Orlandi.

(5) Sur tous ces Adam, voir la *Bibliothèque lorraine* de Dom Calmet. In-fol : 1751, col. 8-21. Les matériaux de ces notices très-détaillées ont été fournis au savant bénédictin, par M. Nicolas, le fils. Voir aussi, sur Lambert Sigisbert et Nicolas Sébastien Adam, les *Vies des fameux sculpteurs*, par Dargenville, le fils, Paris, 1787, p. 339 et 376.

gard, sculpteur dont on prise beaucoup les talents en Lorraine. Adam le père est mort à Paris en 1747. Voir les notes à la suite de l'éloge de Callot du P. Husson (1), p. LXXIII.

ADAM (LAMBERT SIGISBERT) sculpteur de Nancy, né le 10 fevrier 1700, élève de son père sculpteur à Nanci; il est venu à Paris en 1719. Il y est mort le 13 May 1759, agé de 59 ans. Il etoit depuis 1744 professeur dans l'Académie Royale de Peinture et Sculpture, où il avoit été reçu en 1737, peu de tems après son arrivée d'Italie, où il avoit été pensionnaire du Roi. Le cardinal de Polignac l'employa à réparer les statues et autres antiquités, qui avoient été rassemblées par cette Emin. (2), et il en demeura plusieurs à Adam, aussi bien que des desseins, que le Cardinal lui fit prendre en payement et dont il ne put jamais se défaire, quelques soins qu'il eut pris pour les annoncer. Il les fit graver, et les planches ne furent pas reçues plus favorablement. Cet artiste mettoit dans tout ce qu'il faisoit, un gout sauvage et barbare et ne se faisoit regarder que parcequ'on imaginoit que personne ne sçavoit fouiller le marbre comme lui, et, pour le persuader, il faisoit en sorte que tout formoit trous dans ses ouvrages. Aussi ses figures ont-elles plutost l'air de rochers que de tout autre chose. Les deux figures de fleuves à la cascade de St Cloud sont de lui. Il a fait pour Grosbois un chasseur, en concurrence avec Bouchardon. Il avoit fait en marbre, pour Choisi, deux figures représentant la Chasse et la Pêche, qui ont été envoyées en présent au roi de Prusse (3), et qui n'auront pas

(1) Bruxelles, 1776, in-8° de 75 et LXXXXVII p.

(2) Elles furent, en grande partie, achetées en 1746 par le roi de Prusse.

(3) Les deux groupes sont signés tout au long et datés de 1749; ils étaient dans le jardin de Sans-Souci. Voir sur eux, et aussi pour tous les ouvrages faits par Gaspard Adam, à Berlin, le livre de Mathias Oesterreich, garde des tableaux de Sans-Souci : Description

manqué d'admirateurs dans un pays, où l'on ne connoit pas encore tout à fait le prix de la belle et noble simplicité. — Consultez, par rapport au sculpteur Adam, la bibliothèque Lorraine de Dom Calmet et les notes à la suite de l'éloge de Callot de Husson, p. LXXIII.

ADAM (NICOLAS SÉBASTIEN), est né à Nanci, le 22 mars 1705, et est le frère cadet de Lambert, qui a son article dans le dictionnaire. Il est disciple de son frère et a été comme lui pensionnaire du roi à Rome. Quand il arriva à Paris, on fit beaucoup sonner son scavoir et il fut souhaité dans l'Académie. L'on s'apperçut cependant bientost qu'il manquoit par les principes et que, pour jetter de la poudre aux yeux, il entreprenoit des ouvrages difficiles à exécuter. Tel est le morceau, sur lequel il a été reçu à l'Académie en 1762, après s'être fait attendre des siècles. L'ouvrage, qu'il s'étoit taillé pour parvenir à sa réception, avoit de quoi l'effrayer; il avoit donné l'essort à son genie et n'avoit pas fait réflexion qu'autre chose est de modeler un morceau de sculpture en terre, ou de faire en marbre. Effrayé du long et pénible travail, où il alloit s'engager, il différa le plus qu'il put, et il en vint jusqu'à proposer qu'on le lui laissa exécuter en bronze; mais l'Académie ne jugea pas à propos d'accepter une proposition, dont les suites étoient dangereuses. Il lui a fallu franchir le pas, et Dieu scait si nos professeurs lui ont tenu compte de ce long travail qu'il s'étoit imposé. Le public qui n'y connoit pas grandes choses, a été le seul qui en a été touché. Le marbre represente Prométhée, attaché sur le Caucase et déchiré par un vautour. Lorsqu'on distribua les bas-reliefs pour la chapelle de Versailles, il lui en échut un, et c'est, je pense, ce qu'il a fait de mieux (1). En 1763, il a été élu adjoint à

---

et explication des groupes, statues, etc., qui forment la collection de S. M. le roi de Prusse, Berlin, 1774, in-8° de 108 et 18 p.

(1) C'est le Martyre de sainte Victoire, sur un des autels.

professeur et professeur. Le tombeau de la reyne de Pologne (1) dans l'église des R. R. P. P. Minimes de Bon-Secours, à Nancy, est son ouvrage. Il a été placé en 1749.—Voyez notes sur la vie de J. Callot par le P. Husson, p. LXXV.

ADAM (FRANÇOIS GASPARD BALTHASAR), né, ainsi que ses deux frères, à Nancy, étoit le plus jeune d'entre eux; il se forma dans leur école, et le roi de Prusse ayant eu besoin d'un sculpteur pour les ouvrages, dont il vouloit enrichir son palais de Postdam et de Sans Souci, le fit venir à Berlin. Il y resta jusqu'à la mort de son frère aîné arrivée en 1759. Pour lors, il se fit revoir à Paris, et, peu de temps après, il y finit ses jours en 1761. Il est nommé dans une notice de tous les artistes, qui ont vécu à Berlin, qu'avoit dressé le major Abrah. Humbert, et qu'a fait imprimer M. de Heinecken dans son premier volume des Mémoires sur l'art, en allemand. Il est aussi parlé de lui dans les notes, qui accompagnent la vie de Callot du P. Husson Cordelier, p. LXXV. On y apprend qu'il est né à Nancy le 23 may 1710 et qu'il a été envoyé pensionnaire du roi à Rome en 1742.

AELST (GUILLAUME VAN), natif de Delft, est mort à Amsterdam en 1679. Son talent consistoit à peindre avec bien de la vérité des tables chargées de légumes, de poissons et d'autres victuailles. Il est élève d'Evrard Van Aelst son oncle, qui a peint dans le même genre que lui, mais qui a été surpassé par son élève; la couleur de celui-ci est belle et vraye et son pinceau est léger. Il a voyagé en France et en Italie, et s'y

---

(1) Catherine Opalinska. Voir Lionnois, *Histoire de Nancy*, 3 vol. in-8°, 1805-11, t. I, p. 587. Durival, *Description de la Lorraine*, in-4°, 1779 t. I, p. 193, dit que Cochin, le fils, l'avait gravé, mais que l'eau forte détruisit tout. Il a été gravé en grand par Charles François, pour le recueil des bâtiments de Stanislas.

est fait estimer. Il est un de ceux qui, de leur vivant, ont vu vendre fort cher leurs ouvrages. Voy. Descamps (II, 277).

AETIONE dipinse gl'amori d'Alessandro e di Rossane ; e per tale opera esposta ne'giuochi Olimpici a gl'applausi universali, Prossenide, presidente allora di quei giuochi, gli die per moglie la propria figlia. Lucian in Aetion. t. 1° (1). Cet extrait est de M. l'abbé de Maroulle.

AGRATE (MARCO FERRERIO, DETTO) est le nom du sculpteur qui a fait cette fameuse statue de marbre de Saint-Barthélemy écorché, qui est dans le dôme de Milan (2). Elle a été placée pendant quelque temps dans la façade extérieure de ce dôme, d'où elle a été transportée dans l'église, pour la mieux conserver et la deffendre des injures du temps. Torri, p. 398, 415 (3). On a gravé au bas de cette statue ce vers latin :

Non me Praxiteles, sed Marcus finxit Agrati.

M. Addison, Voyage d'Italie, dans le 2e volume de ses œuvres imprimées à Londres en 1711. M. Crozat a dans son cabinet un modèle en terre d'une figure à peu près semblable, faite par un Guillelmo Paludano, qui est bien plus belle. Voyez ce que j'ay dit à son article (4). Cette statue de Milan,

---

(1) Sillig, *Catalogus artificum*, Dresde et Leipsick, 1827, in-8°, cite le passage même, et renvoie à deux passages de Lucien, celui-ci, in Herod. 5 § 65, et Imagg. 7. — La note de l'abbé de Maroulle vient de Junius.

(2) Gravé dans l'atlas de l'*Histoire de la sculpture*, de Cicognara, pl. 80.

(3) Carlo Torre. *Il rittrato di Milano diviso in tre libri*, 1674, in-4° de 417 p. et une table.

(4) En attendant que cet article arrive sous les yeux de nos lecteurs, disons que ce modèle du Paludano passa, après la mort de Crozat, à son neveu Crozat de Thiers. Dans le catalogue de sa vente (1772, in-12), il figure au n° 977 : « L'écorché, figure de 12 pouces de haut, de Gulliellomo (*sic*) Paludano. » Dans la curieuse et rare suite de 13 pièces, gravées par Nicolas Chevallier sur les dessins

si estimée, si vantée, n'est pas si merveilleuse qu'on le veut faire croire; elle est d'une sècheresse extraordinaire, et l'attitude n'a rien de piquant. Tout ce qu'on y peut admirer, est une grande richesse d'anatomie. Je n'y trouve point la fierté et la résolution de dessein, dont Michel-Ange a donné des leçons aux sculpteurs de l'ecole florentine, encore moins la grâce et la légereté de la sculpture romaine.

AGRICOLA (CHRISTOPHE LOUIS), peintre paysagiste de nos jours, qui s'est fait une réputation en Allemagne, et dont il est fait mention dans les mémoires sur les arts qui dépendent du dessein, qu'a publié en allemand M. de Heinecke (1). On y apprend que ce peintre est né à Ratisbonne en 1667, et qu'il y est mort en 1719. On a son portrait gravé par son amy Bern. Vogd en 1711. M. de Heinecken y a fait un grand éloge de ses talents, et je scais que ses ouvrages sont recherchés. Mais j'apréhende que ce soit plustôt par des gens qui aiment le fini que par de véritables connoisseurs. C'est du moins l'impression qu'ont fait sur moi quelques morceaux peints à guazze par le dit Agricole; je n'y ai trouvé que de la petite manière, mais comme il se peut faire que ces ouvrages ne soient pas ce qu'il a fait de mieux, je suspends mon jugement.

---

de René Charpentier (une seule est gravée par Ertinger), connues sous le nom du cabinet de Girardon, je trouve dans la *Veue d'un des bouts de la gallerie du Sr Girardon*, sous le n° 11 : « Modèle de terre cuite du St-Barthelémi, de Milan, fait par le Paludano, est de deux côtés. haut de 1 pied 10 pouces », et dans la *Veue d'un des côtés* je trouve encore : « Second modèle de terre cuite du St-Barthelemi, de Milan, fait par le Paludano, de pareille hauteur que celui qui est placé dans un des bouts de cette galerie ». Celui-ci est plus écorché, mais ne ressemble pas plus à l'original que le premier. Il y a probablement erreur dans les dimensions d'un côté ou de l'autre; car il n'est pas à présumer que le modèle de Crozat ne soit pas un de ces deux du cabinet de Girardon.

(1) *Nachrichten von Kunstlern und Kunstachen*. Leipzig, 1768-1769, 2 vol. in-8°.

AICKMAN (GUILLAUME), dont on trouve le portrait et une notice concernant sa personne dans le tome IV (1) de la suite des portraits de peintres peints par eux-mêmes, qui se conservent dans la galerie de Florence, étoit un gentilhomme Écossois, qui peignoit assez passablement une tête, mais qui n'en sçavoit pas davantage. On trouve en Angleterre, nombre de portraits de sa façon, et quelques-uns ont été gravés. C'est tout ce qu'ont pu me dire sur son compte les Anglois, auxquels je m'en suis informé, et l'on ne doit ajouter aucune foi à ce qui a été imprimé à la suite de son portrait dans l'ouvrage cité ci-dessus. Le duc de Kingston n'a jamais connu, ni conduit à sa suite le peintre, dont il est question. Il est bien vrai que, dans ses voyages en Italie et en France, il avoit avec lui un Anglois nommé Hickman; mais c'étoit un homme, qui avoit étudié la médecine et qui étoit seulement curieux de tableaux, qu'il achetoit, à ce que j'ai sçu depuis, pour les revendre en Angleterre et y faire du profit. Je l'ai beaucoup connu et ai eu sujet de me louer de ses bonnes manières. Son nom de baptême étoit Nathaniel, et celui de famille qu'il portoit, s'otographioit autrement que celui du peintre. Ceux, qui ont dressé la notice qui a été imprimée, se seront, il n'en faut pas douter, adressé à des Anglois pour avoir les mémoires, qui leur étoient nécessaires, et ceux-ci, qui n'en sçavoient pas davantage, et qui ne connoissoient que M. Hickman le curieux, se seront imaginés que c'étoit de lui dont il s'agissoit. Ils en auront dit tout ce qu'ils en sçavoient, ne se doutant pas qu'il y eût en Angleterre un peintre à peu près de même nom. Ceux, qui les consultoient, n'auront fait aucune difficulté d'adopter des mémoires, qui leur paraissoient d'autant plus surs, qu'ils leur étoient administrés par des gens du pays. Mais l'erreur n'en est pas moins une, et je me crois obligé de la relever.

(1) 1762, in-fol. p. 291-2.

d'autant plus que je suis certain de tout ce que j'avance. M. Hickman est décédé dans sa patrie, il y a une trentaine d'années. C'étoit pour lui que Bouchardon avoit dessiné ces belles et riches compositions, dont j'ai des contrépreuves, qui ont servi au comte de Caylus pour les graver (1).

ALBERALLI (JACOPO) et non ALBARELLI. Il se meloit aussi de sculpture, et c'est de lui qu'est le buste du jeune Palme dans l'église de Sts Jean et Paul à Venise. Della pittu. Venez. p. 310 (2).

ALBERTI (LEONE BATISTA). Il est auteur du livre intitulé : Lepidi veteris Philodoxios fabula ex antiquitate eruta, ab Aldo Manuc. Lucœ, 1588; 8°. Vide Dufresne in vitâ autoris (3).

ALBERTI (CHERUBINO). Ch. Albert, grand maniériste, a transmis dans son propre goût celui de M. Ange. Il avoit pourtant eu une invention (*pour* intention) toute contraire, car il avoit voulu se conformer à la manière de dessiner de ce grand homme, d'après lequel il étudioit; mais, par malheur pour lui, il étudioit dans un temps, où il ne lui étoit pas permis de changer ; il en sçavoit trop (4).

---

(1) Mariette avait et M. de Caylus a gravé trop de dessins de Bouchardon en contr'épreuves pour qu'on puisse désigner ceux-ci.

(2) Voir aussi p. 356. (*Della pittura Veneziana e delle opere pubbliche de Veneziani maestri* libri V (Zanetti), 1771, in-8° de 628 p.)

(3) Raphael Trichet du Fresne, publia en 1651, à Paris, en un seul volume in-fol., le *Traité sur la peinture* de Léonard, et à sa suite celui d'Alberti sur la peinture et la sculpture, qu'il dédia à Ch. Errard, et qu'il fit précéder de la vie de Leone Battista Alberti. Trichet Dufresne ne fait qu'indiquer le Philodoxios, sur lequel on peut voir Fabricius, *Bibliothèque latine*, édition d'Ernesti, Leipsick, in-8°, 1773, t. I, p. 30, III, p. 235 et la note. Voir aussi le Mazzuchelli, *Scrittori d'Italia*, Bresciano, 1762, in-4°, p. 313.

(4) Pour le catalogue des gravures de Cherubino Alberti, voyez Bartsch, XVII, p. 45 et suivantes, et le *Manuel* de M. Le Blanc, p. 7-12.

— Chérubin Albert, mort a Rome le 8 octobre 1615, agé de 63 ans, a eu sa sépulture dans l'église de la Madone du peuple à Rome. On y lit son épitaphe que voici : « Cherubino de Albertis, Alberti filio, ex Burgo Sancti Sepulcri, Pictori, cum primis laudato in operibus prœcipue ad prospectum et arte cœlandi singulari, vix. an. 63. Obiit die 8 Octobris 1615. Elisabeth Passilongia conjugi et Carolo filio patrem sequuto ponendum curavit. » Vide orig. della chiesa di S. Maria del Pop. P. 181.

— Lactantio Pighi, gendre de Chérubin Albert, parle dans une lettre, qui se trouve dans un recueil de lettres de peintres publié à Rome en 1754 (1), du dessein qu'il avoit de donner au public les Estampes qu'avoit gravé son beau père et d'en former un recueil ; il en parle comme d'un homme mort depuis peu de temps (2), *di felice memoria*. Sa lettre est du 8 juin 1627.

ALBERTI (ALEXANDRE), frère de Jean et de Chérubin Albert, s'étoit formé sur eux et promettoit d'heureux succès, lorsque la mort l'enleva à la fleur de son âge, le 15 juillet 1596. Il n'étoit agé que de 26 ans. Son épitaphe (est) dans l'église de Ste Marie du peuple à Rome, où il a été inhumé à coté de ses frères. Orig. del tempio ded. alla Madona del Popolo, p. 182.

ALBERTI (ROMANO.) J'ignore s'il fut peintre, mais ce fut lui, qui, lorsque le Zuccaro établit à Rome une académie de peinture, laquelle n'eut pas une longue durée, fut choisi

(1) Ce sont les *Lettere pittoriche* de Bottari. La lettre, adressée Al Sig. Cav. del Pozzo, se trouve t. I, p. 341-2 de l'édition donnée par Ticozzi. Milano, 1844, 8 vol. in-12.

(2) Cette note est, comme on voit, antérieure à celle qu'on vient de lire ; Mariette ne connaissait pas encore la vraie date de la mort de Cherubino.

pour en être le sécretaire, et qui, en cette qualité, composa un ouvrage, imprimé à Pavie en 1604, dans lequel il rapporta les statuts et ce qui se passa dans les assemblées de la dite Académie, depuis 1593 qu'elle commença, jusqu'en 1599 qu'elle étoit sur son déclin, et, en particulier, le précis des discours, qui y furent lus par les académiciens (1). Il avoit fait imprimer un autre ouvrage à Rome en 1585 (2), qui lui préparoit la place qu'il occupa dans la suite. C'etoit une espèce de discours académique, dont l'objet étoit de relever la noblesse de la peinture. Tout cela étoit plus rempli de mots que de choses, et se ressent du mauvais gout du siècle. Romano Alberti étoit neveu de Durante Alberti, ainsi qu'il nous l'apprend lui-même (418 de son Academia del disegno), et, suivant toutes les apparences, il étoit de la même famille que Jean et Cherubin Alberti, puisqu'il étoit comme eux de la ville de Borgo San Sepulcro (3).

ALBINA (JOSEPH), surnommé Soczi, peintre, sculpteur et architecte de Palerme, fut élève de Joseph Spatafora natif de Termini en Sicile, et l'élève fit de tels progrès, qu'en peu de temps il effaça celui, près duquel il s'étoit instruit. Il mourut en 1611, laissant après lui un fils nommé Pierre, auquel il

---

(1) *Origine e progresso della academia del designo.* Pavia, 1604, in-4° rare. Sur ce livre de Romano Alberti, on peut voir Missirini, *Memorie per servire alla storia della Romana Academia di San Luca*, 1823, in-4°, p. 27 et suiv.

(2) *Tratatto della Nobilta della pittura composto all'instanza della venerabile compania di San Luca*, Roma, Francesco Zanetti, 1585, in-4° rare.

(3) Romano Alberti, peintre, graveur et écrivain, était bien réellement de la même famille, comme de la même ville, qu'Alessandro, Cherubino et Giovanni; il était leur oncle. Voir la page 77 de la 6e série des *Memorie originali italiane risguardanti le belle arti* de Michel Angelo Gualandi (Bologne, 1845). Les pages 50 à 92 de cette série sont consacrées à une très intéressante généalogie des Alberti.

avoit enseigné à peindre et qui donnoit les plus belles espérances, mais qui quitta la vie fort jeune en 1616 (1). On voit à Palerme plusieurs ouvrages du père, qui sont estimés et qui sont décrits dans le livre intitulé : *Panormitana majestas* (2); l'on y fait singulièrement mention d'un saint Roch et d'un saint Sebastien, qu'il avoit peints sur une des portes de la ville, à la suite d'une peste qui désola Palerme et qui attirèrent tellement les regards d'un prélat romain, que celui-ci fit tout ce qu'il put pour engager le peintre à le suivre à Rome. On trouve son éloge et le portrait gravé du peintre Albina dans le livre cité ci-dessus à la page 97.

ALBOTTI (FRANCESCO). *La table de l'abecedario de Mariette indique une note consacrée à cet artiste; mais la page, où elle se devait trouver, est perdue.*

ALDEGREVER. Cet artiste ne se nommoit point Albert. C'est une erreur de Sandrart (3); il s'appeloit Henry Aldegrever, c'est ainsy qu'il l'écrit luy mesme; il naquit à Soest en Westphalie en 1502. Il commença à graver en 1527; l'on ne trouve aucune piece de luy avec une date antérieure (4). Soit qu'il fût en effet le disciple d'Albert Durer, qui mourut en 1528, soit qu'il ait eu un autre maistre, il est certain qu'il avoit plus tost en veue d'imiter dans sa graveure la manière de Durer que celle d'aucun autre graveur; il continua de graver jusques en 1541, sans presques aucune interrup-

(1) Le 9 février 1626, dit Baronius.

(2) D. Francisci Baronii ac Manfredis *De Majestate Panormitana* libri IV. Panormi, apud Alphonsum de Isola, 1630, fol. p. 97-100 du livre II, dans le chapitre de pictoribus, sculptoribus, et organariis panormitanis.

(3) Noribergæ, 1683, in-fol. p. 233-4.

(4) Deux enfants nus, nº 196 de Bartsch (dont le catalogue se trouve dans son tome VIII, p. 362-455), et nº 134 du *Manuel* de M. Le Blanc, sont datés de 1522.

tion. Il y a apparence, qu'en 1539 il etoit à Nuremberg; car il grava dans cette année les 4 Evangélistes et la Lucrèce d'après George Pens, qui y vivoit pour lors. Depuis 1541 jusques en 1549, je ne vois aucune pièce; mais depuis, il reprit le burin et grava, durant les 7 années suivantes, un assez bon nombre de pièces qui sont toutes entièrement finies. Il étoit pour lors retiré à Soest; il le dit luy mesme dans une des pièces de l'histoire du mauvais riche, gravée en 1544. Je n'en ay point encore veu, passé l'année 1555. Il a aussy gravé beaucoup d'ornements propres pour les orfèvres. Il estoit luy mesme peintre; l'on a de ses tableaux à Nuremberg et dans la ville de Soest, où il mourut. Il estoit riche dans la variété de ses habillements; mais les plis de ses drapperies sont trop secs et se ressentent du gout allemand. Il est fait mention d'un de ses tableaux, représentant le Christ au jardin, dans l'inventaire des tableaux de Charles Ier, roy d'Angleterre, qui fut dressé après la mort de ce prince par les rebelles en 1641 (1).

ALLORI (ALESSANDRO). On voit deux très beaux tableaux de ce peintre dans le sallon de Poggio à Caiano, et ce fut lui, qui fut choisi pour terminer, en 1585, celui d'André del Sarte dans le même sallon. Il fut employé avec tous les artistes et peintres, qui se trouvoient alors à Florence, aux tableaux, qui entrèrent dans les decorations faites pour l'entrée de Christine de Lorraine dans cette ville en 1588 (2), et, comme

(1) Préparé pour l'impression par George Vertue, d'après une copie de la bibliothèque Ashmoléenne à Oxford, et imprimé in-4°, en 1757.

(2) Descrizione del regale apparato per le nozze della serenissima Madama Cristina di Loreno, moglie del serenissimo Don Ferdinando Medici III, gran duca di Toscana, descritte da Rafael Gualterotti gentil'huomo fiorentino. In firenze, appresso Antonio Padovani, 1589. Con licenza e privilegio, in-4° en 2 livres, le premier a 32 et quatre pages, le second 176. — Allori p. 37-9 et 49.

il excelloit en architecture, il donna le dessin d'une de ces décorations, dont tous les tableaux furent faits dans son école.

ALLOU (GILLES), né à Paris (1) et peintre de portraits, fut admis dans l'Académie royale de peinture en 1711 (2). Guérin, description de l'Académie, p. 175 (3).

ALTOBELLO. Di quel Altobello ne parla anche il Vasari t. 3, p. 2 (4). Son plus bel ouvrage, au rapport de Lamo (5), est la nativité de J.-C., qu'il peignit dans la tribune de l'église cathédrale de Crémone. Ant° Campo, dans son histoire de Crémone, p. 54 (6), le nomme *Melone*.

AMALTEO (POMPONIO). Ridolfi (7) dit qu'il étoit de San Vito dans le Frioul. Si l'on en croit l'inscription, qui est au bas d'une estampe gravée à Venise par le Zucchi, d'après un tableau peint par Pomponio Amalteo à Ceneda, qui représente une action de justice de l'empereur Trajan, ce peintre est

---

(1) Où il mourut le 2 février 1751, âgé de 81 ans.

(2) Le 27 juin 1711, sur la présentation des portraits de Coypel le fils, et de Coyzevox.

(3) Paris, J. Colombat, 1715, in-12.

(4) Dans la vie du Garofolo et autres Lombards.

(5) Discorso di Alessandro Lamo intorno alla scoltura e pittura dove ragiona della vita et opere et i fatti dall'Eccell. et Nobile M. Bernardino Campo Pittore Cremonese. Cremona, Cristoforo Draconi, 1584, in-4°. L'ouvrage avait été laissé par Lamo, allant en Espagne, à un de ses amis, Gio. Battista Trotto, Pittore, sopranominato il Molosso, qui a signé la dédicace. Le passage relatif à Altobello di Meloni est p. 88.

(6) Des chiffres romains, dont la série commence après la page 88 : Cremona, fidelissima citta et nobilissima colonia de Romani, rappresentata in designo col suo contado et illustrata d'una breve historia delle cose piu notabili appartenenti ad essa, etc., da Antonio Campo, pittore e cavalier cremonese. In Cremona, in casa dell istesso auttore, 1585, in-fol. Cette page 54 est très-précieuse, et le volume lui-même est très-beau et peu commun.

(7) Le *Maraviglie delle arte*, overo delle vite dei pittori veneti. Venezia, 1648, petit in-4°.

mort fort jeune, n'estant agé que de 28 ans. Voicy cette inscription : *Pinxit Cenedæ Pomponius Amalteus ætatis suæ anno undevicesimo, nimirum septimo ante mortem; Bernardus Trevisano misertus tanti viri vicem obscuritatemque nominis, quâ immerito premebatur, ære incidendum curavit.* Ridolfi donne ce tableau au Pordenon. Partie I, 98.

AMAND (JACQUES FRANÇOIS), né à Paris, est mort le 7 Mars 1769, agé de 39 ans. C'etoit un sujet qui promettoit, mais qui, né timide et nullement fait pour se produire, languissoit et étoit presque sans ouvrage; il en prit du chagrin, se découragea et abrégea ainsi ses jours. Il venoit d'être reçu de l'académie royale de peinture (1), sur un tableau qui lui fit honneur (2). J'ai de ses desseins de paysage, faits à Rome, qui sont d'une belle touche ; ils ont été faits à Rome, (3) où il avoit été à la pension du roi. Il étoit élève de Pierre et appartenoit à des parens, qui lui avoient procuré une très bonne éducation, dont il avoit sçu profiter. Il est regretté.

AMICONI (JACQUES). La gazette de Hollande, à l'article de Londres, 5 juin 1739, apprend que, dans le mois de May précédent, on avoit embarqué, pour Bilbao, quelques beaux tableaux, faits pour le roy d'Espagne par le Sr Amiconi, fameux peintre en histoires. Je le crois, et cela est vrai, vénitien. Wagner, graveur à Venise, en pourroit dire bien des choses, car tous deux étoient grands amis. — Il nacquit à Venise en 1675 et est mort à Madrid en 1752. Il a parcouru presque toutes les parties de l'Europe, toujours occupé et peignant

---

(1) Le 26 septembre 1767.

(2) Son tableau de réception, représentant Magon, frère d'Annibal, après la bataille de Cannes, demandant de nouveaux secours au sénat de Carthage, fut exposé en 1769, après la mort d'Amand.

(3) Le musée des dessins du Louvre en possède un certain nombre. (Nos 11,335-43.) Ce sont ceux mêmes de Mariette.

des portraits, genre dans lequel il réussissoit. Mais c'est à Londres, où il s'est arrêté le plus longtemps. — Le Longhi, Vit. de Pitt. Venez. (1), le nomme Amigoni; né avec le goût du voyage, il étoit de retour à Venise, lorsqu'il fut appelé à la cour d'Espagne.

AMIDANO, peintre de Parme et disciple de Fr. Mazzuoli, dont il a taché d'imiter la manière, fleurissoit en 1550, et l'on voit, dans quelques églises de Parme, de ses ouvrages, qui lui assurent une place parmi les meilleurs peintres. Il en est fait mention dans ce livre du P. Orlandi, à l'article de Giacinto Bertoja.

AMOROSI (ANTONIO MERCURIO), peintre de Bambochades, établi à Rome, est né en 1660 à Ascoli, et est élève de Joseph Ghezzi, chez lequel il demeura pendant 12 ans. — J'ay vu quelques uns de ses tableaux représentant des Bambochades, et ils ne m'ont pas fait avoir une fort grande idée de celui qui les a faits; ils sont d'un pinceau lourd, sans aucune intelligence de clair obscur; a composition n'a rien de piquant et le goût des couleurs en est mauvais. Quelle différence de ces tableaux avec ceux du même genre qu'ont fait les Flamands. C'est un genre qu'il faut laisser à ces derniers. M. Crozat avoit son portrait dessiné, qu'il avoit trouvé dans une collection de desseins faite par le Sr Pio à Rome.

ANDRÉ DE MILAN, peintre, dont il y a un tableau dans l'église de St Pierre à Murano, qui a son mérite et qui porte la date 1495. *Della Pitt. Venez.* p. 490 (2).

---

(1) 1763, in-fol. On sait qu'il ne s'occupe que des artistes du dix-huitième siècle.

(2) Zanetti, p. 489-90; ce tableau est maintenant au musée Brera à Milan; c'est le même artiste, dont le musée du Louvre possède un Calvaire, signé : « ANDRE|AS. MEDIOLA|NENSIS|FA. —

ANDRÉANI (ANDRÉ), de Mantoue, a gravé plusieurs planches en bois et surtout de très belles estampes en clair obscur. Il en exécuta la plus grande partie pendant son séjour à Florence et à Sienne. Un des principaux ouvrages, qu'il mit au jour dans cette dernière ville, est le pavé de Sienne de Beccafumi, qu'il exécuta sous la conduite et sur le dessein du Vanni. La réputation, qu'il s'acquit par cette espèce de travail, engagea le duc de Mantoue à le rappeler auprès de luy, pour y graver le triomphe de J. César, d'André Mantègne (1). Il obéit aux ordres de ce prince, et, étant fort vieux, il mourut à Mantoue en 1623. Baglione, qui fait mention de cet artiste, luy donne, dans la table de son livre, le nom de peintre, et il y a apparence qu'il l'estoit ; sans cela, il lui eût été difficile d'exercer son talent avec autant de supériorité. Baglioni, p. 395 (2).

ANDREASIO (IPPOLITO), d'après lequel Villamène a gravé une annonciation, et je croy qu'il y a encore quelques autres

1503. » M. Tarral (*Première lettre*, p. 49-51, *Seconde lettre*, p. 46-8), M. Mündler (*Essai*, p. 194-5) croient tous deux que cet André de Milan est Andrea Solario. Sans entrer dans le détail de leurs raisons, qui me mènerait trop loin, je dirai seulement que ce qui m'empêche le plus de m'y rendre, c'est de voir à côté l'une de l'autre les deux peintures qui le leur montrent. Le Crucifiement imite Mantègne, et, dans quelques détails, les Vénitiens primitifs ; la Vierge au coussin vert est dans un tout autre sens. Jusqu'à nouvel ordre, la question de savoir qui est cet André de Milan ne me paraît pas encore éclaircie.

(1) Ce Triomphe de Jules César, peint sur toile, à la détrempe et en camaïeu, et divisé en neuf parties, se trouve maintenant dans la grande salle à manger du palais d'Hampton-Court. On sait que Charles Ier acheta la galerie des ducs de Mantoue ; c'est certainement depuis cette époque qu'ils doivent se trouver en Angleterre. Nous renvoyons à la description de M. Waagen, dans son *Kunstwerke and Kunstler in England und Paris*, Berlin, 1837, in-12, première partie, p. 382-6.

(2) De la deuxième édit. Roma, 1649, in-4°. Voir le catalogue de son œuvre gravé, dans Bartsch, XII, p. 17 et 19, et dans le *Manuel* de M. Le Blanc, p. 42-4.

estampes d'après ce maître. Un tableau d'une sainte famille, servie par des anges, qui est dans le cabinet du roy et que M. Crozat a bien voulu, de sa grâce, attribuer sans le moindre fondement à Andrea Luigi d'Assise, disciple de Pierre Pérugin, pourroit bien estre l'ouvrage de cet Andreasio ; car, outre que ce tableau est d'une manière moderne bien opposée à celle du Pérugin, l'auteur de ce tableau est nommé, dans l'inventaire du roy, André Azio, ce qui revient parfaitement au nom d'Andreasio (1). Il y a, dans les églises de Mantoue, plusieurs tableaux, qu'on dit être d'Andreasini. Je préjuge que ce peintre est le même qu'Andreasio et que sa patrie est la ville de Mantoue. — Ce que je préjuge se trouve vray. Andreasio est de Mantoue. Le Giglio, auteur contemporain, le dit formellement, dans son poème *Della pittura trionfante* (2).

ANDROUET DU CERCEAU (JACQUES). Voicy ce que dit Blaise de Vigenère, dans ses notes sur les tableaux de Philostrate, imprimées pour la première fois, en 1578, p. 855 (3). « Les deux du Cerceau, père et fils, ont été des meilleurs architectes de notre temps, par la connoissance qu'ils avoient du dessein. » Vigenère vivoit dans le 16eme siecle. L'un s'ap-

---

(1) N° 542 de la première édition du livret italien, de M. Villot. Cette excellente note de Mariette a déjà été publiée par M. Mündler (p. 220, *Essai* déjà cité à l'article de l'ABBATE). Dans la collection des dessins du Louvre, il s'en trouve quinze provenant de Charles Ier et indiqués avec le nom d'Andreasio, dans l'inventaire Jabach (Ecole de Raphaël, n°s 201-305) ; l'un représente une Sainte Famille ; il est tout-à-fait dans le goût du tableau, et, comme lui, il montre bien un élève ou un imitateur de Jules Romain.

(2) *La pittura trionfante* da Giulio Cesare Gigli, scritta in quattro capitoli ; in Venezia, 1615, in-4°, de 8 liminaires et 32 pages. L'Andreasio est cité p. 12, dans le groupe des Mantouans :

> Ma gia vengon del Mincio i Semidei
> . . . .
> V'è l'Andreasio, v'è il gran Teodoro
> Appellato del Te, etc. . . . .

(3) De l'édition de 1614.

pelloit Jacque et l'autre Baptiste; ce dernier donna les desseins du château de Charleval. Jaque a donné nombre d'ouvrages sur l'architecture, entr'autres les representations des plus beaux batimens de France, en deux volumes, grand folio, dont le premier a paru à Paris en 1570 et le 2eme en 1579, l'un et l'autre dédié à la Reyne Catherine de Medicis. L'auteur en promettoit un trois^{e}, qui n'a point paru et peut être que la mort y mit un obstacle. Ce fut au moins son âge avancé, qui ne lui permit pas de poursuivre; il s'en plaint dans l'épitre dédicatoire, qui est à la tête de son second vol. Il y dit que la vieillesse ne lui permet pas de faire telle diligence, qu'il eû fait autrefois. Son nom de famille étoit Androuet. Du Cerceau n'étoit qu'un sobriquet (1).

---

(1) Voir, sur les ouvrages de cet artiste, le Catalogue de la bibliothèque de M. Vivenel (Techener, 1844, in-8°), p. 186-205, et le *Manuel* de M. Ch. Le Blanc, p. 44-6. Il est à regretter que, dans la crainte d'être trop long, il n'ait pas détaillé davantage ce qu'il avait sous les yeux; il peut faire plus de fonds sur son public, et bien des gens regretteront qu'il ait été si court, alors que personne ne lui aurait su mauvais gré de lui avoir donné plus de développement. Nous citons en entier l'article de la bibliothèque de Lacroix du Maine (Paris, Abel l'Angelier, 1584, in-fol. p. 175); elle est le complément nécessaire de la note de Mariette :

« Iaqves Androvet Parisien, surnommé du Cerceau, qui est à dire cercle, lequel nom il a retenu pour auoir vn cerceau ou cercle pendu à sa maison, pour la remarquer et y seruir d'enseigne (ce que ie dy en passant, pour ceux qui ignoreroyent la cause de ce surnom.)

« Il a esté l'vn des plus sçauants architectes de nostre temps, et des mieux apris en l'art de perspective et ordonnance de bastir.

« Il a, par son industrie et labeur, recueilly les desseins et protraicts de la pluspart des anciens et modernes bastiments et edifices de Paris, lesquels il a dressez en planches de cuyure et taille douce, suyuant le mandement et permission du Roy. Le tout pour le bien et honneur des Parisiens.

« Le premier et second volumes, des plus excellents bastiments de France, dressés par ledit Iaques Androuet, dit du Cerceau, et ont esté imprimez à Paris, chez Gilles Beys, l'an 1579, esquels sont désignez les plants d'iceux bastiments et leur contenu, ensemble les eleuations et singularitez d'vn chacun.

« Il florissoit l'an 1570. »

— Ce graveur n'a presque jamais mis son nom à ses ouvrages, et je ne sache pas qu'il eût une marque particulière.

— (Maitr)e Etienne travailloit dans le même temps à Orléans, et Du Cerceau, qui étoit Parisien, y étoit aussi (ven)u s'établir (1). Cette ville étoit-elle donc pour lors le siége d'artistes, comme Blois l'a été depuis, et (cel)a à cause de la proximité de Fontainebleau, où la cour étoit alors et où il y avoit un grand nombre d'artistes de toutes façons, occupés à orner cette maison royale.

ANGARANO (LE COMTE OTTAVIANO), vivoit à Venise dans le dernier siècle; il étoit noble venitien, et son nom fait honneur à la peinture; on a une estampe de lui (2) qu'il a gravée d'après un de ses tableaux, qui est dans l'église de Saint-Daniel à Venise. L'autore della pittur. Venez. (3) p. 377 et 537.

ANGELI (JOSEPH), qui vit à Venise, où il a pris naissance, est le meilleur des élèves de Piazzetta; il jouit dans sa patrie d'une réputation, qui fait qu'il y est fort occupé, et l'on fait beaucoup valoir le soin qu'il prend à mettre de la précision dans les têtes, les pieds et les mains des figures qui entrent dans ses compositions, qui tiennent de la maniere de son maître. Il a été choisi, par préférence à ses autres condisciples, pour donner la derniere main à des tableaux, que le

---

(1) Deux maisons seulement sont attribuées à Ducerceau à Orléans; on en peut voir une description dans l'*Histoire architecturale* de la ville d'Orléans par M. de Buzonnières. Orléans, 1849, 2 v. in-8°, t. II, p. 238-40. Bien que faites à l'effet, la grossièreté de leurs détails,—je ne parle pas de celle de la sculpture; elle dépasse tout ce qu'on peut imaginer, surtout dans celle qu'on appelle *la Maison des Oves*,—est telle, que la certitude ne peut vraiment être complète. — Maître Etienne est Etienne de Laulne.

(2) M. Le Blanc (p. 47). Comme Bartsch (XXI, 269), il croit que cette pièce est plutôt de Giuseppe Diamantini.

(3) C'est le Zanetti.

nom de Piazzetta l'avoit empeché de terminer : Longhi, Vit. de Pitt. Venez. (1).

ANGOULEME (JACQUES, natif d'), au rapport de Blaise de Vigenère, « est le plus excellent imager (ou sculpteur) françois, tant en marbre qu'en fonte. En 1550, il osa bien parangonner à Michel-Ange pour le modèle de saint Pierre à Rome, et de fait l'emporta lors par dessus luy au jugement de tous les maîtres, même Italiens ; et de luy encore sont ces trois grandes figures de cire noire au naturel, gardées pour un très excellent joyau en la librairie du Vatican, dont l'une montre l'homme vif, l'autre comme s'il estoit escorché, les muscles, nerfs, veines, artères et fibres, et la troisième est un skeletos, qui n'a que les ossements avec les tendons qui les lient et qui les accouplent ensemble. Plus un Automne de marbre, que l'on peut voir en la grotte de Meudon, si au moins il est encore ; car je l'y ai vu autrefois, ayant esté fait à Rome, autant prisée que nulle autre statue moderne. » Notes de Blaise de Vigenère sur les tableaux de Philostrate. Paris, F°, 1614, p. 855. La 1re édition, sans fig., est de 1578 et c'est à cette époque qu'il faut placer ce que Vigenère dit de ce sculpteur (2).

---

(1) 1763 in-f°.

(2) Mariette se trompe en ceci. Ces renseignements de Blaise de Vigenère ont été donnés par lui, non dans le Philostrate, mais à la suite de la première statue de Callistrate, et l'édition de 1597, aussi sans gravures, la première publiée chez l'Angelier (celle de 1578, in-4°, avait paru chez Nicolas Chesneau), dit positivement que ce dernier y est publié pour la première fois. D'ailleurs Vigenère donne la date de 1590, comme celle de la mort de Germain Pilon. A la suite de la notice sur Antoine Caron, publiée par l'un de nous, d'abord dans l'*Artiste* et ensuite à part (Paris, février 1850, J.-B. Dumoulin, in-8° de 23 p.) se trouve reproduit p. 20-22, le passage de Blaise de Vigenère ; M. Eusèbe Castaigne, le savant bibliothécaire d'Angoulême, l'a aussi reproduit dans plusieurs endroits. Il l'avait du reste déjà été au dix-septième siècle, d'abord par le P. Jules

ANGUIER (MICHEL), naquit, le 28 septembre 1612, dans la ville d'Eu en Picardie; son séjour à Rome fut de dix années; les sculptures de l'autel de St-Denys de la Chartre sont de Michel et non de François, ainsi qu'on l'a écrit mal à propos dans le voyage pittoresque de Paris (1), et c'est un morceau d'une invention tout-à-fait heureuse; le crucifix au maître autel de la Sorbonne est aussi de sa main et son dernier ouvrage (2).

ANNA (BALTHAZAR OU BALDISSERA D'), disciple de Léonard Corona, et qui a travaillé dans la même manière, mais qui quelquefois l'a surpassée, pour avoir peint avec moins de dureté, étoit un Flamand qui s'étoit établi à Venise, où l'on voit de ses ouvrages dans les églises; on ignore s'il étoit de la même famille que les fameux négociants du même nom, qui étoient eux-mêmes Flamands et qui étoient grands amateurs de peinture, pouvoient avoir pris en affection leur compatriote, qui, par reconnaissance, se faisoit appeler du nom de

---

César Boulanger, dans son *De Pictura, Plastice, statuaria* (Lyon, 1627, p. 127, 128), et par Pierre Monier, dans son *Histoire des arts qui ont rapport au dessin.* (Paris, Giffart, 1698), p. 315.

(1) Voy. *Voyage pittoresque de Paris*, par M. D... (Dezalliers d'Argenville, le père), nouvelle édition. Paris, de Bure, 1752, p. 14: « *St-Denis de la Chartre*. Un grand bas-relief de stuc, sculpté par François Anguier, tient lieu de tableau au maître-autel; c'est Notre Seigneur, qui communie dans la prison St-Denis et ses compagnons. » Cette faute subsiste dans les éditions suivantes.

(2) Les notes manuscrites de Dom Grenier sur la Picardie sont loin d'offrir autant sur les Anguier, qu'elles ont offert à M. Champfleury sur les Lenain; ce n'est qu'un dépouillement des ouvrages de leurs mains, cités dans les descriptions de Paris. La place de ces notes est indiquée dans l'article consacré à ces manuscrits de Dom Grenier par un des premiers volumes de la Société des antiquaires de Picardie. Voir sur Michel et sur François Anguier, les *Vies des plus fameux sculpteurs*, par d'Argenville le fils, Paris, 1787, p. 159 et suiv. — M. de Caylus avait lu à l'Académie une vie des Anguier; il la rappelle, lorsque, dans la vie de Mignard, il parle de la décoration de l'hôtel d'Erval (*Vie des premiers peintres du roi*, 1752, in-12, t. I, p. 135).

leurs (1) protecteurs. Voyez le L. della pittura Venez. P. 329.

ANTICHI (PROSPERO) fit les six statues, qui ornèrent le catafalque du pape Sixte V, lesquelles furent gravées par Fr. Villamène en 1591. Il est nommé dans la preface de la description de cette pompe funebre : *Prospero de Antichi Bresciano;* ainsy le P. Orlandi, apparemment après le Rossi, se trompe, lorsqu'il le nomme *Scavezzi*. Baglione n'en dit pas un mot. Il y a pourtant une estampe, assez artistement gravée à la peintre, représentant une statue du pape Sixte V à genoux, au bas de laquelle on lit :

Prosper de Scavezzi Brixiensis inventor 1589.

APOLLONIO (JACQUES), disciple des Bassans, a quelquefois si parfaitement imité leur manière, qu'on confond aisément ses ouvrages avec les leurs. Rosetti, Pitture di Padova, p. 153 (2) et vita del Ferracino p. 83.

APOLLONIUS, fils de Nestor, Athénien. C'est de luy qu'est cette admirable statue mutilée, sans jambes, sans bras et sans teste, que l'on connoist sous le nom de Torse du Belvédère. Elle est d'un dessein si correct et d'un si grand goût, qu'il n'y a guerres d'ouvrages dans l'antique qui puisse lui estre comparé (3). Les plus habiles maîtres en ont toujours fait l'objet de leurs études. Michel-Ange en faisoit une estime particulière. J'ay veu, chez le grand-duc, un petit modèle en cire, fait par ce grand homme pour la restauration de cette statue. Il en faisoit un Hercule se reposant de ses travaux. Les parties

---

(1) Pour *ses*.

(2) *Descrizione delle pitture, sculture ed architetture di Padova*, con alcune Osservazioni intorno ad esse ed altre curiose Notizie di Giovam-Battista Rossetti. En deux parties : Padova, 1765, in-12 de 371 p.

(3) Sur le Torse, voyez les *Monuments Antiques du Musée Napoléon*, T. II, p. 81, et *Visconti*, *Museo Pio-Clementino*, T. II, p. 18[b].

adjoutées sont si bien ajancées avec le tronc antique, qu'on ne peut pas penser que la statue ait pu avoir été traitée autrement (1). Le Quenoy a aussy estudié d'après le Torse; il en a fait un petit modèle de terre cuite, d'une grande beauté, que M. Crozat, qui l'a eu de M. Girardon, conserve dans son cabinet (2). On trouve le nom d'Apollonius, écrit en grec, je pense, sur une des cuisses du Torse (3), de cette manière : ΑΠΟΛΛΩΝΙΟΣ ΝΕΣΤΟΡΟΣ ΑΘΗΝΑΙΟΣ ΕΠΟΙΕΙ. — Je l'ai eu à la vente du baron de Thiers, neveu et héritier de M. Crozat, et je gémis sur le méchant goût du siècle. On ne l'a pas regardé, car on n'en a rien offert (4); mais cela ne m'empêche pas de le regarder comme un des plus précieux morceaux de ma collection. Les mêmes gens, qui ont regardé ce beau modèle avec tant (d'in)différence, ont répandu l'argent à pleine main pour se faire adjuger un misérable magot de la Chine ou un mauvais bronze, parce qu'il représentoit une femme nue (5).

---

(1) Allan Cunningham, dans sa vie de Flaxmann (*Lives of the most eminent british painters, sculptors and architects*, London, Murray, in-12, vol. III. 1830, p. 303-4), nous apprend que, dans son séjour à Rome, Flaxmann essaya sur un plâtre une restauration du torse, dont il fit un groupe d'Hercule et d'Omphale. Visconti croit en effet qu'une seconde statue était groupée à sa gauche; mais cela restera probablement toujours aussi problématique que pour la Venus de Milo. L'essai de Flaxmann ne fut pas très-heureux, et, quelque temps avant sa mort, il fit détruire cet ouvrage.

(2) Nous avons sous les yeux la précieuse suite sans numéros des 13 gravures, connues sous le nom du cabinet de Girardon et gravées par Nic. Chevallier, à l'exception d'une seule, gravée par Ertinger. Beaucoup d'œuvres de Quesnoy y figurent; mais ce Torse ne se trouve pas dans les objets représentés.

(3) Elle est sur le rocher.

(4) Cette vente se fit au commencement de 1772, et l'on en a le catalogue in-12, rédigé par P. Remy. Le n° 1056 est le seul, dans lequel on puisse reconnaître le morceau acheté par Mariette : « Un torse admiré de tous les artistes; on le dit modelé par Coustou le père. »

(5) Ce Torse est le n° 30 du catalogue de la vente de Mariette, rédigé par Basan, 1775 : « Le torse antique, d'une conservation parfaite; de 14 pouces de haut. » Il fut adjugé pour 143 liv. 19 s. à Pigache. Nous ne savons où il est maintenant.

AQUILA (POMPEO DELL') ou POMPEO AQUILANO. L'on voit quelques estampes, qui ont été gravées à Rome d'après ce peintre par Horace de Santi d'Aquila, vers les années 1572 et suivantes. La manière de ce peintre y est très-bien rendue, et l'on y remarque un certain tour et un esprit, qui fait présumer que ce maistre avoit en veue d'imiter le Parmesan.

ARCHELAUS, fils d'Apollonius et natif de Priène, est le sculpteur de ce fameux bas-relief de marbre, qui est dans le Palais Colonne à Rome et qui représente la déification d'Homère. Son nom y est écrit en grec de cette maniere, ΑΡΧΕΛΑΟΣ ΑΠΟΛΛΩΝΙΟΥ ΕΠΟΙΗΣΕ ΠΡΙΗΝΕΥΣ. Il fut trouvé, vers le milieu du dernier siècle, dans des ruines, près d'une maison de campagne de l'empereur Claude. M[de] Dacier, Vie d'Homère. Ce bas-relief gravé par J. B. Galestruzzi en 1658 (1).

ARCIS (MARC) sculpteur, est disciple de Rivals le fils; on voit à Versailles plusieurs figures, des termes et des vases de sa façon assez bien travaillés, mais qui ne font pourtant voir qu'un sculpteur de second ordre. Il fut appelé à Pau, pour y exécuter en bronze une statue de Louis XIV et les bas-reliefs de marbre, qui en décorent le piédestal. Il vivoit encore à Toulouze en 1736, et quoyque dans un âge avancé, il y travailloit avec le même feu et la même ardeur que dans sa jeunesse. C'est à peu près dans ce tems-là qu'il a exécuté en stuc le bas-relief de 30 pieds de long, qu'on voit dans la salle de l'Académie de musique à Toulouze (2).

ARDENTE (ALEXANDRE), peintre de Lucques; il vivoit vers

(1) Voyez, sur ce bas-relief, Muratori, *Thesaurus novus*, T. I, tab. A, ad pag. LX. Il était alors dans la collection Farnèse.

(2) Voir la *Biographie Toulousaine*, par une Société de gens de lettres, sous la direction de M. le baron de La Mothe-Langon, et en partie rédigée par M. Du Mège, Paris, 1823, 2 vol. in-8°, tome I, p. 19.

la fin du 16e siecle. Le Gigli est le seul qui en fasse mention ; il lui donne place parmi les peintres qui, dans un poëme de sa façon, honoroient le triomphe de la peinture (1). Reste à sçavoir s'il étoit là à sa place.

ARLAUD (JACQUES ANTOINE) vit encore (en 1743) à Genève, sa patrie, où il s'est retiré, il y a environ 13 ans (en 1729). Il a demeuré assez longtems — il y vint qu'à peine avoit-il vingt-ans, — à Paris, où, avec de la conduite, un peu de charlatanerie et du talent, il a trouvé le moyen d'amasser du bien, plus de quarante mille écus. Il étoit principalement lié avec les étrangers qui venoient à Paris et faisoit pour eux de petits portraits, qui lui étoient chèrement payés. La partie de M. Arlaud étoit l'intelligence ; il sçavoit rompre ses couleurs à propos et en cela il suivoit le plus qu'il pouvoit les principes du Titien et des autres bons coloristes. Celui, à qui il étoit redevable de cette bonne façon de voir et de peindre, étoit M. Forest. Il étoit lié d'amitié avec lui, et, pour avoir plus présente sa façon de penser et d'opérer, M. Arlaud avoit rassemblé un grand nombre de tableaux de paysage de cet excellent homme, qui lui servoient pour ainsi dire de guide ; car, quoy que dans un genre fort différent du sien, il trouvoit, à ce qu'il disoit, la même conduite, la même intelligence dans la distribution du clair obscur et le choix des couleurs, qu'il devoit pratiquer dans ses portraits, pour leur faire produire de l'effet. M. Arlaud avoit aussi rassemblé d'autres bons tableaux, et il prisoit infiniment les talents de M. de Largillière. Un des ouvrages, sur lequel il fondoit principalement sa réputation et qu'il faisoit voir chez lui, mais avec des précautions trop mistérieuses, étoit une Léda, qu'il avoit peinte, et, pour parler avec plus de vérité, qu'il avoit fait peindre en détrempe, en blanc

(1) E il copioso Raffael da Reggio
Col Lucchese Alessandro Ardente tutto. (P. 25.)

et noir, sous ses yeux, par un des frères Natier, et qu'il avoit ensuite terminée avec grand soin d'après un prétendu bas-relief de Michel-Ange, qu'avoit un de ses compatriotes, M. Cromelin, banquier à Paris. Ce morceau, dont il faisoit l'eloge avec beaucoup d'emphase, fut vendu par lui à un seigneur françois, le duc de la Force, douze mille francs; mais le marché n'ayant pas eu lieu par le dérangement, que la chute du système mit dans les affaires du duc, M. Arlaud obtint un dédommagement considérable, de 3000 livres, et, pour ne rien perdre de ce marché avantageux, il fit peindre une seconde Léda, toujours en blanc et noir et à huile, qu'il porta en Angleterre, lorsqu'il y passa en 1721, et qu'il vendit fort cher à milord duc de Chandos. Mais, lorsque ce seigneur sçut qu'il en avoit un second, car M. Arlaud en avoit en effet deux semblables, et celui qu'il avoit gardé étoit celui à détrempe et le plus beau, le milord, dis-je, tonna, menaça; mais l'argent étoit livré et M. Arlaud, en habile homme, sçut très bien se tirer de cette affaire et placer son argent. M. le duc d'Orléans, régent, le considéroit et avoit appris de lui à peindre en miniature. M. Arlaud avoit un frère, aussi peintre en miniature, qui est mort en 1719 à Londres, où il avoit pris un établissement (1). Plusieurs années, avant que de sortir de Paris, M. Arlaud se plaignoit de maux de tête, qui l'empêchoient de beaucoup travailler, et, depuis qu'il est à Genève, il s'est servi de cette raison pour s'en dispenser tout-à-fait. Au moment que j'écris cecy, j'apprends que M. Arlaud vient de mourir presque subitement le 25 may 1743, dans la 75e année de son âge, étant né le 18 may 1668. — L'éloge de M. Arlaud se trouve partout, dans le Mercure suisse, qui s'imprime à Neufchâtel, mois de juin 1743, dans le Mercure de France (2), juil-

(1) Bartolozzi a gravé, d'après un W. Arlaud, un portrait d'Andrew Kippis; ce Guillaume Arlaud doit être de la même famille.
(2) P. 1611-8, *Lettre anonyme*, écrite de Genève, le 23 juin 1743,

let 1743, et dans les Mémoires de Trévoux, septembre 1743 (1), dans la Bibliothèque Britannique (2) et dans la nouvelle Bibliothèque Germanique (3). Sa vie dans l'ouvrage de Fuessli,

---

à M. le C. D. L. R. (le chevalier de la Roque), qui avait connu Arlaud.

(1) *Lettre* écrite à Genève, du 1er juillet 1743, p. 2353-74. Le détail le plus important, c'est qu'il a été jusqu'à la fin en étroite correspondance avec Rigaud. Le portrait, que Largillière avait fait de lui dessinant la Léda, avait été légué à la bibliothèque de Genève ; enfin le régent lui avait donné un des Titien de son cabinet, un Miracle de St-Antoine de Padoue, qui ne se trouve naturellement pas dans le catalogue de St-Gelais. — Arlaud avait un tableau même du régent : « Arlaud, natif de Genève, un très excellent peintre en miniature. Sa Léda est un chef-d'œuvre. Il possède un tableau, que feu le duc régent a peint de sa propre main, il y a quelques ans, et dont il lui a fait présent. Ses tableaux sont estimés 10,000 écus; ils sont faits presque tous par des peintres les plus renommez. » *Séjour à Paris*, par M. de Nemeitz, Leyde, 1727, in-12, p. 368. C'était à Bagnolet, dans un cabinet presque carré et qui suivait l'antichambre des pages, que se trouvaient, ainsi que dans le cabinet de compagnie, « les vingt-cinq tableaux des Amours de Daphnis et Chloë, peints par le duc d'Orléans; régent, sur les dessins d'Antoine Coypel son maître, et retouchés par ce dernier » (d'Argenville, *Environs de Paris*, 1768, in-12, p. 312). Je ne doute pas que Coypel n'ait touché à la peinture; mais je croirais beaucoup plutôt l'invention du régent; elle est trop simple, trop nue, trop naïve aussi, pour ne pas montrer l'amateur et non le peintre de profession.

(2) La Haye, Pierre de Hondt.

(3) Amsterdam, chez Pierre Mortier, t. I, 1746, p. 299-324. *Lettre* à M. de P... (Pérard, l'un des auteurs du journal, qui avait connu Arlaud) ; dans cette lettre, il y a une allusion au fait, dont parle Mariette : « Je sçais, Monsieur, que quand vous étiez à Paris, un peintre se vantoit d'avoir été le dessinateur de la Léda. » Voyez aussi : Germain Brice, *Description de Paris*, 1713, 6e édition, t. III, p. 73, — *La Galerie des portraits de peintres du musée de Florence*, in-fol. t. IV, 1762, p. 295-6; le portrait est peint en 1727, — le *Dictionnaire des artistes*, de l'abbé Daligé de Fontenay. Paris, 1776, in-8°, t. I, 104-7. Dans son travail sur la culture des beaux-arts à Genève (*Mémoires de la Société de Genève*, tomes IV, V et VI, 1844-6), M. Rigaud a consacré quelques pages à Arlaud (t. V, p. 47-51), et renvoie à d'autres auteurs; ainsi Senebier, *Histoire littéraire de Genève*, 1786, 3 vol. in-8°, t. III, p. 312, Picot, *Histoire de Genève*, 3 vol. in-8°, 1811, t. III, p. 383, et les *Souvenirs Helvétiques*. Le travail de M. Rigaud nous apprend que le portrait

Vie des peintres suisses, T. II p. 201. — M. Arlaud avoit habitué les citoyens de Genève, par le bien qu'il disoit continuellement de lui-même, à croire que c'étoit l'homme unique, et ils en étoient si bien persuadés, faute d'avoir mieux, qu'ils ont cru ne pouvoir jamais assez célébrer leur concitoyen; et puis, le présent, qu'il leur avoit fait, étoit encore un motif, qui ne devoit pas manquer d'exciter leur reconnoissance. Dans sa jeunesse, destiné à l'état ecclésiastique, il avoit étudié en conséquence, et voilà pourquoi il aimoit tant à dogmatiser, et le prenoit sur un ton d'aigreur, qu'il avoit contracté dans les écoles et que son humeur contrariante lui avoit fait trop goûter (1).

ARTVELT (ANDRÉ VAN) ou Ertvelt, nommé Alfelt par le Soprani (2), vivoit à Anvers dans le même temps que Rubens et réussissoit à peindre des marines; Bolswert en a gravé une d'après luy. Il étoit Hollandois de nation, si l'on en croit le Soprani, et très-habile dans l'art de peindre des paysages et des marines, lorsqu'il vint à Gennes, où Corneille de Wael, qui y étoit étably, le reçeut chez luy et luy procura

---

d'Arlaud, par Largillière, est au musée de Genève. Le portrait en émail du Louvre, placé dans le cadre qui fait face aux Petitot, doit être une copie de celui de Largillière; l'artiste Genevois ne manque pas d'y être représenté dessinant cette fameuse Léda.

(1) « Dans la rue de Condé, vis-à-vis des murailles du jardin (de l'hôtel de Condé), est l'appartement de Jacques-Antoine Arlaud, qui réussit si heureusement dans les portraits en miniature, qu'aucun maître ne luy peut à present disputer en ce genre si difficile. Son cabinet est rempli de tableaux excellents de Titien, d'André d'elle Sarte, d'Annibal Carrache, de Rubens et d'autres peintres en réputation : mais on ne trouvera dans aucun autre cabinet un plus beau choix de païsages, de forests (lisez : de païsages de Forest) et d'une perfection plus exquise. » (*Description de la ville de Paris*, par Germain Brice, 6e édit. Paris, 1713, page 73.) Voyez encore, sur Arlaud, Descamps. T. IV, p. 116-22.

(2) *Vite dei pittori, scultori ed architetti Genovesi*. Genova, 1674, in-4° de 340 pages.

plusieurs ouvrages, qui furent très bien receus. Il retourna ensuite dans sa patrie ; mais, à peine y fut-il arrivé, qu'il mourut d'un accès d'apoplexie. Soprani, p. 328. Corneille de Bie fait aussy mention de ce peintre, p. 105, et l'on trouve son portrait dans la suite des cents portraits de Vandeick. Felibien le nomme Ertveest : T. 2, p. 237.

ASPERTINI (AMICO). *A la fin du catalogue de son œuvre de Bonasone, Mariette continue :*

Pièce énigmatique sur la chute du premier homme. L'on y voit sur le devant Adam couché par terre auprès d'une bêche, et, vis-à-vis, Eve tenant une quenouille et ayant près d'elle un fuseau, pour faire connaître que le travail fut la punition de leur péché. Plus loin, et au milieu d'eux, est un homme aussi couché par terre, qui se regarde dans un miroir convexe, je crois que c'est Caïn, de même que celuy, qui est enlevé au ciel au dessus d'un autel sur lequel brûle une holocauste, est Abel. Enfin, dans le fond, l'on voit un chérubin, qui chasse Adam et Eve du paradis terrestre. 8° 6'haut. 12° trav. L'on ne voit point à cette pièce le nom de Bonasone ; elle est plustost de Reverdinus ; car, pour de Bonasone, elle n'en est nullement (1). Malvasia (2), qui la rapporte parmy les ouvrages de Bonasone, dit que quelques-uns la croyent gravée par Mastro Amico Aspertini, disciple du Francia.

— Mastro Amico Aspertini était un peintre extrêmement bizarre et qui pensoit d'une façon bien capricieuse. La pièce précédente n'est pas la seule preuve qu'on en puisse donner. Il se trouve chez le Roy, dans l'œuvre du Parmesan (3), une

(1) Mariette avait écrit d'abord : « Elle est pourtant certainement de luy, et il y a apparence qu'elle est de son invention. »

(2) *Felsina pittrice*, édition de Bologne, 1844, 2 vol. in-8°. I, 65.

(3) L'œuvre de Parmesan a été assez récemment défaite et refaite, et nous n'avons pu retrouver la pièce, que Mariette avait vue.

estampe dessinée et gravée dans la même manière que la précédente, mais sans nom ny marque, mais qui est certainement du même Maestro Amico, en cas que l'autre en soit, comme le croit Malvasia, et comme il y a en effet grande apparence, à en juger par ce que j'ay veu de desseins de ce maistre. Il a encore voulu représenter dans cette pièce cy Adam et Eve décheus du premier état de grâce, dans lequel ils avoient été créés, et voicy sous quelle fiction. Il a représenté Adam fuyant, effrayé de l'aspect d'un dragon, qui est entortillé autour de son bras. Une femme vêtue, et qui est debout à sa gauche, aparemment Eve, tient par les pieds à la terrasse; toute la partie inférieure de la figure, jusqu'aux genoux, paroist métamorphosée en terrasse. Par là il semble vouloir apprendre qu'Eve, par sa désobéissance, nous a assujettis à la mort et à retourner à la terre, d'où nous étions sortis. Sur le devant, près d'Adam, est un petit enfant, qui tient à la terre de même qu'Eve et qui tâche de se défaire d'un serpent qui le mord, par où il a eu encore dessein de représenter la postérité d'Adam assujettie aux mêmes peines. 10p 3l h, 6p 6l tr.

AUBERT (MICHEL), mort à Paris à la fleur de son âge, en 1740 (1).

AUDRAN (CHARLES). La famille des Audran, si feconde en habils graveurs, doit en quelque façon son établissement et le commencement de sa réputation à celuy, de qui on a rassemblé icy les ouvrages. Ce fut luy qui le premier embrassa la graveure et qui, s'y étant distingué, détermina son frère et

(1) Voyez le catalogue de son œuvre dans le *Manuel de l'amateur d'estampes*, de M. Ch. Le Blanc (p. 63-5), qui donne, d'après Huber et Rost, 1757, comme date de sa mort. Si Mariette avait raison, il y aurait deux Michel Aubert; car, en 1755, il y a des planches, signées de ce nom, dans le La Fontaine d'Oudry, qui n'a pas dû être quinze ans en préparation.

ses neveux, par son exemple, à suivre une profession, où Gérard Audran, l'un de ses neveux, a paru depuis avec tant d'éclat; mais c'est moins par cet endroit que par sa propre capacité que Charles Audran mérite des éloges. Il étoit bon dessinateur et sa manière de graver des plus artistes : il ne luy a manqué que d'avoir rencontré plus d'occasions d'exercer ses talens dans toute leur étendue. Presque toujours occupé à des ouvrages, la pluspart de peu d'importance et d'après des maistres peu habils, s'il se négligeoit quelquefois, il faisoit connoître ce qu'il valloit, lorsqu'il étoit assez heureux pour rencontrer d'excellens desseins. Ce qu'il a gravé en Italie d'après Pierre de Cortonne, André Sacchi et Jacques Stella, en est une excellente preuve. L'on ne doit donc pas l'accuser, s'il se trouve dans son œuvre quelques pièces inférieures à d'autres; c'est moins sa faulte que celle des peintres, parmy lesquels il vivoit, et de ceux, par qui il étoit employé et dont il étoit obligé de suivre les idées (1).

(*Sur une feuille volante Mariette a écrit les notes suivantes pour une généalogie des Audran.*)

Charles ou Karle Audran, né à Paris en 1594, a longtemps demeuré en Italie; on le croit disciple de Greuter; est venu mourir à Paris.

Gabriel Audran, cité par Marolles (je crois faussement). Il y a un Gabriel Le Brun, mais non un Gabriel Audran : vous verrez qu'il aura trouvé sur quelque pièce le nom d'Audran, précédé du G. et qu'il aura cru que cela vouloit dire Gabriel, dans le temps qu'il étoit question de Germain, frère de Gérard. Il le joint dans son Paris à Gérard, et, en effet, Gérard et Germain étoient frères.

---

(1) Cette note n'est pas inédite; elle a déjà été publiée par M. Ch. Le Blanc, dans son *Manuel*, p. 79. J'y renvoie pour le catalogue des œuvres, si nombreux et si intéressants pour notre école, de cette grande famille de graveurs; ils y occupent les pages 72 à 106, et n'offrent pas moins de 1,200 pièces.

Claude Audran le père, fils de Carle, né à Paris en 1592, s'établit à Lyon et y mourut en 1679 ; père de Germain, de Claude et de Gérard.

Claude Audran, frère du précédent, né à Lyon en 1639, disciple de son oncle Karle, mourut à Paris en 1684. Il étoit peintre et a travaillé sous Le Brun. Il est mort de l'Académie (1).

Gérard Audran, frère du précédent, né à Lyon en 1640, mort à Paris en 1703 (2), étoit, comme son frère, disciple de Karle. — C'est le fameux Gérard Audran, qui a gravé les batailles d'Alexandre (3).

—*Au portrait de Henri Arnaud, évêque d'Angers, Mariette ajoute :* Mauvaise chose ; je ne puis croire que cela soit de luy, quoi qu'il y ait mis son nom (4).

Germain Audran, fils aussi de Claude le père, né à Lyon en 1631, et disciple de son père, mourut à Lyon en 1700. Il étoit graveur assez médiocre et n'est jamais sorti de Lyon.— Vous verrez que c'est le même, que l'abbé de Marolles appelle Gabriel. — Marolles, p. 77 (5), le fait père ou cousin germain de Karle, en quoi il se trompe ; il étoit son neveu.

---

(1) Son dernier grand tableau, la Multiplication des pains, qui se trouvait autrefois dans le chœur de la grande église des Chartreux (Florent le Comte III, 127 ; Brice III, 168-9, Piganiol, VI, 226), est maintenant dans l'église des Blancs-Manteaux. Il est signé : « *C. Audran*, 1683, » et a été gravé par Jean Audran. — Voyez son article dans d'Argenville (*Vies des peintres*, IV, 136).

(2) Le 26 juillet.

(3) Comme appréciation du talent de Gérard, voyez l'excellent morceau, lu par M. Gatteaux, à la séance annuelle des cinq académies en décembre 1850. Il a été, comme toujours, imprimé in-4°, et a été reproduit par l'*Artiste* (n° du 15 janvier 1851, p. 250-3). — Gérard Audran a été enterré à St-Benoit (Brice, III, 41 ; Piganiol, V, 400).

(4) N° 240 de l'œuvre de Gérard ; Le Blanc, p. 99.

(5) L'abbé de Marolles, dans son second catalogue. Paris, Frédéric Léonard, in-8°, 1666, p. 77. Cette note de Mariette est peu attentive, car Marolles ne parle pas de Germain Audran, et dit de

En cataloguant des sujets de l'histoire de sainte Delphine, d'après Ant. Viri, Mariette ajoute : Mon père les croit de Germain Audran ; il luy semble même l'avoir entendu dire à Gérard (1).

Claude Audran le jeune, neveu de Gérard et de Claude, disciple de Germain Audran, son père, et de son oncle, devint peintre et mourut à Paris en 1734. — C'est celui qui avoit un talent particulier pour les ornemens et qui est mort au Luxembourg, dont il étoit concierge (2).

Karle : « C'est ainsi que ce bon graveur escrit son nom à la différence de Charles Audran, son frère, ou son cousin-germain, qui demeure à Lyon, et qui n'est certainement pas si bon ouvrier que luy. » Mariette, ni M. Le Blanc à sa suite, n'ont fait de différence entre Karle et Charles Audran, et ils ont eu, je crois, raison. Lacombe, qui, dans son méchant *Dictionnaire des Beaux-Arts*, Paris, 1759, in-12, donne, p. 39-42, des détails très-précis et très-clairs sur tous ces Audran, — ils le sont même assez pour qu'ils aient dû lui être fournis par un des derniers, et ils ont été très-utiles à M. Le Blanc — dit de ce double nom : « Jusqu'à ce que son frère « (Claude I qui suit) mit quelques estampes au jour, Charles avait « marqué les siennes d'un C ; mais depuis, pour les distinguer de « celles de son frère qui employoit la même marque, il se servit du « K ; ce qui l'a fait surnommer Karle au lieu de Charles. »

(1) Dans Le Blanc, p. 99, n°s 3-5 de l'œuvre de Germain.

(2) C'est celui qui a été le maître de Watteau (d'Argenville, *Vie de Watteau*, IV, 404). Dans la dernière édition de Brice (1752, IV, 404-5), celle qui a été soignée par Mariette, on trouve cette note, dans l'article du Luxembourg : « Claude Audran, concierge de ce palais, est regardé avec justice comme un des premiers dessinateurs, qui aient jamais paru pour les arabesques et les grotesques. Ce sont des compositions d'ornemens légers et agréablement distribuez, qui étoient en usage chez les anciens, et qui ont été renouvelez par le fameux Raphaël. Ils sont devenus fort en vogue ; on en orne les lambris et les plafonds des plus petites pièces, et ils produisent un effet charmant, lorsqu'ils sont imaginez avec goût, et qu'ils sont executez avec autant de soin que tout ce qui a été en ce genre par Claude Audran. On en peut juger par plusieurs de ses ouvrages, qui sont répandus en différents endroits, particulièrement dans le château de Meudon (d'Arg. *Environs de Paris*, 1768, p. 23), dans celui d'Anet (idem, p. 218), dans la ménagerie de Versailles (c'étaient des arabesques sur fonds d'or avec des fables de La Fontaine. Idem, p. 149, Piganiol, IX, p. 530), et dans le châ-

Benoît Audran, fils de Germain, né à Lyon en 1661, graveur et disciple de son oncle Gérard, mort en 1721; il demeuroit avec son frère Claude (1).

Jean Audran, autre fils de Germain et disciple de son oncle Gérard, né à Lyon en 1667, mort à Paris, aux Gobelins, en 1756.

Louis Audran, graveur, dernier des enfans de Germain, né à Lyon en 1671, mort à Paris en 1712. Graveur assez médiocre.

Benoît Audran, fils et disciple de Jean Audran, actuellement vivant.

AUTREAU (JACQUES), peintre de portraits, né à Paris vers l'année 1656, mort dans cette ville (2) en 1745; dict. de la

---

teau de la Muette, où il a fait des choses dignes d'admiration, plus belles et plus ingénieuses que tout ce qui s'était encore vu jusqu'ici en France dans ce genre singulier. Il a aussi inventé une nouvelle fabrique de tapisserie, dont le fond est une toile cirée préparée, sur laquelle on applique des laines hachées ou broiées, de différentes nuances et couleurs, selon que le sujet le demande. Ces tapisseries ont été bien reçues; la beauté des desseins a beaucoup contribué à en relever le mérite. » M. de Nemeitz, dans son curieux *Séjour à Paris* (Leyde, 1727, in-12, p. 379-80), nous conserve un fait de l'histoire de cette fabrication si inconnue maintenant : « Il y eut aussi, dans le palais du Luxembourg, une manufacture de tapisseries, composées de laine hachée ou pilée sur de la toile cirée, de l'invention d'Audran, garde de ce palais, qui les a fait travailler chez lui. Mais ce travail fut suspendu tout le tems du séjour de feue Madame de Berri au Luxembourg; Audran n'aïant pas dans sa maison tout l'espace qu'une telle manufacture demande. » Il était concierge du Luxembourg depuis le 5 juillet 1704 (Lacombe, p. 41).

(1) Le poëte Gacon, Lyonnais comme Benoît, lui a adressé des vers dans son *Poëte sans fard* (Epître XVIII, p. 141-2), sur sa planche de la Descente de Croix, d'après Lebrun (nº 44 de Le Blanc) :

> Digne neveu d'Audran, honneur de ma patrie,
> Artisan délicat, apprends-moi, je te prie,
> Comment, si jeune encor, ta pointe et ton burin
> Font si fort estimer les œuvres de ta main, etc.

(2) A l'hôpital des *Incurables*.

Combe (1). C'est lui, ce me semble, à qui est arrivé l'aventure du portrait qui a fourni à M. de la Mothe le sujet d'une de ses fables (2). Il étoit lui-même homme de lettres et auteur de quelques comédies (3). Je ne sçais si je me trompe, mais il me semble que ce fut lui, qui tua, dans une querelle qu'ils eurent ensemble, le peintre Godefroy. — *Ce qui suit n'est pas de l'écriture de Mariette.* — Le peintre Godefroy fut tué par un nommé Chantereau, peintre très-médiocre, mais qui mettoit une sorte d'esprit dans ses ouvrages (4); d'ailleurs, c'étoit un libertin et un homme de mauvaise mœurs. Pour Godefroy, il n'étoit employé qu'à nétoyer les tableaux du Roy (5).

---

(1) *Dictionnaire des Beaux-Arts.* Paris, 1759, in-12, p. 44.

(2) Fable V du livre II (*OEuvres complètes de la Mothe.* Paris, 1754, 10 vol. in-12. T. IX, p. 215-7), elle est intitulée : *Le Portrait.* Un peintre, pour faire pièce aux sots critiques, force le modèle à mettre sa tête dans le tableau, et, comme on ne le trouve pas encore ressemblant, l'original se prend à parler :

« Vous vous trompez, Messieurs, dit la tête, c'est moi. »

(3) Voir aussi sur Autereau les vers qu'on trouve dans : *Babioles littéraires* (par M. de Bar). Paris, 1749, 4 vol. in-12; ils y sont t. I, p. 87. — Les *Mélanges de M. de Bois-Jourdain* (3 vol. in-8°, 1807). T. II, p. 112-13, — et la Notice de *Pesselier* en tête des *OEuvres dramatiques d'Autereau.* Paris, Briasson, 1749, 4 vol. in-12. — Louis Autreau, fils de Jacques, a été peintre de portraits, et on en a gravé d'après lui un certain nombre.

(4) Lebas a gravé, d'après lui, deux sujets militaires.

(5) Piganiol de la Force (*Description de Paris*, 1765, tome VII, p. 187), mentionne à propos de la galerie de Rubens au Luxembourg : « Le temps qui détruit tout, avoit tellement endommagé tous les tableaux de cette galerie, qu'on a été obligé de les faire racommoder. On a confié ce soin à trois personnes, qui sont les sieurs *Godefroy*, *Van Breda* et *Colens.* Le premier a un secret particulier pour rentoiler les tableaux, les remettre sur toile et remplir les crevasses; les deux autres, qui sont des peintres flamands, les repeignent, ayant été choisis pour cela, après la mort du sieur Falens. » Celui-ci est évidemment Van Falens, l'imitateur de Wouwermans. — Tout nous porte à croire que c'est d'un fils de ce Godefroy qu'il s'agit dans la note suivante, relative aux *Mays de Notre-Dame*, et qui se trouve dans le *Guide* des amateurs et des étrangers voyageurs à Paris, par Thiéry (Paris, 1787, tome II, p. 90) : « Nous exhortons MM. les amateurs à se procurer la description

AVED (JACQUES-ANDRÉ-JOSEPH), mort à Paris d'une attaque d'apoplexie, le mardi 4 mars 1766, avoit été reçu dans l'Académie de peinture en 1734 et étoit monté dans le rang de conseiller en 1744. Il s'étoit borné à peindre le portrait, et, comme il avoit un assez beau pinceau, il eut la vogue pendant assez longtems; de sorte que le dernier Stathouder le fit venir à La Haye pour faire son portrait, qui réussit, mais qui, par rapport au payement, occasionna des tracasseries qui n'eurent point de fin et qui faisoient le sujet continuel des plaintes du peintre. Un des plus beaux portraits qu'il ait fait, selon moi, est celui du maréchal de Clermont-Tonnerre, figure en pied; lorsqu'il fut exposé au salon, en 17.. (1), il enleva tous les suffrages. Il ne manquoit à M. Aved, que de dessiner mieux qu'il ne faisoit; c'étoit sa partie faible. Il étoit de Douay et y étoit né en 1702, le 12 janvier. Etant venu à Paris en 1721, il apprit à peindre de M. Belle. Etant à Bruxelles, en 172., il y peignit le portrait du fameux poëte J.-B. Rousseau, et celui-ci compta si fort sur sa fidélité, que, dans le voyage qu'il vint faire clandestinement à Paris, il ne voulut se cacher autre part que chez notre peintre. Il ne se trompa pas; il lui tint secret (2). Il étoit âgé, à

---

historique de ces tableaux, qu'ils trouveront chez la veuve Hérissant, imprimeur de l'église de Paris, rue Neuve-Notre-Dame, à la Croix d'Or. Elle a été faite par M. Godefroy, peintre et ancien Pensionnaire du Roy. Messieurs du Chapitre, ayant ordonné la restauration de ces tableaux et de ceux de la croisée en 1781, en ont chargé cet artiste qui, après s'en être acquitté avec toute l'intelligence possible, a fait une description détaillée de ces tableaux et du mérite des Maîtres qui les ont peints. On y trouvera un parallèle de Le Sueur avec Raphaël. Cet article est savamment fait. Il seroit à désirer que tous ceux qui dissertent sur les Arts, écrivissent avec de pareilles connaissances et avec autant de goût. »

(1) En 1759; ce portrait en pied de M. le maréchal de Clermont-Tonnerre avait de hauteur, 11 pieds, sur 7 pieds de large.

(2) Il est question d'Aved dans la correspondance de J.-B. Rousseau. Lettre à M. Boutet de Monthéri, de Bruxelles, 18 octobre 1738;

sa mort, de 64 ans. — Son éloge est à la tête du catalogue des tableaux de son cabinet (1). Cet éloge, qui est d'un bon style, est l'ouvrage de son fils, avocat en parlement, et qui se distingue dans sa profession : Voyez aussi son éloge dans le *Nécrologe* des hommes célèbres, année 1766 (2).

AVERCAMP (HENRY), dit le Muet de Campen, vivoit au commencement du dix-septième siècle. J'ai vu un de ses ouvrages datté de 1621, qui représentoit des personnes de l'un et de l'autre sexe, vêtues suivant la mode pour lors en usage parmi les gens de qualité, qui regardoient des patineurs; et cela ne m'a pas donné une trop grande idée du mérite de ce peintre, qui jouit pourtant d'une réputation en Hollande. Il me paroit avoir travaillé dans la manière de J. de Gheyn. Il se servoit de cette marque H A (*en monogramme; voyez* BRULLIOT, *Dict. des Monogrammes*, Ire partie; nº 444).—H A (*idem*) marque, dont s'est servy sur ses desseins Henry Avercamp,

---

à M. Aved, des 10 may et 26 septembre 1738, du 10 may 1739 (il lui parle des deux mois qu'il a passés chez lui); à M. Racine, de La Haye, du 2 septembre 1739; à M. Aved, du 2 janvier 1740; à M. Boutet, du 3 janvier 1740; à M. Aved, de La Haye, des 9 juillet et 4 août 1740; à M. B., chanoine d'Anvers, 1740. (Il le prie de supprimer son premier sonnet à M. Aved; celui des œuvres :

Tandis que tu peignois mon image fidèle, etc.

doit être le second); au même M. B., du 25 septembre 1740.

(1) Le catalogue est de Pierre Remy. Novembre 1766, in-12 de 69 pages. La notice occupe les pages préliminaires III à X.

Une note de famille qui nous est communiquée, nous apprend que le 3 juillet 1728, naquit Charles-François, fils du peintre Jacques-André-Joseph Aved. Son parrain « fut haut et puissant seigneur Charles-François de Vintimille des comtes de Marseille, comte de Luc, marquis des Arcs et de la Mollie, lieutenant de Roy en Provence, gouverneur des îles de Porquerolles, conseiller d'Etat ordinaire, chevalier des ordres du Roy, et sa marraine, très-haute et très-puissante dame Claire-Marie, née princesse de Ligne et du Saint-Empire, épouse de très-haut et très-puissant seigneur Scipion-Louis-Joseph de la Garde, marquis de Chamboran, lieutenant de Roy de la province du Languedoc. »

(2) Par M. de Castillon, recueil de 1767, p. 67.

dit le Muet de Campen, en Hollandais : *Stomme ven Campen* ; il vivoit en 1620. Sa manière tient de celle des Franck ; je l'ai prise sur une estampe, imitant le dessein jusqu'au moindre trait, qu'a gravé Corneille Ploos van Amstel (1).

AZZOLINI (GIO-BERNARDINO), Napolitain, auquel le Soprani (2) donne le nom d'Azzolini ou de Massolini, est le même dont Fr. Pacheco (3) fait mention en deux endroits de son traité de peinture, pag. 26 et 29, sous le nom de Juan Bernardino, et qui avoit, dit-il, un talent singulier pour modeler en cire coloriée des figures, dans un espace de la grandeur de la plus petite monnoye. J'ai vu chez M. de Julienne un petit portrait en forme de médaille, modelé en cire coloriée, que je crois être un ouvrage de ce Jean Bernardin (4). Celui, que le père Orlandi a trouvé nommé sur les registres de l'Académie de Saint-Luc à Rome en l'année 1618 (5), est cer-

---

(1) L'ouvrage, dont parlait Mariette dans la note précédente, est le dessin même gravé par Ploos van Amstel. On peut voir la gravure de celui-ci dans le magnifique recueil : *Collection d'imitations de dessins d'après les principaux maîtres hollandais et Flamands*, commencée par C. Ploos van Amstel, continuée et portée au nombre de cent morceaux, avec des renseignements historiques et détaillés sur ces maîtres et leurs ouvrages, précédée d'un discours sur l'état ancien et moderne des arts dans les Pays-Bas, par C. Josi, à Londres, chez C. Josi, 42, *Gerrard-Street*, *Soho-Square*; 1821 : 3 vol. in-fol. La liste des souscripteurs est datée du 1er janvier 1827, et atteste que l'ouvrage, planches et texte, n'a été tiré qu'à cent exemplaires. Le dessin d'Avercamp est le onzième des *fac simile*. Dans le texte nous renvoyons à deux grandes pages fort précieuses de renseignements sur Averkam, — c'est ainsi que Josi écrit son nom, — sur la provenance du dessin et quelques prix de ses ouvrages.

(2) *Vite dei pittori Genovesi*, 1674, in-4°, p. 312-3.

(3) *Arte de la Pintura, su Antiguedad y Grandeza por Francisco Pacheco vezino de Sevilla*. 1649, *en Sevilla*, *por Simon Faxardo*. In-4° de 644 p.

(4) Il est probable que ce portrait en cire est un de ceux qui se trouvent dans le n° 1290 du catalogue de la vente de M. Jullienne, 1767 : « Deux bustes de jésuites, en pendants, en cire d'Italie colorée, sous verre, de 2 pouces 3 lignes de diamètre. 20 l. 10 s. »

(5) Les mémoires de l'*Accademia di San Luca*, par Missirini, Rome, 1821, in-4, ne rappellent point le nom de cet artiste.

tainement le même artiste, et le père Orlandi a raison de faire observer qu'il y a faute dans la datte rapportée par le Soprani (1510). C'est une erreur d'impression d'autant plus visible, que, suivant la place, que lui a donné dans son livre l'auteur gênois, il est indubitable que notre Jean Bernardin fleurissoit en 1620. On a imprimé dans le Ve vol. des *Lettere su la pittura* une lettre de Jules Cesar Carpaccio, qui lui est adressée et par laquelle on voit qu'il étoit le rival de Marc de Sienne et qu'il travailloit à Naples en concurrence avec ce maître, dont l'auteur de la lettre saisit parfaitement le caractère de peindre (1).

BABUREN (THÉODORE). — *Theod. Bab. pinx.* Ceci se trouve gravé sur une estampe d'un tableau du Christ mis au tombeau qu'on voit à Rome dans l'église de Saint-Pierre in Montorio, et ce sont les premières syllabes du nom du maître qui est Théodore Babuer de Harlem ou plutôt Théod. Baburen (2). —Ce peintre est Flamand, et a travaillé à Rome, où il a peint dans la manière de Michel-Ange de Caravage, dont je le crois contemporain. On voit de lui, dans une chapelle de l'église de S. Pierre *in Montorio*, à Rome, des peintures qui sont fort estimées, et qui sont en effet d'un ton de couleur très vigoureux. Le tableau d'autel représente le Christ mis au tombeau, et il y en a une estampe gravée à l'eau forte et à la pointe peut-être par le maître même; et c'est là que j'ai pris le nom de l'auteur, du moins en partie : car je pense que la syllabe

---

(1) Cette lettre se trouve p. 57-8 du 5e volume de l'édition des *Lettere Pittoriche*, donnée par le Ticozzi. Milan, 1822, in-18. Elle est donnée comme extraite du *Segretario* de Giulio Cesare Carpaccio, imprimé à Rome par Vincenzio Ascolti, 1589, in-8°, p. 187. Cette lettre est adressée à Gio Bernardo.

(2) Cette pièce, fort rare, est citée par M. Le Blanc, *Manuel de l'amateur d'estampes*, p. 116. Elle se trouve au Cabinet des Estampes dans un des précieux recueils de Marolles; elle est d'une pointe très-fine et très-spirituelle.

Bab n'est que la première de son nom. Je ne le trouve point nommé ailleurs, et lorsqu'on demande à Rome de qui sont les peintures susdites de S. Pierre *in Montorio*, on se contente de dire qu'elles sont du Fiaminghetto. Cela pourroit faire croire que l'artiste est mort jeune et qu'ayant laissé très peu d'ouvrages, sa mémoire s'est insensiblement effacée. J'ai fait des perquisitions à son sujet et elles ne m'ont encore conduit à rien de positif (1). Il est nommé dans Corneille de Bie (Cabinet des Peintres); on y lit, p. 155, six vers flamands à la louange de ce peintre qui etoit Hollandois, et dont le nom entier est Théodore Babuer de Harlem. Corneille Bloemaert a gravé un morceau d'après ce maîtreen 1625. C'est un homme en demi-figure qui tient une flute. Le nom du peintre y est écrit ainsi : *Theod. Baburen.*

BACCIARELLI (MARCEL), né à Rome en 1731, est élève de Benefiale et est passé en Allemagne sous une heureuse étoille. On avoit besoin d'artistes qui fissent des desseins des principaux tableaux de la Galerie électorale de Dresde, que le roi de Pologne vouloit qui fussent gravés, et Bacciarelli fut au nombre de ceux que fournit l'Italie. Il vint dans cette intention à Dresde en 1750, et il fut assez constamment occupé à cette besogne, jusqu'en 1755, que la malheureuse guerre, qui affligea la Saxe, mit fin à l'ouvrage pour lequel il avoit été appellé (2). Il fut pour lors obligé de reprendre la palette, et, se trouvant avoir le talent de saisir assez heureusement

(1) Descamps (T. I, p. 272) n'en savait pas grand'chose. Voici son article : « Babeur, Hollandois, peignoit dans la manière de Pierre Neef; n'ayant rien vu de lui, je ne ferai que le nommer. » Rien de moins semblable à Pierre Neef que la belle eau-forte du Christ porté au tombeau.

(2) 1753, folio maximo. Pour le détail des deux volumes publiés, et celui des planches qui étaient déjà faites pour le troisième, voyez de Murr, *Bibliothèque de peinture*, in-12, tome II, p. 609-12.

les ressemblances, il se consacra de préférence au genre du portrait. Il passa à Varsovie en 1756 et y conduisit avec lui Jeanne Julienne Frédérique Richterin, née à Dresde en 1733, avec laquelle il s'étoit marié l'année précédente. Elle étoit en état de le seconder. Charles Hutin lui avoit appris à dessiner avant son mariage, et, quand elle fut en Pologne, elle prit le pinceau et fit de fort jolies miniatures.

Quelques années après, tous deux se transportèrent à Vienne, où ils étoient attendus, et le mary eut l'honneur d'y faire avec beaucoup de succès les portraits de l'empereur, de l'impératrice, et de toute leur auguste famille. Jamais peintre ne reçut tant d'accueil et ne fut plus largement récompensé. Mais la nouvelle étant venue que le comte Poniatowsky avoit été élu roi de Pologne, il fallut quitter un lieu, qui leur devoit être si agréable, pour en aller habiter un autre qui le devoit être encore davantage; car Bacciarelli, dans le 1er voyage qu'il avoit fait en Pologne, avoit sçu captiver la bienveillance du nouveau Roi; l'on peut dire même qu'il en étoit chéri, et il ne fut pas longtems sans en faire l'expérience. Le prince, voulant le fixer en Pologne, lui procura le titre d'*Indigena* et le pourvut d'une brillante starostie, qui mit le comble à sa fortune et lui fit éprouver un sort brillant auquel il ne devoit guère s'attendre. M. Heinecken, qui lui est allié à cause de sa femme, m'en a fait le récit et a lui-même fait imprimer, dans ses Mémoires sur les différentes parties de l'art qui ont été publiés en allemand, T. I, p. 216, une partie des faits que je viens de rapporter (1).

BACHELEY (J.), graveur à Rouen, né près le Pont Leveque en Normandie.

---

(1) Voyez, pour une première ébauche du catalogue de son œuvre, le Manuel de Ch. Le Blanc, p. 116.

BACHELIER (JEAN JACQUES), peintre (1), a commencé par s'afficher peintre de fleurs et a été reçu en cette qualité académicien. Il y montroit du talent, mais il a eu l'ambition de prendre un vol plus haut. Il a présenté des tableaux d'histoire de sa façon et il a obtenu, non sans peine, de passer dans la première classe et de parvenir au grade d'ajoint à professeur. Il a plus fait; il a formé le projet, en 17.., d'établir dans Paris une école gratuite du dessein, où seroient admis tous ceux qui se destineroient aux arts, dans quelque talent que ce fut. M. de Sartines, lieut. général de police, a gouté ce projet; il s'est fait une association d'amateurs, qui ont contribué de leurs bourses et de leurs soins pour le faire réussir. J'apréhende qu'on n'en sente quelque jour les inconvénients; mais, jusqu'à ce tems la, l'auteur du projet y trouvera son compte, et, sans trop approfondir dans ses veües, je m'imagine qu'il n'en a guère eu d'autres. Son talent de peintre de fleurs lui a fait avoir la direction des ouvrages de peinture, dont on enrichit les porcelaines à la fabrique royale de Sèvres, et l'on a point à se repentir de ce choix, il s'en acquitte avec le plus grand succès.

BACHICHE. Le Bachiche avoit une intelligence merveilleuse, et son génie le portoit à exécuter de grandes machines. Il faut croire cependant que ce génie avoit besoin d'être aidé; car ce peintre, toute habile qu'il est, n'a paru grand et très grand que lorsqu'il a été soutenu par le Bernin. Son beau plafond de l'église de Jésus, ses angles ou pendentifs de l'église de S. Agnès, à la place Navonne, sont, à ce qu'on prétend, autant l'ouvrage du Bernin que le sien; et, si quelqu'un le conteste, il ne pourra disconvenir que, lorsque le Bernin fut mort, il sembla que le génie du Bachiche avoit été mis

(1) Né à Paris en 1724, mort en 1805.

avec celui du Bernin dans le même tombeau. Non seulement ses ordonnances n'eurent plus la même beauté ni le même enthousiasme; mais on ne vit plus dans son pinceau ni la même suavité, ni la même *vaghezze*. Il crut avoir jusqu'alors péché par défaut de couleur; il voulut charger ses teintes et donner à ce qu'il peignoit plus de vigueur; il n'y eut plus d'harmonie dans ses tableaux; ils parurent durs et secs, et ne présentèrent plus rien d'agréable, témoin ce qu'il a fait aux S. S. Apôtres. Le Bachiche étoit la main, dont le Bernin se servoit pour exprimer en peinture ses pensées neuves et piquantes; cette obéissante main se ployoit à tout ce que le sculpteur vouloit, elle ne cherchoit point à épurer, ni à rendre cette manière plus correcte; elle y eut perduë. Chaque manière demande à être donné dans son véritable caractère; sans cela elle dègénère et n'est pas supportable. Le Bachiche est né en 1639 et non en 1638. L'inscription au bas du portrait de ce peintre, que M. Crozat avoit eu de la collection Pio, le dit, et le Pascoli le confirme (1).

BACKER (JACQUES DE BACCHER ou plustost); car c'est ainsi qu'il écrivoit son nom, qui en hollandois répond au mot françois *Boulanger*. Il y a deux peintres de ce nom, l'un plus ancien — j'ai une estampe gravée par Wierx d'après le vieux Jac. de Backer et elle peut servir à faire connoître quel étoit son gout de dessein et sa facon de composer; l'une et l'autre sont fort médiocres — natif d'Anvers et celui dont Baldinucci fait mention d'après ce qu'en avoit écrit dans sa langue Van Mander, l'autre beaucoup plus moderne, qui s'estoit particulièrement destiné au genre des portraits et qui en a fait d'extrêmement beaux. Il nacquit à Harlem, ainsi que nous l'apprend Corn. de Bie, et il est mort à Amsterdam

(1) *Vite dei pittori, scultori ed architetti moderni.* Roma, 1730, 2 vol. in-4. Tomo I, 194-209.

le 27 aoust 1651 agé de 42 ans, suivant qu'il est marqué au bas de son portrait peint par T. de Keyser et gravé par Th. Matham. Amsterdam le compte parmi ses peintres, et il avoit en effet pris un établissement dans cette ville et n'est point sorti du moment qu'il vînt l'habiter.

BACKHUYSEN (LUDOLF), né à Emden en 1631 et mort à Amsterdam en 1709 agé de 78, ans a excellé à peindre des vaisseaux et ce qu'on appelle des marines; un de mes amis a une veue de la rade d'Amsterdam, qui est très bien peinte, surtout l'eau, qui est d'une légereté et d'une transparence merveilleuse. Les vaisseaux sont peints d'après nature et toutes les manœuvres et les matures sont dans la plus exacte vérité. Je trouve cependant ces vaisseaux peints plus pesament que le reste; on y voit quelques figures; mais ce n'est pas ce qui est de plus beau; quoyqu'elles ne soient pas mal peintes (1). Les tableaux de ce peintre sont estimés et recherchés dans son pays; icy ils sont moins considérés; les sujets ne sont pas assez intéressans pour nous. Bakhuysen, outre le talent de la peinture, qu'il ne devoit qu'à la nature seule, car il s'étoit formé de lui même, avoit encore une très belle main pour l'écriture. Il en donnoit des leçons, et il a fait d'excellens écoliers. Houbraken, qui a écrit sa vie (2), le fait auteur d'une suite de marines gravées par luy même en 1702. Je n'ay pas encore eu occasion de les voir. — Je les ai vu de près chez Huquier. S'il n'avoit pas fait autre chose, on ne parleroit guère de lui.

---

(1) Il est à peu près certain que la belle Marine de Backhuysen possédée par le musée du Louvre, au fond de laquelle on aperçoit la ville d'Amsterdam, dont le nom est écrit à gauche en lettres d'or, est le tableau dont parle ici Mariette. En effet, ce tableau, qui vient du cabinet de Louis XV, lui avait été donné par les héritiers du sculpteur Bouchardon, qui a été très-lié avec Mariette.

(2) Dans sa *Vie des peintres hollandais*, 1719, in-8, tome II, p. 236-44.

BADALOCCHIO (SISTO). Ny luy, ny Lanfranc, n'ont jamais gravé la gallerie Farnèse; il (1) veut dire les Loges du Vatican peintes par Raphaël. Dans un mss., composé par un nommé Pio, l'année de sa naissance est mise à l'annee 1579, et celle de sa mort en 1648; mais, comme cet écrivain m'est suspect, je n'ose trop compter sur la vérité de ces dattes (2).

— *Sisto B*o. Marque dont a fait usage Sisto Badalocchio.

BAGARD (CÉSAR) est compté au nombre des artistes celebres qu'a produit la Lorraine. Il étoit sculpteur, et l'on voit dans les églises de Nanci, plusieurs de ses ouvrages dont on fait cas. Il naquit à Nanci en 1639, le 27 mars, et y mourut en 1709. Voy. les notes à la suite de l'éloge de Callot du P. Husson, p. lxxviij (3).

BAGNADORE (PIETRO MARIA). Le Rossi, dans les éloges des hommes illustres de Bresse (4), article du Mutian, dit que les beaux paysages du Mucian, qui ont été gravés par Corneille Cort, l'ont été sur les desseins qu'en avoit fait le dit Bagnadore. Si cela est vray, et il faut croire que le Rossi n'a pas avancé sans fondement un tel sentiment, ce peintre en sçavoit autant que le Mucian même, car ces desseins qui se retrouvent dans la collection de M. Crozat sont d'une exécution merveilleuse (5). Averoldi, dans la table de son livre,

---

(1) Le Père Orlandi.

(2) Voyez Le Blanc, p. 117, sur la question de l'année de sa naissance, et les auteurs auxquels il renvoie.

(3) Voyez aussi dom Calmet, *Bibliothèque des hommes illustres de la Lorraine*, colonnes 70-1, pour la liste détaillée de ses ouvrages.

(4) Brescia, 1620, in-4°.

(5) No 633 du cat. Crozat : « Trois grands desseins de païsages à la plume très terminés dans l'un desquels est représenté saint Onufre, dans un autre saint Eustache, et dans un autre sainte Magdelaine. Ce sont les mêmes sur lesquels Corneille Cort a gravé. Ils ont appartenu à Rubens, qui a dessiné quelque chose dans un de ces desseins. » Vendu à Hèquet, 31 livres 2 sous.

Pittore di Brescia (1), le fait naitre dans la Fortezza de gl'Orci novi, nel Bresciano ; il dit, dans un autre endroit du livre, qu'il avoit étudié la peinture à Rome, sans dire que ce fut sous le Mucian.

BAILLIE (WILIAM). — W. B. Marque qu'a employée, sur plusieurs des planches qu'il a gravées, le capitaine Guillaume Baillie, qui est un amateur, qui vit à Rome en cette année 1763, et qui y a gravé nombre de planches d'après des tableaux et des desseins. Il en fait son amusement et il en tire du profit, car il vend ses estampes assez cher ; il y en a parmi qui font de l'effet. Il est capitaine dans un régiment de cavalerie. — Depuis quelque tems, j'écris cecy en 1770, il s'est adonné à graver dans la manière noire (2).

BAILLY (JACQUES), de Grace en Berry, peintre en miniature (3).

BALASSI (MARIO) est mort à Florence, le 3 octobre 1667, agé de 63 ans. Son portrait et un abrégé de sa vie, assez circonstancié, se trouvent dans le Tome III du Recueil des portraits des peintres de la galerie de Florence.

BALDINI. Vasari a remarqué que Sandro Bóticelli (l'un de

---

(1) Brescia, 1700, in-4°.

(2) Son œuvre se compose de 111 pièces. On en peut voir le détail dans le *Manuel de l'amateur d'estampes*, de Ch. Le Blanc, I, p. 119-23.

(3) Non pas de Grasse, mauvaise leçon que Mariette a prise dans les *Noms des plus fameux peintres*, de Félibien (p. 73), mais de Graçay, qui est proche de Bourges, ce qui explique que Florent-le-Comte (éd. de Paris, III, 129) le dise de cette ville. Il fut reçu à l'Académie en juillet 1664, et mourut à 50 ans, le 7 septembre 1679, si l'on en croit la liste de M. Dussieux, rédigée d'après les registres de l'Académie, — le 2, si l'on en croit Piganiol, qui, en le disant enterré à Saint-Germain-l'Auxerrois (il logeait aux galeries du Louvre), donne cette date, sans doute d'après l'épitaphe. Piganiol,

ceux qui ont exercé les premiers la gravure à Florence, ou, pour mieux dire, qui ont trouvé l'art d'imprimer sur du papier ce qu'ils avoient gravé sur le cuivre) avoit preparé des planches pour une édition du Dante. Cela se trouve vrai. En MCCCCLXXXI, le 30 aoust, Nicolas di Lorenzo della Magna (c'est à dire Nicolas fils de Lorenzo, originaire d'Allemagne), mit au jour à Florence la Comédie du Dante avec le commentaire de Christophe Landini, qu'il venoit d'imprimer. C'est un grand et gros in folio (1). En faisant cette édition, il n'est point douteux qu'il avoit dessein de l'enrichir d'estampes à la teste de chaque chant, car au commencement de chacun des d. chants, il y a des vuides qui n'y ont eté laissés qu'à cette intention, mais qui n'ont jamais eté remplis que je sache, du moins en entier. On trouve bien quelques exemplaires, où les planches qui devoient servir dans cette édition et qui sont celles du Boticelli ont eté imprimées, mais elles ne vont pas au delà des deux premiers chants, car la planche qui est à la tête du troisième chant n'est qu'une repetition de celle du premier chant. Les planches sont tirées dans le livre même, ce qui est remarquable, et je l'observe, parceque j'ai vû des gens qui etoient dans la prevention que ces planches avoient

---

à cet endroit, donne sur lui quelques détails, auxquels nous renvoyons (éd. de 1765, II, 221-2, et VII, 294). Nicolas Bailly, peintre et graveur, était son fils; — il était garde des tableaux du roi, et c'est à lui que nous devons leur précieux inventaire, rédigé en 1709 et 1710 et conservé au Louvre en manuscrit; — et Jacques Bailly, garde des tableaux du roi et père du maire de Paris, était aussi son petit-fils; c'est à ce second Jacques que se rapporte le tableau cité par Piganiol (VII, 194). M. Robert Dumesnil (*Peintres graveurs français*, II, 89-91) a donné le détail des fleurs gravées par le premier. Nous rappellerons aussi que toutes les devises gravées par Séb. Leclerc pour le carrousel de 1632, et dont les planches existent à la chalcographie (nos 1837-79 du nouveau livret), l'ont été d'après ses dessins.

(1) Voyez sur cette édition le catalogue des livres imprimés sur vélin de la Bibliothèque du roi, par M. Van Praet, IV, no 153, et Brunet, II, 14-5.

été collées et mises à leur place dans le livre postérieurement. J'ai des épreuves des trois premières planches que m'a envoyées M. Gabburi. Il en possedoit encore dix autres qui sont à n'en point douter, une suite des trois premières que j'ai. Ces dix planches vont de suite depuis le 4e chant jusqu'au 13e sans aucune interruption; mais je ne sache pas qu'elles se trouvent dans aucun exemplaire du livre imprimé. La suite ne va pas plus loin, et il faut croire que Boticelli en est demeuré là, et que n'ayant pas continué pour des raisons qu'on ignore, on ne pensa plus à mettre des planches dans l'edition que je cite, et on l'a fait paroitre avec les places d'attente. Et en effet Boticelli refusant ou ne pouvant pas remplir ce projet, il etoit difficile de le faire accomplir par d'autres, d'autant que c'etoit une nouvelle invention qui n'etoit pas encore bien connue. J'ai vû un Dante imprimé avec des planches à Bresse en 1487, mais les planches sont en bois, et cela n'a rien de commun avec l'impression des planches en cuivre qui n'est venue que depuis, et que je prejuge n'avoir été exercée en Italie que plusieurs années après qu'elle avoit été trouvée en Allemagne. J'ay des planches gravées en Allemagne en 1467, et ces planches de Boticelli ne sont, comme on voit, que de l'année 1481. Voilà 14 ans de difference et c'est beaucoup. Lorsque M. Gabburi m'envoya les trois epreuves que je viens de citer, il me fit observer qu'il y avoit sur une de ces pièces cette marque Σ qu'il pretendoit être celle de Maso Finiguerra. Il se trompoit; ces planches sont incontestablement de Boticelli; et cette marque est un chiffre *trois*, et en effet la planche où elle est etoit destinée pour le 3e chant du Dante, et c'est la seule qui soit chiffrée. Je vois de plus le même chiffre, figuré de la même manière sur les planches qui composent deux suites qui me sont passées par les mains et où sont représentées dans l'une les douze sybilles et dans l'autre 21 des patriarches ou prophetes de l'Ancien Testament, à commencer à Isaïe (et peut être y en doit-il avoir jusqu'à 24, la suite que j'ai sous les yeux peut n'être pas complette). Les planches qui composent ces deux suites sont dans la même manière et sont du même travail que celles pour le Dante; et je suis completement certain qu'elles sont encore une production du Boticelli ou du Baldini sur les desseins du premier. Dans chacune la sybille ou le patriarche est représenté assis sur une banderole qui ordinairement voltige dans le fonds; le nom des personnages est écrit en latin, et au bas huit vers, d'un italien fort grossier et en lettres unciales, rendent raison du sujet. Cela se doit entendre de la suite des patriarches; car, quoi qu'il en soit de même, par rapport à la position des vers italiens, à la suite des sybilles, dans celle ci, outre le nom de la sybille, on trouve écrit tantôt dans les fonds de l'estampe, et tantôt sur une banderolle, et quelquefois sur un livre ouvert que tient la sybille, la prophétie écrite en latin. Ces deux suites, qui m'ont été communiquées, ont été apportées de Florence, et c'est une espèce de préjugé que l'ouvrage y a été fait. Toutes les planches sont cotées au haut à gauche depuis 1 jusqu'à la fin. Il y a beaucoup de variétés dans les habillemens de ces figures de sybilles et de prophetes; l'auteur vouloit sans doute parêtre un homme de génie; mais le goût gothique n'en paroist pas moins dans cet ouvrage qui ne peut estre loué que par quelque compatriote zelé, tel que le Vasari. Nos ouvrages gothiques de ce tems là valoient bien ceux-ci.

Au bas de la planche cotée 3 représentant la sybille Delphique et dans le blanc qui est au devant des huit vers italiens, on trouve deux lettres ainsi disposées $\frac{\text{D}}{\text{A}}$. J'en ignore la signification; on ne voit rien de semblable aux autres planches; ces deux lettres n'ont rien de commun avec les vers qui suivent; seroit-ce la marque du graveur Baldini, et encore plutot la marque du Botticelli, Alexander Botticelli; car Sandro est le diminutif d'Alexandro.

Cette suite de prophètes et de patriarches qui ont annoncé ou prédit la venue du Messie a été connue en Allemagne, et elle a méritée qu'un des premiers graveurs de ce pays là s'en servit dans une suite d'apôtres que j'ai eu occasion de voir. Ce maître allemand n'a pas tout copié; le saint Paul et le saint Simon le sont seulement, d'après les deux qui, dans la suite italienne, représentent les prophètes Malachie et Amos, avec cette différence, que, pour les faire cadrer à son sujet, l'artiste allemand s'y est permis des changemens; par exemple, le prophète Amos tient un lion et devenu un saint Paul il tient une épée : outre cela les pieds des figures, qui étoient chaussés, sont nuds, et les chaises ou trosnes sont de desseins differens. Ce ne sont pas non plus les mêmes sens de tailles, ni par conséquent des copies serviles. J'ai confronté tous les autres apôtres et n'en ai point vu d'autres de copiés. A ces pièces allemandes, il n'y a aucune marque. Je la regarde comme faite dans le berceau de la gravure, et je remarquerai que dans ces commencements les artistes se copioient volontiers. La disette de génie le permettoit. J'y crois reconnoître la manière de F. V. B.; on a du même maître une suite d'apôtres debout et dans les mêmes proportions que ceux qu'il a représentés assis.

— Il se pourroit fort bien faire que, comme l'invention de la gravure vient d'Allemagne, et que cet art y a été pratiqué plusieurs années avant qu'il le fut en Italie, cette suite d'apôtres eut précédé la suite des prophètes gravée à Florence. Il en sera passé des gravures dans cette ville, lesquelles seront tombées entre les mains du Botticelli, et celui-ci, chez qui la partie du génie n'étoit pas ce qui dominoit le plus, s'en sera aidé de quelques unes auxquelles il aura fait des changemens pour les dépayser. On a plus d'un exemple de plagiats semblables faits par des italiens; en plus d'une occasion, ils n'ont pas eu honte de faire de pareilles incursions sur les Allemands. Dans les commencements que ceux-ci firent paroitre des estampes, les Italiens les regardèrent avec l'admiration qu'on donne aux choses de nouvelle invention. Témoin Michel Ange qui dans sa jeunesse ne rougit point de copier pour son étude le saint Antoine battu des démons qu'avoit gravé Martin Schoën (1).

BALDINUCCI (FILIPPO), florentin et académicien de la Crusca, avoit assez de pratique du dessein pour être en état de dessiner des portraits d'après nature et de les faire ressembler. Le cardinal Léopold de Medicis, qui étoit grand amateur et dont il avoit toute la confiance, en avoit recueilli plusieurs, dont il avoit orné ses maisons de plaisance. Mais c'est en exerçant sa plume que le Baldinucci s'est fait une plus grande réputation. Il la fit servir principalement à composer les fastes de la peinture, ouvrage que lui suggéra le cardinal, son protecteur, et qu'il distribua par siècle en commençant à Cimabue qu'il regardoit comme le restaurateur de la peinture, et, descendant jusqu'au tems qu'il écrivoit, il recueillit à peu près tout ce qui avoit été dit sur les artistes qui ont manié le pinceau et qui ont pratiqué les autres arts dépendant du dessein. Il s'étendit en particulier sur les peintres, ses compatriotes, et, voulant acquérir des notions sures par rapport aux peintres de la Lombardie, il en fit exprès le voyage. D'un autre côté le cardinal lui fit faire des traductions de Van Mander, et il fut le premier qui fit parler cet écrivain une autre langue que celle dans laquelle il avoit

---

(1) Voyez, pour le détail des pièces dont parle Mariette, la description de Bartsch, XIII, 158-200.

écrit. Il ne vit cependant qu'une très petite partie de son ouvrage imprimé de son vivant, et peut-être le reste serait-il demeuré entre les mains de l'avocat Fr. Xavier, son fils, sans les sollicitations redoublées du chevalier Gabburri. Il n'y consentit même que lorsqu'il vit le scavant Ant. Marie Salvini, le docteur Ant. Marie Biccioni et Marc Ant. Mariti, prêts à le seconder et à mettre l'ouvrage en état de paroître. Il en parut alors un volume en 1702 et deux autres depuis, en 1728. Le Baldinucci avoit commencé à se faire connoître par un Dictionnaire des termes usités par ceux qui cultivent le dessein, 1 vol. imprimé en 1681; par une Vie du chevalier Bernin, imprimé en 1682, et par une histoire abrégée de l'Art de la gravure, publiée en 1686. Je crois pouvoir placer sa mort vers l'année 1700. C'étoit un homme d'une piété exemplaire et qui passoit pour avoir une grande connoissance de sa langue, et l'avoir parlé très correctement. Ce fut lui qui composa pour le cardinal de Médicis la collection de desseins qui se conserve à Florence. Je n'ose dire ce que j'en pense, je craindrois de faire tort aux connoissances du collecteur (1).

BALDUCCI (GIO), *detto Cosci*, fut l'eleve en qui Battista Naldini mit le plus de confiance. Il lui fit achever le tableau

(1) Sur les ouvrages de Baldinucci et leurs différentes éditions, nous renvoyons au *Manuel du libraire et de l'amateur de livres*, de Brunet, 4e édit., t. I, p. 236-7, et à l'ouvrage du comte Mazzuchelli, *Gli Scrittori d'Italia*. Brescia, 1753-63. 6 vol. in-f°, qui ne vont malheureusement pas plus loin que le B; III, 142-5. Baldinucci, outre la collection du cardinal de Médicis, avait encore rassemblé pour lui-même une riche et nombreuse collection de dessins, qu'il avait réunis en quatre gros volumes, suivant l'ordre chronologique de ses *Notizie de' professori del disegno*, où il fait souvent allusion aux dessins qu'il possède. Ce recueil fut acquis par le musée du Louvre sous l'empire, et bien qu'en mainte occasion les fausses attributions y donnent justice à l'aigre-douce critique de Mariette, il n'en contient pas moins, surtout pour la période des maîtres primitifs, des dessins inestimables. Il offre en tête quelques portraits de Baldinucci à la sanguine, mais ils sont très-médiocres.

qu'il avoit entrepris de faire pour l'entrée de la grande duchesse Christine de Lorraine à Florence, en **1588** (1), et que la goute ne lui avoit pas permis de finir, et il lui en fit distribuer encore deux autres qui lui firent beaucoup d'honneur.

BALESTRA (ANTOINE), Longhi. Vit. de Pitt. Venez. —I lest mort à Vérone le **21** avril **1740**. Il etoit agé de 74 ans. Il étoit à Venise en **1717**, et, comme il demeuroit chez un de ses frères, dans le quartier de *Santa Maria mater domini*, qui étoit celui de Zanetti, il se forma entre eux une liaison qui fit honneur à l'un et à l'autre. La Rosalba en profita, elle prit des leçons de Balestra, qui ne lui furent pas infructueuses.

— Les pièces qu'Antoine Balestra a gravées à l'eau forte et d'une pointe fine et spirituelle, m'ont été envoyées en me faisant observer qu'on avoit eu toutes les peines du monde à les trouver à Verone. On ne sçait ce que sont devenues les planches, et le peu d'épreuves qui en restent sont rarissimes. Zanetti, ami de Balestra, et qui fait cas de ses ouvrages, m'a ecrit que ces pièces lui manquoient et qu'il desesperoit de les trouver. Celles, qui m'ont été envoyées par M. Temanza, qui en a bien voulu faire la recherche pour moi, m'ont couté cher. Je les avois vû, mais non pas toutes, entre les mains d'Huquier.

BALTENS (PIERRE), et non pas Balton, ainsi que l'appelle Sandrart (2), mais son véritable nom étoit Pierre Custos, étoit d'Anvers, et je vois par quelques estampes que Wierx a gravées et qui portent la date 1577, qu'il y faisoit le commerce d'images. Dominique Custos, graveur à Augsbourg, étoit son fils.

— Dominique Custos estoit fils d'un peintre d'Anvers,

(1) Voir la note précédente, p. 17.
(2) P. 260; Noribergœ, 1683.

imitateur de Bruegel et assez estimé ; il se nommoit Pierre Custos, et fut surnommé Baltens. On ne le connoist guère que sous ce dernier nom, et Van Mander, qui en fait mention, ne le nomme pas autrement. J'ay veu un paysage gravé en bois d'après lui, et il n'y avoit au bas que le nom de P. Baltens. Dominique Custos fit graver le portrait de son père en 1609 par Luc Kilian.

— *En rapportant l'inscription du portrait gravé d'Albert Durer* : Dominico Custodi vitrico suo, Jacobo Mullero socero suo, D. D. Lucas Kilian anno 1608, *Mariette ajoute* : Ainsi, l'on apprend par là que D. Custos étoit le beau-père de L. Kilian, c'est à dire qu'il avoit épousé la mère de L. Kilian en 2es nopces (1).

BAMBINI (GIACOMO) est un des disciples de Dominique Mona, auprès duquel il ne fit pas de grands progrès, ce que je remarque avec l'auteur de la *Description des peintures de Ferrare* (2), parce que le P. Orlandi l'ayant rangé (ci-dessus, p. 97) au nombre des peintres de Ferrare qui s'étoient fait une reputation, on pourroit être tenté de lui supposer des talens qu'il n'avoit pas. Autre erreur de l'auteur de l'*Abeccedario ;* il place la mort de cet artiste en 1626, tandis qu'elle n'est arrivée que le 22 décembre 1628.

BAMBINI (NICOLAS), né à Venise de parens, qui lui donnerent une excellente éducation ; ils lui firent faire son cours d'études, mais il ne put résister au penchant qui l'entrainoit vers la peinture. Il en prit les leçons sous le Diamantini, s'il

---

(1) Le Raphaël Custos, qui a gravé le portrait de Luc Kilian, devait être aussi de la famille de Pierre et de Dominique.

(2) Pitture e scolture che si trovano nelle chiese, luoghi publici e sobborghi della citta di Ferrara. Ferrara 1770, in-8°, appresso Giuseppe Rinaldi (par Cesare Barotti), p. 20.

en faut croire le Guarienti (1), car le Longhi, qui nous a donné des notices sur la vie de cet artiste, le fait disciple du peintre florentin Mazzoni. Mais, quoiqu'il en soit, le Bambini est un des peintres qui, dans ces derniers tems, a fait le plus d'honneur à l'école vénitienne. Son génie étoit fécond ; il peignoit avec une prodigieuse facilité, ce qui sans doute lui nuisoit, car cela l'engageoit à peindre presque toujours de pratique. Il se fit considerer, et le doge le crea chevalier. Dans un âge fort avancé, il travailloit encore avec la vivacité d'un jeune homme. Il est mort à Venise en 1736, agé de 74 ans.... Longhi Vit. de Pitt. Venez.—Ce n'est point le doge qui lui donna la croix, ce fut un prince d'Italie qu'on ne nomme point. Il etoit à sa mort beaucoup plus âgé que ne le fait le Longhi, il comptoit 85 ans. M. Zanetti, le biblioth. de S. Marc, qui avoit appris à dessiner à l'école du Bambini, le dit formellement et il faut le croire. Voyez son L. della Pitt. Venez, p. 431, et ce qu'il y dit des talens de ce peintre. Il lui est arrivé de travailler, conjointement avec le Cassana, quelquefois dans le meme tableau ; il en creoit l'ordonnance, l'autre y mettoit la couleur, et il en résultoit un tableau charmant. Peu content de ce que lui avoit enseigné à Venise le Mazzoni, il fit le voyage de Rome, et profita beaucoup des leçons qu'il y prit dans l'école de C. Maratte. De retour dans sa patrie, il fut entrainé par le courant et se vit obligé d'assujetir sa maniere à celle du cav. Liberi qui etoit en vogue, sans pourtant avoir jamais pu parvenir à mettre dans ses testes de femmes le même caractère de beauté.

BARBIERE (ALESSANDRO DEL) fut un des Peintres Florentins qui fut employé aux decorations qui se firent à Florence en

---

(1) Sans doute, dans son édition vénitenne de l'*Abecedario* du P. Orlandi, 1753, in-4°.

1588 pour l'entrée de Christine de Lorraine dans cette ville (1); il fit un tableau dans la décoration qui etoit *al canto degli Antellesi.*

BARBIERE (DAMIANO DEL). Je suis comme asseuré que c'est une faulte de Vasari, et qu'il faut lire Dominique del Barbiere, de qui il avoit deja parlé dans la vie du Rosso, et dont le pere Orlandi fait cy après un article separé, le mesme car Dominique del Barbiere qui travailloit pour le Rosso vivoit sous le Primatice, et travailloit sous sa conduitte. Remarquez que Vasari les fait l'un et l'autre Florentins, excellens stuccateurs, et travaillant en France dans le mesme temps. Cette meprise de nom qu'a faitte Vasari a fait commettre la mesme faulte à tous ceux qui ont ecrit depuis luy. Le Pere Orlandi fait dire icy à Vasari que Damiano del Barbiere vint en France vers l'année 1544. Cependant cet auteur n'en parle en aucune maniere.

BARBIERE (DOMENICO DEL). Voyez cy dessus à l'article de *Damiano del Barbiere.*—Domenico Fiorentino. Il etoit sculpteur et architecte, on voit de ses ouvrages de sculpture à Fontainebleau, et à Troyes dans l'eglise de S. Nicolas, S. Pantaleon, aux Dominiquains. *J'ay trouvé cecy ecrit au bas d'un morceau du jugement de M. Ange, gravé par ledit Dominique Florentin.* — Il mourut à Troyes et y est enterré dans l'Eglise de S. Pantaleon. *Mem. mss.* envoyé de Troyes (2). — J'ai vu de ses desseins, qui m'ont laissé une fort bonne idée de ses talens et qui m'a fait connoitre que ce n'est pas le gracieux qu'il faut chercher dans ses ouvrages. Il avoit vu le Rosso et

(1) Voir une note précédente, p. 17.

(2) Pour ce qui pourrait rester des ouvrages de Dominico del Barbiere, comme de François Gentil, nous ne pouvons mieux faire que de renvoyer aux divers ouvrages de Grosley sur l'histoire de Troyes.

s'etoit formé sur sa maniere, ainsi il ne pouvoit manquer de mettre du sauvage dans la sienne. C'est dommage, car il avoit du goût et du genie ; le dessein que je cite en est une preuve, il est riche de composition. Il a été vendu à la vente de Julienne, et, s'il n'avoit pas été aussi fruste qu'il l'etoit, je ne l'aurois pas laissé échapper (1).

BARBIERI (JEAN FRANÇOIS) (2). Corn. de Bie en a fait mention dans son livre, p. 283. Mais ce qu'il en dit se reduit à un éloge en vers flamands et n'apprend rien. Je n'en fais mention que pour relever une faute grossiere qui lui est échappé. Car voici le nom du Peintre, tel qu'il l'a mis à la tête de sa pièce de vers : *Jean Francisco Datsent.* Il l'avoit pris sans doute de la bouche de quelqu'homme de son pays, qui prononcoit les mots *Gio. Francesco da Cento* selon l'inflexion de la langue Italienne. L'erreur est palpable. — Sous le Portique du Dome de Cento, on lit son Epitaphe : Cenotaphium Jo : Fran : Barbieri vulgò il Guercino da Cento Pictoris eximii. *Voyage en Italie de Lalande.*

— *La note suivante, datée de* 1768, *se trouve en tête d'un exemplaire, conservé au cabinet des Estampes, du recueil :*

---

(1) N° 332 du catalogue de la vente de M. de Jullienne, in-12, 1767 : « Un sujet de composition fait à la plume, rehaussé de blanc, par *Domenico Fiorentino :* il porte 11 pouces 9 lignes de haut, sur 9 pouces 9 lignes de large. » Le dessin était monté et a été vendu 49 livres.

(2) La plus intéressante biographie qui ait été publiée sur le Guerchin est celle qui parut à Bologne, Marsigli, 1808, sous le titre : *Notizie della vita, e delle opere del cavaliere Gioan Francesco Barbieri detto il Guercino da Cento celebre pittore, alla sacra maesta di Napoleone il grande*, etc., etc. La seconde moitié du volume est consacrée au journal, inédit jusqu'alors, que le Guerchin avait fait tenir successivement par son frère, Paolo Antonio, et par ses neveux, Benedetto et Cesare Genari, et où, depuis le 4 janvier de l'année 1629, jusqu'au 22 décembre 1666, jour de la mort du Guerchin, sont relatées les sommes versées en payement de ses peintures.

Nuova Raccolta di alcuni disegni del Barbieri da Cento, detto el Guercino. in Roma 1764. Nella stamperia di Giovanni Generoso Salomini, in-f°. A la suite de cet ouvrage, Mariette a rassemblé un grand nombre d'autres fac simile de dessins de Guerchin, ceux du comte de Caylus, les siens propres, et ceux de Bartolozzi :

J'ai rassemblé dans ce volume diverses pièces qui ont été gravées d'après des desseins du Guerchin.

On y trouve les douze morceaux qu'a gravés à Venise le Bartolozzi et qui sont d'une beauté presqu'égale à celle des desseins qu'il a imités. Jamais copies n'ont approché autant que celles-ci de leurs originaux. Le peintre n'y auroit peut être pas mis plus d'art. Les six morceaux, qui ont paru les premiers, sont ici d'une expression qui, tirant un peu sur le jaune, imite la couleur de l'encre, lorsqu'elle vieillit et rend par ce moyen le ton du dessein beaucoup mieux que si elle étoit plus noire. Ils ont été tirés avant que Zanetti, auquel appartenoient quelques uns des desseins, eut été décoré, par l'impératrice Reine de Hongrie, du titre de Comte, qui a été ajouté à la suite de son nom sur les planches, et se lit dans les épreuves postérieures, changement qui s'est fait très peu de temps après la publication des planches. Le dessein d'une Ste Famille, où l'enfant Jésus, debout, présenté par Ste Anne, caresse la Ste Vierge, a été achetté des héritiers du Guerchin par M. Jenings, qui l'a fait passer en Angleterre. Il est entièrement à la plume, et fort beau, à ce que m'a dit celui qui en a fait l'emplette. Un autre de ces desseins, où l'enfant Jésus est représenté têtant sa mère, est dans le cabinet de Zanetti. Il est legerement colorié et le même M. Jenings m'en a fait un grand éloge.

Ces douze planches ont été achetées par le Piranèse, lorsque Bartolozzi a quitté l'Italie pour passer en Angleterre, et, depuis qu'il les a en sa possession, il y a fait mettre un titre et y en a ajouté quelques autres, cinq, que j'ai inséré dans le même volume et qu'il a fait graver par Jean Ottaviani, d'après des desseins qui étoient entre les mains de M. Thomas Jenkins, peintre anglois. Il sont suivis d'une gravure, qu'a executé le Bartolozzi depuis qu'il est à Londres, d'après un dessein du Guerchin, qui est intéressant, et qui a été tiré du cabinet du duc d'Argyle. Viennent ensuite six pièces, qu'a gravé à Paris, en 1767, un jeune artiste florentin, nommé Vincent Vangélisti, d'après d'excellents desseins que j'ai eu à la vente de M. Crozat. Il en a imité le lavis et les a aussi bien rendu qu'il est possible. Dans un voyage qu'il a fait à Londres, il y a porté ces six planches et elles y sont demeurées (1). Les Anglois sont passionnés pour les desseins de Guerchin. Un des leurs, je crois M. Kent, fit graver, étant à Florence, quelques desseins de ce maître, et y employa le Zocchi. L'Amour, qui tire une flèche de dedans un carquois est une de ces planches, qu'il a transporté à Londres avec les douze suivantes, qu'il a trouvé à Bologne et qui représentent un enfant, neuf bustes et deux petits paysages, qui toutes me paroissent gravées par le Bonavera.

J'ai terminé la collection par nombre de paysages qu'a gravé fort heureusement M. le comte de Caylus, ceux qui l'ont été par moi, au nombre de trois (2), et un plus grand, que M. Lempereur le père a exécuté d'après un dessein de M. d'Argenville, qui ne me paroit qu'une copie, mais dont la composition est piquante.

J'aurois pu grossir ce recueil de quelques autres morceaux qui ont été pareillement gravés d'après des desseins de Guerchin, tels que la suite des paysages que les Gennari, héritiers de ce maître, firent autrefois graver à Paris, par Pesne, un

---

(1) Voyez plus loin l'article du Bartolozzi.
(2) On en a inséré deux dans son catalogue de vente.

paysage, qui l'a été à Rome par Benedetto Luti et qui est une pièce extremement difficile à trouver; une étude d'une figure du dieu Mars retenu par l'Amour, qu'a gravé à Florence le Zocchi, et dont la planche est à Londres, tout ce qui a été mis au jour dans cette ville par M. Knapton et Pond ; mais j'ai réservé tout cela pour l'œuvre du Guerchin que j'ai formé. J'ai outre cela, dans un volume particulier, ce qu'a fait graver par le Bartolozzi, ou par d'autres, M. R. Dalton, l'homme de confiance du Roi d'Angleterre, et sur lequel il se repose du soin d'arranger ses desseins et de lui en procurer de nouveau.

J'ai encore ajouté depuis une pièce, qu'a gravée, en 1773, à l'imitation d'un dessein fait a la sanguine, le Bartolozzi. Il lui a plu l'intituler *Les filles du Guerchin*, quoy que ce peintre n'ait point été marié. Mais les Anglois se repaissent volontiers de ces sortes d'anecdotes, et pour entrer dans leurs veues, Bartolozzi a forgé celle-ci. Ce n'est pas le morceau qui lui fait le plus d'honneur. On voit au contraire qu'il se perd dans un pays qui n'est pas fait pour nourrir le goût, et où, ainsi qu'en Hollande, il n'y a plus que le grand fini qui fasse fortune.

Il m'est venu, par la même occasion, une caricature qu'a gravé, en 1765, une dame de condition, Louise de Greville, fille du duc de Warwick, d'après un dessein du Guerchin. Ce n'est pas une merveille, il s'en faut beaucoup. Cela n'empêche pas que je ne lui aye donné place dans ce Recueil.

BARENTSEN (DIETERICH BARENT, ou plutot) est le nom flamand de Thierry ou Théodore Bernard, dont on a quelques estampes gravées par les Sadelers, Goltzius, etc., entre autres quelques sujets de la Passion de J. C., que Jean Sadeler a gravés, et dont j'ai vû les desseins en blanc et noir, touchés avec esprit et d'une main legère. Ils étoient au nombre de 40, et par conséquent il s'en faut beaucoup que tous ayent été gravés. Comme ils ne sont pas trop arretés, il a fallu sçavoir beaucoup pour en tirer tout ce qu'a fait Jean Sadeler; mais aussi cela lui a-t-il fait mettre de sa manière dans ses estampes et l'on n'y voit point cette finesse qui fait le principal mérite des desseins. Le peintre qui les a faits connoissoit les règles du clair obscur; ses desseins en font la preuve, au lieu que les estampes ne font point d'effet; il n'y a pas plus d'intelligence que dans les autres gravures des Sadelers. J'ai dans mon œuvre du Titien quelques paysages avec cette marque D. B. Je soupçonne qu'ils ont été gravés par Dieterich Barentzen. Il avoit un assez beau génie et je n'ai point vu sans surprise, dans la suite de desseins que je viens de citer, le sujet de J. C. elevé en croix traité de la même manière que celui de Van Dyck. On m'a assuré que Van Dyck ainsi que Rubens faisoient grand cas de notre peintre et l'on m'a même ajouté qu'il étoit sur que Van Dyck avoit vû cette suite de desseins et qu'il avoit profité de l'idée de l'Elevation en croix, comme Rubens avoit fait de celle d'Abraham congediant Agar qu'il avoit trouvé dans les figures de la Bible de Tobie Stimmer, et dont il avoit fait un tableau qui est chez M. Crozat.

— Cette suite de desseins de Théodore Bernard est revenu à Paris en 1759, et, l'ayant examinée avec plus d'attention que je n'avois fait la première fois, j'ai découvert que l'intention de chaque sujet étoit bien de Théodore, et en effet il n'est aucun dessein sur lequel on ne trouve son nom écrit ainsi : *Theodorus in;* mais j'ai reconnu aussi que l'exécution des desseins n'est point de ce peintre; elle appartient à Jean Sadeler qui apparemment les copia d'après les originaux de Théodore dans l'intention de les graver, et, afin qu'on n'en put pas douter, il mit à quelques uns de ces desseins, et singulierement à ceux qui sont cottés 14, 19 et 28 son nom écrit ainsi : *Joes Sadeler f.*, *Jan. Sad.*, *Joan Sad*, en même temps qu'il mettoit sur le même dessin celui de *Theodorus in.* Cela me donne une très bonne idée du scavoir de Jean Sadeler. Je vois qu'il peignoit et avec facilité, car ces desseins sont faits en maître; ils sont touchés avec une finesse et un esprit qui ne sent point son copiste. C'est dommage qu'ils aient noirci; ils devoient être agréables à voir, lorsqu'ils étoient dans toute leur fraîcheur et avant d'avoir été verni, ce qui, avec le tems, a beaucoup contribué à les anéantir, de façon qu'il y en a plusieurs, surtout les sujets de nuit, où l'on ne voit plus rien. L'Elevation en croix est cotée 23 (1).

— D. B. sur plusieurs planches de paysages qu'on range dans l'œuvre du Titien et que je crois gravés par Thiery Bernard, en flamand Dieterich Barent. Il avoit séjourné longtemps à Venise et avoit été le disciple du Titien, en qui ce grand peintre avoit le plus de confiance.

— Une assemblée de gentilshommes et de dames vénitiennes assistans à une feste qui se donne dans une loge dont la veue s'étend sur la mer; cette belle pièce de Henry Goltzius a été gravée en 1584; c'est une des plus rares de l'œuvre. Elle est composée de deux planches et c'est une feste pour des nopces. D'après Théodore Bernardz d'Amsterdam, le même dont Van Mander a fait la vie et qu'il nomme en hollandois Dirick Barentsen, c'est à dire en latin Theodorus Bernardi, Théodore fils de Bernard. Il avoit été disciple du Titien pendant sept ans, et celuy des peintres flamands qui avoient le mieux sceu profiter des enseignemens de ce grand homme. J'ay veu de ses desseins dont une partie a été gravée par J. Sadeler (2) et dont j'ai fait mention dans l'œuvre de

---

(1) Le hasard nous a remis sous les yeux cette suite de dessins qui ont été proposés à l'administration du Louvre et toujours avec le nom de Thierry Bernard. Nous pouvons, pour les avoir vus, affirmer que la seconde note de Mariette est d'une justesse parfaite et absolument incontestable.

(2) On voit que cette note est antérieure à 1750, époque à la-

ce graveur, qui estoient merveilleusement bien touchés et où le clair obscur estoit bien entendu ; les fonds de paysages en estoient disposés avec grand gout par grandes parties, et sans aucune des petittes minuties où sont presque toujours tombés les peintres flamands et surtout ceux de ce siècle là.

BAROCHE (AMBROISE) de Milan, sculpteur, bisayeul de Frédéric Baroche; voyez *Bellori vie du Baroche* (1) et ci après a l'article du Baroche.

BAROCHE (FREDERIC). Son bisayeul Ambroise étoit sculpteur et c'est lui qui a exécuté ces bas reliefs représentant différentes espèces de machines qui sont au pied de la façade du palais d'Urbin en dehors. Si l'on en croit Vasari, Francesco di Giorgio Sanese en a fourni les desseins. Mais peut-on faire fond sur ce qu'il dit, car il asseure que ces bas reliefs sont peints, et cependant il est certain qu'ils sont de sculpture. *Baldi, Memorie concernenti la Citta d'Urbino* p. 68.

— Le frère du Baroche se nommoit Simon et étoit un excellent ouvrier d'instrument de mathématiques. La ville d'Urbin étoit pour lors en reputation de fournir ce qu'on pouvoit desirer de mieux en ce genre.

— Le Borghini se trompe sur l'âge de ce peintre; il ne lui donne que 45 ans en 1584 (2). Il en avoit pour lors 55. Je m'en rapporte pour cela au Vasari.

— Il faut lire Bellori qui a écrit avec grande exactitude la vie du Baroche et a fait mention de ses plus beaux tableaux et du lieu où ils se trouvent.

— Saint François recevant les stigmates, gravé par Villamène en 1597, M. Crozat a encore le dessein sur lequel cette

---

quelle Mariette reconnut que les dessins n'étaient que d'après Barentien et non de lui.

(1) Ed. de Pise, 1821. 3 vol. in-8. Tome I, p. 175.

(2) Il Riposo, Fiorenza, 1584, in-12, libro quarto, p. 570.

estampe a été gravée par Villamène (1); il a été fait avec un soin infini dans l'école du Baroche. Ce célebre peintre ne negligeoit rien pour que tout ce qui sortoit de ses mains ou qui étoit exécuté d'après lui, luy fit honneur. Il ne se satisfaisoit pas aisément; peu de peintres ont fait autant d'études que lui pour un même tableau. Il paroist bien qu'il estoit difficile par les plaintes qu'il faisoit au Carrache au sujet de l'Enée.

— Enée portant son père; gravé par Aug. Carrache en 1595. M. le duc d'Orléans en a le tableau, qui vient de la reine de Suède, mais fort gaté. Il y en a ce me semble encore un autre en Espagne (2).

— La bienheureuse Micheline de Pesaro en prières gravé au burin a Rome par Benoist Farjat, d'après le tableau qui appartenoit alors à l'abbé Olivieri et qui est un double de celui qui est à Pesaro (3)

— Le portrait de Baroche dans le Bellori; je crois que P. Simon en est le graveur, quoy que son nom ne soit pas à mon épreuve.

— L'Annonciation gravée par Baroche lui même. Le tableau est à Loreto; il y en a un semblable en Espagne à l'Escurial; M. Crozat en a le dessein merveilleusement beau (4).

—La Visitation gravée a Rome par Gisbert Vœnius en 1588.

---

(1) N° 247 du catalogue de Crozat, avec un autre dessin; achetés ensemble 50 livres par M. de Tessin. Ce saint François est maintenant à Londres dans la collection de M. le comte de Bark; il faisait partie d'un inestimable volume acquis par lui en Suède et provenant originairement du comte de Tessin lui-même. Le Louvre, n° 2278 de l'inventaire, possède une autre étude de ce saint François.

(2) Crozat en avait un camaïeu à l'huile (n° 248 de son catalogue). Le tableau du duc d'Orléans indiqué dans Dubois de Saint-Gelais, p. 169.

(3) Crozat avait des études pour ce tableau, n°s 225 et 238.

(4) N° 223 de son catalogue, avec deux autres; achetés 24 livres 3 s. par Héquet.

Le tableau est à Rome dans une des chapelles de l'église neuve. S. Philippe de Néri avoit une dévotion particulière pour ce tableau du Baroche et il disoit volontiers son office devant l'autel où il est exposé. Il y en a une autre planche gravée dans la même année 1588 sans nom de graveur, toutes deux : Statii belgœ formis, plus une troisième par Ph. Thomassin en 1594.

— Saint Pierre et saint André quittant leurs filets pour suivre le Christ gravé par G. Sadeler en 1594; le tableau est à Pesaro et il y en a un semblable en Espagne à l'Escurial (1).

— Les disciples détachant le Christ de la croix, et la Vierge s'évanouissant, gravé en 1606 par Fr. Villamène d'après le tableau qui est à Pérouse. M. Crozat en a le dessein en première pensée très belle (2), qui a passé à Marseille. Elle a été achetée fort cher à la vente de Julienne (3). J'en ai pareillement une première pensée qui ne le cède point au tableau.

— Jésus Christ porté au tombeau par ses disciples, gravé au burin par G. Sadeler. Il y en a une copie de la même grandeur gravée en 1598 par Raphaël Guidi. Le tableau est à Sinigaglia. M. Crozat en a le dessein, en blanc et noir, aussy bien qu'un dessein extrêmement fini (4) au crayon noir et les chairs au crayon rouge, manière que Baroche aimoit assez; lequel dessein a servy à Sadeler pour graver cette belle plan-

---

(1) Le tableau de Pesaro, qui est la répétition d'un premier demandé par Philippe II à la confrérie, est maintenant au musée de Bruxelles auquel il a été donné par nos conquêtes de l'empire. Voyez, pour les nombreuses gravures qui en ont été faites, l'étude publiée par l'un de nous sur ce musée. Dumoulin, 1850, in-8° de 52 pages, p. 4, 45 et les additions derrière le titre.

(2) N° 226 de son catalogue, avec deux autres dessins ; acheté 100 livres 2 sous par Agar.

(3) N° 358 du catalogue. Vendu 361 livres 12 sous.

(4) Fait partie du musée des dessins; il a été exposé. N° 226 de l'inventaire. Vendu 300 liv. à la vente de Mariette (n° 158 de son catalogue). A la vente de Crozat (n° 246 de son catalogue) il n'avait été vendu que 100 livres 1 sou.

che. Ce dessein a été fait par le Baroche avec un soin infiny. G. Sadeler ne pouvoit manquer de faire une belle estampe d'après un si beau dessein. Je croirois assez volontiers qu'il l'a gravée en Italie aussy bien que la Vocation de saint André cy dessus.

— Jésus Christ apparoissant à la Magdelaine sous la figure d'un jardinier, gravé au burin en 1609 par Lucas Ciamberlan. L'on prétend que Fr. Villamène a conduit la gravure; il en avoit au moins la planche. M. Crozat en a le dessein (1); il prétend que le tableau qui étoit autrefois à Luques est actuellement chez le grand duc.

— Une sainte famille où la sainte Vierge fait remarquer à l'enfant Jésus un chat, qui guette un oyseau que tient saint Jean Baptiste, gravé au burin en 1577 par Corn. Cort. M. Crozat a ce dessin fait à la sanguine, sur lequel C. Cort a gravé, mais il est bien effacé; il vient de Jabach (2).

BARON (JEAN), ou Baronius, de Toulouse, a gravé à Rome divers ouvrages, entre autres une planche d'après le beau tableau de la Peste du Poussin. Il mourut à Rome d'une fièvre chaude, s'estant jetté dans le puits de la maison de Corn. Bloemaert, vers le milieu du dernier siècle. Il étoit jeune et promettoit; il y a quelque apparence qu'il étoit élève de Corneille Bloemaert (3).

BARRAS (SÉBASTIEN), peintre, qui vivoit au commencement

(1) N° 224 de son catalogue, avec deux autres dessins; acheté 55 livres 10 sous par le comte de Tessin. Il se trouvait aussi dans le volume acquis en Suède par le comte de Bark et dont nous avons déjà parlé.

(2) Un des huit dessins du n° 228 du catalogue de Crozat. Acheté ensemble 20 livres 15 sous par Héquet. Le tableau fait maintenant partie de la National Gallery. Nous renvoyons à l'excellent catalogue de M. Eastlake pour la suite de ses possesseurs.

(3) Voyez Le Blanc, p. 151-2, pour son catalogue de l'œuvre de Baron, composé de quatre-vingt-dix-neuf pièces.

de ce siècle, et que je crois Provençal. M. de Boyer d'Aiguilles lui avoit fait graver en manière noire quelques uns de ses tableaux, et, entr'autres, deux de Michel Ange de Caravage, et il en avoit fait deux très belles estampes, très supérieures à celles que M. d'Aiguilles a jugé à propos de leur substituer, parcequ'ayant résolu apparemment que toutes les planches de son recueil seroient de gravure uniforme, il se détermina à faire regraver de cette sorte les mêmes tableaux par J. Coelmans. Il fit, à ce qu'on m'assure, repolir les cuivres sur lesquels Barras avoit gravé, après en avoir seulement fait tirer quelques épreuves, ce qui est grand dommage. On a aussi le portrait d'un médecin d'après Van Dyck, gravé pareillement en manière noire par le même Barras, lequel est un très beau morceau.

—Il y a tout lieu de croire que, si Barras avoit fourni une plus longue carrière, il seroit devenu un fort habile homme. Il étoit né avec des talens, et surtout avec du génie, M. d'Aguilles, qui le considéroit, avoit pris soin de son éducation; il l'avoit envoyé à Rome pour étudier, et l'y avoit entretenu pendant plusieurs années. De retour à Aix, il lui avoit fait peindre plusieurs plafonds dans sa maison, et il lui destinoit d'autres ouvrages encore plus importans, lorsqu'une mort précipitée l'enleva à l'âge de trente ans (1). (Description des tableaux du cabinet de M. Boyer d'Aguilles, p. 18.)

BARRI (GIACOMO). Il étoit françois de nation. Il a gravé deux estampes d'après des tableaux de Philippe Gherardi, peints, à ce que je crois, dans la bibliothèque de Saint-George à Venise, dont un représente la Sybille qui montre à

---

(1) Barras mourut, non pas à trente ans, mais précisément à cinquante, en 1703, et fut enterré à Saint-Sauveur d'Aix ; il était né en 1653. Voyez sur lui le premier volume des *Peintres provinciaux*, p. 120-4, où l'on trouvera aussi une description de l'état actuel de l'hôtel d'Eguilles.

Auguste la Vierge Mère, au bas desquelles il s'inscrit ainsi : Giacomo Barri francese (1). Il a aussi gravé une Adoration de bergers d'après Paul Veronèse qui porte la date 1667, et il a publié un Recueil de douze des principales sépultures qui se voyent dans les églises de Venise dont il a fait graver les planches par le Zucini florentin, toujours étant à Venise.

— L'enfant Jésus couché dans la crèche au milieu de la sainte Vierge et de ses bergers, gravée à l'eau forte à Venise en 1667 par Jacques Barri, d'après le tableau qui est à Venise dans l'église des Jésuites. Elle a été aussy gravée chez J. Matham. Jacques Barri est auteur du livre intitulé Viaggio pittoresco, 12° (2).

BARRIÈRE (DOMINIQUE). Ce peintre, qui étoit de Marseille, a gravé beaucoup de veues pendant tout le temps qu'il a demeuré à Rome; il avoit une fort belle manière de traitter le paysage; la veue des ouurages de Carrache avoit surtout contribué à le former (3).

BARTOLI (PIETRO SANTI,) premièrement disciple de M. Le Maire et ensuite de Poussin ; voyez sa vie dans le livre de Pascoli, intitulé *Vite de pittori Perugini* (4).

— Il y a eu deux éditions de la colonne Antonine, toutes deux différentes. Celle à la teste de laquelle est le portrait du

---

(1) M. Le Blanc (*Manuel de l'amateur d'estampes*, p. 155) n'indique pas ces deux pièces, ni par conséquent sa patrie; en revanche il indique une Madeleine chez Simon, aussi gravée en 1667 d'après Paul Véronèse.

(2) *Viaggio pittoresco, in cui si notano distint. tutte le pitture famose de' pi celebri pittori, che si conservano in quals Givoglia citta dell' Italia... Venteia*, 1671, in-12, livre qui est rare, et qui aurait été traduit en anglais (1679, in-8) par un anonyme; il a cependant signé des initiales W. L., qu'on a expliquées par William Lodge.

(3) Voyez ce que nous avons déjà donné dans les documents sur Barrière, et le catalogue de ses gravures dans le troisième volume de M. Robert Dumesnil, et dans Le Blanc, p. 155-9.

(4) Roma, 1732, in-4°.

duc de Modène et une épistre dedicatoire adressée à ce prince par Pietro Santi Bartoli, est la première et elle est moins ample que la seconde, dans laquelle le graveur a donné ce qu'il a pu découvrir dans les parties de bas-reliefs qui est presqu'entièrement effacée, ce qu'il avoit négligé de rapporter dans la première édition. Et pour cela il a fallu réformer plusieurs planches et en augmenter quelques autres. Aparemment que celuy qui avoit fait les desseins de ceste colonne, qui sont dans la bibliothèque Barberine et sur lesquels Piètre Sante a gravé ses planches, avoit négligé ces parties ruinées parce qu'il n'y voyoit rien, mais que, lorsque Pietro Sante eut mis au jour ses planches, on trouva que pour rendre l'ouvrage parfait, il falloit donner la colonne dans l'estat qu'elle estoit sans y rien obmettre, et ce fut le motif des nouvelles augmentations qu'il fit, et qui occasionnèrent des changements dans les explications du Bellori. J'ignore pourquoy dans cette seconde édition on a supprimé la dédicace, et je ne crois pas que jusques à présent on ait songé à faire cette observation des deux éditions.

—*La note suivante n'est pas de Mariette, mais de M. de Caylus; on nous saura, croyons-nous, gré de la recueillir, ainsi que deux autres notes complémentaires de Joly le garde des estampes de la Bibliothèque du roi. Elles seront même ici d'autant plus à leur place que Mariette est l'auteur du texte qui accompagne la publication, que M. de Caylus a faite à très-petit nombre de ce recueil de desseins de Pietro Santo Bartoli, donnés par lui en* 1764 *à la Bibliothèque et d'où nous tirons ces notes. Les dessins sont coloriés et faits d'une manière très-petite, mais timide, naïve, et par là même plus exacte que si elle était plus libre; mais nous laissons la parole à M. de Caylus :*

Ces 33 desseins, que j'ai trouvés par hazard dans Paris, sont de la main de Pietro Santo Bartoli et ont été faits d'après des peintures antiques trouvées à Rome et qui ne subsistent plus. J'en ai fait graver le trait que j'ai donné à ceux qui ont bien voulu faire la dépense de le faire enluminer, et je puis assurer qu'il n'y en a que 30 exemplaires dans l'Europe, ayant pris soin de faire casser les planches après en avoir tiré ce nombre.

Je joint à ce recueil cinq nouveaux desseins que j'ai acquis depuis que les 30 exemplaires étoient distribués. Ils ont le même objet et me paroissent mériter d'être également conservés.

La note suivante écrite par un anonyme, certainement un des employés du cabinet, est le complément naturel de la précédente.

Ce fut M. l'abbé Campion de Tersan qui indiqua ces 5 desseins à M. de Caylus qui les joignit au présent recueil. Après la rare impression qu'il venoit d'en faire faire, il s'étoit bien promis de les faire graver et de les ajouter dans son livre des antiquités; mais sa mort a devancé son intention.

Le 6e dessein est aussi de la main de Pietre Sante; il a été donné depuis la mort de Mr de Caylus par un artiste habile et modeste qui s'est cru suffisamment nommé que de coopérer à la genérosité de ce seigneur qui, pour l'honneur des arts, avoit fait don au cabinet du roi de ces précieux desseins et par lui commentés; son regret est celui de ce que le hasard ne lui aye fait tomber dans les mains qu'un seul dessein de cette suite pour en augmenter le Recueil mss. du roi.

Ces deux autres notes, qui sont écrites par Joly, s'ajoutent aux précédentes :

Après avoir fait relier curieusement ce corps de desseins, il me dit, en le lui montrant, que j'avois trop bien habillé son livre; puis, en le feuilletant, il apperçut son portrait que j'avois mis à la tête. M. de Caylus s'en facha si bien qu'il auroit continué de déchirer le feuillet, si je ne lui eusse ôté le volume des mains.

—Cette rare et magnifique édition a couté plus de 12,000 livres à M. le comte de Caylus, non compris les frais de l'enluminure de chaque exemplaire, faite sous ses yeux, dont il avoit fixé le prix à 300 livres, qui ont été payé par ceux à qui cet illustre bienfaiteur des lettres et dee arts a fait présent de ce livre. Voyez l'imprimé à la bibliothèque du roi.

BARTOLOMEO DEL ROSA est à proprement dire le seul disciple qu'ait fait Salvator Rosa. Il n'a guère peint que des tableaux de chevalet et seulement des paysages, dont quelques uns ont passé dans les cabinets et ont été regardés comme des ouvrages de son maître, et il est vrai qu'il en avoit assez bien imité la manière, et comme il ne scavoit pas faire la figure, il avoit coutume d'emprunter, pour celles dont il meubloit ses tableaux, la main d'un flamand que le Baldinucci nomme Antoine de Wael, mais qui doit être Jean Baptiste de Wael, celui de qui l'on a une suite de petites planches de pastorales dans le goût de Jean Miel, que ce de Waël a gravé étant à Rome et qu'il a dédié à Gaspard Stoomer. Baldinucci, del V. della part. I del Secolo V, p. 591 (1).

BARTOLOMEO (*Fra Bartolomeo di S. Marco*). Il fit veu de se faire religieux Dominiquain, à l'occasion de la prise de Savonarole qui arriva en 1498. Mais il ne fit profession qu'en 1500. Le tableau que decrit Vasari et qu'il dit estre en France, est peint en 1515. C'est un petit tableau, qui est très bien peint; je l'ay veu à Fontainebleau cette année 1722 dans le cabinet du Roy (2). Le sujet est une Vierge, environnée de plusieurs saints; c'est le mesme dont le P. Dan fait mention

(1) Ed. de Florence, 1767-74. T. XIX, p. 91-2.
(2) Il est toujours au Louvre.

dans sa description de Fontainebleau, p. 136, et qu'il attribue mal à propos à un Frere Barthelemy Venitien. L'on voit dans ce tableau le soin que prenoit nostre peintre, pour que tout y fut dans les regles de la perspective; car l'on apercoit encore la trace des operations qu'il a faites auparavant, pour mettre en perspective toute l'architecture, les traits en estant enfoncés dans l'impression du tableau. Il y a mis au bas son nom et la datte . F. Bart[s]. Floren. or[is]. pre.

1515.

Vasari dit qu'il le fit dans le temps que Raphael vint à Florence pour s'y instruire dans la peinture, ce qui n'est pas probable, puisque Raphael n'a pu venir à Florence plus tard que 1503. La Bibliotheque de Sienne ayant été peinte avant cette année par le Pinturicchio, du commandement du cardinal Fr. Piccolomini qui fut depuis Pape en 1503. Or l'on sçait que Raphael encore fort jeune en avoit fait les desseins au Pinturicchio (1), et qu'ayant entendu parler avec beaucoup d'éloge des cartons de Leonard et de Michel Ange pour la salle du Conseil, il quitta ce peintre pour venir à Florence (2).

---

(1) On sait maintenant qu'il n'en est rien.

(2) Mariette a eu l'intention d'écrire une vie du Fra Bartolomeo; car il existe dans ses papiers une feuille écrite des deux côtés, commençant et finissant au milieu d'une phrase, comme il convient à un feuillet détaché d'un cahier. Nous n'avons pas cru devoir l'imprimer, parce qu'elle est très-informe, et que, se rapportant aux rapports du peintre avec Savonarole, elle n'est qu'un extrait du Vasari. Nous préfèrerions pouvoir donner la note mise par lui en tête d'un inestimable livre de croquis et d'études du *Frate*, qui lui a appartenu, et qui, après avoir été chez Thomas Lawrence, était passé entre les mains du roi de Hollande. Il a figuré à sa vente, mais il a été retiré. Mariette, nous dit-on, raconte dans cette note le sort de ce volume légué par le peintre à un couvent de femmes dans lequel était sa sœur (Voy. le Cat. Crozat, p. 2.), et qui, ô profanation! arriva à être si méconnu et négligé, qu'on en avait déchiré des feuillets pour s'en servir à faire des coiffes. Pour la biographie et les œuvres du Fra Bartolomeo, nous ne

BARTOLOZZI a gravé huit pièces (d'après Castiglione) dans une maniere qui imite les desseins lavés d'acquarelle. Quatre sont d'après des desseins appartenant à M. Zanetti, et quatre autres d'après des desseins que M. Smith avoit dans son cabinet. Ils lui venoient du Sagrado (?) et sont à present, avec tout ce que Smith avait rassemblé, dans le cabinet du Roi d'Angleterre. — Bartolozzi a vendu ses planches à un Anglois peu de temps après les avoir gravées, et les épreuves qu'il a distribuées, et qu'il avoit fait imprimer avec soin ont été en petit nombre. Il vouloit prolonger beaucoup plus loin cette suite, donner tous les desseins de Benedette qui étoient en grand nombre chez M. Smith et ceux de M. Zanetti, mais l'inconstance de ce graveur ne lui a pas permis d'aller plus loin, et je ne crois pas qu'il faille trop le regretter, car ces huit pièces d'après le Benedette ne sont pas ce qu'il a fait de mieux. En voici les sujets : La resurrection de Lazare, une fête au Dieu Pan, L'Enfant Jesus dans la creche offert a Dieu le Pere, Voyage d'Abraham, Noë offrant un sacrifice au Seigneur, l'Adoration des bergers, autre du même sujet, Tobie ensevelissant les morts (1).

BARUFFALDI. *Comme, dans sa table des auteurs, le Père Orlandi (p. 452) indique : Le Vite dei piu insigni Pittori et Scultori Ferraresi descritte dal Dottore Girolamo Barufaldi Ferrarese, Mariette ajoute* : Arciprete della Collegiata di Bia-

---

pouvons mieux renvoyer qu'au récent et excellent travail du révérend père Vincenzo Marchese dans ses *Vite de' Pittori Domenicani*. Firenze, 1845, in-8°. Tome II, p. 1-166.

(1) Ce sont, dans l'excellent catalogue, donné par M. Le Blanc, de l'œuvre du Bartolozzi, qui n'a pas chez lui moins de 700 articles, les numéros 48, 148, 26, 5, 3, 21, 23, 14; c'est sans doute à Boydell que le graveur avait vendu ses planches; car elles figurent dans le 5e volume de sa collection de gravures.

gio di Cento. Cet ouvrage longtemps attendu est resté imparfait à la mort de l'auteur arrivée en 1755 (1).

BASSAN (FRANÇOIS), fils de Jacques, est mort en 1591, un an avant son père. Il étoit agé de 43 ans, 5 mois et 8 jours. Ridolfi met sa mort en 1594; mais il se trompe et son erreur vient de ce que l'épitaphe de Fr. Bassan, qu'il rapporte et sur laquelle il se fonde, avoit été mal copiée. On la reproduit telle qu'elle est dans un ouvrage intitulé *Vita e Machine del Ferracino in Venezia* 1754, V. à la page 82, lequel ouvrage contient plusieurs particularités concernant l'histoire de Bassano. D'autres preuves, qui se joignent à cette épitaphe et qu'on lit au même endroit, assurent la véritable époque de la mort de Fr. Bassan en 1591, le 5 des Calendes de Juillet.

On avance dans le même ouvrage, et cela paroit être un fait certain, que, dans les tableaux de Fr. Bassan qui sont dans la salle du grand Conseil à Venise, Jacques Bassan, père de François, y avoit mis la main et en avoit fourni les compositions, ce qui avoit fait la réputation et la fortune de son fils, et en effet, dans un débat entre les héritiers de Jacques Bassan à l'occasion du partage de la succession, les frères de François s'en firent un titre et prétendirent en tirer avantage, ainsi qu'on le rapporte d'après les pièces originales, et l'on nous apprend aussi les circonstances de sa mort que passe sous silence le Ridolfi. Elle fut des plus déplorables. Il s'étoit mis dans l'esprit qu'il étoit poursuivi et qu'on avoit dessein de

---

(1) Il est maintenant heureusement publié, mais depuis très-peu d'années, à Ferrare, d'après le ms. qui se trouve maintenant dans la *Bibliotheca Costabiliana* de cette ville. L'ouvrage a 2 vol. in-8°. *Coi' tipi dell' editore Domenico Taddei.* Le 1er vol. de XX et 472 pages qui commença à paraître en 1844, offre à la fin la mention *publicato nel aprile* 1846; le 2e, de 611 pages, porte au titre cette même date de 1846, et à la fin la mention *publicato nel settembre* 1848, avec ce titre : *Vite de' pittori e scultori Ferraresi scritte dall' arciprete Girolomo Baruffaldi con annotazioni.*

l'arrêter et de le constituer prisonnier, c'étoit sa folie; un jour qu'il étoit tranquille dans sa maison, il entend frapper à sa porte, et s'imaginant que ce sont des archers, il se trouble, il se jette par la fenêtre et se tue. Sa veuve fit transporter son corps à Bassano, et l'ayant fait inhumer dans le tombeau où depuis fut pareillemt mis le vieux Bassan, elle y fit mettre cette épitaphe :

« Francisco à Ponte Bassano Jac. f. paterna pingendo diligentia ac venustate assecuto, egregii operis tabulis quæ cum alibi, tum in reipubl. venetæ comitio ac curia spectantur immortalis nominis laudem adepto. Venetiis obeunte in patriam delato Justina uxor maestissima H. M. P. C. vix. ann. XLIII men. V. dies VIII. obiit anno MDXCI, v K. Julii. »

Elle y fit aussi placer son buste en marbre fait par le Cappa, à qui l'on donne la qualité de fameux sculpteur.

BATONI (POMPEO GIROLAMO) est né à Lucques, et n'a point eu de maître. Il fit sa première profession de l'orfevrerie ; il faisoit des bijoux, des tabatières, les gravoit, les ciseloit. Il lui arriva que quelqu'un, qui lui avoit donné à faire une tabatière, lui remit une miniature pour l'y loger. Batoni la regarde ; il lui prend envie d'essayer de la copier ; à force de soin, il y réussit au point que la copie est prise pour l'original. Cela lui donne du courage ; il dessine, il peint; dans tout cela il ne trouve rien de trop difficile. Il s'apperçoit qu'il est né peintre, que c'est sa vocation ; il s'y livre, et, en assez peu de temps, il se fait un nom et devient un des meilleurs peintres de l'Italie. Comme il a un pinceau séduisant et qui donne dans un grand fini, il plaît et ne peut suffire aux commissions dont on le charge. Il est surtout fort occupé à faire des portraits, qu'il se fait payer fort chèrement. Il s'est établi à Rome et il y vit.

BAUDESSON (FRANÇOIS) de Troyes a peint des Fleurs et

s'est distingué dans ce talent, quoy que fort inferieur au scavant Batiste. Il étoit de l'Académie Royale de Peinture, et il est mort en 1682, agé de 72 ans (1) C'est chez son pere, menuisier sculpteur en bois, que M. Girardon a pris les premieres leçons de dessein. *Mém. mss.* envoyés de Troyes.

BAUDET (ÉTIENNE), de Blois, graveur au burin, de l'Académie royale de peinture. — Parmy le nombre des graveurs, qui se sont rendu célèbres par la beauté de leur burin, Etienne Baudet n'est pas un de ceux qui occupent la moindre place. Il etoit de Blois, et, etant venu à Paris, Sebastien Bourdon, excellent peintre, le reçeut dans son école et luy apprit le dessein; il luy proposa ensuite de graver, et, comme il avoit luy même gravé plusieurs ouvrages avec succès, il voulut bien encore luy servir de maître en cette occasion, et

---

(1) Ce doit être dans Florent le Comte (édit. de Paris, III, 129) que cette date de 1682 a dû être prise; mais c'est une erreur, comme on le peut voir par l'extrait suivant, tiré du *Mercure galant* de septembre 1680, 1re partie, page 65 : « La mort de M. Baudesson, Conseiller du Roi en son académie de peinture et de « sculpture, est une perte qui n'est pas moins considérable pour « l'Italie que pour la France. C'étoit le plus excellent peintre de « son temps pour ce qui regarde les fleurs. Quoiqu'il fut très attaché au travail, il l'aimoit bien moins pour le gain que pour la « gloire. Les curieux gardent ses ouvrages précieusement. Le Roi « en a beaucoup à Versailles. Il est mort à Rome, le 4 de septembre, agé de soixante et neuf ans, après y avoir fait un très « long séjour. Il demeuroit chez Messieurs de Saint-Genys, qui, « l'ayant chéri comme leur père, pendant tout le temps qu'il a vécu « avec eux, l'ont fait enterrer à leurs dépens d'une manière très « honorable. Il leur a laissé quantité de ses ouvrages, qui font un « des plus beaux ornemens de leur cabinet. Il en est peu à Paris « qui soient aussi curieux. Il nous a laissé aussi un fils, très digne « héritier de son mérite et fort estimé par tout ce qu'on voit de « lui. M. Baudesson étoit né à Troyes, patrie du fameux M. Mignard « et de plusieurs autres illustres, qui excellent aujourd'hui, tant « dans la peinture et la sculpture que dans les autres sciences. » Nous ajouterons seulement que son fils, qui peignit le même genre que lui, s'appelait François et fut aussi de l'Académie.

luy fournir quelques uns de ses tableaux pour faire son premier coup d'essai de graveure. Baudet, se sentant en etat de profiter de ces premières instructions, partit peu de temps après pour Rome, où les jeunes élèves trouvent plus d'occasions de se rendre habiles et d'étudier avec fruit. Il en ressentit si bien les effects, qu'il résolut de faire un assez long sejour dans cette ville, pendant lequel il perfectionna beaucoup sa manière de graver, s'etant principalement attaché à suivre les principes de Corneille Bloemaert et de François Spierre, qui travailloient à Rome avec une grande reputation et dont le burin etoit si doux et si harmonieux. Ce fut pour lors, qu'etant parvenu au point de perfection où il pouvoit arriver, il fut choisy par les seigneurs de la maison Falconieri, pour graver quatre fameux tableaux de l'Albane, qui etoient dans leur palais, et il s'en acquitta avec tout le succès possible. Ce grand ouvrage achevé, il ne tarda guerres à revenir en France, où, son habileté s'etant fait connoitre de plus près, le Roy Louis le Grand luy fit l'honneur de le loger dans les galleries du Louvre, et de le choisir pour un de ses graveurs. On luy donna à continuer la suitte des statues et bustes antiques du Roy, sur le même pied que Mellan les avoit commencés; on luy distribua encore plusieurs autres ouvrages considérables. Pendant longtemps il ne fut occupé qu'à travailler pour le Roy, jusqu'à ce que, ces ouvrages cessans, il en entreprit plusieurs autres et surtout un considerable et qui paroissoit luy convenir d'autant mieux qu'il estoit connu pour avoir le talent de bien traitter le paysage. Ce furent huit des plus beaux tableaux de paysages du Poussin, dont les sujets sont traittés avec une grandeur et une majesté dignes du peintre qui en est l'auteur (1).

---

(1) Cette note vient d'être publiée par M. Le Blanc, p. 195 de son *Manuel de l'Amateur d'estampes*, en tête de l'œuvre de Baudet,

— Etienne Baudet de Blois, reçu académicien en 1675, conseiller en 1685, mort en 1671; je crois qu'il faut lire 1716, agé de 73 ans (1). M. Baudet avoit été disciple de Bourdon, chez qui il a gravé quelques planches. M. Mosnier, son condisciple, estoit, je pense, du même pays (2). Il est mort en 17.., agé de 73 ans, étant pour lors logé aux galeries du Louvre; il estoit de l'Académie. Extrait du livre de Guérin de l'Histoire de l'Académie.

— Vierge avec l'enfant Jésus qui dort au pied d'une fontaine, dans un ovale; gravé pour Bourdon avant que d'aller en Italie, et du meilleur qu'il ait fait. Pourquoy changer cette manière qui étoit bonne, pour prendre, en arrivant à Rome, cette mauvaise manière sauvage, qui se trouve dans tout ce qu'il a gravé pour Jean Dughet, et dont le deffaut prit chez luy une racine si forte que depuis il est encore retombé dans cette manière, qui est tout à fait mauvaise.

— Jésus-Christ instruisant la Samaritaine, gravé à Rome d'après l'Albane. La dédicace, au Sr Paolo Franc. Falconieri, qui possédoit le tableau, est remarquable. J'y crois voir que Baudet demeuroit dans le palais de ce seigneur, où il aura aussy gravé les quatre grands Albanes. Présentement, l'on a effacé cette dédicace de dessus la planche et l'on y a mis en place un passage, tiré de l'Evangile, en françois et en latin. P. Drevet en a la planche (3).

---

dont il indique 113 pièces. Les planches des statues, comme celles des huit paysages, existent à la chalcographie du Louvre, où l'on peut s'en procurer des épreuves.

(1) Il est au moins certain qu'il vivait encore en 1701, puisque cette date se trouve dans la dédicace du Polyphème du Poussin. (Chalcographie du Louvre, n° 896.)

(2) Jean Mosnier était effectivement de Blois. L'un de nous en a écrit une biographie détaillée dans son second volume des *Peintres provinciaux*, p. 153-98.

(3) Le Blanc, n° 16, qui remarque que le tableau a passé dans la galerie du duc d'Orléans. Dubois de Saint-Gelais, n° 134, l'in-

— Le Cadavre, d'après René Houasse. C'était un particulier, qui etoit dans une grande dévotion, qui avoit fait peindre ce tableau, pour s'entretenir dans la pensée de la mort; il avoit aussy fait graver la planche par Baudet. On croit qu'il l'a emporté avec luy en province (1).

— Les quatre Albanes. Au bas de chaque planche, il y a les armes de la maison Falconieri, qui fit graver les planches, ainsy qu'on l'apprend des vers latins, qui sont au bas de la quatrieme planche qui représente des amours endormis :

> Albani depicta manu hæc monumenta refulgent,
> Ornat magnanimus queis Falconierius ædes
> Attalicas, Musis Genioque hæc munera dicat.

A toutes : *Stef. Baudet Gallus Sculp. Romæ*. 1672. C'est ce qu'il a gravé de plus beau et dont la couleur est la plus harmonieuse. Ces pièces sont tout à fait dans la manière de Bloemaert, et le paysage en est bien dans la manière du peintre. Elles sont difficiles à trouver bien imprimées; la quatrième feuille, représentant les amours endormis, se trouve toujours la moins bien imprimée (2).

BAUDOUIN (PIERRE ANTOINE), né à Paris en ......, y est

---

dique comme acheté à M. Penotier. Buchanan, *Memoirs of painting*, London, 1824, in-8°, indique, t. I, p. 89, ce tableau comme estimé 200 guinées, lorsque la collection fut, à la fin du dernier siècle, portée en Angleterre; mais il ne donne pas de nom d'acquéreur.

(1) Le Blanc, n° 27. Le musée d'Orléans possède de ce sujet un petit tableau qui, tout médiocre qu'il soit, pourrait bien être l'original. Il est à Orléans depuis longtemps et s'y trouvait dans la famille de M. Petit-Semonville avant d'être donné par lui au musée.

(2) Ces quatre Albanes sont les quatre grands tableaux qu'on connaît au Louvre, et qui ont été acquis par Louis XIV; les planches de Baudet (Le Blanc, n°s 30-3) existent encore à la chalcographie romaine.

mort le 15 Decembre 1769. Il avoit été reçû dans l'Acad. Royale de Peinture en 1763. Boucher, dont il étoit l'élève, en avoit fait son gendre et n'avoit pas à s'en repentir, car c'etoit un garçon laborieux et d'un fort bon caractere, qui adoroit son beau pere. Il peignoit fort joliment des guazzes, et, soit qu'il fut aidé par Boucher, soit que ses compositions fussent entièrement à lui, il y jettoit un agrement qui les faisoit fort rechercher. Pour piquer davantage le goût de certaines gens, qui vouloient avoir de ses ouvrages, il ne s'est malheureusement que trop souvent permis de traiter des sujets licentieux. Il eût aussi bien fait de se renfermer dans des sujets galants; il n'auroit peut être pas tant gagné d'argent, mais il auroit mis sa conscience à couvert et ne se seroit pas préparé des remords. Il pouvoit avoir aux environs de 45 ans lorsqu'il est mort.

BAUDOUIN (ANTOINE FRANÇOIS), disciple de Vandermeulen, a esté un fort bon peintre de paysages; il a travaillé sous luy, et il a gravé nombre de ses tableaux; ce sont mesme ceux qui ont eté le mieux exécutés (1); cependant Baudouins étoit peu varié dans sa touche de paysage; Vandermeulen étant mort, il retourna à Anvers où il s'associa avec Pierre Bout, peintre de figures, et ils faisoient ensemble des tableaux où l'un peignoit les figures et l'autre le paysage.

BAUGIN (LUBIN) vivoit à Paris dans le dernier siecle; ce peintre avoit peu de principes, il etoit extremement praticien; mais, comme il avoit une idée des bons maistres d'Italie, principalement du Parmesan, du Guido, et des autres

(1) La chalcographie du Louvre possède presque toutes les planches de Baudouin. Il ne s'appelait pas Antoine, mais Adrien. (Voyez Le Blanc, p. 199.)

peintres les plus gracieux, ses ouvrages eurent de la réputation et furent goutés. Il n'avoit pourtant étudié ces grands maitres que fort superficiellement. Il y a bien du bon dans son tableau de Ste Marie Egiptienne qui est dans une chapelle à N. D. de Paris (1). Felibien parle de ce peintre. T. 2, p. 661. Je trouve qu'il fut reçû Maistre Peintre à Paris en 1645 (2).

BAUR (GUILLAUME) et Frederic Schott travailloient à Strasbourg, vers l'an 1464, et y exerçoient la profession de graveurs en bois. Je le remarque d'après M. Schoepflin, qui l'a écrit dans son ouvrage *Vindiciæ tipogr.*, pag. 6, et il ajoute que le dernier fut père de Martin Schott, l'un des premiers imprimeurs de Strasbourg. Je ne connois, pour moi, aucun ouvrage de gravure de ces deux maîtres.

BAUSA (GRÉGOIRE), peintre de Valence, en Espagne. Il avoit un génie extrêmement facile, qui l'a fait comparer à Paul Veronèse par Dom Joseph Garcia, dans la préface qu'il a mis au devant de son Livre des principes du dessein.

BAWR (JEAN GUILLAUME). Je trouve qu'il a cherché à imiter dans ses fonds de paysages la manière d'Adam Elzheimer, qui vivoit, je pense, à Rome dans le même temps. J'ay une

(1) L'inventaire dressé pendant la révolution (*Bulletin du comité des monuments*, t. III, 1845, p. 299) indique ce tableau sous le nº 295; nous ne savons où il se trouve maintenant.

(2) Dans la description que Mariette a faite des tableaux du cabinet de M. Boyer d'Aguilles, nous trouvons cette note (p. 2) sur un tableau mis sous le nom du Corrége :

« L'enfant Jésus endormi, la tête appuyée sur le sein de sa mère, laquelle est en demie figure. Tout le monde connoît le mérite sublime des ouvrages du Corrége. Mais il faut user de bonne foi ; ce tableau-ci ne paroît pas être de lui ; on le croit plutôt de Lubin Baugin, peintre françois, qui cherchoit à imiter les manières des maîtres italiens. »

lettre de M. Stella, par laquelle on voit que ce fut lui qui proposa Guill. Bawr pour faire les planches du Strada. On avoit souhaité en charger Stella; mais son départ pour retourner en France, l'empêcha d'entreprendre cet ouvrage. Il faudra lire cette lettre. Elle est datée de Rome, du mois de février 1633, et adressée à M. Langlois, à Naples, où Guillaume Bawr se trouvoit alors. Il en revint pour graver à Rome les planches du Strada (1).

— J'ay veu chez Huquier une petite pièce de la grandeur de celles qui représentent Plutus, Cerès, Bacchus, etc., et une autre Ganymède, et une troisieme, Pluton, etc. Celle-cy représentoit le triomphe de Neptune, et je suis comme assuré qu'elle étoit faitte pour cette même suitte, représentant les divinités du ciel, des eaux, de la terre et des enfers, dont nous avons les planches. Peut estre que celle-ci s'estant trouvée égarée, G. Bawr aura été obligé de recommencer celle du même sujet que nous avons, et dans laquelle, outre le triomphe des divinités marines, il a encore introduit les Nymphes et autres divinités qui président aux fleuves et aux rivières. Peut estre aussy fut-ce parce qu'il avoit obmis de représenter ces divinités des rivières dans sa première planche, qu'il jugea à propos de la supprimer et de recommencer celle que nous avons; mais, quoyqu'il en soit, cette autre planche doit estre fort rare. Je ne l'ay jamais veu que cette seule fois; elle est gravée par G. Bawr même (2).

— Elsheimer, plus connu sous le nom d'Adam, a excellé à peindre des nuits et des clairs de lune; Guillaume Baur a réussi à peindre, à guazze, en petit, des vues, des palais,

---

(1) Le Blanc, nos 185-204. C'est dans l'ouvrage latin du Strada, sur la guerre des Pays-Bas : *Famiani Stradae de Bello Belgico Decades II, Romæ, in-fol.*, 1649.

(2) Le Blanc, n° 158, d'après cette note.

des batailles, des paysages, et toutes sortes de sujets. Le premier a apporté pour ses desseins le même soin que pour ses tableaux, il les a extrêmement terminés; le second a mis dans les siens, pour les faire corrects, tout le feu et l'esprit possibles. (Cat. Crozat, p. 102.)

BAZIN (NICOLAS), graveur au burin, s'est surtout attaché à representer des sujets de piété, et personne ne leur a mieux sçeu donner cet air édifiant qui inspire la dévotion; il en estoit luy mesme fort penetré; sa vie estoit des plus exemplaires et il n'avoit de liaison qu'avec des Ecclesiastiques ou des personnes religieuses recommandables par leurs vertus. Il avoit été disciple de Mellan, à qui il avoit beaucoup aidé dans les dernières années de sa vie. Mais il abbandonna depuis sa maniere pour en prendre une qui luy fut propre et qui plaist par son extreme finy, mais qui est froide et languissante et sans esprit. Il n'y a point de sel dans tout ce que ce graveur a fait; ses ouvrages representent parfaittement son génie qui estoit extrêmement tranquille. Il dessinoit avec beaucoup de propreté et de patience, mais il ne faut pas y rien chercher au delà. Quelques années avant que de mourir, Bazin se deffit de ses planches, et s'alla etablir à Troyes en Champagne, où il est mort comme il avoit vecu, c'est à dire dans les sentimens d'un parfait chrestien remply d'humilité et d'amour de Dieu (1).

BAZZICALUVA (ERCOLE). C'étoit un Sicilien; le Baldinucci l'appelle *il maestro di campo*. Il avoit appris à dessiner chez Giulio Parigi. Voyez ce qu'en dit le Baldinucci dans la vie de ce dernier (2).

---

(1) Cette note a été imprimée par M. Le Blanc dans son *Manuel de l'amateur d'estampes*, p. 210.

(2) Édition de Florence, 1767-74, t. XIII, p. 34. — Le Blanc, p. 214.

BÉATRICIUS (L'ANCIEN). — Les amours d'Alexandre et de Roxane. Celle-cy est une autre planche que celle, qui est dans l'œuvre de Raphaël et que l'on croit gravée par Caralius; elle est tournée d'un autre coté et est ombré à jour droit, l'on y trouve au bas huit vers italiens, dans le gout de ceux de la Psyché.

Ecco Rossane Bellà, ecco l'altero
Alessandro, chi suoi studi comparte
Non men soggetto al' amoroso impero
Ch'al superbo, crudele, horrido Marte.
Gli amori seguendo il doppio suo pensero
Scherzan, con l'arme del gran duce parte,
Parte à Rossane intenti, il duro cuore
L'empian di fiamme et di soave ardore.

Je crois cette planche gravée par B. V. ou Béatricius l'ancien, et je trouve que le dessein de Raphaël y est beaucoup mieux conservé que dans celle de Caralius. Les airs de teste y sont beaucoup plus gracieux, je n'y vois aucune marque, mais certainement le graveur est Beatricius l'ancien, qui a gravé conjointement avec Augustin Vénitien les planches de la Psiché. 8° haut. 11° trav. Dans le dessein original la figure de Roxane est de ce coté (à gauche et tournée à droite), c'est-à-dire du même coté que dans cette estampe attribuée à B. V.

Le dessein de M. Crozat pourroit bien n'estre pas celui de Raphaël dont Lod. Dolce fait mention; le trait en est à la plume, et il est lavé de bistre, mais il n'est point rehaussé de blanc, et Lod. Dolce remarque que le sien l'étoit. (*Entre les lignes, Mariette ajouta plus tard:* Je me trompe, il est rehaussé de blanc, et par conséquent ce doit être le dessein dont Lod. Dolce fait mention, et qu'il croyoit de Raphaël, puisqu'on y lit ceci au bas : Raffaelle da Urbino. Mais je ne l'en crois pas moins de Parmesan.) Avant que j'eus fait cette observation, j'avois déjà eu des doultes sur le dessein de M. Crozat, et Zanetti aussi bien que M. l'abbé de Maroulle les avoient extrêmement fortifiés; ils douttoient, commé moy, que le dessein fut original de Raphaël et le premier le donnoist plus tost au Parmesan. En effect, si on le considère avec attention, on trouvera que les pieds, les mains, et les autres articles, sont manièrés et nullement dans cette manière sage et correcte qui appartient à Raphaël. Je fais infiniment plus de cas de l'autre dessein du même sujet que M. Crozat a eu de M. Boulle, et ou les figures sont nues sans aucunes drapperies; j'y reconnois tout le faire de Raphaël; les expressions en sont bien plus fines et le détail en est excellent. Raphaël le dut faire pour lui servir d'étude, et de préparation au dessin drappé. Ce dessein est à la sanguine; M. Boulle l'avoit eu de M. Friquet de Vaurose; qui le tenoit de Mellan, à qui le cardinal Bentivoglio en avoit fait présent (1).

---

(1) Le passage de Lodovico Dolce se trouve dans le *Dialogo della Pittura, intitolato l'Aretino* (éd. de Florence 1735, p. 247-51.): » « *L'Aretino*. Non so se habbiate veduto appresso il nostro Dolce la « carta della Rosana di mano de Raffaello, che fu gia stampata in « rame. *Fabrini*. Non mi ricorda. *Aretino*. Questa è una carta, nella « quale rappresento Raffaello in disegno di acquarella, tocco né « chiari con biacca, la incoronatione di Rosana; » et la suite qui décrit tous les détails de la composition. Il est à peu près sûr que le dessin de Dolce n'est pas un autre que celui possédé par Crozat, par Mariette et maintenant au Louvre. A la vente Crozat (1741), les deux dessins figurent sous le même numéro: « 297. Deux desseins, savoir les amours d'Alexandre et de Roxane; dessein très-arrêté et du premier ordre, et la même composition, mais où les figures sont sans aucune draperie. Raphaël ayant fait ce beau dessein pour servir d'étude au premier; avec les estampes qui ont été gravées d'après ces desseins (par Charles-Nicolas Cochin, pl. 36 et 37 du cabinet Crozat). » Ils furent achetés 272 livres par Mariette; on remarquera combien à ce moment Mariette croyait à l'authenticité du premier; à cette époque il était loin encore d'avoir la fermeté et la sûreté qu'il acquit depuis, et en outre, dans plus d'un article de ce catalogue, il a certainement été forcé de conserver, en dehors même de la rapide confection de ses notes, ce que les marchands appellent les appellations du propriétaire. A sa vente, en

BÉATRICIUS (N.) LE LORRAIN. Ny Vasari, ny Malvasia, ny aucuns de ceux qui ont écrit de la graveure n'ont parlé que du seul N. Beatricius, qui estoit originaire de Lorraine, et qui, ayant appris son art à Rome, y a travaillé toujours depuis (1). Cependant il est certain que les estampes marquées ainsy (un B sur un dé) sont d'un autre graveur, auquel la tradition a conservé le nom de Béatricius; celuy-cy est de beaucoup plus habil que l'autre, et sa maniere, fort différente, approche de celle de Marc Antoine, dont il pourroit estre un des disciples. Pour le distinguer, on le surnomme icy l'ancien, parcequ'en effect touttes les estampes, qu'il a gravées, sont antérieures à celles de l'autre Beatricius, outre qu'elles sont beaucoup plus rares et très-difficiles à trouver sans estre retouchées, au lieu que les autres se trouvent plus communément. L'on a rangé dans les œuvres de Raphaël et de Jules Romain les estampes, que cet ancien Béatricius a gravé d'après eux, et l'on ne trouvera guerres icy que celles qu'il a exécuté d'après d'autres maistres.

— Le sacrifice d'Helene, gravé en 1553; c'est une des meil-

1775, le dessin drapé fut acheté 1,250 livres par Boileau, le dessin à la sanguine 84 livres par Julien. Deux ans après, à la vente du prince de Conti, en 1777, le dessin drapé se retrouve sous le n° 942 et n'était plus payé que 800 livres par Boileau. C'est probablement alors qu'il fut acheté pour la collection du Roi; celle-ci en possède aussi une copie à la sanguine et réduite, mais médiocre et de quelque Flamand, élève de Rubens. Pour le dessin il est bien de l'école de Raphaël, mais nullement du Parmesan; il est mis aux carrés et a peut-être servi à la gravure qu'on en a faite au XVIe siècle. Quant au dessin à la sanguine, nous avons entendu dire qu'il se trouvait à Vienne, dans le cabinet de l'Archiduc Charles.

(1) Bartsch, (XV. 235-78) a déjà fait la distinction de Nicolas Beatriot de Lorraine et du maître au dé, qu'on a maintenant l'habitude désigner sous le nom de Dado; mais nous ne doutons pas, et c'est aussi l'opinion de M. Le Blanc (*Manuel de l'amateur d'estampes*, I. 216-20.), qu'il n'ait connu l'opinion antérieure de Mariette; il est certain que Bartsch, bien qu'il n'en ait jamais rien dit, s'est fort souvent servi des notes de Mariette.

leures pièces de N. Beatricius; l'invention qui est certainement d'un peintre Florentin, paroit estre de Baccio Bandinelli, ou de Michel Ange, ou de Périn del Vaga. Comme c'est un aigle qui enlève le coutelas, ce sujet représenteroit le sacrifice de la jeune fille nommée Hélène fait à Lacédemone pour apaiser les Dieux à l'occasion d'une peste. Le fait est rapporté par Plutarque; voy. les Mémoires de l'Académie des Belles Lettres, tome 1er, tout au commencement, dans la dissertation sur les sacrifices d'hommes. C'est donc bien mal à propos que le graveur a mis sur le devant de l'autel le nom d'Iphigenie (1).

— Le portrait de l'empereur Charles Quint dans un ovale placé au milieu d'un frontispice d'architecture d'ordre dorique, orné de statues et de figures allégoriques sur les victoires de ce prince. Cette pièce est une coppie faite par N. Della Casa, que quelques uns croyent estre le même que N. Béatricius, d'après l'estampe gravée par Enéas Vicus (2).

— Rome triomphante accompagnée de deux rois barbares, ses esclaves, dessiné et gravé en 1549 d'après les statues antiques qui étoient alors à Rome dans la vigne du cardinal Cesio et à présent du Capitole (3).

BEAUMONT (CLAUDE), grave à Paris (4).

---

(1) Bartsch, n° 43; Le Blanc, n° 41.

(2) Voir le catalogue de l'œuvre d'Enéas Vicus (Bartsch, n° 255; XV, p. 339.) La copie est signée *N. D. La Casa Lotaringus F.* C'est évidemment cette identité d'origine qui a fait penser à l'identité de personne.

(3) Bartsch, n° 89; Le Blanc, n° 86.

(4) Le prénom peut être une erreur de Mariette; car on ne connaît au XVIIIe siècle qu'un graveur amateur, officier aux gardes françaises, et un autre graveur qui a surtout travaillé d'après Wouwerman; c'est certainement à celui-là que Mariette fait allusion; il s'appelait cependant non Claude, ni Eustache, comme le nomme Basan, mais Pierre-François. Voy. le catalogue de son œuvre dans Le Blanc, I. 221.

BEAU-NEVEU (ANDRIEU) estoit un des principaux sculpteurs ou peintres de son siècle. Il estoit de Hainault, voicy ce qu'en rapporte Froissart : « Et se tenoit (le duc de Berry) à Mehun sur Yeure, et s'y tint plus de trois semaines et devisoit au maistre de ses œuvres de taille et de peinture, maitre Andrieu Béau-Neveu, a faire nouvelles images et peinture ; car en telles choses avoit-il grandement sa fantaisie et de toujours faire ouvrer de taille et de peinture, et il estoit bien adressé, car dessus ce maistre Andrieu, dont je parle n'avoit pour lors meilleur ni le pareil en nulles terres, ni de qui tant de bons ouvrages fut demouré en France ou en Hainault, dont il estoit de nation, et au royaume d'Angleterre. » Croniques de Froissart, reveües par D. Sauvage. Lyon, par J. de Tournes, 1560, 4e vol., p. 71.

BECCAFUMI (DOMINIQUE) estoit appelé dans sa jeunesse du nom de *Mecherino* au raport de Vasari, et non pas, comme le dit icy le P. Orlandi, Macarino. — N. B. Mecherino est le diminutif de *Domenico*. On a imprimé à Rome, en 1754, un Recueil de lettres ecrites par des peintres, etc. Il s'y en trouve une parmi qui est curieuse et qui entre dans un assez grand detail sur la manière dont est executé le pavé du dôme de Sienne ; elle est à la page 308 de ce Recueil de lettres.

—Vasari fait mention à la fin de la vie du Beccafumi d'une suitte d'estampes représentant des sujets d'alchimie qui furent « gravées à l'eau forte » par ce peintre. « Jupiter » dit-il, « y paroist accompagné des autres dieux qui, après avoir lié « le dieu Mercure le mettent dans un creuset pour le reduire « en congellation ; Vulcain et Pluton entretiennent le feu, « mais au moment qu'ils songent avoir fixé ce Dieu, il leur « échappe et s'en va en fumée. » Cette exposition allégorique que donne le Vasari est une image assez juste du travail des alchimistes, mais elle n'est point conforme à ce que Micarino a gravé, et Vasari se trompe encore sur l'exécution de la graveure qu'il dit estre à l'eau forte et qui est véritablement en bois. Du moins je ne crois pas que Mécarino ait gravé autre chose dans ce genre que la suitte de pièces que j'ay eu occasion de voir. Elle étoit composée de dix pièces gravées en bois, à l'une desquelles on lisoit : *Mecarinus De Senis-inventor S.* La lettre S. seule veut apparemment dire *Senis*. Les dix pièces sont autant d'allégories sur le travail des alchimistes, et elles me semblent avoir aussi quelque rapport à l'invention de la poudre. On remarque dans toutes un homme en habit de docteur accompagné d'un vieillard nu à moitié vêtu d'une drapperie, et qui est presque toujours armé d'un marteau; cette figure doit figurer, ce me semble, Vulcain ou le dieu du feu. La première de ces pièces, selon l'ordre dans lequel elles étaient rangées, qui peut fort bien n'estre pas l'ordre naturel, représente ce vieillard, que je nommerai Vulcain, qui enchaisne ensemble Jupiter, Saturne, Mars, Vénus et le Soleil, c'est a dire les métaux que les chymistes connaissent sous ces noms allégoriques; c'est à cette pièce que se trouve le nom de Micarino.

La 2e; Vulcain toujours accompagné du docteur Alchymiste, est occupé à distiller les six métaux qu'il a mis chacun dans une cucurbite sur un fourneau.

La 3e; Vulcain s'aprète à tirer de la masse d'un rocher les metaux figurés par ces dieux, dont ils portent le nom, qui paroissent en sortir à demi. Cette pièce pourroit bien estre la première de la suitte.

La 4e; Vulcain fond des pièces d'artillerie dans un atelier de fondeur.

La 5e représente l'effect de la poudre; Vulcain y paroist assis sur un canon qui décharge, il tient deux vases remplis de poudre à laquelle le feu a pris; derrière lui sont divers artifices aussi en feu : son docteur est dans une surprise extrême.

La 6e; Vulcain met quelque chose à la forge, mais sans qu'on puisse deviner ce que c'est.

La 7e; Vulcain attire à lui les divinités qui représentent les métaux par le moyen des chaisnes qu'il leur a mis, mais Mercure rompt la sienne, et échappe.

La 8e; Vulcain travaille encore à la forge; l'on voit dans le fond une masse de rocher d'où sortent à demy les divinités qui représentent les métaux.

La 9e; Vulcain paroist se reposer et le chymiste fait abattre le fourneau qui a servi au précédent travail.

La 10e; Vulcain, tenant un brandon de feu, met en fuitte les divinités, dont il avoit voulu faire usage, peu satisfait sans doute du secours qu'il en a tiré. Son docteur est représenté dans le fond, pensif et retiré dans le creux d'un rocher.

Voilà ce que j'ay pu dechiffrer de sujets énigmatiques, fort obscurs et difficiles à entendre. Les épreuves que j'ay veues étoient outre cela très mauvaises, les planches mangées de vers; on ne laisse pas d'y reconnaître un travail assez spirituel et un goût de dessein scavant quoyque sauvage; c'estoit le propre de Beccafumi. Elles ont toutes : 6° 6', haut.; 4° 3', trav.

—Des études d'hommes couchés par terre; celuy qui est plus sur le devant est entièrement nud, et tient comme une tasse de la main droitte; plus loin est un autre, aussy nud, la teste couverte d'une draperie; il tient une table ou abaque; celuy qui est plus dans le fond est vêtu et ne paroist qu'en partie. Cette pièce, dont je fais grand cas, est gravée au burin aussy scavamment que l'auroit pu faire Michel Ange. Elle est touchée legerement et le dessein y est prononcé avec beaucoup de goût; il seroit seulement à souhaiter que ce goût fut moins sauvage; l'auteur est souvent tombé dans ce défaut en voulant donner dans le terrible. Cette pièce est de l'invention et de la graveure du Mécarino, quoyque son nom n'y soit pas; elle est composée comme une pièce à peu près semblable que nous avons dans nos clairs obscurs, et je pense que cest quelque étude pour le pavé de Sienne. Cette pièce qui est très singulière et très rare est chez le Roy dans le volume de Michel Ange (1).

— Une étude d'un homme debout près d'un homme couché par terre, gravée au burin par Dominique Beccafumi, surnommé Micarino et signée *Micarino fe.* Ces figures se trouvent employées dans la composition d'un tableau de Beccafumi, qui est à Pise, dans le chœur de l'église cathédrale, où je les ay veues.

— Un petit enfant, nud, assis, portant la main droite à sa teste et posant l'autre main sur sa cuisse. Cette petitte pièce est gravée au burin sur un cuivre très sale; elle est certainement du Micarino, quoy qu'on n'y voie ni nom, ni marque qui l'indique; mais la manière est trop reconnoissable pour s'y méprendre. Celle, qui est chez le Roy, et qui est l'unique que j'aye encore veue, est très mal imprimée; elle est rangée dans l'œuvre de Parmesan; elle a trois pouces en carré.

— Un fragment de frise, représentant le frapement du rocher. Un homme à genoux sur le devant tient une tasse qu'il porte à sa bouche; derrière lui un vieillard couvert d'un long manteau lui présente sa tasse pour prendre de l'eau; près de là est une femme assise à terre qui porte un enfant entre ses bras, et en a un autre auprès d'elle; il y a plusieurs autres figures dans le fond. L'on y trouve cette marque que je ne puis bien expliquer T. C. J. C. G. 1584. Je crois pourtant

---

(1) M. Le Blanc (p. 225) a indiqué d'après les auteurs les pièces qu'on donne habituellement au Beccafumi; mais, pour ne les avoir pu voir, il exprime le doute que cet artiste ait gravé. Les notes de Mariette le rectifient et le complètent de la manière la plus heureuse.

que l'invention en est de Beccafumi et que c'est une partie du pavé de Sienne. J'y crois reconnoistre sa manière, quoyque fort altérée. Cest que le trait du clair obscur est mal dessiné; les ombres n'y sont pas mieux données. Il est composé de deux planches l'une qui exprime le trait, et l'autre qui imite quelques coups de lavis. Pour la composition, elle est tout à fait dans le style de Beccafumi.

Un autre fragment de la même frise. Un homme assis près d'une femme qui est à genoux les bras croisés sur la poitrine; il puise de l'eau à la source qui sort du rocher d'Horeb; on voit à une des extrémités une baguette et un bout de main, qui font connoistre que, dans la pièce qui doit s'assembler avec celle-cy Moyse est représenté. Ce clair obscur n'est pas mieux exécuté que le précédent. L'on conjecture par les arrachemens de figures qui se trouvent aux extrémités qu'il doit y avoir encore au moins deux morceaux, pour que toute la frise soit complète et peut-être y en a-t-il même encore davantage. — Il est certain que ces deux morceaux font partie du pavé de Sienne; c'est le morceau le plus près de l'entrée de l'église et qui représente le frapement du rocher. J'ignore si toute la composition a été gravée en clair obscur; mais il est vray qu'il en faudroit autant qu'il y en a icy pour que ce morceau fut complet. — Ce que je préjugeois se trouve vrai. Toute la frise a été gravée en quatre morceaux qui, étant assemblés, portent cinq pieds de long. Sur une de ces planches on lit le nom du peintre : *Mecarinus-inventor.*

— Un apostre tenant de la main gauche une table ou abaque et de la droitte un couteau; il est représenté debout. Cette pièce est gravée au burin; mais elle ne paroist point achevée; il y a des endroits où il n'y a encore rien de gravé. — Peut estre a-t-elle été exécutée en clair obscur ainsi que le suivant.

Un autre apostre, aussy debout, regardant sur une table

ou abaque qu'il tient appuyée sur le genou droit; derrière luy est une autre figure, dont on ne voit que la teste et les deux mains croisées et appuyées sur un bâton. Cette pièce gravée au burin est encore à moitié terminée. M. Crozat en a un clair obscur du Micarino mais imparfait, car il n'y a encore qu'une planche d'imprimée. Peut-être n'a-t-il jamais été achevé. — Il l'a été et nous l'avons; voyez le catalogue des clairs obscurs. (*La note suivante est celle à laquelle renvoie Mariette.*) Un apostre tenant un livre ou table de la main droite, et derrière est un autre apostre dont on ne voit que la teste. M. Crozat a une épreuve de ce clair obscur où il n'y a encore qu'une planche imprimée; ainsy l'on ne peut point juger de son effect. Je n'en fais mention que parce qu'il s'en doit trouver apparemment des épreuves complettes, et pour lors ce doit estre un clair obscur d'une merveilleuse beauté, car il est exécuté dans la même manière que les autres apostres que nous avons dans notre suitte et de même forme et grandeur; peut-estre aussy ce clair obscur n'a-t-il jamais été achevé. — Le Beccafumi l'a aussi gravé en cuivre; il y en a une épreuve chez le Roy. — J'en ay veu depuis chez M. Boule une épreuve complette, c'est-à-dire où la planche en cuivre, dont il y a épreuve chez le Roy, est jointe avec le bois que j'ay veu chez M. Crozat, et cet assemblage produit un des plus beaux et des plus parfaits clairs obscurs que je connoisse. Il est comparable à ce beau clair obscur en travers de Beccafumi que nous avons; c'est la même manière et le même faire. J'ay remarqué qu'aux quatre coins de celui-ci comme au nôtre, il y a quatre trous, apparemment pour servir de repaire; il se trouve de même à celui de Parmesan d'après Raphaël, où la planche du trait est en cuivre. Cela ne se rencontre point aux autres clairs obscurs dont toutes les planches sont en bois, et c'est une observation à mettre dans son jour. Au reste, le clair obscur en question de Beccafumi n'est composé que de deux planches, une en cuivre qui exprime ce trait et une en bois pour les rehauts de blanc, et il fait un effet surprenant.

Un autre apostre regardant en l'air à droitte, il tient élévée la main droitte et de la gauche il soutient un des pans de son manteau; à ses pieds sont plusieurs livres à terre. Cette figure debout est dans une niche, et l'on voit bien que l'auteur a eu dessein de figurer une statue. Cette pièce est gravée au burin sur un cuivre extrêmement mal poly. Elle est, comme les deux qui précèdent, gravée par le Beccafumi même; on voit bien qu'il avoit très peu de pratique de la graveure au burin, et que cet art étant pour lors à peine connu à Sienne, où je ne scache pas qu'il eut encore été pratiqué; on ne scavoit même pas aprêter les cuivres pour recevoir la graveure; à cela près, ce qui est de nud, c'est-à-dire les testes, les pieds et les mains sont dessinées scavamment, mais les testes ont un caractère sauvage, que Vasari a très judicieusement reproché à l'auteur. Ce sont de ces figures d'apostres, dont Vasari parle à la fin de la vie de Beccafumi, qui les avoit fait dans le dessein de les exécuter en bronze pour estre placées dans l'église cathédrale de Sienne, ce qu'il ne put exécuter à cause de sa mort. Ce sont des pièces fort rares et que je n'ay encore veu que chez le Roy, où, faute d'en connoistre l'auteur, on les a rangées dans l'œuvre du Parmesan; il n'y a en effect ny nom, ny marque.

BEECQ (JEAN CHARLES DOM. VAN), Hollandois, peintre de marines, est venu s'établir en France, où il a été reçeu en l'Académie royale de peinture. Il a travaillé pour le Roy. Je l'ay connu; il logeoit pour lors à l'hotel de M. de Vandosme, grand Prieur de France, auquel il estoit attaché. Mort le 19 Mai 1722.

BEERINGS. *Gregoire Beeringhsindeschaer*. Van Mander,

qui le premier a parlé de ce peintre, ne le nomme point ainsi; mais *Gregoire Beerings in de schaer;* ce sont trois noms, dont Baldinucci n'en fait que deux, *Gregoire* son nom de baptême, *Beerings*, son nom de famille, et *in de schaer*, son surnom ou sobriquet qui veut dire *dans les ciseaux.*

BEGARELLI (ANTONIO). (Dans l'article du P. Orlandi, Mariette corrige *statue di Roma* en *statue antiche* et *don Lodovico suo nepote lavoro in Anversa* en *in Avesso nel regno.*) Vasari fait mention de ce sculpteur en deux endroits de son livre, voir partie 3. T. 2, p. 11; en cet endroit il le nomme *il Modona* (1) et fait mention de quelques uns de ses ouvrages. Il en parle encore dans la vie de Michel Ange, Part. 3. T. 2. p. 195, et rapporte le jugement avantageux que celuy-cy en avoit porté; il l'appelle en cet endroit *Antonio Bigarino Modenese;* mais il y a grande apparence que Vasari s'est mépris et qu'il falloit dire *Begarelli.*

BEHAM (BARTHELEMY) est sans contredit le plus habile de tous ceux que l'on connoist sous le nom de Petits Maîtres. Il avoit fait de si grands progrès en étudiant en Italie la peinture dans les écoles des meilleurs maîtres et la graveure sous Marc Antoine que l'on ne s'aperçoit presque pas à sa manière qu'il fût Allemand. Toutes les pièces que l'on a rassemblées icy sont de son invention et de sa graveure. Elles sont toutes d'une grande perfection et de la dernière rareté. Il est seulement fâcheux qu'il n'en ait pas fait une plus grande quantité.

— Une femme vue par le dos, étendue par terre dans un paysage et ayant auprès d'elle un enfant. Je crois que cette

(1) C'est dans l'énumération des artistes modenais, qui termine la vie de Benvenuto Garofolo.

histoire est rapportée dans les livres de S. Jean Chrysostome sur la vie monastique (1). C'est, à ce que je croy, l'histoire du solitaire. Albert a traitté le même sujet et il l'a été pareillement par Lucas von Craen vieux maistre.

— Une femme dans le bain se regardant dans un miroir convexe et se lavant les pieds dans un bacquet; l'attitude en est fort lascive. Elle a été copiée par Hans Sebald Beham avec des augmentations de quelques enfans (2). De celle-ci, il y en a deux planches différentes, tournées du mesme sens, dont il y en a une que j'estime originale et l'autre copie, mais si parfaitte qu'il est bien aisé de s'y méprendre; à celle-cy, il n'y a qu'une seule taille dans le fonds et il y en a deux à l'originale.

— Portrait de Léonard von Egkh (3), en latin Echius, celèbre jurisconsulte allemand de Bavière, qui estoit au service de Charles V et des princes de la maison de Bavière; il est représenté en buste et gravé en 1527 d'après un portrait peint dans le temps qu'il étoit agé de 47 ans, c'est a dire en 1520, car Echius est né en 1473. J'en ay veu chez M. Crozat une première epreuve fort singulière. Il n'a qu'un simple bonnet ou calotte sur la teste, et il est vêtu d'une robe qui laisse paroistre tout le haut et le col de la chemise; en haut de la planche on lit sur une seule ligne en lettres capitales : Leonhart von Egkh Æt. XXXXVII, et plus bas dans le fonds 1527 B-B. Voilà comme la planche estoit dans sa première origine, mais depuis on y a fait les changemens suivans, et c'est ainsy que nous en avons une épreuve dans nostre œuvre qui est de fort bonne qualité d'impression, ce qui fait connoistre que

(1) Bartsch, n° 43; Le Blanc, n° 39. (Voir aussi le n° 82 de son œuvre de Sebald Beham qui a copié cette pièce.)
(2) Bartsch, n° 37 de Barthelemy Beham, et 207 de Sebold.
(3) Bartsch, n° 64; Le Blanc, n° 52.

les changemens ont été faits peu après que la planche eût paru. Premièrement l'on a adjouté un chapeau par dessus l'ancienne coiffure qui est une calotte; et l'on a aussy adjouté un manteau doublé de fourrure qui prend sur les deux épaules. Ces changemens sont certainement de B. Beham. Il a effacé la planche aux endroits où il les a faits mais pas tellement qu'il ne paroisse des vestiges de l'ancien travail, ce qui se remarque encore au haut de la planche, où une partie de l'inscription a été effacée et arrangée différemment; on y lit présentement sur deux lignes, d'un coté *Leonhart. — von Egkh*, et de l'autre *XXXXVII — Æt.* Mais le changement le plus considérable que je trouve qui aye été fait dans cette planche et dont j'ay peine a trouver la raison, est dans la marque qui estoit figurée de cette sorte dans le commencement B-B, ainsy que je l'ay déjà fait remarquer, et qui depuis a été reformée de cette manière B-P. Ce changement me paroist singulier; car ce graveur s'est à la vérité servy depuis de la marque B-P en 1529 sur la plus petitte des deux planches où sont trois têtes de mort; mais depuis en 1531 il a de nouveau employé la marque B-B aux portraits de l'empereur Charles V et de Ferdinand son frère. Or je ne comprends pas pour quelle raison il se seroit dans ce dernier temps servy d'une marque qu'il avoit corrigée précédemment, et cependant il est certain par le portrait de Leonhart von Egkh que B. Beham s'est servy indifferemment de ces deux marques, et qu'on ne peut point attribuer à deux graveurs les pièces qui se trouveront marquées de ces deux marques différentes.

— Le portrait de l'empereur Charles V étant jeune, dans un médaillon. Cette pièce est à ce que l'on prétend gravée par Marc Antoine. — Vasari fait mention dans la vie de Marc Antoine, d'un portrait de l'empereur Charles V étant jeune et d'un autre portrait de son frère Ferdinand qu'il dit être gravé par Marc Antoine; mais je suis comme assuré qu'il a eu en vue les deux portraits de ces princes gravés par B. Beham (1), et que faulte d'en connoistre l'auteur, il les a attribués à Marc Antoine. — J'ay veu chez le Roy des copies de ces deux portraits de Charles V et de Ferdinand son frère faites par Augustin Vénitien de la même grandeur que les originaux de Barthelemy Beham avec sa marque A. V. à chaque planche. Peut-être que Vasari, qui a souvent confondu les ouvrages d'Aug. Vénitien avec ceux de Marc Antoine, a-t-il voulu parler de ces deux copies, et les les a-t-il attribués mal à propos à Marc Antoine, comme il a fait à l'égard de beaucoup d'autres pièces gravées par Aug. Vénitien.

BEHAM (JEAN SEBALD) de Nuremberg. Cet artiste, neveu de Barthelemy Beham de qui l'on vient d'admirer les ouvrages étoit comme luy peintre et graveur; il avoit appris ces deux arts sous son oncle et s'étoit surtout attaché à imiter son excellente manière de graver; il y estoit devenu très habile, mais, comme il menoit une vie fort déréglée et qu'il avoi mis au jour plusieurs pièces extrêmement lascives, qui marquoient la corruption de ses mœurs, il se vit contraint d'abandonner sa patrie et de se retirer à Francfort où il continua dans ses exercices de peindre et de graver. Cependant l'amour de la débauche l'emportant, il se fit cabaretier, et mourut avec la honte d'avoir embrassé une profession si indigne d'un homme qui avoit d'ailleurs de si grands talens; l'on en pourra juger par ce que l'on a rassemblé icy de ses ouvrages, la collection en est très complette et des mieux conditionnées. Il est mort à Francfort en 1550, agé de 50 ans. Préface allemande à la teste d'une suite de planches en bois mise au jour à Francfort en 1620.

---

(1) Le Blanc, nos 48 et 49.

— *Gio : Sebald*, etc... Je ne scay pourquoy le Pere Orlandi ne désigne cet artiste que par ses noms de baptesme, il pouvoit apprendre de Sandrart, d'où il a tiré cet article, qu'il s'appeloit Bœhm, — c'estoit son nom propre et non pas celuy de son pays, car il etoit de Nuremberg. Autre faute. Sandrart ne dit point qu'il soit mort en 1520, mais en 1545. En général ce livre est remply d'un nombre prodigieux de fautes, les extraits sont peu fideles et mal faits et l'auteur s'est bien peu attaché à faire de nouvelles recherches; il semble pourtant que la lecture de tant d'auteurs auroit du luy en fournir mille occasions. Pour en revenir à Jean Sebald Beham, voicy un extrait plus exact de sa vie ecritte par Sandrart, p. 222.....
« Jean Sebald Bœhm graveur etoit de Nuremberg, il apprit
« son art sous la discipline de son oncle Barthelémy Bœhm
« dont il copia plusieurs pièces, il s'attacha à suivre la mesme
« maniere de graver, et il devint luy mesme fort habile dans
« cette profession. Durant le temps qu'il demeuroit à Nurem-
« berg, il mit au jour quantité d'excellentes petites pièces de
« son invention, et il en grava aussy quelques unes en bois,
« mais il fut obligé dans la suitte d'abandonner cette ville.
« Le dereglement de sa vie, et le desordre que ne pouvoient
« manquer de produire les pièces lascives dont il etoit re-
« connu pour auteur, furent les principales causes de son
« banissement. Il se retira à Francfort, s'y établit et continua
« de peindre et de graver beaucoup de choses, il s'y occupa
« aussy à faire des desseins qui etoient ensuite gravés en
« bois; mais il ne changea rien dans ses mœurs, il continua
« toujours de vivre dans la debauche la plus infâme, et s'é-
« tant fait cabaretier, il mourut vers l'année 1545, avec la
« honte d'avoir embrassé une profession si indigne d'un
« homme qui avoit d'ailleurs de si grands talens. » Outre ceux dont on vient de faire mention, il avoit encore celuy de graver sur des vases et autres morceaux d'orfevrerie. San-

drart le dit en un autre endroit, dans la vie de Lucas Kruger, p. 223.

Si Sandrart avoit eu connoissance des portraits en medailles de Jean Sebald Beham et d'Anne Behamin sa femme qui furent gravés en 1647 par Wenceslas Hollar d'après les originaux qui estoient pour lors dans le cabinet de Henry Vander Borcht à Francfort, il nous auroit dit que Beham prenoit la qualité de peintre preferablement à celle de graveur, et qu'il estoit né en 1500, car voicy comme est conçue l'inscription allemande qui est autour de son portrait : *Sebolt Beham maler XXXX. Jar. Alt. MDXXXX.* Ce qui signifie en nostre langue, *Sebald Beham peintre âgé de* 40 *ans en* 1540. S'il eut aussy fait attention aux dates qui sont sur les estampes de ce graveur, il se seroit donné de garde d'avancer que sa mort arriva vers l'année 1545, car il a gravé non-seulement dans cette année, mais mesme jusques en 1549, et je n'ay encore veu aucune pièce avec une datte postérieure. Dès l'année 1544, Beham etoit etably a Francfort. Il y grava cette mesme année ses armoiries avec cette inscription allemande qu'on lit autour, et qui est assez singulière pour estre raportée. *Sebolt Beham von Nuremberg maler iecz wonhafter burger zu Francfurt*, c'est-à-dire *Sebald Beham de Nuremberg peintre, presentement etably bourgeois à Francfort.* Remarquez que non-seulement en cet endroit, mais dans tous ceux de ses ouvrages où il a ecrit son nom tout au long, il ne se nomme que *Sebald Beham* au lieu que Sandrart l'appelle *Jean Sebald*, ce qui semble pourtant mieux s'accorder avec la marque H-S-B dont il s'est servy, car si l'on veut expliquer toutes les lettres dont elle est composée, on y trouvera *Hans Sebolt Beham* ou *Jean Sebald Beham.* Il avoit coutume de la mettre à touttes ses estampes, du moins à celles qui furent gravées depuis 1531 jusques en 1549 ; mais il s'en trouve d'autres anterieures dattées de 1519 et des années suivantes jusqu'en 1530 avec cette autre marque differente H-S-P, ce qui a fait croire à plusieurs qu'elles estoient d'un autre graveur, fondés sur ce qu'elles n'étoient pas dessinées dans la mesme maniere. Ce sentiment n'est point celuy de Sandrart, il prétend au contraire que les unes et les autres sont de Jean Sebald Beham, mais il n'apporte que des raisons assez legères pour le prouver. Pour moy après les avoir examinées avec attention, et en avoir confronté ensemble les manières, je me range volontiers de son avis, et pour le rendre plus plausible, j'adjouteray quelques reflexions qui m'ont paru assez convenables.

Je m'arreste premièrement sur la manière dont toutes ces estampes sont gravées, et je remarque que c'est toujours la mesme qui y règne. S'il s'y trouve quelque difference, elle ne vient que de ce que la pièce aura été gravée devant ou après; vous y decouvrez dans touttes un progrès sensible. Les pièces de 1519 et celles de 1520, qui sont en assez grand nombre, tiennent le plus du goût allemand. Celles qui suivent jusques en 1530 s'en ressentent aussy, mais elles sont bien mieux gravées, elles sont touchées avec legereté, quoyqu'un peu sechement. Cette manière legère subsiste encore dans ce qui a été gravé vers l'an 1531, tel que la Judith et les 7 arts qui sont sans datte, mais que l'on préjuge estre de ce temps là, et plusieurs autres qui sont des années suivantes jusqu'en 1540. Ces pièces sont dessinées de meilleur goût, elles sont plus empatées que les précédentes et Beham n'a rien fait de mieux; car depuis sa manière devint plus pesante, ce qu'il copia dans ce temps là d'après ce qu'il avoit fait auparavant luy est bien inférieur; en voulant luy donner plus de finy, il en ota tout l'esprit, et son temperament se refroidissant par les excès de la debauche, il n'est pas surprenant que ses ouvrages s'en ressentissent.

Que si l'on n'est pas satisfait de toutes ces raisons, que l'on examine la pièce qui a été gravée en 1540, avec cette marque

H-S-B et qu'on la compare avec celles qui ont été executées dans la mesme manière en 1520 et qui portent l'autre marque H-S-P, je croy que pour lors on n'aura plus de lieu de douter, que ces deux marques ont été employées par le mesme peintre en differens temps. Mais ce qui est le plus singulier, c'est que cette mesme difference se trouve dans la marque dont son oncle Barthelemy Beham s'est servy, et qu'ils ayent fait l'un et l'autre ce changement précisement dans le mesme temps. En 1527 et 1529 B. Beham grava deux pièces où il se désigna par cette marque B-P, il en grave deux autres en 1531 où il met cette autre marque B-B. De mesme J. Sebald Beham se sert toujours de cette marque H-S-P depuis 1519 jusques en 1530, et en 1531 il commence à se servir de cette autre marque H-S-B jusques à la fin de sa vie, et il la fait suivre quelquefois de son nom ecrit tout au long. Du reste il n'est pas possible de rendre raison de ce changement, sinon que l'oncle et le neveu auroient peut être changé de nom. Les curieux de France et l'abbé de Marolles en particulier dans ses catalogues d'estampes, attribuent à *Hispan* ou *Hispanien Pean* les pièces où se trouvent cette marque H-S-P et ils connoissent sous le nom corrompu d'*Hisbins*, celuy qui s'est servy de l'autre marque H-S-B.

En note Mariette ajoute : Cette pièce gravée en 1527 par Barthelemy Beham est le portrait de Leonard von Egkh, celèbre jurisconsulte allemand, et ce qui est de fort singulier, c'est que j'en ay veu une première epreuve avec des differences considerables et avec la marque B-B, au lieu qu'aux autres épreuves postérieures l'on trouve celle B-P; preuve certaine que les deux marques B-B et B-P ont été employées indifferemment par Barthelemy Beham, et que son neveu J. Seb. Beham a pu se servir par la mesme raison des deux autres marques H-S-P. H-S-B. Cette difference dans les marques vient sans doute de ce que la lettre B a la mesme prononciation que le P dans la langue allemande, de mesme que le D s'y prononce comme le T. Ainsy Albert Durer est nommé Thürer dans l'inscription allemande du Triomphe de l'Empereur Maximilien gravé par Albert, où en plusieurs endroits le P est mis en place du B, notamment dans le mot Beham qui y est ecrit Peham, mais cet usage corrompu est abrogé presentement parmy ceux qui ecrivent l'allemand purement; il n'y a plus qu'en Saxe, où l'on a conservé cette prononciation, et c'est un abus qu'on leur reproche. Je tiens cecy de M. Fritsch.

— *Biblicæ historiæ artificiossimis picturis effigiatæ, per Sebaldum Beham pictorem Francofurtensem*, 12° (1). Ces planches sont gravées en bois et sont au nombre de 80, y compris le titre, sans datte ny lieu d'impression. Mais il est vraysemblable qu'elles ont été mises au jour depuis que Beham se fut retiré de Francfort, et sont mesme des ouvrages assez négligés et qui ne feroient pas la réputation de leur auteur, si l'on n'avoit que cela seul de lui. Au reste il n'y a qu'une partie des sujets de la Bible, et je préjuge que cette suitte étant demeurée imparfaite, on a seulement fait paroistre ce qui estoit fait. Cela forme un in-douze qui est dans la Bibliothèque du Roy, n° 1725.

BEICH. F-B (2), marque de Joachim-François Beich, peintre allemand, sur des planches de paysages qu'il a gravées et qui sont d'un excellent goût.

BEINASCHI (JEAN-BAPTISTE) est né à Turin; il n'est pas certain qu'il ait été disciple du Lanfranc, mais il n'est pas moins vrai qu'il en fut le sectateur, et un imitateur qui, voulant marcher de trop près sur les traces de ce grand peintre,

---

(1) Le Blanc, n° 281-353.
(2) Voir Brulliot, *Dictionnaire des monogrammes*.

a fait trop souvent la charge de sa terrible manière. Il a donné dans le noir, il a chargé ses contours, et quoyque ce qu'il a peint montre de la verve et du genie, il n'a presque rien fait d'agréable. Il etoit fait pour les grandes machines et surtout pour les plafonds. Il s'etoit fait une manière de traiter les figures en racourci qui etoit scavante, et l'on voit quantité de ses ouvrages dans les églises de Naples, parmi lesquels il s'en trouve qui annoncent le grand maître. Il sejourna longtemps dans cette ville, où il passa après avoir fait ses premières preuves à Rome, et il y est mort retiré chez les PP. hermites de St-Jerome, dans l'église desquels il a reçu la sépulture en 1688, ainsi que le porte l'épitaphe qu'ont fait placer ces religieux dans leur église en reconnoissance des ouvrages que le Beinaschi leur avoit fait, et qu'a rapporté l'auteur des Vies des Peintres napol., t. 3, p. 284. Ce que cet auteur a écrit concernant le Benaschi me paroit exact, et je pense qu'il faut s'en tenir à son recit. Celui du Pascoli est chargé d'évenemens qui ne me paroissent pas meriter beaucoup de croyance. Selon ce dernier écrivain, le Benaschi auroit passé la plus grande partie de sa vie à Rome, et c'est pourtant le lieu qui offre le moindre nombre de ses peintures et même aucuns plafonds, qui etoit le genre dans lequel il primoit.

BELLANGE. Examiner dans Marolle si Bellange s'appeloit Jean ou Thierry. Le P. Husson lui donne ce dernier nom. M. Heinecken a écrit le premier. Il y a des estampes de sa façon qui peut-être éclairciront cela.

— Thierry Bellange est un des peintres dont la manière, licentieuse et tout à fait éloignée de la belle manière, méritoit un plus grand mépris. Elle eut cependant des admirateurs, et Bellange eut une grande vogue. Il étoit contemporain de Callot et avoit appris à dessiner avec lui dans la même école qui étoit celle de Claude Henriet. On connoit quelques pièces qu'il a gravées, et dont on ne peut soutenir la veüe tant elles sont de mauvais goût (1). On croit s'appercevoir qu'il cherche à imiter la manière de Spranger, qui elle-même étoit regardée alors comme la seule qu'on devoit suivre. Heureusement l'on en est bientost revenu, elle ne se relevera jamais. Bellange étoit Lorrain, il étoit né à Nancy le 15 octobre 1594 et il y est mort âgé de 44 ans. *Notes à la suite de l'Éloge de Callot du P. Husson, p. LV.* — On a quelques pièces gravées par Bellange, et sur un de ces morceaux représentant un des trois roys qui vinrent rendre leurs hommages à l'enfant Jésus, son nom gravé par l'auteur même sur la planche est ainsi figuré (2) : ce qui prouve qu'il ne se nommoit point Thierry. L'abbé de Villeloin son contemporain lui donne le nom de *Jacques*. Est-il mieux fondé? Le caractère qui se lie avec la première lettre du nom de Bellange dans la marque citée, pourroit être un G renversé, et supposé que Bellange ait fait le voyage d'Italie et qu'étant dans ce pays il ait gravé le morceau en question et qu'il ait italianisé son nom de baptême, alors on trouveroit le (premier élément?) prénom et nom (ou retourné?) de *Giacomo* et l'abbé de Villeloin auroit parlé vrai. J'ai une pièce de ce maître qui n'est pas sans mérite, c'est une sainte Vierge qui file près de l'enfant qui dort dans son berceau ; elle tient beaucoup pour la gravure de la manière de Ventura Salimbeni, et cela pourroit faire imaginer que Bellange avoit étudié sous ce peintre, ou qu'il tachoit au moins de l'imiter.

BELLANGER (J.-A.), amateur qui a gravé; il est substitut de M. le procureur du roi au Chatelet.

---

(1) Elles sont cataloguées dans le *Peintre-Graveur français* de M. Robert-Dumesnil, t. V, p. 81-97, et dans Le Blanc, p. 259-60.
(2) Voir Rob. Dumesnil, t. V, n° 8 des planches.

BELLE (Alexis-Simon), né à Paris et mort dans la même ville en 1734, âgé de 60 ans, est disciple de François de Troy, et, comme lui, il a fait son principal talent du portrait. Il en a même peint d'assez beaux, entre autres celui de la veuve Hortemels Lilmon (1) sa belle-mère, qui est présentement dans le cabinet de M. de La Live. Je l'ai vu établi à Saint Germain en Laye, où il estoit fort occupé à peindre des portraits d'Anglois. Il a laissé un fils qui peint dans le genre historique et qui n'y est pas malhabile.

BELLI (Silvio di) est nommé *Elio de' Belli* par le Palladio qui nous apprend qu'il étoit fils du graveur en pierres fines nommé Valerio Vicentino, et qu'il avoit beaucoup de goût et d'amour pour l'architecture. Giacomo Marzari auteur d'une Histoire de Vicence imprimée à Venise en 1592 ajoute (p. 199) qu'il étoit aussi bon géomètre, et que, pendant le tems qu'il avoit demeuré à Rome et à Ferrare, il avoit fait voir ce qu'il sçavoit dans l'une et dans l'autre science. Il le fait auteur d'un traité sur les proportions relativement aux arts qu'il professoit, et il le fait mourir en 1575. Il le nomme *Silvio*. — Mais qui sçait (*ajoute Mariette d'une écriture bien postérieure*) s'il n'est pas question de deux frères, l'un nommé *Elio* et l'autre *Silvio*.

— Valerio Vicentino, l'un des plus habiles graveurs en creux, qui ayent paru dans ces derniers siècles, mourut fort âgé en 1546. Vasari en fait mention (2) et mesme assez au long, t. 2, p. 295. Palladio nous apprend son nom

---

(1) Voir Catalogue historique du cabinet de M. de la Live, 1764, petit in-4° de 124 pages; le portrait y est indiqué page 17, mais sans le nom du modèle.

(2) Il lui a consacré une biographie spéciale. Valerio a beaucoup travaillé pour François Ier.

de famille dans la préface de son livre d'architecture, en parlant du fils de cet artiste, qui avoit beaucoup de goût pour l'architecture. Voicy ses termes : *Elio de' Belli figliuolo che fù del sig*r. *Valerio celebre per l'artificio de' Camei, e dello scolpire in cristallo.* Il en est encore fait mention sous l'année 1542 dans la Storia di Vicenza da Giac. Marzari, p. 171, et il y est nommé *Valerio di Belli*. Mais le fils que Palladio nomme *Elio* est appelé dans l'histoire que je cite *Silvio* (p. 199). — (*Même écriture postérieure que plus haut*). Il se peut faire qu'il eut deux fils, l'un nommé *Elio* et l'autre *Silvio*.

BELLIBONI (Gio-Battista de'), disciple d'Ant. Campo, et dont il fait mention dans son Histoire de Cremone, p. 54.

BELLIN (François) a été disciple de Foucquier en France. J'ai eu occasion de voir deux petits tableaux de paysage de sa main qui ne m'ont pas donné une fort grande idée de son habileté. Ils étoient du grand fini, mais sans effet et d'une touche assez indécise; en général ils m'ont paru plus dans la manière de Jacques d'Artois que dans celle de Foucquier.

BELLINI (Jacopo). Il a peint un tableau à l'autel de la chapelle de Saint-François dans l'église del Santo à Padoue; on y lit : *Jacobi Bellini Veneti Patris, ac Gentilis et Joannis natorum opus MCCCCIX* (?). Le vrai sens de cette inscription ne me semble point douteux, elle nous apprend que le père et les enfants ont mis tous trois la main à ce tableau. Je l'ai tiré du livre intitulé *Religiose memorie della Chiesa di S. Ant. de Padoua*, p. 25.

BELLINI (Filippo) peintre d'Urbin, contemporain d'Antoine Calcagni, fameux sculpteur, pour la chapelle duquel il a peint un tableau vers l'an 1592 dans l'église de Saint-Augustin à Recanati. — Bald. Decenn. 3 della parte 2 del secol. IV, p. 235.

BELLONI (GIOSEFFO). La planche qui sert de frontispice au livre intitulé *de Basilica Lateranea* imprimé à Rome en 1656 a été gravée d'après son dessein, et l'on croit reconnoître dans la manière de composer et de dessiner un disciple de Romanelle.

BELLORI (JEAN-PIERRE), célèbre antiquaire. Je place sa naissance par estime vers l'année 1630. Sa mort arrivée à Rome, a précédé d'assez peu de temps la fin du siècle. Il avoit dans sa jeunesse manié le crayon, et s'étoit mis par là en état de parler pertinement de peinture, outre qu'il avoit été en liaison pendant tout le cours de sa vie avec les plus habiles artistes de son siècle, et singulièrement avec le Poussin, qui ne pouvoit manquer de goûter sa conversation, lui qui était si fort épris des beautés de l'antique et de Raphaël, et dont le génie se trouvoit par là si conforme à celui que nourrissoit le Bellori. Lorsque celui-ci entreprit d'écrire ses Vies de peintres, de sculpteurs et d'architectes, ce fut dans la veue de faire surtout l'éloge de ceux qu'il avoit particulièrement connus; mais comme il s'y déchaina trop ouvertement contre ceux de ses contemporains qui se livroient à des licences qu'il ne pouvoit approuver, il est assez vraysemblable qu'on chercha à le mortifier et que cela le dégoûta de ce premier travail et l'empêcha de donner la suite de son ouvrage, pour laquelle il avoit préparé quelques vies qui sont demeurées MSS. Les ouvrages qu'il donna sur l'antiquité furent plus unanimement accueillis. Pendant plus de vingt années, il ne parut presqu'aucun de ceux qui furent gravés par P. Sante Bartoli qui ne fût accompagné de ses explications. Je n'ai jamais vû de ses desseins, mais j'ai trouvé dans une suite de très-petits paysages qu'a gravé le Canini un petit morceau qui porte son nom; il est tellement dans la manière des autres paysages, qu'il seroit assez difficile de décider qu'il en est l'auteur, si son nom ne s'y trouvoit pas, et, comme il est assez spirituellement touché, on désireroit qu'il eût plus souvent manié la pointe (1). Il avoit le titre d'Antiquaire de Sa Sainteté, et je pense aussi qu'il étoit attaché en cette qualité à la reyne Christine de Suède. Son cabinet d'antiquités avoit été acheté par le roy de Prusse, et Beger en a donné la description, mais je ne crois pas qu'il soit resté dans le pays. Il me semble que le roi de Prusse dernier mort s'en étoit défait. — Voyez à la page précédente (251) l'article donné par le P. Orlandi. Lorsque j'écrivois ceci, je ne m'étois apperçu qu'il eût été rien dit dans l'Abecedario sur le compte de Bellori.

BELLOTTI (Pietro). J'ay veu un tableau de ce peintre qui m'a donné une idée de son mérite. Il estoit peint avec un grand soin, l'on ne peut pas un plus beau pinceau, chaque chose y estoit traittée avec vérité, et le goût de couleur en estoit fort bon; mais le dessein en estoit ignoble, et de mauvais choix. Pour représenter la vestale Tucia, ce peintre avoit pris pour son modèle la plus infâme et la plus dégoutante créature qu'il y eût au monde. C'estoit un demy corps, et je juge par la conduitte de ce tableau que le Belotti a du parfaittement réussir dans les portraits.

BELLOTTO (Bernard), qui se fait nommer *il Canaletto*, et qui par là a voulu se mettre en crédit et se faire honneur d'être le neveu et le disciple d'Antoine Canal, excellent peintre de veuës. Il est vénitien ainsi que son oncle; son genre

---

(1) Ce nom de graveur amateur est à ajouter au livre de M. Le Blanc, qui ne le mentionne pas.

est aussi de prendre des veuës. Il cherche à être en tout un parfait imitateur de son maître. Le roi de Pologne, Électeur de Saxe, n'ayant pu avoir l'oncle, a fait venir à Dresde le neveu, et lui a fait peindre les principales veuës de la ville de Dresde, et il les lui a ensuite fait graver. Cela s'est fait en 1752; on les croiroit gravées par Ant. Canal même, tant elles sont ressemblantes par la touche, à ce qui a été gravé à Venise par ce dernier. C'est la même fermeté de pointe; on y trouve de même à redire trop d'égalité dans la touche et des dégradations de lumières pas assez sensibles. Du reste ces veuës sont fidèles; elles sont très-bien en perspective; si les tableaux sont aussi bien peints, le Canaletto est un digne élève de son oncle. Il en est fait mention dans la nouvelle édition de l'Abécedario de Guarienti.

BELLUCI (ANTONIO). Il étoit encore vivant en 1724 et quoyque vieux il continuoit de peindre. Il demeuroit à Venise. Litt. d'Ap. Zeno. T. 2. n. 168.

BELLY (JACQUES) de Chartres, alla jeune en Italie, il y grava, étant à Rome en 1641, la galerie du Carache au Palais Farnèse, mais d'une manière qui ne lui fait guère d'honneur; car on n'y trouve ni esprit, ni dessein; il étoit de retour à Lyon en octobre 1642, ce que j'aprend d'une lettre écrite à M. Langlois, dit Chartres, où le père de Belly se plaint de ce que son fils tarde si longtemps à revenir, et de ce qu'il s'est arresté auprès de M. d'Halincourt.

— La galerie du Palais Farnèse dessinée et gravée à l'eau forte à Rome par Jaques Belly de Chartres en 1641 et dédiée par luy à M. le marquis de Cœuvres. Voicy un extrait de l'épistre dédicatoire. Belli y dit qu'il ne peut pas s'assurer d'avoir bien rendu les beautés des peintures d'Annibal et d'Augustin Carraches, et que, pour donner de la protection à son ouvrage, il a choisi M. de Cœuvres qui semble obligé à la défense de son travail, puisqu'il l'a vu croître et naître dans sa maison pendant que Belly étoit auprès du maréchal d'Estrées père du marquis de Cœuvres (c'est que M. d'Estrées ambassadeur de France occupoit alors le Palais Farnèse). Au reste cette suite d'estampes n'eut aucun succès, parce qu'elle ne rendoit point les beautés de l'original, et celles qui sont venues depuis l'ont entièrement fait oublier. L'auteur y monre un bien mauvais goût de dessin. Elle est en 30 planches, sans y comprendre la dédicace, et comptant pour une pièce une moitié de tout le plafond en deux planches qui s'assemblent pour ne composer qu'un seul morceau (1). Tous les petits sujets de lambris y sont gravés en plus grand que dans les autres suites, et les grands tableaux par proportion en plus petite forme, idée bisarre, qui donneroit, je pense, une singularité à cette suite, pour peu qu'elle fut exécutée passablement.

BEMBI (Bonifacio di) et son frère Jean-François ont travaillé à Cremone au rapport de Ant. Campo, *hist. di Cremona*, p. 53. Ant. Campo a fait graver le portrait de Blanche-Marie Visconti épouse de François Sforce duc de Milan, d'après celuy qui avoit été fait d'après nature vers l'an 1440 par Bonifacio Bembo de Cremone, lequel est dans l'église de Saint-Augustin à Cremone. Remarquez qu'il dit que Bembo étoit de Cremone. — Le Boniface dont le Campo fait mention et qui étoit de la famille des Bembi n'a de commun avec le peintre vénitien que le nom de baptême; ce dernier lui étoit postérieur de près d'un siècle, et l'on ne lui connoit point d'autre nom que celui de Boniface : on trouve dans les registres mortuaires de l'église de Saint-Ermagora à Venise un

(1) Voir Robert Dumesnil, t. IV, p. 2-10.

peintre du nom de Boniface qui y a reçu la sépulture en 1553 à la suite d'une longue maladie, et ce doit être le mesme qui étoit élève du vieux Palme, et dont le Ridolfi a écrit la vie. Jean-François Bembi étoit frère du peintre Cremonois. Il faut donc faire deux articles de celui-ci, dans lequel le P. Orlandi confond des artistes qui n'ont rien de commun entre eux.

BEMMEL (JEAN GEORGE VAN), peintre de batailles et de paysages à Nuremberg, y nacquit en 1669 et est mort en 1723; c'est tout ce qu'on scait de ce peintre et que nous fournit son portrait qu'a gravé J. C. Kilian en 1772.

BEMMEL (W.). Une suite de six paysages en hauteur (7° h.; 5° tr.), à l'eau forte, qui, tout maniérés qu'ils sont, ne sont pas trop mal exécutés. A deux de ces pièces on trouve le nom de celui qui les a gravés et dessinés, écrit à rebours et qui, étant lu dans le miroir, est *W. Bemmel* avec la datte 1654. A presque tous il y a de grands arbres qui occupent les devants (1).

BENCOVICH (FRÉDÉRIC), mal nommé Boncovich par le Guarienti, auteur de la nouvelle édition de l'Abecedario imprimé à Venise en 1753, est né à Raguse. Il étoit parent du Gaetano fameux musicien que j'ai entendu à Vienne sur le théâtre de S. M. I. en 1718, et ce fut ce parent qui le tira de son pays, et qui le fit venir à Venise dans le dessein d'en faire un peintre. Il le fit ensuite entrer dans l'école du Cignani, où le jeune artiste fit de grands progès. Il revint à Venise, plein des idées du Corrège, ne comptant pour rien la correction, pourvu que ses figures eûssent un tour agréable et nouveau, qui se rapprochât de ceux que le Corrège a si

(1) Le Blanc, p. 266.

heureusement donné aux siennes. C'est précisément ce que cherchoit aussi la Rosalba, et ce qui lui fit désirer la connoissance du *Ferighetto* (c'est le nom qu'on donnoit à Venise à notre peintre), surtout lorsqu'étant de retour dans cette ville, il eut mis dans l'église de Saint-Sébastien le beau tableau du B. H. Giambacorti, dont il a lui-même donné une très-bonne estampe. Alors la Rosalba prit des leçons de lui, et peignit même plusieurs miniatures d'après des desseins qu'il lui fournissoit. J'en ai un qui me vient de la Rosalba même et qui prouve ce que j'avance; Bencovich aimoit le changement et ne pouvoit demeurer en place; il passa à Milan, et ensuite à Vienne en Autriche, où son parent Gaetano l'attira sans doute, car ce musicien étoit grand amateur de tableaux. Mais Bencovich étoit alors fort déchu. Il n'étoit plus ce qu'il avoit fait espérer. Le manque de dessein le conduisit dans un abisme, préparé à tout peintre qui négligera cette partie si essentielle de son art. Il ne fut plus qu'un praticien dont les jours des figures, outrés et peu naturels, déplurent. Peu occupé, il se retira à Goritz dans le Frioul allemand, et il y est mort. Le Guarienti ne parle pas de ce peintre fort avantageusement; de là je préjuge qu'ils n'étoient pas amis. — Il y a dans l'église de la Madonne del Piombo à Bologne un tableau de ce maître qu'on dit être fort beau.

BENVENUTO (Gio-Battista), *detto l'Ortolano;* après avoir étudié sur les ouvrages des meilleurs maîtres qui se trouvoient alors dans la ville de Ferrare, où il avoit pris naissance, il se transporta à Bologne et devint l'imitateur de Bagnacavallo. Les deux tableaux cités par le P. Orlandi (*nella Chiesa dei PP. Serviti di Ferrara di pinse l'altare di S. Margherita, nei Bastardini l'altare maggiore*) sont sortis des places qu'ils occupoient, et ont été remplacés par des copies. — Mori circa l'anno 1525.

BÉRAIN (JEAN) de Paris, avoit un talent singulier pour toutes les sortes de décorations et généralement pour tout ce qui étoit susceptible d'ornement, qu'il inventoit et qu'il dessinoit avec beaucoup de facilité. Jamais il n'y a eu de décorations de théâtre mieux entendues, ny d'habits plus riches et d'un meilleur goût que ceux dont il a donné les desseins pendant qu'il a été employé pour l'Opéra de Paris, c'est-à-dire pendant presque toute sa vie. On auroit eu peinne à trouver une imagination plus féconde. Aussy n'y avoit-il aucune feste de conséquence que l'on entreprit sans le consulter. Il présidoit à toutes celles qui se donnoient à la cour, et c'estoit aussy luy qui ordonnoit l'appareil des pompes funèbres; la charge de dessinateur ordinaire du cabinet du roy de France luy en attribuoit les fonctions. Il étoit aussy fort employé à donner des desseins de meubles, et d'ornements propres à être exécutés en tapisserie, où à peindre dans des lambris et dans des plafonds; c'est ce que l'on nomme des grotesques; il avoit pris, dans ce que Raphaël avoit si heureusement imaginé dans ce genre sur le modèle des anciens, ce qui luy avoit paru devoir faire un meilleur effect; il l'avoit réduit à une manière particulière, conforme au goût de la nation françoise et cette méthode luy avoit si bien réussy que les étrangers même avoient adopté son goût d'ornemens. Ce qu'il avoit inventé de meilleur dans tous ces différens genres a été gravé de son temps et sous ses yeux.

— Des singes fondans des canons. Des démons ayant à leur teste l'Envie qui les excite à charger un canon outre mesure pour le faire crever. Ce sujet et le précédent sont renfermés dans des bordures ou cartouches, qui sont du dessein de Jean Berain; le reste de la composition est inventé et gravé par Jean Mariette. Le S. Keller, commissaire ordinaire des fontes de l'artillerie de France, fit faire l'un et l'autre pour mettre dans un mémoire, où il censuroit vivement la conduitte de plusieurs officiers de l'artillerie.

— Diverses pièces de serrurerie, inventées par Hugues Brisville et gravées par Bérain dans sa jeunesse; elles consistent en seize planches (1).

— Jean Berain, dessinateur et peintre d'ornements, a eu dans son temps une très-grande vogue. On ne faisoit rien de bien, en quelque genre de décoration que ce fût, si cela n'étoit dans sa manière, ou s'il n'en avoit donné les desseins. Son règne fut long, mais il a fini à sa mort. Il seroit aujourd'hui ridicule de l'imiter. Il est mort dans les galeries du Louvre où il logeoit, au commencement de ce siècle, en **1711**, suivant Brice; son billet d'enterrement porte la datte du **26** janvier **1711**. Il avoit la place qu'ont eu depuis MM. Slodtz, celle de dessinateur de la Chambre ou des Menus Plaisirs, et en cette qualité il ne s'est fait pendant très-longtemps aucune décoration pour des fêtes, dont il n'eût été l'ordonnateur. Il a fait graver la pluspart de celles qui ont été ordonnées sur ses desseins pour des pompes funèbres. C'est bien ce qu'on connoit de mieux de lui. Les compositions d'ornemens qu'il a fait pareillement graver en assez grand nombre n'en approchent pas. Il a voulu donner des desseins de parterres pour des jardins qui sont misérables.

BERCHEM. J'ay veu chez Huquier deux pièces gravées par Berchem d'une manière plus fine et d'une pointe plus ouvragée que ce qu'il fait ordinairement. On y voit son nom et la datte **1644** (2).

BERETTINI (PIETRO), *da Cortona*, Pietre de Cortone. J'ai ouy raconter à Rome le commencement de la fortune de ce

(1) Le Blanc, nos 46-59.
(2) Voir Bartsch, t. V, et Le Blanc, I, 282-7.

peintre ; mais je doute fort que le récit qu'on m'en faisoit fut fondé sur la vérité : bien au contraire je le regarde comme un conte fait à plaisir. Nonobstant cela je ne laisserai pas de le rapporter tel que je l'ay reçu. Né de parents extrêmement pauvres, et qui se trouvoient hors d'estat de le nourrir, il fût obligé d'abandonner la maison paternelle, n'étant encore qu'un enfant, et d'aller chercher fortune ailleurs. Le basard le conduisit à Rome, et son étoille voulut qu'il entra dans plusieurs églises de cette ville, et qu'à la veue des peintures qu'il y admira, il prit tout d'un coup le dessein de devenir peintre. Il étoit bien difficile d'y parvenir sans secours ; mais l'on peut tout, armé de courage. Notre jeune homme ayant converty en papier et en crayons quelques aumônes qu'il avoit reçu pour sa subsistance, on ne le vit plus occupé qu'à dessiner tout ce qui pouvoit servir à son instruction. Occupé de ce soin, il avoit oublié de chercher un asile, les portiques ouverts étoient les seuls endroits où il passoit les nuits. Bientost il fit connaissance avec quelques domestiques du Palais Sachetti, qui par charité le mirent coucher dans une auge de pierre remplie de paille sous un angard. Un espiègle y mit un jour de l'eau, et le pauvre enfant y étant entré à son ordinaire, en sortit, moins consterné de se voir mouillé, que de ce que tous ses desseins l'étoient ; cette aventure fit du bruit. Le maitre d'hotel gronda comme il devoit le valet qui avoit fait ce mauvais tour, et le prelat maitre de la maison en ayant été informé, eut la curiosité de voir celui sur qui rouloit cette aventure ; sa figure, ses discours, tout prevint en sa faveur. Mgr Sachetti ne se contenta pas de l'exhorter à perseverer, il lui voulut aussi servir de protecteur, et le plaçant chez un peintre, et lui fournissant les moyens d'étudier commodement, il eut la gloire d'avoir formé un des plus grands peintres qui furent jamais. De son côté P. de Cortonne usa de reconnaissance ; les premiers fruits de son pinceau furent consacrés au Prelat à qui il devoit sa fortune.

On dit aussi dans Rome que la voute de la salle du palais Barberini a été peinte deux fois par P. de Cortonne, et que celle qu'on admire aujourd'huy n'est pas la même qu'il avoit peinte en premier lieu. Celle-cy ne 'avoit pas satisfait, et bien qu'il eût passé un temps prodigieux, l'envie qu'il avoit de s'immortaliser par ce grand et bel ouvrage, lui fit passer sur cette difficulté, et il retravailla tout de nouveau. Ce fait m'a été assuré comme certain, mais j'en doute; on n'eût pas manqué d'en faire mention dans la description du palais Barberini, et Sandrart, ami de P. de Cortonne, qui avoit vu peindre ce plafond ne l'eût pas non plus passé sous silence.

Il y a eu de la même famille un Philippe Berettini architecte et contemporain du peintre, dont il est fait mention dans les *Symbolæ litterariæ* a Gorio editæ dec. 1., T., 8., p. 173. Il vivoit en 1634. On cite un monument où cette datte et le nom de cet architecte se trouvent.

— Rien n'est si rare en Italie que les desseins de Pietre de Cortone; on ne rencontre le plus souvent que des croquis de ce peintre. Ses desseins fins et arrêtés n'ont point de prix; surtout quand ce sont de grandes compositions, telles qu'on en voit plusieurs dans la collection de M. Crozat. Pietre de Cortone n'est pas fort résolu dans ses desseins; il y paroit même un peu lourd; mais la richesse et la nouveauté de ses ordonnances font disparaître ce leger défaut (Cat. Crozat, p. 27).

BERETTONE (Nicolas) né en 1637, a été un des plus excellents disciples de Carle Maratte. Il en avoit saisi la manière et je trouve même encore plus de finesse dans la sienne. Entre plusieurs de ses ouvrages que j'ai vu à Rome, un de ceux qui m'a le plus frappé, et qui est en effet remply de graces, sont les peintures des plafonds de deux chambres du Palais Altieri. J'en dis autant des peintures qu'il a executées dans une des chapelles de l'église de Monte Santo à la porte du peuple. Il y a un beau feu dans la composition, et une grande correction dans le dessein ; c'est un des peintres modernes de Rome qui m'a plu davantage ; il est bien domage qu'il soit mort aussi jeune, car il n'avoit gueres que 45 ans lorsqu'il mourut en 1682. On dit qu'il étoit extrêmement modeste, et que ce qui fut en partie cause de sa mort, fut le chagrin qu'il eut de voir que C. Maratte son maistre prenoit de la jalousie de l'ouvrage qu'il avoit fait au palais Altieri, et qu'il cherchoit tacitement à le decrediter. — L'inscription qui accompagne le portrait dessiné de ce peintre que j'ai vu chez M. Crozat, et qu'il tenoit du S. Pio, est conçue en ces termes : Nicolaus Berettonus Pictor Pisauriensis, natus anno 1637, obiit anno 1683.

BERLINCIONE (LORENZO DI). Je le trouve employé parmi les peintres qui travaillerent aux peintures des décorations faites pour l'entrée de la grande duchesse Christine de Lorraine à Florence en 1588. Il fit un tableau dont on trouve l'estampe dans la description imprimée de cette feste. Je le crois disciple d'Alex. Allori, dit le Bronzin.

BERNABEI (DOMINIQUE) de Cortone, disciple de Julien de San Gallo, vint en France sous François Ier, et fut employé par le prince dans les bâtiments qu'il faisoit construire. Ce fut lui qui donna les desseins de l'Hôtel-de-Ville de Paris, dont la première pierre fut posée en 1533. Il mourut à Paris étant au service de Henri II, en 1549. Cet architecte avoit un goût mesquin et, par une suite de la mauvaise manière qui regnoit alors, il mêloit l'architecture grecque avec la gothique, composé bizarre et qui n'est pas supportable. Sauval le nomme Boccadoro, mais mal à propos. Voyez Gori *Symbolæ litterariæ*, decas 1, tom. 8, pag. 172 (1).

BERNARD (Samuel) avoit étudié sous Vouet et ensuite sous du Guernier; il a merveilleusement bien peint en miniature, surtout lorsqu'il a copié d'après de bons maitres, car il n'avoit pas de luy-même un grand génie; son principal talent étoit des portraits. Il a aussy quelques fois peint à huile de petits tableaux. Il est pere du fameux Samuel Bernard, l'un des plus grands financiers que nous ayons eus.

BERNARDINO (Jean) de Naples. Il étoit peintre et il a excellé à modeller en cire colorée des figures extrêmement petites, pas plus grandes que la moindre pièce de monnoye; c'est ce qui a été observé par Pacheco lib. 1, p. 26 et 29. Il ne dit pas en quel temps il fleurissoit, mais il y a apparence que c'étoit dans le seizième siècle; c'est le même dont il est fait mention ci-après p. 239, et qui est cité par le Soprani sous le nom de Jean Bernardin Azzolini (2).

BERNIERI (Antonio) da Corregio, in eta giovanile, e miniatore di chiara fama. C'étoit en 1552. Extrait du livre intitulé : *Cataloghi a varie cose appartenenti*. In Vinegia, Giolito, 1552, in-8°, p. 498.

---

(1) On peut voir sur cet architecte l'histoire de l'Hôtel-de-Ville de Paris de M. Leroux de Lincy, et les lettres patentes de Charles VIII, en faveur de ses ouvriers italiens, dans les *Archives de l'Art français*, I, 110.

(2) Voir, page 43, cet article de Mariette, au nom d'Azzolini.

BERNIN. Ceux qui ont écrit la vie du Bernin (1), lui ont, à mon avis, rendu un fort mauvais office, lorsqu'en rapportant les ouvrages qu'il a fait, à ce qu'on prétend, dans la plus tendre jeunesse et qui sont d'ailleurs si fort au-dessus de son âge, ils ont accompagné leurs récits de circonstances, dont le merveilleux n'est soutenu d'aucune vraysemblance. L'on ne mérite d'estre cru, qu'autant qu'on avance des choses possibles. Or je veux que le jeune Bernin, âgé seulement de quinze ans, ait été capable de faire, seul et sans l'assistance de personne, le beau buste du cardinal Borghèse, où le marbre est si bien manié et peut-estre mieux que le Bernin ne l'a fait dans la plus grande force de son âge ; mais qu'on veuille me persuader qu'après avoir terminé ce merveilleux ouvrage, il ait recommencé sur le champ un semblable buste, et qu'il ne luy ait fallu que huit jours pour lui donner la dernière main, ou quinze nuits, selon Baldinucci, en vérité je n'y puis tenir, et, dès cet instant, je suis presque tenté de douter de la vérité de tout le reste du récit. En effet l'expérience apprend que, non-seulement on ne peut tailler un buste en marbre, quel qu'il soit, dans un si petit espace de temps, mais qu'il en faut même encore bien davantage seulement pour l'ébaucher. L'on dira que tout Rome fut témoin de ce prodige ; mais cela ne me persuadera pas encore ; si ceux qui vivoient alors voulurent en estre la dupe, je ne consentiray jamais à le devenir. Qu'on se transporte pour un moment dans la maison où le jeune homme étoit élevé, on y trouvera un père sculpteur, habile pour le temps et fort employé, chez lequel il y avoit quantité d'ouvriers, et ne se

(1) On pense bien que c'est à l'enthousiaste biographie du Bernin, par Baldinucci, que se prend ici Mariette ; elle est ample et reproduit très-bien, par cela même qu'elle le fait involontairement, l'admiration de son époque pour ce fastueux maniériste ; mais il serait à désirer ici qu'elle fût plus souvent intelligente.

peut-il pas bien faire que le père, jaloux de produire son fils avec éclat, et trouvant dans ce fils des dispositions presque surnaturelles, lui aura fait prêter la main par quelques-uns de ses ouvriers ; cela arrive si souvent. Il se peut encore que l'on aura aperçu dès les commencemens dans le marbre ce fil, qui engagea, dit-on, le Bernin, à recommencer un autre buste, qu'on aura préparé en cachette ce nouveau buste, et qu'on l'aura produit, quand on l'aura jugé à propos, pour achever de jouer la comédie dans tout son entier. Car, si l'on n'admet pas cette supercherie, je défie qu'on puisse autrement convaincre quelqu'un qui connait la méchanique du travail du marbre.

Mais ce n'est pas à ce seul fait merveilleux que se sont bornés les historiens de la vie du Bernin. Ils luy font faire encore, dans le seul espace de deux ans, et n'ayant pas encore vingt ans, quatre grouppes considérables, celuy de David victorieux de Goliath, la Daphné, l'Enée qui porte son père Anchise, et le ravissement de Proserpine, dont les trois premiers sont à la vigne Borghèse, et le dernier à la vigne Ludovise à Rome. Mais, quoyqu'on ait dans Rome une grande idée du beau génie du Bernin, et de son extrême facilité, il est peu de gens qui soient persuadés que la Daphné soit de luy, ou du moins entièrement de luy. On veut qu'il n'en ait fait que le modèle et que ce soit un sculpteur flamand, qui travailloit dans l'atelier de son père, qui l'ait exécutée en marbre, et qui ait eu assez d'habileté pour y exprimer la légereté des feuilles qui naissent au bout des doigts de cette statue, chose qui jusqu'alors n'avoit été tentée par personne. Il est encore certain que le Bernin a été fort aidé dans ses ouvrages par Julien Finelli, dont la gloire est presqu'absorbée dans celle de son maistre. Ce Finelli est surprenant dans le travail du marbre, témoin les beaux lyons qui soutiennent un rétable d'autel dans l'église des SS. Apostres à Naples. Ce n'est pas du marbre, c'est réellement du poil. Le Bernin avoit aussi, ce me semble, un frère qui manioit très-bien le marbre, et l'on ne peut contester qu'il n'ait eu une très-grande quantité d'excellens élèves.

Au reste, je ne prétends pas, par tout ce que je viens d'avancer, rien diminuer de la gloire que mérite si justement le Bernin; mais je pense que ses beaux ouvrages l'ont assez immortalisé, sans qu'il soit besoin, pour le faire paroître encore plus grand, de mêler dans son histoire des faits dénués de toute vraysemblance, et, si j'ose le dire, d'emprunter le langage de la fable.

— Les desseins du Bernin et ceux du Bachiche (car les uns et les autres sont faits dans les mêmes principes) contiennent des pensées aussi neuves qu'elles sont sublimes; on ne peut y désirer qu'un détail plus exact dans l'exécution. (Cat. Crozat, p. 30.)

BERNINO (Paolo). Il se nommoit Paolo Valentino Bernini. J'ay veu une estampe d'après luy, c'estoit un frontispice de livre, composé avec beaucoup d'esprit, et dans la manière de son père; c'est de là que j'ai tiré qu'il s'appelloit Paul Valentin.

BERRUGUETTE, *Alonso Spagnuolo*. Vasari en fait mention à la fin de la vie de Masaccio. Dans la vie de Michel-Ange, p. 144, le même auteur le nomme Alonso Berugetta Spagnuolo.

BERTANO ou BRITANO (Jean-Baptiste) de Mantoue, etoit élève de Jules Romain; quelques-uns de ses desseins ont été gravés par Georges Mantuan.

BERTIN (Nicolas). Il a fait les desseins sur lesquels les

statues en marbre des quatre heures du jour et les quatre parties du monde, placées dans les jardins de Versailles ont été gravées par Louis Desplaces.

BERTOIA (GIACINTO). Lomazzo fait mention, dans son Idea del tempio della Pittura, p. 162, d'un Parmesan qu'il nomme Jacques Bertoia. J'ay remarqué une estampe gravée par Corn. Cort d'après un peintre qu'il nomme *Jacques de Parme ;* apparemment que c'est ce maistre cy. Il est pourtant vrai que ce morceau qu'a gravé Corn. Cort est tout à fait dans la manière du François, dit le Parmesan, et que le peintre nommé par le Lomazzo etoit sorti de l'école du Procaccini, et devoit sans doute avoir une manière qui tenoit de l'ecole d'où il sortoit; ainsi tout cela derange mes idées, et je ne sçais plus comment me tirer de ce cahos.

BERTOLI (DANIEL ANTOINE), né à Udine dans le Frioul, dans les derniers mois de 1678, exerçoit l'office de dessinateur de l'Empereur Charles VI, lorsque j'étois à Vienne en 1718. C'etoit un homme aimable, et qui par sa modestie, et ses autres qualités personnelles, se faisoit estimer dans la société, et moi-même j'ai connu tout le prix de son amitié. Du côté des talens, ce n'étoit pas un homme de premier ordre; mais, à ne le considérer que comme dessinateur, et il ne prétendoit pas à autre chose, il avoit son mérite. Il inventoit assez gracieusement, et il mettoit une extrême propreté dans sa façon de dessiner. C'etoit ordinairement à l'encre de la Chine. Ses desseins etoient lavés et sans aucun trait de plume, ce qui les rend froids et indécis. Quelques-uns ont été gravés assez bien par Scheldelmayer, et je citerai par distinction celui qui l'a (été) par Zucchi, et qui sert de frontispice au livre des Antiquités d'Aquilée, ouvrage du chanoine Bertoli son frère. C'est assez volontiers le vice des gens modestes d'être paresseux, de se mettre difficilement au travail, et cela s'est vérifié souvent chez M. Bertoli. Non-seulement il ne recherchoit pas les occasions de s'exercer, il les evitoit le plus qu'il pouvoit, ce qui ne lui etoit pas difficile dans une cour, où, à l'exception du maître, peu de gens estimoient les arts. Pour s'en consoler, M. Bertoli avoit recours à ses livres, et comme il s'en etoit formé un fort joli cabinet, il avoit suffisamment de quoi converser, et ne point tomber dans l'ennuy. Il s'etoit fait avec cela un petit choix d'amis, à la tête desquels etoit le celebre Apostolo Zeno, qui lui fut singulierement attaché, et qui lui en donna des preuves bien sensibles, dans les tracasseries que notre artiste eut à essuyer à l'occasion de l'achapt qu'il avoit été faire à Rome en 1727, par ordre de l'Empereur, du cabinet des médailles des Chartreux. Quand ce cabinet fut arrivé à Vienne, il se forma une cabale redoutable, que conduisoit le médecin Garelli, bibliothecaire de l'Empereur, et qui ne pretendoit pas moins que de faire passer pour fausses le plus grand nombre de ces médailles, celui qui en avoit fait l'emplette pour un fripon, qui avoit abusé de la confiance de son maître et avoit prêté les mains à la fraude. Apostolo Zeno se déclara ouvertement pour son ami, ne craignit point le crédit et les intrigues de Garelli, et, se servant de tous les avantages que donne une bonne cause, il soutint si bien celle-ci, que les ennemis de Bertoli furent contraints de se taire, et que ce dernier, pleinement justifié dans l'esprit de l'Empereur, en reçut les assurances dans une lettre qui lui fut ecrite par le prince Pio. Il faut voir dans les lettres d'Apost. Zeno toute la suite de cette affaire, et comme l'Empereur, content des services de son dessinateur, lui donna dans la suite une terre qu'il erigea en fief pour lui et pour ses parens. Bertoli mourut à Vienne d'une attaque d'apoplexie au commencement de 1744, ou dans les derniers mois de 1743; il pouvoit avoir 65 ans. Bertoli etoit lié d'une amitié intime avec Zanetti, et qui avoit commencé avec leurs études. Les premières que fit Bertoli furent dans l'école du Lazzarini, qu'il quitta dans la suite, pour ne plus avoir d'autre maître que Bastien Ricci.

BERTRAND (PHILIPPE). Il alla en 1694 à Montpellier, et y executa les sculptures de la Porte ou Arc de triomphe du Perou, qui y avoit été bâti par d'Aviler sur les desseins du S. d'Orbay. Les principales de ces sculptures consistent en quatre bas-reliefs en forme de médaillons, deux sur la face qui regarde la ville, représentant la jonction des deux mers par le moyen du Canal de Languedoc, et la destruction de l'Héresie, les deux autres du côté de la campagne font allusion aux victoires de la France. J'ay extrait cecy d'une lettre ecrite de Montpellier par d'Aviler; il y fait un grand eloge de ce sculpteur. Il dit que c'est un prodige de génie, qu'il n'a que 26 ans, et qu'il travaille plus pour la gloire que pour l'intérest; on peut contester à ce sculpteur la partie du génie; j'ay veu plusieurs maquettes de luy en terre, composées avec beaucoup de feu, mais peu arrêtées, et en général assez manierées.

BIANCHINUS (JEAN-ANTOINE), venitien, a fait une teste de vieillard de pièces de rapport qui étoit à Ste Geneviève entre les mains du Père du Moulinet. *Mem. mss. de Félibien.*

BILIVERT (GIOVANNE). *Comme le Père Orlandi l'appelle Antonio Bilivelti, Mariette ajoute :* Tout ceci a rapport à Jean Bilivert, à qui le Père Orlandi donne sans raison le nom d'Antoine. Tout le reste est conforme à la vérité, à l'exception de ce qu'on donne à Bilivert pour père un Allemand; c'étoit un Flamand; mais il est assez ordinaire aux Italiens de confondre les deux nations. Voyez l'article de Bilivert sous le nom de Giovanni.

—Gio Ballinert. Le Baglione l'appelle Bellinert, et c'est encore une erreur. Il se nommoit Jean Bilivert. Baldinucci a écrit sa vie dans un très-grand détail, Dec. 2ª, parte 1ª del secolo V, p. 68. Il nacquit en 1576 et ne mourut qu'en 1644, toujours travaillant. C'est bien mal à propos que le Baglione lui fait perdre la veuë; il est bien vrai que Bilivert y avoit un défaut; son œil gauche n'étoit pas conformé comme le droit; mais, au moyen d'un verre concave qu'il tenoit continuellement appliqué contre l'œil gauche, il avoit remédié à cette imperfection de la veuë, et ce ne fut plus ce qui fit le supplice de sa vie. Il fut cruellement travaillé de la pierre et obligé de souffrir l'opération de la taille, dans un tems où elle étoit aussi peu connue qu'elle étoit dangereuse. Bilivert dessinoit fort agréablement, et, dans ce qu'il faisoit, il imitoit, autant qu'il le pouvoit, la manière du Civoli son maître, qu'il nommoit par honneur le Corrége de son siècle. A l'exception du voyage qu'il fit à Rome dans sa jeunesse à la suite du Civoli, il ne sortit jamais de Florence sa patrie. Il étoit de race flamande. L'auteur de la Description des peintures de Pise le nomme Jean Viliverti.

BISCAINO (BARTHELEMI), né à Gennes en 1622 et fils d'un peintre médiocre, a laissé une grande réputation. Il avoit un pinceau facile et un fort bon goût de couleur, et il composoit agréablement. C'est dommage qu'il nous ait laissé si peu de ses tableaux; on en est dédommagé par ses desseins et par ses gravures qui sont extrêmement recherchées, et qui ont en effet un certain attrait et des grâces qui sont tout à fait séduisantes. Ses desseins sont faits avec le plus grand soin; ils sont ordinairement sur du papier teinté en rouge, le trait à la sanguine, et les lumières mises avec du blanc au pinceau. Le travail en est un peu indécis, mais les effets en sont piquants. Je n'en ai point vu qui fussent exécutés autrement. Je ne sais d'où M. Crozat avoit tiré ceux qu'il possédoit, qui n'étoient ni en petit nombre, ni peu intéressants; car les ouvrages de ce maître sont fort rares, même ses estampes, qui pétillent d'esprit. Il fut une des victimes (de la peste) qui affligea Gennes en 1657. Je suis assez bien fourni des unes et des autres.

— Le Biscaino est un peintre gracieux, dont les desseins sont faits avec grand soin. Sa coutume étoit de les rehausser de blanc, et de piquer beaucoup la lumière sur les jours. Il choisissoit pour cela du papier legerement teint de couleur. Il y en a ici de fort beaux, et qui sont très-bien conservés. (Cat. Crozat, p. 83.)

— Biscaino, mort en 1657, n'ayant pas encore atteint l'âge de 25 ans. Daman a eu presque toutes les planches du Biscaino, et son nom se trouve presque sur toutes. Lorsqu'on en trouve quelques planches sans son nom, elles ne sont pas fort différentes des épreuves des mêmes planches, qui portent le nom de ce marchand, preuve que les planches lui sont tombées de bonne heure entre les mains. — Que sont-elles devenues? c'est ce qu'on ignore; mais il est très-vraisemblable qu'elles n'ont pas été longtems dans le commerce, et les épreuves qu'elles ont données sont fort rares. — Huquier a apporté de Hollande un recueil d'estampes du Biscaino qu'il a acheté à la vente de Tersmitt en 1754. Il n'y avoit que 23 morceaux qu'il a payé 85 florins ou 175 liv. Il y a fait des additions, et, lorsqu'il a vendu ce recueil à M. Vaillant de Londres, il étoit composé de 31 morceaux.

BISSONI (GIO-BATTISTA). M. Cochin, dans son Voyage d'Italie, fait l'éloge d'un tableau de J. Bissoni qui est dans l'église del Santo à Padoue et qui a pour sujet un crucifix accompagné de la Ste Vierge et de St Jean. Il y trouve beaucoup de la manière du Guide. Que doit-on penser d'un pareil jugement, tandis qu'on voit, en tant d'autres endroits de son livre, M. Cochin critiquer amèrement ce qui a le plus de réputation en Italie en fait de peintres et le dépriser d'une façon vraiment révoltante. C'est ce qui lui a été reproché par l'auteur de la nouvelle Description de Padoue, et par celui de la nouvelle édition des Vies des peintres gênois du Soprani (1). L'un et l'autre ont pris à tâche de relever ses erreurs et de deffendre les habiles artistes qu'il attaque.

BIZELLI (GIO). Il fut du nombre des disciples d'Alexandre Allori, qui enrichirent de leurs peintures la magnifique entrée de Christine de Lorraine à Florence.

BLAIN DE FONTENAY (JEAN-BAPTISTE), né à Caen en 1654, mort à Paris en 1715, est le meilleur disciple qui soit sorti de l'école de Baptiste Monnoyer; mais quelle distance de lui à son maître.

BLANCHARD (JACQUES), de Paris, peintre ordinaire du Roy de France. Comme chaque partie de la peinture demande des dispositions et une étude particulière, et qu'il y auroit de la témérité à les vouloir embrasser toutes à la fois, il suffit d'en posséder une dans un éminent degré, pour pouvoir espérer un rang parmy les peintres du premier ordre. C'est en se distinguant dans la partie de la couleur que Jacques Blanchard a acquis cette grande réputation qui le fit surnommer le Titien de la France. La fraischeur et la force de son coloris, sa manière de peindre facile et agréable, furent d'autant reçeues qu'avant luy on n'avoit point encore eu de peintre en France qui eût eu une véritable notion de la couleur. Blanchard en

(1) Vite de' pittori, scultori ed architetti genovesi del Soprani, seconda edizione, rivedute ed arrichite de noti da Giuseppe Ratti. In Genova, 1768, 2 vol. in-4; fig.

avoit puisé la connoissance dans les ouvrages du Titien; il avoit été si touché de la beauté de son pinceau, que, pendant tout le temps qu'il avoit séjourné à Venise, il avoit particulièrement étudié les tableaux de cet excellent peintre. Ceux qu'il fit depuis son retour en France furent extremement recherchés, mais à peinne commençoit-il à jouir du fruit de ses travaux qu'il fut attaqué d'une fièvre lente avec une fluxion de poitrine qui l'enleverent dans la fleur de son âge. Il laissa un fils nommé Gabriel qui embrassa pareillement la peinture et qui s'y est distingué.

BLANCHET (THOMAS). Tommaso Bianchi et Tommaso Blanchet, ce n'est qu'un mesme homme dont le Père Orlandi en fait icy deux. L'extrait de sa vie n'est point du tout fidèle. Ils étoient deux frères, tous deux de Lyon; l'aisné qui étoit très-habile et qui a fait des tableaux dignes d'André Sacchi, est celui qui avoit peint l'hôtel de ville de Lyon; mais la plus grande partie de ses ouvrages périt lors de l'incendie de cet hôtel. On voit quatre de ses tableaux dans la chapelle des pénitens blancs de N.-D. du Gonfalon, représentant la Cène, la Prière au jardin, la Flagellation et la Resurrection. Il a aussi peint à Lyon, dans l'église de St Nizier, en concurrence de Spierre, le frère du graveur, quatre des huit grands tableaux qui sont placés au-dessus des stalles du chœur, sçavoir la Multiplication des pains, le Miracle de l'aveugle-né, la Femme adultère, et la Parabole où il compare à un enfant celui qui mérite d'entrer dans le royaume des cieux. *Description des peintures qui sont à Lyon par De Bombourg.*

Son frère a peint un tableau de la Trinité au monastère de St Pierre-les-Nonnains à Lyon et dans d'autres églises de cette même ville. *De Bombourg*, idem.

BLEECKER. Les quarante desseins compris dans les trois

derniers numéros sont des études faites d'après nature avec beaucoup d'intelligence. Ils viennent de Carlo degli Occhiali, célèbre curieux à Rome, qui ne doutoit point qu'ils ne fussent de Bamboche. Je les croirois plutôt d'un habile païsagiste flamand qui se nommoit Bleecker; mais quiconque les ait faits, c'est toujours un grand peintre. (Cat. Crozat, p. 102.)

BLÈS (HENRY DE), Enrico di Bles Boemo. C'est une fautte de Lomazzo. Ce peintre n'estoit pas Bohémien; il estoit de Bovines près de Dinant; c'est luy que cite Vasari, t. 3, p. 267, sous le nom corrompu de Henrico da Binat. L'on est souvent exposé à faire des fauttes lorsqu'on écrit des noms étrangers; Vasari vouloit apparemment écrire Enrico de Dinant; mais c'est toujours une fautte, car ce peintre n'est pas de Dinant, mais de Bovines qui en est auprès. Il vivoit vers l'année 1550.

BLOEMAERT (ABRAHAM), né à Gorcom en 1564 selon quelques uns, et selon d'autres en 1566 ou 1567, mais a toujours demeuré à Utrecht. Baldinucci, dans la Vie de Corneille Bloemaert, fait mourir Abraham agé de 94 ans. Abraham Bloemaert a eu pour enfans, Corneille Bloemaert celebre graveur mort à Rome et Frederic Bloemaert qui n'est point sorti de son pays et qui, sans avoir le beau burin de son frère Corneille, n'a pas laissé que de faire d'assez jolis morceaux presque toujours d'après les desseins de son père. Je le crois peintre autant que graveur. Il y a quelques pièces grotesques gravées par Corneille Bloemaert d'après Her., peut-être Herman Bloemaert. Je présume que c'est encore un fils d'Abraham peintre comme son père; aucun de ceux, qui ont écrit les Vies des peintres des Pays Bas, ne le nomme. Le portrait d'Abraham Bloemaert, dans la suite de Meysseyns est marqué sur la planche avoir été gravé par Hen. Snyers d'après Her. Bloemaert. Sandrart le nomme Henry et ajoute qu'il seroit devenu un bon peintre si ses talens n'eussent pas été étouffés par un excès de pusillanimité. Il fait aussy mention d'un autre fils d'Abraham qui, d'un caractère fort opposé, se fit des affaires en Allemagne et se fit tuer. J'oubliais de parler de Fréderic, qui cependant est bien un des enfans d'Abraham, mais je pense que ce qu'il dit de Henri doit plustost le regarder, attendu que l'idée qu'il en donne rentre assez dans le caractère que trace de lui le Baldinucci dans la Vie qu'il a écrite de Corn. Bloemaert.

BLOEMAERT (CORNEILLE). Jésus Christ nouvellement né adoré par les bergers, d'après Raphaël d'Urbin. Cette pièce, attribuée à Raphaël, que je crois gravée par Bloemaert peu après son arrivée à Rome, est plutost d'après André Schiavone. Ce tableau appartenoit à un qui en faisoit un grand cas. Il fondoit de grandes espérances sur le prix qu'il espéroit en tirer, et, pour le faire mieux connoitre, il fit graver non seulement cette estampe, mais encore une autre par P. del Po. Je pense qu'il en fit aussi imprimer une description fastueuse, mais je doute qu'il ait réussi dans ses projets. Je crois avoir eu occasion de voir le tableau qui avoit son mérite, mais pas assez pour en faire un ouvrage de Raphaël.

La Ste Vierge tenant l'enfant Jésus qui embrasse St Jean Baptiste, d'après Fr. Mazzuoli Parmesan: Je la tiens une des premières planches que Bloemaert ait gravée a Rome. C'étoit un nommé Franceschini qui avoit fait graver cette planche, ainsy que celle de l'Adoration des bergers, d'après un tableau que je crois de Schiavone. J'ay toujours ouy dire qu'il les avoit fait graver pour faire connoître et annoncer ces deux tableaux qu'il avoit dessein de bien vendre. Quoyqu'il en soit, il se défit de cette planche du Parmesan entre les mains d'un marchand français étably à Rome nommé Petit, amy de Langlois Ciartre, et ce fut apparemment de ce dernier que

M. Langlois ou Mariette son successeur l'achettèrent ensuite, ainsi que l'Adoration des bergers, ces deux planches s'étant trouvées dans le fond dudit Mariette le père, qui avoit épousé la veuve dudit Langlois.

— Jésus Christ attaché en croix, au pied de laquelle la Vierge est évanouie, d'après Annibal Carrache. On ne voulut point accorder la permission de publier cette estampe à Rome, sous prétexte que la Vierge couchée à terre contrarioit le texte de l'évangile, où il est dit qu'elle étoit debout au pied de la croix. Il fallut faire passer la planche au delà des monts; elle fut envoyée à Paris et achettée par mon grand pere.

— *En cataloguant les planches du livre intitulé Tableaux du temple des Muses, représentant les vertus et les vices par les plus illustres fables de l'antiquité, Mariette donne les détails suivants :* On pourra faire observer ce qui engagea M. Favereau dans cette entreprise, quel étoit son but, ce qui se trouva de fait de l'ouvrage lorsqu'il mourut, comment il fut repris par l'abbé de Villeloin, la forme que cet auteur jugea à propos de lui donner; tout cela se trouve dans une préface ou plustost dans une vie de Favereau qui est imprimée à la tête du temple des Muses.

Jupiter visitant Semélé; la draperie qui la couvre a été ajoutée après coup et l'on assure que cette addition a été faite par Fr. Poilly. Cela se fit lorsque le livre fut mis sous presse. Il eut paru indécent qu'un ouvrage publié par un ecclésiastique, qui se piquoit de piété, tel qu'étoit l'abbé de Villeloin, affichât de l'immodestie. Mais C. Bloemaert n'étoit plus à Paris lorsqu'on faisoit faire ces changemens; il falloit bien s'adresser à quelqu'autre graveur, et Poilly fut celui qui fut choisi.

Le fleuve Alphée poursuivant Aréthuse. La figure du fleuve étoit absolument nue dans le dessein, et, lorsque la planche sortit d'entre les mains du graveur, elle n'étoit pas autrement. Pour ne point trop offenser les yeux chastes, on y fit ajouter, avant que de la mettre au jour, cette touffe de roseaux qui cache une partie de la figure par le bas. Je n'en ai jamais vu d'épreuve avant cette correction, mais il est pourtant certain qu'elle a été faite.

Les amours de Salmacis et d'Hermaphrodite; cette pièce, qui est d'après P. Brebiette, est fort rare; elle a été supprimée et la planche effacée, le sujet ayant paru estre exprimé d'une manière trop libre. Elle n'a été effacée qu'en 1738. La planche etoit demeurée dans notre maison et c'est mon père qui en a fait le sacrifice. Celle qui se trouve dans le livre est gravée en partie par Bloemaert et en partie par Fr. Poilly. Le fonds de paysage, une partie de l'amour et un bout de draperie sur le devant, sont tout ce qui reste de l'ancien travail; sans doute que la composition de Diepenbeck etoit encore trop licentieuse pour être exposée en vue. Les deux figures principales sont de Poilly qui ne paroit pas en les gravant avoir eu sous les yeux un dessein de Diepenbeck; j'y crois reconnaître la façon de dessiner de Jac. Stella, et tien comme assuré que ce fut à ce peintre qu'on s'adressa lorsqu'il fut question de ce changement.

Toutes les pièces du temple des Muses sont d'après Abraham Diepenbeck, à l'exception de celles qui sont aux pages 10, 19, 32, 49, 52 et 53, qui sont de l'invention de P. Brebiette. Elles ont toutes été faites pour le livre du temple des Muses de l'abbé de Marolles, qui a paru à Paris en 1653; il y avait déjà plusieurs années que ces planches étoient gravées. C. Blomaert étoit venu exprès à Paris pour faire cette opération, qui se fit aux dépens de M. Favereau, mort en 1638; j'ai trouvé cette date écrite au bas d'une épreuve de son portrait, et cela est vray. Bloemaert fut aidé par Mathan qui grava tous les lointains et le paysage à l'eau forte, et mesme aussi plusieurs planches en entier. Non-seulement Th. Mathan en a gravé tous les fonds de paysages, mais il est encore certain qu'il a gravé entièrement plusieurs planches, telles par exemple que les Enfers, Protée, etc., qui me paroissent plustost de Theodore Mathan que de Bloemaert. Mon père est aussi très-persuadé que C. David y a travaillé, et en effet l'abbé de Villeloin dit dans la préface que ces planches furent gravées par Bloemaert, Mathan et autres excellens graveurs. Comme Bloemaert y a eu la principale part, elles passent pour estre entièrement de luy.

Il y a chez le Roy, dans l'œuvre de Bloemaert recueillie par l'abbé de Marolles, des épreuves singulières de ces trois pièces — le supplice de Prométhée, celui de Tantale et celui d'Ixion — qui font connoistre qu'elles avoient été faites pour le livre du temple des Muses, et que, si elles n'y ont pas servi, c'est qu'on ne fut pas content des desseins, qu'on fit recommencer dans la suite par Diepenbeck. Il y a au bas de ces trois epreuves, qui sont toutes des premières, les mêmes passages grecs ou latins qui se trouvent au bas des planches qui ont servi dans le livre; mais ces passages en ont été otés depuis, pour y en substituer d'autres en françois afin de faciliter le débit. On y trouve aussy le nom de Corn. Bloemaert gravé, et celui du peintre qui m'étoit inconnu et qui se nomme Jean Varin; il est demeuré gravé sur la planche de Prométhée. — C'est le fameux Varin graveur de médailles (1).

(1) La troisième livraison du *Manuel de l'amateur d'estampes* de M. Ch. Le Blanc, contiendra un catalogue très-détaillé et tout à fait nouveau de l'œuvre immense des Bloemaert, dans lequel le catalogue de Mariette passera tout entier. Ainsi, pendant que nous publions tout ce qui est biographie, note, ou appréciation, M. Le Blanc fait passer dans son livre tout ce qui est catalogue, c'est-à-dire tout ce qui est en dehors de notre objet, de sorte qu'à la fin de notre publication et à la fin de la sienne, il ne restera, dans les papiers de Mariette, rien qui ne soit passé sous les yeux de la partie du public qui s'intéresse à ces matières.

BLOEMEN (GIO FRANCISCO VAN), plus connu en Italie sous le nom de Monsù Orizonte, né à Anvers en 1665, ayant appris chez lui à dessiner sous Antoine Gheban (Goebouw?) et son frère Pierre, dit Monsù Stendardo, vint à Rome, où, ayant étudié avec application les ouvrages de Gaspre, il s'est fait le plus habile peintre de paysages qui soit à Rome. Le marquis Palavicini avoit placé plusieurs des tableaux de ce peintre dans la chambre où il conservoit des tableaux de paysages des plus habiles maîtres, et ils s'y soutenoient. Il vivoit encore à Rome en 1716 lorsque Pio écrivoit ses Vies de peintres. *Mss. de Pio.*

BLONDEL (FRANÇOIS), architecte, né à Rouen en 1683, mort à Paris en 1756.

BOCCACI (BOCCACINO) Ant. Campo, dans son Histoire de Cremone, p. 53, (dit) qu'on voit de ses ouvrages à Milan et même à Rome, mais surtout à Cremone.

BOCCACINO (CAMILLE) fils de Boccacino de' Boccazzi de Cremone, peintre, dont voicy l'épitaphe de M. Daniel Gaëtano :

Naturæ generator artifexque
Vivas hic situs edidit figuras,
Cui nunquam ad superos fuit recursus,
Gratatus Bocacinus hic Apelli.

Ce Boccacino étoit fort habile; l'auteur (1) se plaint de ce que Vasari a parlé avec peu de ménagement de Camille Boccacino; pourquoy, ayant loué le Jonas de Michel-Ange,

(1) Antonio Campo dans son Histoire de Crémone.

obmettre de parler du Saint-Jean peint par Camille nella nichia di San Sigismond? Ne fait-il pas un plus bel effet; ne paroist-il pas se *volgere tutto in dietro mirando il cielo contra la disposizione della volta della muraglia?* Y a-t-il rien de mieux ordonné que le groupe d'enfants qui supportent la croix dans ladite voûte de la tribune. Les ouvrages de Camille ne périront point, et, plus ils seront connus, plus ils acquiereront de réputation; vos livres au contraire seront critiqués et blamés pour avoir manqué au devoir de l'histoire. Les figures, peintes sur une boutique dans la place de Crémone, sont d'un si beau dessein et d'un si bon coloris que, puisqu'elles ont mérité l'attention de Charles Quint, elles méritoient bien que vous vous y arrêtassiez aussi pour en faire l'éloge. *Morse Camillo d'anni* 35, quand à peinne il commençoit à connoître ses forces. Il laissa un si grand nombre de desseins qu'on en vendit pour beaucoup d'argent, et B. Campi, qui en connoissoit le mérite, ne regarda point à la dépense pour les avoir. Il fut enterré dans l'église de Saint-Barthelemy où on lit son épitaphe par M. Jean Musonio :

Arte fuit nato prior, at parte arte secundus ;
Ergo erit arte minor, qui fuit arte prior.
Obiit 1546, 4 nonas Januarii.

— Il y a un Saint-Jean-Baptiste gravé par Beatricius, avec le nom de Parmesan. Je pense que ce pourroit estre celui que Boccacini a peint à Cremone, et que c'est mal à propos que le graveur l'a donné au Parmesan.

BOECKHORST (JEAN) ou BOCKHORST, alias *Langhen Jan*, ce qui signifie en françois le grand Jean, peintre de Munster. Cet artiste, peu connu hors des Pays-Bas, tient cependant un rang illustre dans la peinture. C'est, après Rubens et Van Dyck, un des peintres flamands qui mérite une plus grande réputation. Non-seulement il avoit un beau génie; il se distinguoit encore par un pinceau facile et un coloris extrêmement brillant. Sa touche, quoyque moins précieuse que celle de Van Dyck, ne cède point à celle de ce grand peintre pour la fermeté. Il a fait dans sa vie quantité de tableaux d'autels, qui sont fort estimés et qui se voient dans les églises d'Anvers et de plusieurs autres villes de Flandres, sans parler de ses tableaux de chevalet, qui sont répandus dans les principaux cabinets. En général son goût de dessein et sa manière tiennent plus de celle de Van Dyck que d'aucun autre peintre. Ces deux maîtres étoient contemporains, et Bockhorst étoit disciple de Jacques Jordans. S'il réusissoit à peindre des tableaux de composition, il n'étoit pas moins propre à faire des portraits. Il s'en acquittoit d'une façon qui l'égaloit à ceux qui se sont le plus distingués dans cette partie. Je me souviens d'avoir vu, étant en Flandres, des tableaux de ce peintre qui me plurent infiniment, et je pourrois faire voir parmy mes desseins une petite esquisse de luy peinte à l'huile, représentant une Notre-Dame du Rosaire, qui peut aller de pair avec tout ce que les plus grands coloristes ont fait de plus piquant (1). Il est étonnant que ce peintre soit demeuré pour nous dans un si profond oubly. C. de Bie est le seul, que je sache, qui en ait fait mention dans son Cabinet doré des peintres, p. 278. Encore ce qu'il en dit se réduit à presque rien.

BOEL (PIERRE) nacquit à Anvers en 1625. Son portrait, gravé par Conrad Lauwers, et son éloge en vers flamands se trouvent insérés dans le livre de Corn. de Bie à la p. 362. Félibien, t. II, dit qu'il étoit disciple de Sneydre, dont il avoit épousé la veuve et qu'il a travaillé aux Gobelins pour les ouvrages du Roy. Il l'appelle Boule.

---

(1) N° 827 du catalogue de Mariette, achetée 9 liv. par M. de Tersan avec le numéro suivant.

BOEL (QUIRIN), d'Amsterdam, a gravé plusieurs pièces d'après Ténier (1).

BOFFRAND (GERMAIN), architecte du Roy et premier ingénieur des ponts et chaussées, s'est fort distingué dans sa profession. Il avoit un goût de décoration assez masle et il étoit très-versé dans la partie de la distribution des pièces qui entrent dans la composition des bâtiments. Il en a beaucoup élevé tant en France qu'en Allemagne; la plupart, du moins les plus considérables, ont été gravés et forment un volume, que l'auteur a publié en 1757. En 1744, il a pareillement mis au jour une description de ce qui a été pratiqué pour la fonte en bronze de la statue équestre de Louis XIV en 1699, vol. in-folio, qui n'a pas eu un grand succès et qui ne le méritoit pas, attendu que les choses y sont traittées trop superficiellement et que l'auteur avoit un goût singulier pour le théâtre qui lui a fait produire plusieurs pièces, dont quelques-unes sont estimées. Il étoit né à Nantes le 7 may 1669, et est mort à Paris le 18 mars 1754.

BOISSIEU (JEAN-JACQUES DE), né à Lyon, d'un père qui y professoit la médecine, a pris de fort bonne heure du goût pour la peinture et le dessein, et, comme il étoit à Lyon et que sa fortune devoit être médiocre, il en vouloit faire sa profession. Il en apprit les premiers éléments chez Frontier, et, après s'y être formé pendant six mois, il n'eut pas d'autre objet que de suivre les impulsions de son génie, et de prendre pour guide la nature seule. Il vint à Paris et il y passa les années 1763 et 1764, et, après y avoir beaucoup dessiné, il retourna dans sa patrie, où le duc de la Rochefoucault, qui alloit en

(1) On en trouvera le catalogue dans la troisième livraison de M. Le Blanc.

Italie, le trouva, le goûta et lui proposa de l'accompagner dans ce voyage. C'était en 1765. Il en étoit de retour l'année suivante, et M. Desmarais, qui est actuellement de l'Académie des sciences, et que le duc menoit avec luy pour faire ensemble l'étude de l'histoire naturelle dans cette partie du globe, proposa de visiter l'Auvergne, qui renfermoit bien d'autres merveilles qui n'étoient pas assez connues. Il falloit avoir un dessinateur exact et précis pour en avoir une idée complette, et, M. de Boissieu y étant tout à fait propre, on lui en fit la proposition qu'il accepta, et, pendant le cours de l'année 1766, il s'occupa à dessiner dans cette province une infinité de singularités, par rapport à la formation des montagnes et des débris des anciens volcans, que j'ai vu entre les mains de M. de la Rochefoucault, et qui me font souhaitter, mais assez inutilement, de les voir quelque jour gravées. Libre de l'engagement qu'il avoit pris, M. de Boissieu retourna à Lyon, où la mort d'un frère aîné le mit dans une aisance, qui ne lui fait plus regarder la peinture et le dessein que comme un pur amusement. Je l'avois connu dans son premier voyage à Paris et je l'ai pratiqué encore plus particulièrement dans un deuxième voyage qu'il a fait dans cette capitale, pour se faire recevoir dans la charge de trésorier de France à Lyon. Il m'a fait voir de ses tableaux, qui sont peints avec peut-être un peu trop de soin et de fatigue, mais où l'on reconnoît une imitation constante des objets qui se présentent à ses regards. Il m'a fait présent de ses gravures et de ses desseins, et j'ai eu, entr'autres, quelques testes dessinées à la sanguine, et d'un fini qui étonne (1). C'est d'ailleurs un homme

---

(1) Voir le catalogue de Mariette, nos 1090, 1091, 1092, vendus 130 liv., 120 liv. 1 s., et 131 liv. On peut voir une lettre de Boissieu à Wille, écrite tout au commencement de sa carrière, dans nos *Archives de l'Art français*, t. I, p. 432.

tout à fait estimable, et dont les manières honnêtes le rendent du meilleur commerce. Il est retourné à Lyon, où il se propose de continuer à s'occuper d'un art qui fait les délices de sa vie.

— D B (*en monogramme*). Marque qu'un artiste de Lyon, nommé de Boissieu, a employée sur différentes planches qu'il a gravées à l'eau forte, et qui montrent une pointe très-fine et très-spirituelle. Ses premiers essais sont des paysages, qu'il grava en **1763** dans un premier voyage qu'il fit à Paris. Mais ce qu'il a fait de mieux ce sont quelques têtes, qu'il a gravées à Lyon en **1770**, et dont il m'a fait présent en cette année, **1771**, qu'il est venu pour la seconde fois à Paris.

BOITARD (FRANÇOIS), disciple de La Fage, ne s'est occupé, à l'exemple de son maître, qu'à dessiner pendant toute sa vie. Il sembloit inventer avec facilité et manier la plume avec la même aisance; mais c'étoit sans goût, de façon que tout ce qu'on voit de luy ne présente qu'un mauvais imitateur d'une manière, qui ne pourroit jamais être répétée avec succès. Ce qui acheva de perdre Boitard dans l'esprit des honnêtes gens, c'est qu'avec aussi peu de retenue et de pudeur que La Fage, il a trop souvent dessiné des obscénités. Il est auteur de cette mauvaise suite de postures qui ont été gravées en Hollande au simple trait et que bien des gens, par ignorance, croient être celles qu'a gravées Marc-Antoine. Boitard, homme inquiet et débauché, changeoit souvent de demeure. Il sortit de France pour passer en Angleterre, et il vint ensuite en Hollande, où M. Aved l'a vu et a reçu de lui les premiers éléments de dessin. Il est mort à la Haye, vers l'an 1715.

BOLDRINI. — N. B. — N. D. B. Ces monogrammes se trouvent sur quelques gravures en bois, exécutées en clair-obscur. Seroit-ce celui de Nicolas Boldrini?

BOLOGNE (JEAN DE) Suivant l'inscription, qui est autour du beau portrait de Jean de Bologne, gravé à Venise, par Gisbert Vœnius en 1589, laquelle est conçue en ces termes : « Joannes Bolognius Belga statuarius et architectus, æt. anno 60 (1), » ce sculpteur devoit estre né en 1529, ce qui se trouve confirmé par le témoignage de Borghini qui le connoissoit particulièrement et qui a mesme écrit sa vie avec assez de détail. Baldinucci dit qu'il estoit âgé de 84 ans lorsqu'il mourut en 1608. Ainsy il le fait plus vieux de 5 années ; mais il y a grande apparence qu'il estoit mal informé de son âge, et que Jean de Bologne n'étoit âgé à sa mort que de 79 ans. (Voyez Borghini, p. 585.) Le portrait de Jean de Bologne, dont on vient de parler, a été gravé pour un Allemand de ses amys, nommé Jacques Kinig. Baldinucci prétend que c'est d'après un tableau de Bassan (2).

— Il fit deux statues pour l'entrée de la grande duchesse, Christine de Lorraine à Florence, en 1588.

BOMBELLI (SEBASTIANO) est mort à Venise dans ce siècle et dans un âge très-avancé. Il étoit ami de Mlle. Rosalba et encore plus des ouvrages des grands peintres ; mais, par un zèle mal entendu, il a aidé à leur destruction, en voulant les faire paroître dans tout leur brillant ; car il avoit la marotte de leur donner souvent une couche de vernis : il appeloit cela

---

(1) « Il se peut cependant fort bien que cette datte : « æt. an. 60. » « se rapporte au temps que le portrait a été peint et non à celui « qu'il a été gravé. Mais j'en reviens toujours au témoignage du « Borghini et j'ai peine à m'en départir d'autant que je le trouve « exact dans ses calculs. Lorsqu'il parle d'artistes avec lesquels il « a vécu, toutes ses dattes se rapportent à l'année 1584, qui est « celle de la publication de son livre. » (Note de Mariette.)

(2) Ce portrait, acquis à Florence par l'administration impériale, se trouve maintenant au Louvre. (N° 307 de la seconde édition du livret italien de M. Villot.)

leurs étrennes, et le service leur a été funeste. Il vivoit encore en 1716; l'on a une lettre de lui, écrite au commencement de cette année, dans le ve volume des Lettere su la pittura, p. 201. Mais il ne vécut pas encore longtemps; car, lorsque j'étois à Venise en 1719, il n'étoit plus.

BONASONE (GIULIO) nato nel 1488, morto nel anno 1548. Extrait de l'inscription au bas d'un portrait dessiné de cet artiste, que M. Crozat a parmy ses desseins; mais je suis persuadé que ces dattes sont fausses (1); le portrait, qui est dessiné par un moderne, l'est peut-être aussy. M. Crozat l'a tiré d'une suitte de desseins, qui avoit été rassemblée à Rome par un nommé Pio, qui, au commencement des desseins de chaque maistre, avoit fait dessiner leurs portraits, suivi d'un abrégé de leur vie assez superficiellement fait.

— Bonasone auroit-il été à Rome? car je vois quelques-unes de ses pièces dont Salamanque avoit les planches, et ces mesmes pièces, d'après des tableaux qui estoient à Rome, et que Bonasone dit avoir peint et gravé d'après les originaux, *imitando pinxit et cœlavit* (2). On n'en peut point douter.

— Bonasone dessine d'une manière assez lourde et pesante. J'ai vu de ses desseins, dans la collection de M. Crozat, qui me font porter ce jugement. Ils étoient la plus grande partie à la pierre noire et presque stompés. Ils sont cependant tout à fait dans le goût de ce qu'il a gravé de son invention.

— Le triomphe de l'Amour dans les cieux, sur la terre, sur les eaux et jusques dans les enfers, aux champs Élysées, représenté d'une manière emblématique (3). L'on y voit ce dieu

---

(1) « Plusieurs de ses estampes sont marquées d'une année, « dont la plus ancienne est celle de 1531, et la plus récente celle « de 1574; on peut donc conclure que Bonasone est né vers l'an « 1510 et qu'il est mort vers 1580. » (Bartsch, t. XV, p. 103.)

(2) Voir Bartsch, n°s 1, 9, 61, 62, 80, 81, 83, 351.

(3) Bartsch, n° 106.

porté dans le ciel sur un char tiré par des licornes, et sur la terre plusieurs hommes et des femmes s'entretenant ensemble de leurs amours. Cette pièce est d'un très-bon goût de dessein. Bonasone en est l'inventeur, et il l'a gravée en 1548 avec soin. — Malvasia en fait deux pièces dans son catalogue, c'est-à-dire qu'il l'a décrit d'une façon et qu'ensuitte il la décrit d'une autre façon en un autre lieu. — J'en ay vu de premières épreuves, où le nom de *Thom. Barl exc.* n'étoit pas encore. — J'en ay veu le dessein original de Bonasone, au crayon rouge, le même sur lequel cette planche a été gravée. Jamais je n'ay rien veu dessiné plus mollement; la proportion assez élégante des figures est ce qui y étoit de mieux. Du reste tout y estoit extrêmement indécis; on ne doit donc pas s'étonner si dans tout ce qu'il a gravé il y a tant d'incorrections.

— Paris adjugeant le prix de la beauté à Vénus couronnée par la Victoire et accompagnée de l'Amour, de Mars et de Mercure (1). Bonasone, inventeur de cette pièce, a représenté dans le fond ces mêmes déesses s'en retournant au ciel, précédées de la Paix, ce qu'il a fait sans doute pour mieux entrer dans le goût des bas reliefs antiques qu'il paroist avoir voulu imiter dans cette estampe, si elle n'est pas d'après un bas relief antique. Elle est gravée en partie au burin et en partie à l'eau forte; mais ce n'est pas une de ses meilleures choses, quoyque rare. — Cette pièce de Bonasone est certainement d'après un bas relief antique, sur lequel il se pourroit faire que Raphael eût pris la première pensée de son beau Jugement qu'a gravé Marc-Antoine. Quoyqu'il en soit, j'ay veu un dessein de ce bas relief chez M. de Gravelle avec cette inscription, qui apprenoit l'endroit où il se trouvoit lorsque Bonasone l'a gravé; la voici : *Romæ in palatio ubi habitabat cardinalis Alciatus ad radices Quirinalis prope fontem re-*

(1) Bartsch, n° 112.

gium, ex antiquo pylo marmoreo; ce cardinal est mort en 1580. — A présent ce bas-relief est dans la vigne Médicis à Rome; c'est ce que j'apprends de l'inscription d'un dessein de ce bas-relief, fait par Corneille le jeune pendant son séjour à Rome.

— Saturne assis sur des nuées devorant un morceau de statue, pièce allégorique qui enseigne que le temps détruit tout (1). Cette pièce est dessinée et gravée sçavamment; elle est de l'invention de Bonasone et des plus rares à trouver. Elle est dans l'œuvre de Bonasone chez le Roy, et dans celle de M. de Montarsis, qui appartient à M. le Premier.

— La naissance de saint Jean-Baptiste, où est représenté Zacharie écrivant sur une tablette le nom qu'il luy veut imposer, d'après Jacques Florentin, que l'on conjecture estre le Rosso (2). Ce n'est pas une des pièces les plus rares de l'œuvre, mais c'est une des meilleures. — Peut être d'après le Pontorme; quelqu'un m'a dit qu'il la croyoit d'après Jacques del Indaco Florentin, mais cela mérite d'estre vérifié. — Je suis comme assuré présentement que l'invention en est du Pontorme, et l'on m'a écrit de Florence qu'on l'y croyoit pareillement.

— La déesse Vénus, accroupie auprès d'une table sur laquelle est un vase; l'Amour auprès d'elle luy redemande son arc qu'elle luy veut ôter, et qu'elle tient de la main droitte. L'invention de cette pièce est très-gracieuse; on n'y trouve ny nom ny marque (3). Je ne doutte pourtant pas qu'elle ne soit de Bonasone; elle est gravée dans la manière de la suitte des amours des Dieux. Elle est chez le Roy dans l'œuvre de Bonasone. Il me semble que c'est le dessein du Parmesan, que j'ay

(1) Bartsch, n° 169.
(2) Bartsch, n° 76.
(3) N'est pas indiquée par Bartsch.

fait graver en clair-obscur par Le Sueur, qui appartenoit à Zanetti, et que M. Hickman lui a achetté en 1732.

— Un jeune homme avertissant une femme affligée, et luy montrant un jeune enfant exposé au haut d'une tour, où il paroist avoir été transporté de son berceau, autour duquel plusieurs femmes s'empressent de regarder, étonnées de ce prodige; cette pièce est de l'invention de Jules Romain, du moins elle est fort dans sa manière (1). — Suétone a raconté, sur la foi de C. Drusus, que la nourrice d'Auguste, l'ayant couché une fois dans son berceau, fut tout étonnée de ne l'y plus trouver le lendemain, et qu'après bien des perquisitions l'enfant fut trouvé sur le sommet d'une très-haute tour, les yeux tournés vers le soleil levant; c'est le sujet de cette estampe. Sueton. in vit. Aug., n. 94.

— Une femme nue sortant du bain, assise au pied de son lict, et se coupant le poil avec des ciseaux. Un homme la regarde par une fenestre, et de l'autre côté un amour, assis par terre sur le devant, tient une quenouille. Cette pièce est attribuée à Bonasone et comme telle rangée dans son œuvre, qui appartenoit à M. de Montarsis. Elle n'est point cependant de luy, mais plus tost de Reverdinus, ou de quelqu'un de ces anciens graveurs Bolognois qui ont exécuté quelques desseins du Parmesan. Je ne sais de qui est le dessein de celle-cy. Tout déguisé qu'il est, on y recognoist un bon maistre.

— *Mariette, en copiant un article du Malvasia, dans son catalogue de l'œuvre du Bonasone, l'annote de la façon suivante:* Una Madonna, che pare del Parmigiano, (elle en est véritablement; il y en a une autre estampe gravée à l'eau forte par L. D., une en clair-obscur mal exécutée, et M. Zanetti vient aussy de la graver de nouveau en clair-obscur) col puttino, che si svincola sulle di lei ginocchia per giongere a baciare

(1) Bartsch, n° 174, sans la véritable indication du sujet.

S. Giovannino in piedi; di dietro S. Giov. evangelista col calice entrovi il serpe, dell' altra parte S. Maria Magdalena ed altre due sante; sembra pure suo taglio. Elle n'est certainement pas de Bonasone, mais d'un ancien mauvais graveur Bolonois, peut-être de Reverdinus. Peut-être est-elle une de ces pièces dont parle Vasari dans la vie du Parmesan, qui furent gravées pour un orfèvre amy du Parmesan, pour lequel ce peintre avoit fait beaucoup de dessins qui furent gravés; Vasari ne dit pas, ce me semble, par qui (1). Elle est chez le Roy dans l'œuvre du Parmesan et dans celle du Bonasone.

BONATI (JEAN). Il n'a presque point habité la ville de Ferrare, sa patrie, et l'on y voit peu de ses ouvrages. Cela n'a pas empêché l'auteur de la description des peintures de cette ville de lui décerner un juste tribut de louanges, et il l'a accompagné du sentiment d'un professeur de l'art, qui donne le vrai caractère des ouvrages de cet habile artiste, que la mort a ravi trop tost. Peu de peintres ont mis plus de grâce dans les têtes de leurs figures. C'est dommage qu'il ait produit si peu d'ouvrages; mais il étoit lent et difficile à se contenter. Descriz. delle pitture di Ferrara, p. 26-8 (2).

BONAVERA (DOMINIQUE). Sur une estampe de sa façon, gravée d'après le Canuti, et qui représente l'Adoration de la

---

(1) Voici le passage du Vasari : « Fece ancora molti disegni, e « particolarmente alcuni per Girolamo del Lino et a Girolamo Fa« giuoli orifice et intagliatore, che gli cercò per integliarli in rame, « i quali disegni sono tenuti graziosissimi. » Il ressort évidemment de la phrase du Vasari que, sinon tout, au moins un bon nombre ont été gravés par le Fagiuoli lui-même.

(2) Ferrara, 1770, in-8; da Cesare Zanotti. Voir aussi Lione Pascoli dans ses *Vies des Peintres*, t. I, p. 221.

Ste Vierge par Ste Anne, on lit dans la dédicace qu'il étoit disciple et neveu de ce peintre.

BONBARRE (GEORGES). Georges le vénitien, qui avoit fait le portrait de Jacques-Auguste de Thou dans les premières années de son enfance, et dont il est parlé au commencement des mémoires de cet illustre écrivain, se nommoit Georges Bonbe(1); il étoit Flamant et exerçoit la peinture, ainsi que la sculpture, vers l'an 1569. Il avoit appris son art en Italie sous le Titien et sous le Tintoret, et il avoit été amené en France par le cardinal de Lorraine pour travailler à Meudon et autres lieux. Tout ceci se trouve écrit au bas de son portrait dessiné, que j'ai dans un recueil de portraits de peintres, la pluspart copiés, qui sont dans le Vasari. Il est remarquable qu'on le nommoit en France le Vénitien, quoyque son pays fut la Flandre. Le long séjour qu'il avoit dû faire à Venise, avoit fait sans doute oublier le lieu de sa naissance, et il est vrai que la véritable patrie d'un artiste est le lieu où il s'est ins-

(1) C'est ainsi que Mariette écrit ce nom, mais à tort; nous connaissons dans le recueil des crayons, conservés au cabinet des estampes, un portrait de ce peintre où son nom est bien écrit Georges Bonbe, mais où la hâste du B est traversée par une barre abréviative; et ce devait être, plutôt que ce crayon même, une copie de ce crayon, qui a été entre les mains de Mariette. Espérons que ce portrait curieux sera reproduit dans le bel ouvrage de M. Niel. — Il est possible que les peintures représentant le *Concile de Trente* que le cardinal de Lorraine, qui y avait assisté, avait fait peindre à Meudon (Poncet de la Grave, Mémoires intéressants sur les maisons royales, 1785, in-12, t. IV.) fussent de ce peintre. Il est plusieurs fois question dans des articles du livret du Musée de Reims, par M. Louis Pâris, d'un Georges, peintre du cardinal de Lorraine, qui est certainement celui-ci. — Le Georges flamand, dont il est question dans cette phrase du Vasari (parte terza, di diversi artifici fiamminghi) : « Quà in Toscana hanno fatto al duca di Fiorenza molte finestre di vetri à fuoco, bellissime, Gualterio et Giorgio fiamminghi e valentuomini, con i disegui del Vasari » est peut-être encore le même.

truit dans l'art qu'il professe. J'ai un de ses desseins à la plume, qui est digne du Titien, qu'il a dû faire à Rome. C'est une veue de l'isle S. Barthelemy, d'autant plus curieuse qu'elle représente, avec fidélité, les choses comme elles étoient au milieu du XVIe siècle.

BONI (GIACOMO), dont le Zanotti a écrit la vie dans son histoire de l'Académie Clémentine, est mort le 7 janvier 1766. Voy. tom. VI delle lettere su la pittura, p. 296.

BONO (AMBROISE); on voit de ses ouvrages à Venise, mais il est incertain s'il est vénitien. *Lib. della Pitt. Venez*, p. 523.

BONONE (CARLO). Il a peint à Ferrare, dans l'Eglise collegiale de S. Marie in Vado, un grand morceau representant les nopces de Cana, et l'on en a une très-grande estampe qu'a gravé, en 1727, André Bolzone de Ferrare. Les figures, que le Peintre a fait entrer dans cette composition, m'ont paru un peu trop massives, et, en général, je crois y trouver de la pesanteur. L'auteur de la description des peintures de Ferrare le regarde comme un des peintres qui a fait le plus d'honneur à sa patrie. Il le fait disciple, non de Scarsellino, mais du Bastarolo, auprès duquel il demeura jusqu'à l'âge de vingt ans. Il alla tout de suite à Rome, où il fit un sejour d'une année, et de là à Bologne. La scavante manière des Caraches le remplit d'admiration, ainsi que ceux du Corrège et du Titien qu'il étudia à Venise et à Parme. Joseph Crespi, surnommé l'Espagnol, épris du grand morceau de peinture, qui est à Ferrare dans l'Eglise de S. Marie in Vado, y trouvoit tout ce qui étoit nécessaire pour former un grand peintre, et l'on dit que, dans le réfectoire du monastère de S. Jean l'Evangeliste à Ravenne, le Bonone a peint le repas d'Assuérus, qui peut aller de pair avec ce que Paul Veronese a peint dans le même genre. Son Epitaphe qui fait l'eloge de ses talens, est gravée sur la base d'une colonne dans l'Eglise où il a reçu la sepulture. Les Eglises de Ferrare sont remplies de ses ouvrages, et dans plusieurs on admire, dans les plafonds dont il les a ornés, une grande intelligence de perspective. *Descriz. delle pitture di Ferrara*, p. 17-9.

BONONI (LEONELLO), neveu et l'elève de Carlo Bononi; plusieurs de ses ouvrages sont dans les lieux publics de Ferrare. *Pitt. di Ferrara*, p. 19, *et passim.*

BONNET (LOUIS), graveur, actuellement à Saint-Pétersbourg. Seroit-ce le Philibert, qui a gravé le Jordans?

BONZAGNA (FEDERICO) de Parme; Eneas Vicus le met au rang de ceux qui ont mieux sçu contrefaire les médailles antiques. *Discorsi di Enea Vico sopra le medaglie degli antichi*, p. 67.

BONZI (PIETRO PAOLO). Pietro Paolo Gobbo avoit été élève du Viole. Malvasia, p. 4e, p. 132. Il dessinoit parfaittement bien le paysage dans la manière des Caraches; on le nomme quelques fois *il Gobbo de' Carracci*, parce que ces peintres prenoient plaisir à faire des charges d'après luy. Malvasia à l'endroit cité le nomme *Gobbo dalle frutta, detto Gobbo de 'Caracci*. Voyez p. 266 (*Abecedario d'Orlandi, Edit. de Bologne*, 1719), Gobbo dei Carracci. J'ignore ce qui lui a fait donner le nom de Cortonese; car il étoit né à Rome et fut baptisé sur la paroisse de S. Laurent in Damaso, sous le nom de Pietro Paolo Bonzi. — Cela n'est point douteux; autrement l'on ne pourroit point expliquer entièrement le chiffre ou marque (*composé d'un P, d'un B et d'un C, qui se relie à la partie inférieure du P*) qu'il a mis sur les planches qu'il a gravées. M. Bottari, auteur des additions au livre des Peintures de Rome du Titi, imprimé en 1763, est le premier qui ait donné le véritable nom de ce peintre. Voyez son édition, p. 149. Il a fait sa remarque à l'occasion des tableaux de paysages du Gobbo qui se trouvent dans le palais Justinien à Rome. Cette anecdote lui a été fournie par une note Mss. du Bellori, dont il a trouvé apostillé un exemplaire des Vies des Peintres du Baglioni, qui a appartenu au dit Bellori. Depuis, il a fait des recherches sur les registres de l'Eglise de S. Laurent in Damaso, et il n'a rien trouvé concernant le dit Gobbo. — Je suis très-persuadé qu'il étoit natif de Cortonne; il étoit venu à Rome, et il se peut faire qu'il y ait eu un fils qui aura été nommé comme lui au baptême; cela aura été dit au Bellori; celui-ci l'aura noté, mais se sera mépris sur le nom de l'Eglise, où s'étoit fait le baptême, et aura mis par inadvertance sur le compte du père ce qui appartenoit réellement au fils.

BORDONE (Benedetto) étoit de Padoue; il vivoit sur la fin du 15e siècle, étoit établi à Vénise et faisoit sa profession de peindre en miniature. Il étoit d'usage pour lors d'enrichir de miniatures les premières pages des livres qui s'imprimoient, et dont il y avoit toujours quelques-uns qui s'imprimoient sur du velin pour les personnes curieuses. On enrichissoit aussi de miniatures les Mss. et surtout les Heures ou Livres de prières, et cela se faisoit avec beaucoup de soin; à Venise surtout il m'est passé quelques-uns de ces bijoux par les mains, qui étoient peints avec la plus grande perfection, et l'on assure que Bordone étoit un de ceux qui y a excellé d'avantage. Voyez ce qu'on en a écrit Apost. Zeno, dans ses notes sur le L. dell' Eloquenza Italiana, t. II, p. 267. — Paris Bordone, excellent peintre, vivoit dans le même tems, et, si l'on n'avoit pas écrit qu'il étoit d'une famille originaire de Trévise, j'aurois été tenté de croire qu'il étoit le fils ou le parent de Benedetto Bordone.

BORDONE (PARIS). Nel necrologio o vero de' morti in S. Marziale di Venezia dove fu sepolto quel Pittore, sta scritto che morì, il dì 19 Gennaio 1570, more Veneto (cioe 1571) d' anni 70, non 75, come disse il Ridolfi (1). — Le Ridolfi ne dit point que ce fut en 1559 que Paris Bordone fut appelé en France, ni que ce fut François II qui l'y attira; il nomme seulement le Roi François, et le titre de magnanime qu'il lui donne ne permet pas de douter que c'est de François Ier dont il s'agit, prince qui aimoit la peinture et la musique, au lieu que son petit fils, François II, mort à la fleur de l'âge, n'a montré aucun goût décidé pour ces deux arts.

BORGANI (FRANCESCO), peintre de Mantoue. Le Gigli, le seul qui en fasse mention, le joint à Laurent Costa, dans son poëme *della Pittura trionfante*. Le Cadioli, auteur de la Des-

---

(1) Extrait de Zanetti.

(1) M. Tarral, dans l'une de ses deux lettres, s'est déjà servi de cette note de Mariette pour confirmer l'opinion du Vasari, adoptée par Félibien (t. III, 75, et de 1725), qui fait venir Pâris Bordone en France sous François Ier en 1538, et il a été suivi en cela par M. Mundler (p. 48). Nous ne pouvons être de cette opinion, et nous défendrons cette fois contre Mariette le père Orlandi, qui parle de François II et fixe son voyage en 1559. Cette opinion, qui est aussi celle de Lanzi, acquiert bien plus d'autorité quand on la voit soutenir par l'excellent livre des *Memorie trevigiane* (1803, t. II, p. 41) qui traitent tout à fait en détail la vie du Bordone, et qui ont été suivis par M. Villot dans son livret de l'école italienne. L'un des faits que citent les *Mémorie* nous paraît sans réplique; c'est l'existence d'un discours imprimé, récité par un certain Prospero Aprovino, depuis jurisconsulte, dans une réunion littéraire tenue à Trévise en 1559, où, après avoir loué Pâris, il lui souhaite un heureux voyage avant son départ de l'Italie pour se rendre en France. Rien ne me paraît plus formel. François II a été roi de France le 10 juillet 1559, ce ne peut donc être que son portrait et non celui de son grand-père que Pâris a peint chez nous; il faudrait autrement soutenir que

cription des Peintures de Mantoue, en fait mention en plusieurs endroits de son livre et en parle avec éloge. Il vivoit en 1630. Il peignit dans cette année un tableau qui est dans l'Eglise des Religieux Augustins à Mantoue et que l'auteur de la Description des Peintres de cette ville compare aux meilleurs ouvrages de Guerchin.

BORTOLONI (MATTEO) est disciple du Balestra, et, de la façon dont en parle M. Zanetti, auteur de la Description des peintures de Venise, publiée en 1733, il travailloit alors à se faire un nom et faisoit concevoir de son talent d'heureuses espérances.

BORZONI (FRANCESCO). Il se nommoit François Marie; il peignoit très-bien des marines; il mourut à Gennes sa patrie le 5 juin 1679, âgé de 54 ans. Étant en France, il avoit été reçu au nombre des académiciens. Liste de l'Académie dressée par Reynez. Un de ses fils est mort à Paris, où je l'ai

---

Pâris est venu deux fois en France, et rien absolument n'y autorise. Une autre raison concourt encore à confirmer que son voyage ait été fait sous les fils de Henri II; c'est, non pas tant le nom du duc de Guise, qui ne peut être le Balafré, né en 1550, mais son père François de Lorraine, mort en 1563, non pas tant encore le nom du roi de Pologne, qui ne peut être Henri III, que si le Vasari, comme il est probable, se sert pour le désigner de cette qualité avant qu'il ne l'eût (il avait seulement 19 ans en 1559, et ne fut roi de Pologne qu'après la mort du Bordone); c'est, dis-je, le nom de la Reine Marie, qui doit être Marie Stuart, ce qui convient on ne peut mieux à cette date, puisqu'elle avait épousé François II le 24 avril 1558. Il n'y aurait avec elle à cette époque qu'une autre reine Marie, Marie d'Angleterre, la fille de Henri VIII, qui est morte le 17 novembre 1558. Il ne serait pas du reste impossible de déterminer positivement de laquelle des deux reines Marie il s'agit; car on devrait retrouver si le milanais Candiano, *medico della regina Maria*, qui fit faire à Pâris les tableaux dont parle Vasari, était le médecin de Marie Tudor ou de Marie Stuart. Mais, en l'absence même de cette preuve, la date du discours d'Aprovini me paraît décider la question d'une manière définitive.

connu; il estoit secrétaire de S. E. le cardinal de Noailles (1). Il (le père) a peint, dans le vestibule de l'appartement de la Reyne au Louvre (2), des paysages qui ne le cèdent point à ce qu'a peint dans ce genre Salvator Rosa; ils sont aussi chauds de couleur, et touchés avec la même fermeté; c'est dommage que, trop exposés à l'air, ils se détruisent tous les jours.

BOS (LOUIS-JEAN VAN DEN) de Bois-le-Duc excelloit à peindre des fleurs et des fruits; quelques fois il en representoit des bouquets dans des fioles remplies d'eau; il imitoit des gouttes de rosée sur les feuilles et y adjoutoit des papillons, des mouches et d'autres insectes, qu'il peignoit avec beaucoup de soin et de vérité. Il peignoit aussy quelquefois des figures. Un curieux de Middelbourg, nommé Melchior Wyntgis, avoit dans son cabinet un de ses tableaux représentant un Saint-Jerosme, au rapport de Van Mander. Sandrart, p. 232. Van Mander, p. 139 a.

BOSCH (JEROME). Mazzolari, dans sa Description de l'Escurial, p, 242, compare Jerôme Bos à Merlin Cocaie, et cette comparaison est fort juste.

BOSCH (BALTHAZAR SYLVIUS). BA⁹. SIL⁹. FE 1558 Marque de

---

(1) Ce fils était prêtre; voyez de Piles, *Vies des plus fameux peintres*, éd. de 1762, t. II, 344-5, cité par Ratti dans ses notes sur le Soprani, I, 254, sans doute d'après la première édition de de Piles, car il y a quelques différences. Nous serions portés à croire que de Piles avait reçu ses renseignements de Mariette; le détail du fils, et la façon dont est expliquée la manière de dessiner du Borzon nous paraissent l'indiquer.

(2) « Dans une salle d'entrée des bains de la reine, qui sert aujourd'hui de vestibule au jardin de l'infante, » dit M. de Piles, et depuis tout à fait détruite lors du remaniement fait sous l'empire par M. Fontaine pour construire les quatre salles du Tibre, du Héros combattant, de la Pallas et de la Melpomène.

Balthazar Sylvius ou Bosch, graveur flamand, contemporain et de la même famille que Corneille Bos, ou C-B.

BOSCHI (ANTONIO). Il fut du nombre des élèves de Santo di Tito qui enrichirent de l'un de leurs tableaux l'arc de triomphe qui fut dressé sur le dessein dudit Titi leur maître, pour l'entrée de la grande Duchesse Christine de Lorraine à Florence, en 1588. Je ne doute pas que ce ne soit le frère de Fabrizio Boschi, le même qui mourut jeune et donnoit de très-grandes espérances, ainsi que l'a écrit le Baldinucci, qui n'a pas écrit son nom faute de s'en souvenir. Bald. dec. 2, part. 3, sect. 4, p. 259.

BOSCHI (BENEDETTO), frère de Fabrizio, célèbre peintre florentin, peignoit le paysage. Bald. dec. 2, p. 3, sec. 4, p. 259.

BOSCOLI (ANDREA). En 1588, il fit un tableau pour l'entrée de Christine de Lorraine à Florence, dont on voit l'estampe dans la description de cette fête.

BOSSE (ABRAHAM). La gravure à l'eau forte n'avoit pour ainsi dire été inventée que pour les peintres, qui, trouvant trop de gêne et de difficulté à manier le burin, avoient eu recours à la pratique de l'eau forte, comme à un moyen bien plus facile d'exprimer leurs pensées sur le cuivre. D'un autre côté, les graveurs de profession avoient négligé cette espèce de gravure, parce qu'elle n'avoit pas cette douceur et cette propreté qu'a le burin et qu'il ne paraissoit pas possible de pouvoir tracer avec la pointe une suite de tailles qui, par leur bel ordre et leur égalité, produisissent un ton de couleur harmonieux comme on le pouvoit faire avec l'aide du burin. Mais, lorsque Callot eut montré tout l'avantage que l'on en pouvoit tirer, qu'il eut trouvé le secret du vernis dur, et qu'il eut par ce moyen mis au jour des ouvrages, où la délicatesse de la touche et l'esprit se trouvoient joints à la propreté de la gravure, l'on vit paroître aussitôt plusieurs graveurs qui entreprirent de suivre ses traces. De ce nombre fut Abraham Bosse. Il dessinoit assez passablement bien, mais la parfaite exécution de la gravure, la dégradation des ombres et des lumières, l'égalité des hachures, la fermeté, la netteté des traits firent le principal objet de ses attentions. Il ne voulut pas que le burin l'emportât en rien sur la pointe, il entreprit même de graver des planches entières à une seule taille, manière qui n'avoit encore été pratiquée qu'au burin et qui devient d'une exécution si difficile à l'eau forte, qu'elle n'a plus trouvé depuis d'imitateurs. Il y réussit cependant si bien qu'il n'est pas possible de graver au burin avec plus de netteté et de hardiesse. Ce qu'il a exécuté dans cette manière, et même la plupart de ses autres ouvrages viennent d'après ses propres desseins; car il inventoit aussy et même avec assez de facilité, surtout des sujets de modes de son temps. C'est à quoy il étoit le plus propre. Il y représentoit ce qui se passe tous les jours dans la vie civile, et cela d'une façon tout à fait naïve et si vraye que l'on ne peut guère rien desirer de plus interressant; que s'il étoit exact à bien exprimer les différents usages de son siècle, il n'étoit pas moins circonspect à observer toutes les règles de la perspective, parce qu'il étoit persuadé qu'on ne pouvoit se vanter d'être peintre si l'on n'étoit tout à fait consommé dans cette science. Il eut l'occasion de l'étudier sous le sieur Desargues, excellent géomètre, qui lui apprit aussi la géométrie, la coupe des pierres et la pratique du trait, la gnomonique, toutes parties de mathématiques sur lesquelles il avoit fait d'heureuses et savantes découvertes. Bosse profita si bien de ses leçons qu'il se vit en état d'en composer dans la suitte plusieurs traités qui lui firent honneur et qui le firent choisir pour en donner des leçons dans l'Académie de Peinture qui venoit de s'établir à Paris; mais son esprit critique et son peu de menagement lui suscitèrent bientôt des ennemis qui formèrent un parti assez puissant pour l'en faire exclure. Tout ce qu'il écrivit depuis pour sa defense ne servit qu'à les aigrir encore davantage et à luy faire perdre un temps qui auroit été bien plus utilement employé à la gravure. Parmy les traités qu'il a composé et qui sont en assez grand nombre, il y en a un fort estimé, où il a parfaitement bien expliqué les manières de graver, tant au burin qu'à l'eau forte, et la façon d'en imprimer les planches (1).

BOSSUIT (FRANÇOIS VAN), né à Bruxelles en 1635, a acquis une grande reputation par ses ouvrages de sculpture en yvoire, qu'il traitoit d'une manière simple et gracieuse. Il manioit l'yvoire comme si c'eût été de la cire.

BOTH (ANDRÉ), d'Utrecht, frère de Jean Both, étoit comme luy disciple d'Abraham Bloemaert; ils allèrent en France et ensuitte à Rome et celuy-ci s'attacha à la manière de Bamboche et à faire dans le mesme goût des figures et des animaux, qu'il peignoit ordinairement dans les tableaux de païsages de son frère. Ils en firent ensemble plusieurs de cette sorte à Rome et à Venise, où André, se retirant chez luy pendant la nuit, tomba malheureusement dans un canal où il périt; il étoit complice du crime de Bamboche. M. de Piles,

---

(1) Bosse, de l'œuvre duquel il n'existe point encore de catalogue, en aura deux bientôt, celui d'abord qui se trouvera dans le *Manuel de l'amateur d'estampes*, et un autre, beaucoup plus étendu et plus détaillé, que prépare en ce moment M. Georges Duplessis. M. Le Blanc, par son plan, ne peut donner qu'une nomenclature et comme une table; M. Georges Duplessis le complétera heureusement par un travail descriptif et raisonné, que mérite pleinement et que réclame l'œuvre si curieux de Bosse, à cause de son caractère et de sa valeur historiques. — Une pièce inédite, relative à un procès de Bosse, a été publiée par nous dans le tome Ier des *Archives de l'Art français*, p. 280-6.

d'où j'ay tiré tout cecy, luy donne le nom de Henry, mais il paroist qu'il n'estoit pas bien informé; car plusieurs estampes qui ont esté gravées par ce peintre où d'après luy, portent son nom précédé de la lettre A, et j'en ay vu de son invention gravées par son frère où on lisoit : *Anderies Both inventor, Jan Both fecit frater.* (De Piles, abrégé de la vie des peintres.)

BOTH (JEAN). C'étoit l'un des deux frères, qui peignoit le paysage; l'autre, qui se nommoit André, peignoit des figures dans la manière de Bamboche; voyez son article au mot André (*dans l'Abecedario d'Orlandi; c'est l'article précédent*). Jean Both a gravé à l'eau forte quelques morceaux, entre autres dix paysages.

BOUCHARDON (EDME) nacquit le 29 mai 1698, à Chaumont en Bassigni, d'un père qui exercoit l'architecture et la sculpture, et qui ne négligea rien pour procurer à son fils une excellente éducation. Rebuté des difficultés de l'art, et du peu de ressource qu'il fournit à un artiste qui vit en province, il eut souhaité lui faire embrasser un autre état, mais, du moment qu'il le vit absolument décidé, et qu'il ne vouloit point suivre d'autre profession que la sienne, il se détermina à l'envoyer à Paris, et le mit auprès de Coustou le jeune, école florissante, et où le jeune Bouchardon, plein d'ardeur et désireux d'apprendre, ne pouvoit manquer de faire des progrès. Il n'y demeura pas longtemps. Il fut contraint de retourner au pays et chercher dans l'air natal le recouvrement de sa santé que celui de Paris détruisoit. Il n'y perdit pas son temps. Son père eut la générosité de payer un modèle, d'après lequel le fils étudia avec la plus grande ferveur. Le plus tost qu'il le put, il retourna à Paris, entra pour la seconde fois chez Coustou, remporta le prix à l'Académie, et obtint d'être envoyé à Rome à la pension du Roi. Il y entra le 18 septembre

1723, et, pendant un séjour de dix années dans cette capitale des arts, étudiant sans cesse, dessinant tout ce que l'antique offre de plus parfait, l'apprenant pour ainsi dire par cœur, faisant le même travail sur les ouvrages de Raphaël et du Dominiquain, s'exerçant à manier le marbre et à le rendre sous son ciseau aussi traitable que l'avaient rendu sous le leur l'Algarde et François Flamand qu'il prit pour ses guides, il perfectionna tellement ses heureux talens que, lorsque le Roi ordonna son retour en France (il y arriva en 1733), sa réputation l'avoit déjà devancé, et l'avoit annoncé comme un des plus grands dessinateurs et un sculpteur du premier ordre. Il eut pourtant lieu de s'étonner qu'après l'avoir arraché d'ouvrages importans, que Rome lui destinoit, il ne s'en offrit aucun pour lui dans Paris. Il n'eut pendant quelque tems d'autres occupations que celles que lui fournit le curé de S. Sulpice; mais enfin le Roi l'employa; entre plusieurs ouvrages qui lui furent demandés, l'on distinguera toujours cette charmante statue de l'Amour se fabriquant un arc de la massue d'Hercule, où il a sçu si bien allier les graces du Corrège avec la pureté de dessein de l'Antique (1). La magnifique fontaine de la rue de Grenelle au faubourg Saint-Germain, exécutée sur ses desseins et embellie de ses admirables sculptures (2), le

(1) Notre ami, M. de Chennevières, a publié, dans le Ier volume des *Archives de l'Art français*, p. 162, une pièce relative à cette statue; nous y renvoyons et pour la pièce et pour une très-curieuse lettre de Voltaire. J'ajouterai seulement qu'à Londres, se trouve, dans la collection de lord Ellesmere, un tableau dans le goût du Parmesan, et représentant aussi l'Amour taillant son arc. Il est au moins très-probable que c'est ce tableau qui a donné à Bouchardon, sinon la pose, au moins l'idée de sa statue; car ce tableau, comme le plus grand nombre de ceux de cette collection, faisait partie de la collection du Palais-Royal, où Bouchardon l'a pu voir.

(2) Voyez dans la vie de Bouchardon, par Caylus, 1762, in-12 de 130 pages, la lettre de M*** (Mariette) à un ami de province au sujet de la fontaine de la rue de Grenelle, p. 79-117. Elle est datée du 1er mars 1749.

conduisit à faire pour la même ville de Paris, qui lui avoit ordonné le premier ouvrage, la statue équestre de Louis XV en bronze qui a mis le terme à ses travaux, et qui lui a assuré une gloire durable (1). Personne n'a mieux connu que lui la nécessité de l'étude et le danger de perdre un seul instant de veue la nature. Personne n'a senti comme lui le prix d'une noble simplicité, ni n'a peut-être marché de plus près sur les traces du célèbre François Flamand. Comme lui il a sçu ammollir le marbre et lui faire prendre la mollesse de la chair. Epuisé de travail, il est mort, à la suite d'une trop longue maladie, le 27 juillet 1762. Ses desseins ne lui font guères moins d'honneur que ses sculptures; c'étoit là que brilloit son beau génie; aussi avoit-il presque toujours le crayon à la main. Il ne connoissoit d'autres délassements que celui-là, et la musique, à laquelle il consacroit trop souvent un temps qu'il eût pu employer plus utilement. Le Moyne, premier peintre du Roi, accoutumé à mépriser tout ce qu'il voyoit faire à ses confrères, avoit conçu pour les talents de Bouchardon une estime qui alloit jusqu'à l'adoration. L'envie ne se peut taire. Il n'y a rien qu'elle n'attaque. Il faut que Bouchardon ait été un grand homme, car il a joui de toute sa réputation pendant sa vie. Les artistes se sont tous accordés à lui décerner le tribut de louanges qu'il méritoit. Lorsqu'après sa mort, on a vendu publiquement les desseins qui lui restoient, car pendant sa vie il les avoit presque tous distribués à ses amis, et surtout à moi qui en ai le plus grand nombre, ses desseins, dis-je, ont été achetés au poids de l'or.

---

(1) Nous n'apprendrons à personne que le texte de la *Description des travaux qui ont précédé, accompagné et suivi la fonte en bronze d'un seul jet de la statue de Louis XV*, publiée en 1768, en 1 vol. in-f°, a été rédigé par Mariette; les planches sont conservées à la chalcographie du Louvre, n°s 1258 et 3872 à 3920.

— M. Bouchardon, se trouvant un jour de fête à St André della Valle, y vit arriver le cardinal Cienfuegos qui, s'étant mis à un prie-Dieu, se prosterna pour faire sa prière. Son attitude pleine d'expression, frappa l'artiste. Il en remplit son imagination et étant de retour dans son cabinet, il la mit sur le papier et s'en servit pour la composition d'un tombeau, dont le dessein m'a été donné par lui-même, comme une de ses meilleures productions.

BOUCHER (FRANÇOIS), premier peintre du Roi, et qui fait tant d'honneur à notre École françoise, m'a dit, en 1767, qu'il étoit âgé de 63 ans, et que, quoiqu'il fût vrai qu'il eût étudié sous Le Moyne, il n'avoit pas profité beaucoup sous un maître, qui prenoit fort peu de soin de ses élèves et chez lequel il n'avoit pas demeuré fort longtemps. Sur ce pied là, il devroit tout à lui-même, et il est vrai que Boucher est né peintre; il en est peu qui le surpassent en facilité. On peut dire qu'il est né le pinceau à la main. Il ne faut que voir ce qu'il a peint dans sa jeunesse, et en particulier cet enlevement d'Europe qu'a M. Watelet et qui faisoit partie du nombre de grands tableaux qu'il avoit fait pour un sculpteur marbrier nommé Dorbay qui en avoit garni toute sa maison, ce qui lui avoit été très-facile, car Boucher, ne cherchant alors qu'à se faire connoître, les auroit, je crois, faits pour rien, plus tost que d'en laisser manquer l'occasion. J'admire ce tableau toutes les fois que je le considère. Tout y est admirable, et surtout un pinceau aussi ferme qu'il est gracieux. Il est mort à Paris, le 30 May 1770. Il fit le voyage d'Italie en 17.., mais ce fut plustost pour satisfaire sa curiosité que pour en tirer du profit. Aussi ne séjourna-t-il pas longtemps dans ce pays.

— M. Boucher m'assure qu'il n'a pas demeuré plus de trois mois chez M. Le Moyne. De qui est-il donc le disciple? Il le quitta et vint demeurer chez le père de Cars le graveur qui faisoit commerce de Theses et qui l'occupa à faire des desseins pour des planches qu'il faisoit graver ensuite. Il lui donnoit le logement, la table et 60 # par mois, ce que Boucher estimoit pour lors être une fortune. Ce fut pour lors, à ce qu'il me semble, qu'il fit pour une nouvelle édition in-q° de l'Histoire de France de Daniel, ces desseins et vignettes que j'ai (1); c'étoit en 1721. Le livre parut en 1722. — Il ne tarda pas à faire connoissance avec M. de Julienne, qui, voulant faire graver les desseins de Watteau, en distribua plusieurs à Boucher, qui s'en acquitta parfaitement bien. Sa pointe légère et spirituelle sembloit faite pour ce travail. M. de Julienne lui donnoit 24 # par jour, et tous deux étoient contents, car Boucher étoit fort expéditif, et la gravure n'étoit pour lui qu'un jeu.

BOUIS (ANDRÉ), peintre de portraits, en a gravé quelques-uns en manière noire, au commencement du XVIIIe siècle, et a mis beaucoup de propreté dans leur exécution. C'etoit du reste un peintre froid et languissant, qui ne savoit peindre qu'une tête. Il fut reçu de l'Académie de peinture en .... (2), et mourut à Paris au mois de May 1740. Il étoit né à Hyères en Provence (3).

BOULLE (ANDRÉ-CHARLES) est mort le 29 février 1732. Sa vente a commencé en mars 1732. Il passa dans tous les tems et chez toutes les nations pour le premier homme de sa profession. Ses meubles, enrichis de bronzes magnifiques et

---

(1) N° 1164 du catalogue de Mariette; 26 dessins, vendus 72 liv.
(2) Le 27 novembre 1688. Liste des académiciens : *Archives*, t. I, p. 372.
(3) Voir le catalogue de son œuvre, par M. Robert Dumesnil, dans le tome IV du *Peintre-Graveur français*, p. 224-30.

d'ingénieux ornements en marqueterie, sont d'un goût exquis et la mode ne leur fait rien perdre de leur prix. Ils sont plus recherchés que jamais; on veut les imiter, et l'on n'en approche point. Cet artiste joignoit au bon goût la solidité; ses beaux meubles sont aussy entiers, après cent ans de service, qu'ils l'étoient lorsqu'ils sont sortis de ses mains. Les fils qu'il a laissé n'ont été que les singes de leur père. Cet homme, qui a travaillé prodigieusement, et, pendant le cours d'une longue vie, qui a servy des roys et des hommes riches, est pourtant mort assez mal dans ses affaires. C'est qu'on ne faisoit aucune vente d'estampes, de desseins, etc., où il ne fut et où il n'achetta, souvent sans avoir de quoi payer; il falloit emprunter, presque toujours à gros intérêt. Une nouvelle vente arrivoit, nouvelle occasion pour recourir aux expédients. Le cabinet devenoit nombreux et les dettes encore davantage, et, pendant ce tems là, le travail languissoit. C'étoit une manie, dont il ne fut pas possible de le guérir. Malheureusement pour luy, le feu prit dans l'attelier, où il conservoit toutes ses curiosités, qui pouvoient devenir à la fin une ressource. L'incendie fit de grands ravages; on ne put presque rien sauver en comparaison de ce qui périt, et cependant ce qui fut soustrait étoit prodigieux. On en fit une vente publique qui dura longtems et où furent exposés les tristes restes d'une des plus belles collections qui ait été faite. On regrette surtout un magnifique recueil de desseins d'habits de théatre de la Belle, un Mss. de Rubens, dont M. de Piles a beaucoup parlé, un recueil des 100 portraits de Van Dyck, où toutes les épreuves étoient retouchés de la main de cet habile peintre, etc. (1).

BOULLANGER (JEAN), né à Troyes en 1606. — Les ouvrages

---

(1) Cette note a déjà éte publiée dans le *Cabinet de l'Amateur et de l'Antiquaire*.

de graveure de Boulanger sont terminés avec tant de soin, et il y règne une si grande propreté, qu'il n'y a guère d'estampes qui se fassent regarder avec plus de plaisir. Elles sont touttes exécutées au burin, et la plus grande partie représente des sujets de piété ou des portraits de gens illustres, Boulanger ayant preférablement choisy ce genre de sujets, comme luy paroissant plus convenable à son génie, qui n'étoit ny assez élevé, ny assez plein de feu pour en entreprendre d'autres dont le mérite consistât dans la beauté des caractères et des expressions. Ainsy ce graveur se bornoit précisément à la pratique de la graveure; il donnoit toute son application à arranger ses tailles avec égalité, de manière que l'accord des ombres et des demies teintes produisît une couleur douce et agréable; dans cette veue, sans se mettre en peinne du tems qu'il lui en couteroit, il imagina d'exprimer les ombres des chairs par le moyen d'une infinité de points mis auprès l'un de l'autre, comme on le pratique dans la peinture en mignature, au lieu qu'on les avoit jusqu'alors représentées avec des tailles, c'est à dire avec des traits. Cette nouvelle manière luy réussit assez et elle a été suivie depuis par plusieurs autres graveurs, qui, comme luy, se sont uniquement étudiés à graver avec une extrême propreté.

BOULONGNE (LOUIS), premier peintre du Roy, et chevalier de l'ordre de St-Michel, mort à Paris, le 20e novembre 1733.

BOURDICHON (JEAN), peintre du Roy Louis XII, peignit par ordre de ce Prince le portrait de S. François de Paule, le jour de son décès en 1507. Ce portrait est présentement à Rome dans le Vatican, François Per l'ayant envoyé à Léon X lors de la canonisation du saint (1). Il y a apparence que c'est

(1) Jean Waldor a gravé dans la première moitié du 17e siècle, de sa pointe fine et dans le goût des Wierix, un portrait in-12 de saint

le même que Jean de Paris, dont il est fait mention cy-après; mais pourquoy le nommer Bourdichon en un endroit et Perreal dans un autre (1)?

BOURDON (SÉBASTIEN) de la ville de Montpellier. Il n'y a point eu en France de peintres, dont la manière ait plus approché de celle des maistres d'Italie que Sébastien Bourdon. Le sejour qu'il avoit fait à Rome, à Venise et dans quelques autres villes d'Italie, avoit été cependant si peu considérable, qu'il ne luy avoit pas été possible d'y etudier avec application, et quand il l'auroit pu, son génie vif et impetueux s'y seroit opposé. Il n'avoit fait, pour ainsy dire, que parcourir les ouvrages des plus grands maistres, et reconnoistre leurs manières; son génie plein de feu et de discernement l'avoit mis en état d'en saisir le beau avec une promptitude merveilleuse, et cela seul luy avoit suffy et tenu lieu des plus longues études. Adjoutez que Bourdon avoit une mémoire des plus heureuses. Elle luy fournissoit à propos des réminissences de certains effects piquants et extraordinaires qui s'étoient imprimés dans son esprit, et c'étoit alors que, s'abandonnant si heureusement à des manières différentes de la sienne, il paraissoit au-dessus de luy-même. Tantost il peignoit dans le gout de Benedette Castiglione; d'autres fois il se transformoit dans la manière du Poussin; le plus souvent il cherchoit les

---

François de Paule, d'après le portrait qui se voit à Rome. Il serait curieux que ce fût d'après le portrait de Bourdichon; cela ne serait pas impossible, car la simplicité de cette figure du saint, vu jusqu'aux genoux et appuyé sur un bâton, se peut très-bien rapporter à un portrait français de cette époque.

(1) Mariette se trompe ici complètement. Il n'est pas possible d'entrer ici dans le détail de la vie de Jean Bourdichon et de Jean Pereal; il nous suffira de renvoyer au dernier livre de M. de Laborde, *la Renaissance des Arts*, tome I, pour édifier parfaitement le lecteur sur ce sujet.

manières, du Parmesan, de Louis Carrache et des autres maistres de Lombardie, dont les graces infinies et l'élégance des compositions flattoient son goût et luy faisoient même souvent negliger la correction du dessein, aussy bien que la verité du coloris, deux parties qui demandent bien des réflexions. Bourdon au contraire reflechissoit peu ; plein de feu et de facilité, il inventoit et executoit avec une étonnante rapidité; il produisoit aisement une infinité de compositions differentes sur un mesme sujet. C'est surtout dans ses paysages que l'on remarque la fécondité de son génie; ce sont des pays enchantés où l'on se promene agréablement, et où il regne une espèce de desordre dans les sites qui ne laisse pas de plaire. Une bonne partie des ouvrages de Bourdon a été gravée par d'excellens graveurs au burin, et luy-mesme il en a gravé plusieurs à l'eau forte avec beaucoup de succès; il y a mis cet esprit, qu'il n'y avoit que luy qui fut en etat de donner (1).

— Il peignit son tableau du May en 1643. Il avoit pour lors 27 ans, et pour y parvenir il fit plusieurs desseins plus excellens les uns que les autres. J'en possède deux, qui sont d'une beauté singulière et qui paroissent faits de la même plume; les compositions en sont extrêmement riches, et tiennent beaucoup de style de Paul Veronese. Ils abondent en figures. Bourdon a simplifié ces compositions dans son tableau et il a fait sagement. Ses desseins le comportent; il n'en auroit pas été de même de la peinture. Une trop grande multiplicité d'objets en auroit osté le repos et y auroit sans doute apporté de la confusion (2).

---

(1) Voir le catalogue de ses gravures dans le *Peintre-Graveur français* de M. Robert Dumesnil, I, p. 131-58. Les planches des sept œuvres de miséricorde (n°s 2 à 8) et de la sainte famille au lavoir (n° 29), sont conservées à la chalcographie du Louvre. (N°s 556-63 du nouveau livret.)

(2) Le tableau représente le martyre de saint Pierre; les deux

— Le tableau de Bourdon, qui est dans l'Eglise collégiale de S. Benoît à Paris, est un de ses meilleurs ouvrages. On y voit le Christ mort descendu de la croix, et cette figure domine sur toutes les autres; aussi est-elle celle, sur laquelle roule principalement le sujet du tableau. Le corps du Christ est étendu sur un linceul, et l'un des disciples le soulève un peu par derrière; ce qui n'a pas été fait sans réflexion, car autrement la figure auroit presenté un racourci desagréable. Deux petits anges aux pieds du Christ considèrent ses playes; plus loin la Madeleine verse des pleurs, et sur le dernier plan la Vierge lève les yeux au ciel et fait offrande au Père Éternel de son divin fils, qui, pour opérer notre redemption, s'est soumis à endurer la mort. Le tableau est grandement composé, et tout à fait dans le style de Louis Carrache; ce maistre ne le désavoueroit pas. J'ai vu peu de tableaux de Bourdon aussi bien coloriés que celui-ci (1). — Un des plus beaux ouvrages, que Bourdon fit à Paris, fut la Gallerie du Président Bretonvilliers. Il entreprit ce grand ouvrage en 1658. — Il a gravé plusieurs morceaux à l'eau forte qui sont d'un excellent goût. Il mourut à Paris, le 8e May 1671, âgé de 55 ans. Il a souvent imité avec succès la manière de Benedette. J'ay extrait l'année de sa mort de la liste de l'Académie; M. de Piles le fait âgé de 60 ans, mais son sentiment me paroist moins sûr que l'autre. Il étoit en Suède en 1653. — Ses tableaux des Sept œuvres de misericorde sont passés en Angleterre, et sont dans le cabinet de M. ...... à Chelsea.

— Bourdon étoit ami de M. d'Aguilles, et il se plaisoit à travailler pour un amateur, dont il connoissoit le goût sûr (Descript. des tableaux du cabinet de M. Boyer d'Aguilles, p. 14).

---

dessins (n° 1192 du cat. de Mariette) ont été vendus 99 liv. 1 s. et 100 liv.

(1) Gravé par Boulanger.

— *Le Musée des dessins du Louvre possède un portrait de Bourdon, au crayon et assez médiocre, derrière lequel on lit cette note de la main de Mariette :* Portrait de Séb. Bourdon, dessiné d'après celui qu'il a peint lui-même dans son tableau de Simon le Magicien à Montpellier. C'est M. le Presid^t Bon qui me l'a fait faire.

BOURGUIGNON (HUBERT-FRANÇOIS), dit *Gravelot*. Hubert-François Gravelot, né à Paris, le 26 mars 1699, est frère de M. Danville le geographe, qui, comme son frère, prit un nom different de celui que portoit leur pere, qui exercoit la profession de tailleur, et dont le veritable nom etoit Hubert Bourguignon. Je ne puis croire que ce fut par un motif de vanité, car le père non-seulement etoit en reputation d'un honnête homme, mais, ce qui auroit dû les toucher davantage, il prit un soin tout particulier de leur éducation. L'aîné, Hubert-Fr. Gravelot, prit le nom de famille de son parein, et dès ses plus tendres années, il montra un goût decidé pour le dessein. Dans la vue de l'y perfectionner, le père lui voulut faire faire le voyage de Rome, ce qui n'ayant pas réussi, le jeune homme partit pour Saint-Dominique à la suite du chevalier de Rochalard et y fit sous Frézier les fonctions d'ingénieur. Il ne tarda pas de revoir la France, mais presque aussitôt il passa en Angleterre, où, pendant un séjour d'environ 13 ans, il fut fort occupé à donner des desseins à des graveurs pour différentes éditions de livres, et d'autres pour des ouvrages de ciselure et d'ornemens, dont les formes bizarres ont passé bientost de mode et ont été ensevelis avec ce qu'ont fait dans le même genre Meissonier, Pineau et tant d'autres. Il revit la France en 1745, toujours livré aux mêmes occupations, montrant du génie, composant avec esprit, mais toujours éloigné pour les formes de ce goût mâle et pur qui seul est capable de plaire. Il est mort à Paris, le 20 avril 1773, et son eloge qui se trouve dans le nécrologe pour l'année 1773, a été dressé avec soin sur les mémoires qu'a fournis M. Danville son frère (1). Son article à la page 348 (*de l'Orlandi*) est fautif. Il m'avoit été administré par des gens mal informés; il faut s'en tenir à ce qui est marqué ici.

Cependant, comme l'article déclaré fautif renferme quelques observations qui complètent le précédent, nous croyons devoir le mettre lui aussi sous les yeux de nos lecteurs :

Paul Bourguignon, qui s'est fait appeler Gravelot, du nom de son parein, apparemment pour faire oublier qu'il étoit fils d'un tailleur nommé Bourguignon (petit trait de vanité qui fut imité par son frère, le fameux géographe d'Anville), est mort à Paris, agé de 74 ans, le 19 avril 1773. Il a fait en deux fois un sejour de 15 ans à Londres, d'où il étoit de retour en 1761 et depuis ce tems là il est resté constamment à Paris, où il a été employé, ainsi qu'il l'avoit été en Angleterre, à faire des desseins pour les gravures, dont on est dans l'usage depuis quelque tems d'orner les éditions des livres d'amusement qui s'impriment. Il y montroit du genie, et entroit assez bien dans le caractère des sujets qu'il avoit à traiter. Aussi étoit-il recherché, et il y trouvoit plus de profit que le meilleur peintre n'auroit fait en produisant de grands ouvrages. Avec cela on ne peut le regarder que comme un artiste fort médiocre.

BOURGUIGNON (LE). Voyez COURTOIS (JACQUES).

BOUSSEAU (JACQUES), né en Poitou et élève de Coustou

---

(1) Le nécrologe des hommes célèbres de France, par une société de gens de lettres; à Paris, de l'Imprimerie de G. Desprez, imprimeur du Roi, 1774, avec privilége du Roi, p. 129-145. En voici les quatre dernières lignes : « Cet éloge nous a été donné par M. d'Anville, premier géographe du Roi, frère du célèbre Artiste dont nous regrettons la perte. »

l'aîné, reçu à l'Académie royale de Peinture en 17.. (1) etoit un artiste très-laborieux, mais dont le ciseau n'avoit rien que de fort ordinaire. Ses principaux ouvrages à Paris sont deux statues en marbre et un bas-relief dans la chapelle de Noailles à Notre-Dame, et dans l'Eglise de la Madelaine-de-Tresnel, le tombeau de M. Dargenson, Garde des Sceaux. M. Fresmin, etant dans la resolution d'abandonner l'Espagne et de repasser en France, le proposa à Sa Majesté catholique, pour prendre sa place et achever les ouvrages de S. Ildephonse et du Palais Royal à Madrid. Il y avoit environ trois ans qu'il occupoit le poste de premier sculpteur du Roi d'Espagne, lorsqu'il mourut à Madrid le 13 Fevrier 1740. M. Delalive qui a fait mention de ce sculpteur dans la description de son cabinet, dit qu'il mourut jeune; il se trompe; il etoit agé de 59 ans (2). Voyez l'Essai de la sculpture par Dandré Bardon, p. 194.

BOUT (PIERRE) a peint quantités de petits tableaux, où il représentoit ordinairement des foires et d'autres sujets susceptibles de quantité de figures; Bauduins a souvent peint les fonds de paysages de ses tableaux; c'est le mesme Bauduins qui a travaillé en France sous Vandermeulen.

BOUTILIER (JEAN LE) et JEAN RAVI. On voit, sur les murs qui ferment le chœur de l'Eglise de N.-D. de Paris, une suite de bas-reliefs, qui representent l'histoire sainte, et cet ouvrage gothique, exécuté en pierre, n'est pas depourvu de merite; on y trouve de la naïveté. Ce que l'on faisoit alors en Italie ne valloit pas mieux. L'inscription suivante, que j'ai copiée et

---

(1) Le 29 novembre 1715, liste de l'Académie, dans les *Archives de l'Art français*, p. 379.

(2) M. Delalive l'appelle à tort Boussot. *Catalogue historique*, etc. 1764, petit in-4°, page 30.

qui peut-être a disparu lorsque l'on a détruit une partie de ce bas-relief pour faire place à la nouvelle décoration du maître-autel, nous apprend que cet ouvrage fut terminé en 1351, et nous donne en même tems les noms de ceux qui y travaillèrent. La voici :

« C'est Me Jean Ravi qui fut masson de N.-D. de Paris, par « l'espace de 26 ans et commença ces nouvelles histoires, et « Me Jean le Boutilier les a parfaites en 1351. » Un sculpteur, qui seroit en même tems architecte ne souffriroit pas aujourd'hui qu'on lui donnât le nom de maçon, mais nos Pères n'etoient pas si délicats.

BOUZONNET-STELLA (ANTOINE), neveu de Jacques Stella, a peint dans la manière de son oncle, dont il estoit le disciple. Il a beaucoup dessiné d'après Jules Romain. Il estoit de Lyon, et mourut le 9 may 1602, âgé de 48 ans. Il exerçoit dans l'Académie royale de peinture la charge d'adjoint à Professeur. Etant à Mantoue, il y dessina avec grand soin presque tout ce que Jules Romain y a peint dans le Palais du T. Je vis ces desseins lors de mon passage à Lyon au retour d'Italie; ils me firent plaisir. J'ignore ce qu'ils sont devenus. Voyez ci-après (*l'article des Stella*) (1).

BOUZONNET-STELLA (les trois sœurs). Claudine Stella, cette scavante fille, avoit encore deux sœurs, qui se distinguoient comme elle dans la graveure; l'une s'appeloit Antoinette et l'autre Françoise; leur nom de famille estoit Bouzonnet. Antoinette etoit la moins âgée, et ce qu'elle a gravé d'après Jules Romain lui fait honneur. Elle mourut jeune à Paris, en

---

(1) J'ai publié de lui un billet écrit derrière un dessin du Louvre, dans les notes de ma réimpression du livret de 1673, 1852, in-12, p. 8.

1676. Claudine l'aînée dessinoit très-habilement et mérite d'être mise au rang des plus excellens graveurs; elle est morte aussi à Paris, le 1. 8bre 1697. Elle avoit 61 ans. Voyez ci-après (*l'article des Stella*).

BOYER D'AGUILLES (1). Un éloge du Recueil d'estampes, gravées par les soins de M. Boyer d'Aguilles et d'après les tableaux de son cabinet, est superflu et pourroit mesme paroître déplacé à la tête de cette collection. Les morceaux qui la composoient s'expliquent assez d'eux mêmes et le font plus utilement que des discours, qui auroient peut-être un air trop recherché et qui par là mesme deviendroient suspects. Il ne faut en effet que considerer ces estampes pour se former une idée avantageuse des tableaux qu'elles représentent. Elles annoncent presque toutes des artistes illustres; les sujets en sont intéressants, et, ce qui est un grand préjugé en faveur d'une telle collection, elle s'est faite dans le tems même que vivoient la plupart des peintres qui y occupent une place.

Un pareil choix ne pouvoit être que l'ouvrage d'un amateur, dont le goût fin et délicat égaloit un vif amour pour les Beaux-Arts. Monsieur d'Aguilles fut ce connoisseur. Il étoit né avec de l'attrait pour la peinture; mais cette inclination naturelle se changea en peu de tems en une passion, dont il ne lui fut pas possible de reprimer l'ardeur, lorsqu'ayant fait le voyage d'Italie, la vue des merveilles qu'on rencontre dans

(1) Pour réunir autant que possible en un seul corps les notes éparses de Mariette, nous croyons devoir insérer ici, comme nous faisons pour les remarques du catalogue Crozat, la préface mise par Mariette en tête de son édition du cabinet Boyer d'Aguilles, et nous choisirons, dans ses descriptions de tableaux, celles seulement qui offrent des renseignements sur les auteurs. Pour M. Boyer d'Aguilles, nous renverrons aux articles Boyer d'Aguilles et Barras, dans le tome IV de M. Robert Dumesnil, et à la notice spéciale de notre ami M. de Chennevières, dans le premier volume de ses *Peintres provinciaux*.

ce pays, la fréquentation des habiles gens qu'il y connut, eurent achevé de fortifier son goût et qu'elles eurent multiplié ses connoissances. Monsieur d'Aguilles ne se contenta pas cependant de voir et d'admirer; il voulut, en quittant l'Italie, se faire un fond qui pût en quelque façon le dédommager des belles choses dont il ne lui seroit plus permis de jouir. Il recueillit quantité de tableaux, il acheta des estampes, des desseins, des sculptures qu'il apporta à Aix, et dont il se fit pendant le reste de sa vie un amusement d'autant plus permis que son amour pour les Beaux Arts, quelque vif qu'il fut, ne lui fit jamais perdre de vue les devoirs du Magistrat; la sagesse de ses conseils, la justesse de ses décisions le faisoient considérer comme l'oracle de son Parlement.

C'étoit uniquement dans les moments de loisir, dans ceux qu'un autre auroit donné au plaisir, que M. d'Aguilles méditoit sur les morceaux singuliers qu'il avoit rassemblés, et que, profitant des leçons des personnes de l'art et en particulier des avis du celèbre Monsieur Puget, qui a fait l'honneur de la France, il devint insensiblement quelque chose de plus parfait; car, non-seulement il se vit en état de porter un jugement sain sur les ouvrages, il put encore, la plume, le pinceau et le burin à la main, en produire lui-même que des gens consommés dans l'Art n'auroient pas eu honte d'avoüer. Ce fut pour lors que faisant travailler sous sa direction de jeunes peintres et de jeunes sculpteurs, en qui il reconnoissoit d'heureuses dispositions, il entreprit de bâtir et de décorer un des plus magnifiques hôtels qui soient à Aix. Les tableaux, dont il l'avoit enrichi, y attiroient continuellement les étrangers, et tous ceux qui aimoient à se nourrir l'esprit par la vue des beaux ouvrages, et, comme son cabinet augmentoit tous les jours en réputation, M. d'Aguilles crut devoir le faire graver, pour le communiquer à un plus grand nombre de personnes et le rendre encore plus célèbre.

Il fit venir à Aix à ses dépens un graveur d'Anvers, qui dans un âge peu avancé s'étoit déjà fait un nom. Ce fut Jacques Coelemans, élève de Corneille Vermeulen, dont tout le monde connoit l'habileté. La manière de graver du disciple tenoit beaucoup de celle du Maître. Elle n'avoit pas toute la pureté de certains beaux burins; mais elle etoit fondue et propre à faire de l'effet, surtout lorsque les tableaux qu'elle avoit à rendre etoient bien colorez ou entendus de clair-obscur. Monsieur d'Aguilles conduisit Coelemans, et ne contribua pas peu à améliorer son travail surtout pour la partie de l'intelligence; et voulant prendre part lui-même à un ouvrage qui lui appartenoit déjà par tant de titres, il y inséra quelques planches entièrement de sa main. Ce sont celles qui dans ce recueil ne portent point de nom de graveur, et sur lesquelles est simplement gravée une étoile.

Dix ou douze années s'écoulèrent avant que le recueil d'estampes, que preparoit M. d'Aguilles, vit le jour. Ce ne fut qu'en 1709, l'année même de la mort de cet illustre Magistrat, que les dernières planches furent gravées. Mais des raisons dont il est inutile de rendre compte ici, avoient empêché que le public ne put jouir d'un ouvrage qui lui avoit déjà été annoncé de la façon la plus avantageuse (1) et qu'il attendoit avec impatience.

---

(1) Dès l'année 1700, Monsieur de Tournefort, dans la relation de son voyage du levant, avoit parlé avec éloge de ce recueil qui n'étoit pas encore achevé, car il n'y en avoit que cent planches de gravées. Voicy comme il s'explique : « Étant arrivés à Aix, nous « allâmes saluer M. Boyer d'Aguilles, conseiller au parlement, et « nous fûmes bien moins touchez de ses tableaux, quelque rares « qu'ils soient, que nous ne le fûmes de son mérite. Ce scavant « Magistrat n'excelle pas seulement dans la connoissance de l'an- « tiquité, il a naturellement ce goût exquis du dessein, qui rend si « commandables les grands hommes en ce genre. M. d'Aguilles a « fait graver une partie de son cabinet en cent planches, d'après

Ce Recueil, qu'on recevra sans doute avec plaisir, mérite d'autant plus de considération, qu'outre la variété des sujets, il contient, comme on l'a déjà dit, de presque tous les maîtres de réputation des différentes écoles, et plusieurs planches d'après d'habiles peintres dont on n'avoit gravé jusqu'alors aucun tableau. Un assez grand nombre pourra être regardé comme des chefs-d'œuvre, et c'est leur opposition qui fera peut-être paroître quelques autres morceaux plus foibles; mais l'on scait qu'il n'est presque pas possible que tout soit égal dans une grande collection. Il en est d'un Recueil de tableaux comme d'un parterre, où de belles fleurs perdent de leur éclat à côté d'autres fleurs dont les couleurs sont encore plus brillantes.

Il est bon d'avertir que, comme les noms des peintres ne se sont pas toujours trouvés écrits exactement au bas des planches, on a tâché d'y remédier dans la table suivante, où ils sont indiqués correctement. L'on y donne outre cela une description sommaire de chaque tableau et l'on y trace en peu de mots le caractère de chaque peintre. L'on y a aussi fixé par des dattes sûres les temps où chacun de ces grands hommes a vécu.

BOYS (CORNEILLE). Ce nom et la datte 1640, se lisent sur deux tableaux de Paysages, que le comte de Bruhl avoit dans

---

« les originaux de Raphaël, d'André del Sarto, du Titien, de Michel-« Ange, de Caravage, de Paul Véronèse, du Corrége, du Carrache, « du Tintoret, du Guide, du Poussin, du Bourdon, de Le Sueur, de « Puget, de Valentin, de Rubens, de Van Dyck, et d'autres peintres « fameux. Ce magistrat me permettra-t-il de dire qu'il a gravé lui-« même quelques-unes de ces planches, que les frontispices des « deux volumes qui composent ce recueil sont de son invention ; « qu'il a conduit les graveurs pour la fidélité des contours et pour « la forme des expressions. Un homme de qualité, qui remplit d'ail-« leurs si dignement les devoirs de sa charge, ne sauroit se délas-« ser plus noblement. » (*Note de Mariette.*)

son cabinet et dont on a des estampes gravées par Moitte. Les compositions ont été du gout de Dieterich qui se les est presqu'entièrement appropriées et en a fait deux des plus jolis morceaux de sa suite; ils portent la datte 1745. Il ne faut pas le dissimuler, c'est un plagiat, mais qui fait honneur à celui qui en a fourni le sujet. C'est une preuve que les tableaux avoient du mérite. Il est d'ailleurs permis de piller lorsque c'est pour embellir, comme a fait ici Dieterich. Le seul tort qu'il me paroît avoir, est de n'en pas avoir averti.

BOZZATO (BARTOLOMEO), ou plus tost *Bozza* (comme l'ecrit le chanoine Stringa qui a augmenté la Venetia descritta dal Sansovino, et comme l'a écrit luy mesme cet artiste dans quelques-uns des ouvrages de mosaïque qu'il a fait dans l'Eglise de S. Marc) etoit un de ceux qui travailloient aux mosaïques de l'Eglise de S. Marc, en concurrence des fréres Zuccati et des autres maistres qui y estoient employés. Celuy-cy etoit reputé habile dans son art. L'on peut lire dans le livre de Stringa que l'on vient de citer la dispute qu'eurent entre eux ces artistes pour la préférence, et comme elle fut donnée à François Zuccato. Cet endroit est curieux et singulier. Venetia descritta dal Sansovino, amplata da Gio. Stringa; in Venetia, 1604, p. 41 a et 69 a.

BRACELLI (GIO-BATTISTA), dont le Baldinucci fait mention dans la vie de Jacopo da Empoli (dec. 3, p. 2, sec. 4, p. 184), et qu'il nomme Brazzè, detto il Bigio, n'est peut-être pas le même que le Genois dont parle le Soprani. J'ai la suite d'estampes citées par le Baldinucci; l'auteur s'y nomme Bracelli, et elles sont dattées de 1607 et de la ville de Livourne, où elles ont été gravées. Il est parlé dans la vie d'Alphonse Parigi, écrite par Baldinucci, d'un Bracelli qui etoit colonnel à Livourne et qui avoit appris à dessiner du Parigi. Reste à sçavoir si ce sont trois personnes différentes.

BRACCIOLI (GIO-FRANCESCO), né à Ferrare en 1698, est un des élèves de Jacques Parolini, qu'il quitta pour passer à Bologne, et y prendre des leçons de Joseph Crespi, dit l'Espagnol. Il donnoit les plus grandes esperances, et paroissoit né peintre, tant il avoit de facilité à manier le pinceau; mais des vapeurs noires s'étant emparé de son esprit, ses ouvrages s'en ressentirent, et il ne fit plus rien de bon; et comme avec cela il etoit talonné par le besoin, ses tableaux dont Ferrare abonde, ne furent plus que d'assez mauvaises ébauches. Il est mort dans sa patrie, le 16 juillet 1772, et enterré dans l'Eglise de S. Mathieu. *Descriz: delle pitt. di Ferrare*, p. 30.

BRAMANTE (BERNARDINO). Baldi, dans la description qu'il a faite du palais ducal d'Urbin, assure que Bramante etoit de Fermignano, bourg, ou, comme disent les Italiens, castello du duché d'Urbin, et non de Castel Durante, ainsi que le dit Vasari; le même auteur, dans l'Éloge de la ville d'Urbin, dit que la première condition de Bramante etoit de garder des troupeaux et qu'il devint ensuite un excellent peintre et architecte, et qu'on lui a l'obligation d'avoir le premier bani le goût gothique de l'architecture, et d'avoir retabli la belle manière des anciens Grecs et Romains. V. memorie concernenti la città di Urbino, in Roma, 1724, fol°, p. 33 et 63. Il auroit pu ajouter que Bramante a fait des vers italiens. M. Apostolo Zeno fait mention dans ses lettres (ce sont les 244 et 245e du 1er vol.) de poësies de ce celèbre architecte, qui se trouvoient dans un recueil appartenant à Ant. Franc. Marmi à Florence, et temoigne un grand desir d'en avoir un extrait, pour en parler dans l'hist. des Poëtes italiens qui etoit un ouvrage qu'il méditoit.

BRAMBILLA (FRANCESCO). Il a eu sa sépulture dans le dôme ou l'église cathédrale de Milan, qu'il a enrichi de quantité de ses sculptures. On y lit cet épitaphe : *D. O. M. Francisco Brambillæ celeberrimo Protoplastæ qui fingendis hujus templi archetypis per annos XL operam dedit. Præfecti Fabricæ officii memores P. P.* 1599. Latuada Descriz. di Milano, t. 1, p. 122.

BRAND (JEAN-CHRISTIAN OU CHRÉTIEN) est fils d'un père qui s'est acquis de la réputation par ses tableaux de paysages. Son fils, né en 1723 à Vienne, a embrassé le même genre de peindre et s'y distingue. Je n'ai point vû de ses tableaux ; mais, à en juger par deux desseins qu'il m'a faits, je le crois un peintre froid, et qui donne tout au terminé.

BRANDANO (FEDERICO), d'Urbin, travailloit parfaitement bien en ornemens de stuc et fut employé à décorer de stuc plusieurs des platonds du Palais d'Urbin. Baldi, Descriz del Pal. d'Urbino, c. VIII.

BRANDENBERG (JEAN), né à Zug en 1660, eut pour père un Peintre qui n'étoit pas sans mérite, et qui mit son fils en état de faire avec profit le voyage de Mantoue, où il eut l'avantage de pouvoir copier les ouvrages de Jules Romain. Il passa en Allemagne, s'y fit estimer, mais étant retourné dans sa patrie et s'y étant marié, il devint père d'une si nombreuse famille que, pour la faire subsister, il ne donna plus le même soin à ses ouvrages. On n'en vit plus sortir d'entre ses mains qui ne fût extrêmement strappassé. Il mourut en 1729. Fuessli, Vies des P. Suisses, t. 2, p. 121.

BRANDMULLER (GRÉGOIRE), naquit à Basle en 1661. La Suisse n'a guères produit de meilleurs peintres. Aussi tenoit-il de la nature seule le talent dans lequel il s'est distingué. Il n'eut pour maître qu'un Peintre très-médiocre, et il avoit déjà fait de très-grands progrès quand il vint à Paris en 1678. Charles Le Brun le reçut dans son école, et le fit travailler dans les ouvrages dont il enrichissoit pour lors le château de Versailles. En peu de tems il se rendit si familière la manière de ce grand Peintre, qu'il etoit aisé de prendre le change entre les productions du maître et celles du disciple. Trois fois il remporta le prix à l'Académie de Peinture; l'envie s'en mesla, et pour s'y soustraire, il se retira dans sa patrie, et continua de travailler avec succès pour différentes cours d'Allemagne. Il traitoit également bien l'histoire et le portrait, et l'on range au nombre de ses plus excellens ouvrages une descente de croix qui est dans l'Eglise de Dourlach. Le coloris de J. Blanchard l'avoit affecté; le sien en tient beaucoup. Il mourut en 1691. Fuessli: Vies des Peintres suisses, t. 2, p. 129.

BRANKENBURG (REINIER) paroît avoir eu en veue dans ses ouvrages d'imiter le genre de peindre d'Ostade. Il a peint comme lui des assemblées de paysans et des tabagies, et quelquefois il a représenté des conversations et des assemblées galantes de personnes du beau monde. Son pinceau est très-fondu et sa touche spirituelle; mais on a à lui reprocher de n'avoir pas assez gardé la décence dans plusieurs de ses compositions. Il etoit d'Harlem; il y prit naissance en 1649. On ignore le tems de sa mort arrivée en Frise. Descamps, t. 3, p. 253.

Plus loin (p. 506 *de l'Orlandi*) *Mariette donne une marque composée d'un B et d'un R* (B̅ₜ fecit) *et ajoute :* Sur une pièce gravée à l'eau forte, représentant un vieillard coeffé d'un turban qui de la main paroît indiquer son chemin à une femme qui voyage accompagnée d'un enfant, et dans le fond est un troupeau qu'on fait rentrer dans une ferme. On m'assure que c'est un ouvrage de Renier Brakenburg, et que c'est ici sa marque.

BRAVER (ADRIANO), comme il est écrit sur les estampes qu'on a gravé d'après ses tableaux, et, dans le livre de Corneille de Bie *Adrien Brouver;* il avoit pris pour ses modèles dans sa jeunesse les ouvrages de *Gilles Mostaert* et non pas *Monstrast*, c'est une faute du père Orlandi qui ne se trouve pas dans Sandrart. M. de Piles est celuy qui a raporté avec le plus de détail la vie de ce peintre; il a prouvé qu'il estoit né à Oudenarde en 1608 et qu'il mourut à l'age de 32 ans, si pauvre qu'on ne trouva pas de quoy l'ensevelir; ses tableaux luy avoient cependant été payés au poids de l'or, mais il étoit extrêmement débauché et sans conduitte, ce qui l'avoit jetté dans la dernière misère; il s'en railloit luy même, car il étoit d'une humeur fort enjouée et grand diseur de bons mots; il se plaisoit à représenter des sujets de tabagies, et des débauches de paysans, et il y avoit dans ses ouvrages beaucoup d'expression et d'intelligence des couleurs. On voit encore aujourd'huy dans l'église des Carmes à Anvers le tombeau magnifique que luy firent élever les magistrats et les curieux de cette ville. De Piles, p. 408. De Bye a aussy écrit sa vie en flamand, p. 91. On le nomme en France Adrien Braur. — Descamps, t. 2, p. 129, a écrit d'après Houbraken que Brouver étoit né à Harlem; j'ai lieu d'en douter. C. de Bie, à portée de le scavoir, dit tout uniment qu'il étoit flamand. — Sans être né à Harlem, Brauver pouvoit y avoir été amené dans sa jeunesse et être devenu le disciple de Fr. Hals. Il a eu cependant une manière de peindre bien différente de la sienne; celle de Hals est heurtée et ne consiste que dans des touches fières et hardies qui produisent leur effet d'une certaine distance, au lieu que le pinceau de Brauver est précieux et exprime les objets dans le plus grand terminé, sans être froid ni languissant. La fonte de ses couleurs est admirable et je ne connois aucun peintre qui, dans ce genre, ait mis plus d'accord et de vérité dans ses tableaux. Houbraken a dit qu'Adrien van Ostade avait été son condisciple et son ami, et je le crois; leur manière de peindre est la même, et tous deux ont fait choix des mêmes effets. M. de Piles a avancé un peu trop légèrement que Rubens lui avoit fait ériger un tombeau magnifique dans l'église des Carmes à Anvers. On doit lui en supposer la volonté, mais l'exécution n'eut pas lieu. La mort de Rubens qui suivit de près celle de Braver y mit un obstacle. Il se contenta d'engager les peintres d'Anvers à assister à un service solemnel qu'il fit célébrer dans ladite église des Carmes pour le repos de l'âme de Brauver et montrer le cas qu'il faisoit de ses tableaux. De Bie a fait imprimer une épitaphe en vers flamands, qui n'est autre chose qu'un jeu de son imagination.

— La grande réputation que ce peintre s'est acquise par la beauté de son pinceau, fait qu'on recherche ses desseins, quoique peu arrêtés, et encore moins intéressans pour le choix des sujets et leur peu de noblesse. (Cat. Crozat, p. 104.)

BREBIETTE (PIERRE), de Mante sur Seyne, Peintre, dessinateur et graveur, a joui dans son temps d'une assez grande réputation. Il voyagea dans sa jeunesse en Italie, et il en rapporta un goût de dessein un peu trop libertin, mais spirituel; son génie fécond le servoit sans peine, et comme il trouvoit plus de facilité à dessiner qu'à peindre, sa vie se passa presque tout entière à faire des desseins qu'il grava lui-même à l'eau forte ou qui furent gravés par d'autres. Il etoit homme de bonne compagnie et qui inspiroit la joye dans les sociétés où il se trouvoit, et la mort, qui le surprit dans la fleur de l'âge, le fit regretter de ses amis, quoique quelquefois on eût à essuyer de sa part de l'humeur et un peu de bizarrerie. Je le soupçonne disciple de Lallemand. Il eut une fille nommée Genevieve, à qui il apprit le dessein et qui s'y exerça. Sa mort a du arriver vers le milieu du XVIIe siècle.

— Pierre Brebiette, un de ceux qui s'est le plus distingué dans l'art de graver en petit à l'eau forte d'après des desseins de sa propre invention, etoit en même temps peintre. Son génie etoit des plus abondans; il ne lui manquoit que d'être plus reglé et plus correct dans son dessein. Par une suitte d'inclination de temperament, il se plaisoit à representer des sujets de Bachanales, et c'est à quoi il réussissoit le mieux. Il avoit voyagé en Italie, et il s'étoit surtout arresté à Venise, flatté par la beauté des ouvrages de Paul Veronese, dont il a gravé quelques tableaux qui ne sont pas des moindres pièces de son œuvre. Il y paroît moins maniéré que dans ce qu'il a gravé d'après d'autres maistres.

BREENBERG (BARTHELEMY), connu en France sous le simple nom de *Bartholomée*, a été un excellent peintre de paysages. Il avoit été en Italie et surtout à Rome. Il en avoit dessiné toutes les ruines, et comme il réussissoit à les représenter, il en introduisoit assez souvent dans ses tableaux, qui sont touchés avec beaucoup d'art quoyque fort finis. Il a gravé luy-mesme à l'eau forte quelques petits morceaux de paysages et de ruines en 1639 et 1640, et Jean Bischop a gravé d'après luy deux pièces considérables, dont l'une represente Joseph, gouverneur d'Égypte, et l'autre le Martyre de St Laurent. Felibien qui est le seul qui ait fait mention de cet habile peintre, dit qu'il mourut vers l'année 1660; il l'appelle *Bartholomée Briemberg*. Felibien, t. 2, p. 237.

— Veue des ruines de Rome, où l'on voit sur le devant une fontaine dont l'eau tombe dans un bassin, gravé à l'eau forte par Jean Morin (1). J'en ay veu le tableau chez M. de la

(1) No 106 du catalogue de cet artiste dans le *Peintre-Graveur* de M. Robert Dumesnil, qui indique avec raison que le tableau est au Louvre.

Faille, qui paroist plutôt de Bartbolomée que de Corneille (1).

BREGEON (ANGÉLIQUE), épouse de Tillard, elève de Tardieu; grave.

BRENET (NICOLAS GUY), élève de Boucher, a été reçu dans l'Academie Royale de peinture en 1769, et en 1775, il a exposé au Sallon un tableau, qu'il a peint pour la chapelle de l'Ecole militaire, qui a reçu une approbation générale et avec justice; car depuis longtemps je n'ai vu aucune production de nos jeunes peintres qui tire au grand comme celle-ci. La composition, le dessein, la couleur, tout en est excellent, et, si cet artiste continue et se soutient, il fera honneur à notre Ecole. Sa manière ne tient point du tout de celle de son maître, elle est bien plus mâle, on y trouve une imitation des meilleurs maîtres d'Italie, et l'on doit en savoir d'autant plus de gré à notre artiste, que ce n'est pas ce qui paroît occuper le plus ceux qui courent la même carrière, et qui la plus part ne songent qu'à faire des choses agréables et à se conformer en cela au goût regnant, qui, si l'on n'y prend garde, causera la ruine totale de la Peinture.

BRENNER (ÉLIE), Suédois, qui a gravé et est mort en 1720.

BRENTEL (FRÉDÉRIC) de Strasbourg, n'étoit pas le disciple, mais bien le maistre de Guillaume Baur. Je n'ay veu aucun de ses tableaux, mais il m'est passé entre les mains, un recueil assez ample de ses desseins, parmi lesquels il y en avait d'assez spirituellement faits, quoyqu'un peu de petite manière. Il entendoit très-bien la perspective et le paysage. L'inscription allemande, qui étoit à la teste de ce recueil de

(1) Il est bien de Bréenberg et non pas de Corneille Poelenburg.

desseins, m'a appris que Frédéric Brentel, de Strasbourg, est mort le jour de la Pentecoste, 18e de may 1651, agé de 71 ans.

BREUGHEL (PIERRE), de qui Sandrart a écrit la vie, et dont on a le portrait gravé par Gilles Sadeler, est celui que l'on nomme le vieux Breughel. Il étoit disciple de Jerosme Bos, et non pas de Jerosme Cock, comme le dit Sandrart. Les vers latins de Lampsonius, qui sont au bas de son portrait (dans la suitte des portraits des anciens peintres Flamands morts avant l'année 1572 qui fut mise au jour par la veuve de Jerosme Cock), en sont une preuve; les voicy :

Qui novus hic Hieronimus orbi
Boschius? ingeniosa magistri
Somnia, peniculoque styloque
Tanta imitarier arte peritus,
Ut superet tamen interim et illum? etc.

J'ai vu chez M. Crozat deux desseins du vieux Breughel, que je crois faits en Italie. Ce sont des veues de montagnes des Alpes ; ils portent la date 1553, et pour les détails, ils sont supérieurement beaux. Je pòssède actuellement l'un et l'autre de ces desseins. Je connais un paysage, gravé à Rome par ce peintre avec la même date 1553. Le tableau du vieux Breughel, représentant la Tour de Babel, qui est à Vienne dans la galerie impériale, et dont Sandrart parle avec éloge es de l'année 1563. Prenner l'a gravé. P. Breughel est mort en 1570.

L'on ne connoist pas le nom de la pluspart de ceux qui ont gravé les anciennes estampes d'après le Breughel. Vasari, qui en fait mention de quelques-unes dans la 3e partie, à la page 315, dit formellement qu'elles sont gravées par Jerosme Cock. Cependant on voit au bas de certaines des marques de graveurs qui ne sont pas connues, mais qui ne sont pas aussy celle de Cock, puisqu'il y a joint à presque toutes son nom avec le mot *excud.* qui signifie qu'il en étoit le marchand, et c'est, je crois, cette dernière opinion qui est la meilleure. Vasari s'est trompé, et sans doute que la méprise vient d'avoir veu le nom de Cock au bas de chacque estampe ; car, dans la mesme page, un peu plus bas, il dit aussy que les Travaux d'Hercule et plusieurs autres estampes d'après Fr. Floris sont de Jerosme Cock; son nom y est comme marchand, mais qui ne scait que c'est Corn. Cort qui en est le graveur.

— Pierre Breughel, qu'on nomme ordinairement le vieux Breughel, pour le distinguer de son fils, s'est rendu célèbre dans le milieu du seizième siècle, non-seulement par ses compositions burlesques et fantasques, mais encore par ses païsages qui sont de très-grande manière. Lorsqu'il avoit fait le voyage d'Italie, il s'étoit arrêté dans les Alpes, et y avoit dessiné des vues qui ordinairement embrassent de grandes étendues de pays ; on voit de ces païsages dessinés à la plume qui ne seroient pas désavoués du Titien. Le jeune Breughel, que l'on a surnommé de Velours, parce qu'il s'habilloit volontiers de cette étoffe, s'attacha comme son père à faire des paysages. Sa manière n'est pas si grande, mais il entre peut-être encore dans de plus grands détails, tant sa touche est légère et expressive. Il n'est pas possible de pousser le terminé plus loin, et il ne faut pas croire qu'il ait pratiqué cette méthode dans ses seuls tableaux, il l'a pareillement observée dans ses desseins, qui sont eux mêmes autant de petits tableaux très-terminés. Il en a fait quelques uns à la plume, et il se servoit pour cela d'une plume extremement déliée; mais le plus souvent il les faisoit au pinceau, touchant avec du bistre les parties les plus voisines de la vue, et exprimant les lointains avec de l'indigo. L'on ne croit pas qu'il fût possible de rassembler un aussi grand nombre de beaux desseins d'un maître, qu'il s'en trouve dans cette collection. Ils viennent presque tous de M. Jabach. (Cat. Crozat, p. 106.)

BREUGHEL (Jean), fils du vieux Breughel, appellé le jeune Breughel, et parmy les curieux le Breughel de Velours, s'attachoit à peindre de petits tableaux; l'on en voit où il a traitté des sujets d'histoire. Un des plus beaux, que j'aye vu de ce genre, est presentement dans le cabinet du prince Eugène de Savoie à Vienne; il représente la procession des douze pucelles qui se fait dans la place du Sablon à Bruxelles, suivant la fondation qui en a été faite par l'infante Isabelle (1). Il s'y trouve un nombre prodigieux de figures qui sont peintes avec tout l'esprit qu'on peut desirer. Les testes en sont sy bien touchées qu'elles paroissent de Vandyck. Cependant les ouvrages qu'il réussissoit le mieux estoient les paysages, les animaux et les fleurs, qu'il faisoit d'une manière très-finie et très spirituelle mais un peu seche, d'un pinceau très-léger et très-ferme. Rubens et plusieurs autres grands maistres n'ont pas dédaigné de travailler conjointement avec luy dans le mesme tableau, en y peignant les figures et luy le paysage. Il y a chez le Roy un excellent tableau sur la conclusion de la paix entre les archiducs souverains des Pays-Bas et les Etats généraux dont les figures principales sont de Pourbus, mais dont le fonds est peint avec bien plus de feu par Breughel (2). Dans le temps qu'il estoit à Rome (ce devoit être en 1593, j'ai pris cette datte sur un dessin du Colisée fait par lui en aoust, le cardinal Frederic Boromée eut occasion de le connoistre, et,

(1*) Le Musée de Bruxelles conserve un tableau de ce même sujet peint par Sallaert.

(2) Ce superbe tableau, ainsi indiqué dans l'inventaire fait par Bailly en 1709, qui est conservé en manuscrit au Musée du Louvre, et dont la publication serait si utile, n'est pas plus de Breughel que de Pourbus, mais de Vandervenne dont il porte la signature avec la date 1616.

(*) Nos lecteurs ont certainement remarqué que les notes (1) des pages 163, 175, 170, personnelles, par inadvertence, à M. de Montaiglon, devaient être exceptionnellement signées des initiales A. M.

Le Directeur des *Archives* et de l'*Abecedario de Mariette*.

Ph. de Chennevières.

pendant assez longtemps qu'il le prit à son service, il luy fit peindre plusieurs petits tableaux, qui se conservent presentement dans la bibliothèque Ambroisienne à Milan. Il y en a quatre surtout qui sont des morceaux sans prix. Ce sont les quatre Élémens représentés par des animaux d'une infinité d'espèces. Felibien, t. 2, p. 236, dit qu'il mourut vers l'année 1642. Corn. de Bie, après Van Mander, a ecrit sa vie en flamand à la page 89 de son livre sur la peinture, et je croy que c'est ce que Sandrart a traduit. Van Mander dit que Jean Breughel avoit appris à peindre à détrempe chez sa grand-mere, veuve de Pierre d'Alost qui est Pierre Kock, et qu'ensuite Pierre Goe Kindt luy avoit enseigné à peindre à huile, qu'après avoir demeuré quelque temps à Cologne, il estoit venu en Italie, où il s'étoit rendu très-habile. Van Dick a gravé luy mesme son portrait (1). On le surnomma par raillerie Breughel de Velours parce qu'il estoit souvent vetu de cette etoffe, et que ses habits etoient toujours magnifiques. Felibien, t. 2, p. 336. Il y a, dans le cabinet de l'Empereur à Vienne, quatre très-beaux tableaux des quatre Éléments, peints par Breughel. Je ne scais si ce sont des repetitions de ceux de Milan (2). Ils sont composés de la même manière et ont été gravés dans le Prodrome de cette galerie imp[e] mis au jour par Brenner (3).

---

(1) Cette planche, comme toute la suite connue sous le nom des cent portraits de Van-Dyck, a été récemment acquise de M. Van Marck, de Liége, par la chalcographie du Louvre, où l'on peut s'en procurer des épreuves. (N° 4,020 du nouveau catalogue.)

(2) Les tableaux de l'Ambroisienne ont été à Paris sous l'Empire; l'Eau et le Feu, réclamés en 1815, par le commissaire Rosa, ont été remis à M. Costa, commissaire autrichien; les deux autres sont restés au Louvre. Il en avait été apporté de Brunswick quatre autres, répétitions originales ou fines copies du temps, qui furent données au Musée de Lyon, par décision du 15 février 1811. Quoique réclamés par le commissaire Rosa, ils sont restés à Lyon; le Feu porte la signature BRVEGHEL.

(3) Francisci de Stampart et Antoni Josephi de Brenner Prodromus Theatri picturarum Caroli VI. Viennæ, 1735, fol. 40 morceaux.

BREUGHEL (PIERRE), autre fils du vieux Breughel, estoit disciple de Gilles Coninex-loo; il s'attacha dans la suitte à peindre des portraits; il les a fait fort ressemblans, et s'est rendu celebre dans cette partie de la peinture. Sandrart page 250. Van Dyck a aussi gravé le portrait de ce peintre (1). Je ne suis pourtant pas sur si c'est son portrait ou celuy de son pere que Sandrart a gravé; il le faudra examiner (2).

BRICI (FRANÇOIS), dit il Valesio. Ce peintre, qui a été graveur, a cherché a imiter la manière simple de Louis Carrache, et Malvasia fait un grand eloge de ses desseins de païsages et de perspectives (Cat. Crozat p. 60.)

BRIL (PAUL). Lorsque Paul Bril passa des Païs Bas en Italie, il étoit déjà un grand Peintre: le séjour de Rome ameliora cependant encore sa manière; elle devint dans cette ville la manière régnante. Cet habile artiste avoit l'art de distinguer dans ses païsages les différens plans avec beaucoup d'intelligence; son feuiller, quoiqu'un peu lourd, est agréable; ses sites sont riches. Il eut été peut-être seulement a desirer que ses ordonnances fussent moins composées, et qu'on y reconnût davantage la nature. On s'apperçoit aisément qu'elles sont d'invention, en ce qu'elles se ressemblent presque toutes. La reputation de Paul Bril s'accrut à un tel point, que non seulement on fut curieux de ses tableaux, mais qu'on voulut aussi avoir de ses desseins. Les principaux auteurs lui en demanderent avec empressement, et voilà pourquoi l'on en trouve qui sont d'une si belle exécution; car, ne les faisant pas pour son étude particulière, il se donnoit tout le tems qu'il falloit pour les terminer avec soin. Il en a fait qui ne

---

(1) N° 4017 du second supplément au catalogue de la chalcographie.

(2) C'est à la planche marquée HH, et c'est le portrait de Jean Breughel.

le cèdent point, pour le fini, à ses tableaux les plus soignés ; et l'on en peut voir quelques uns de cette espèce dans cette collection, qui sont à l'encre de la Chine sur du velin. M. Jabach s'étoit donné de grands soins pour recueillir la plus grande partie de ces précieux desseins, qui sont un des principaux ornements du cabinet de M. Crozat. — Un, dessiné à Rome en 1604, est un présent fait par Paul Bril à Paul de Halmale (1), son ami, celebre curieux à Anvers. (Cat. Crozat. p. 108.)

BRIOSCHI (ANDRÉ RICIO), de Padoue, vivoit au commencement du seizième siècle, et l'on prise beaucoup le grand chandelier de bronze, qui, fait pour porter le cierge paschal, se voit à Padoue dans l'église del Santo ; il est de bois sur un piédestal de marbre, qui, de même que le chandelier, est enrichi de quantité de sculptures travaillées avec grand soin. Il porte quinze pieds de haut, y compris le piédestal (2). L'artiste a reçu la sépulture dans l'église de St-Jean di Verdara à Padoue et l'on y lit cette épitaphe : *Andreæ Crispo Brioscho Pat. statuario insigni, cujus opera ad antiquorum laudem proxime accedunt, in primis æneum candelabrum, quod in æde D. Antonii cernitur, hæredes posuerunt. Vix. ann. LXII, menses III, dies VII: obiit VIII d. Julii MDXXXII.* Peleg. Memorie della chiesa di S. Ant: de Pad. p. 11. verso. N. B. le mot latin *Crispus* répon a l'italien *Riccio.* — André Riccio ; le Vasari en dit un mot à la fin de la vie d'Antonello de Messine et

(1) Son portrait fait partie de la suite des cent portraits de Van Dyck. (N° 4108 du cataloge de la chalcographie.)

(2) Voir Fra Valerio Polidoro, *Memorie de la chiesa del Santo*, Venezia, 1590. Brioschi fut assez fier de son candélabre pour le rappeler sur la très-rare médaille qu'il a gravée de lui-même. Cicognara l'a fait graver sur la même planche que le chandelier lui-même, pl. XXXVI, et M. Lenormant l'a donnée aussi dans son *Trésor de Numismatique et de Glyptique*, médailles italiennes, 2e partie, pl. 38, n° 4.

cite avec éloge les deux statues de marbre d'Adam et d'Eve qui se voyent encore dans le palais de S. Marc à Venise et qui sont en effet deux morceaux qui ne sont pas à dédaigner (1). Le Guarienti a donné place à cet artiste dans sa nouvelle édition de l'Abdecedario, mais il s'est trompé lourdedement en le faisant vivre dès 1400 ; l'erreur est donc visible et mérite d'être relevée (2).

BROECK (CRISPIN VAN), peintre des Pays-Bas, vivoit à Anvers vers le milieu du seizième siècle. Il est designé sur plusieurs planches, gravées d'après ses desseins, par les premières lettres de son nom C. V. B. et quelquefois elles sont arrangées ainsi C^V^B.

BRONCHORST (JEAN G. VAN), nacquit à Utrecht en 1603. Il avoit appris le dessein chez des peintres sur verre, mais comme ces maistres n'estoient pas assez habiles pour luy donner de bonnes instructions, il fallut qu'il travaillât par luy mesme, et qu'en étudiant avec assiduité il se fît une bonne manière de dessiner. Il y reussit et devint un très-bon peintre.

---

(1) Les éditeurs du Vasari de Florence (in-12, t. IV, 1845, p. 82) font remarquer que ces deux statues qui sont placées en face de l'escalier des Géants, ne sont pas d'Andrea Riccio, mais d'Antonio Rizio, sculpteur de Vérone, comme l'atteste la signature *Antonio Rizo*, gravée sur le piédestal de l'Eve. A la fin de la vie du sculpteur padouan Vellano, dont Brioschi paraît avoir été l'élève, les mêmes éditeurs du Vasari de Florence (IV, 112-3) ont mis sur le Brioschi une excellente note, dans laquelle ils indiquent beaucoup des sources qu'on pourra y aller chercher.

(2) Il est bon de rappeler que nous possédons à Paris des bas-reliefs en bronze de Brioschi, arrangés en portes au fond de la salle des Cariatides et provenant du tombeau du médecin Jeronimo della Torre, et pris sous l'empire à l'eglise de San-Fermo de Vérone. Les éditeurs du Vasari de Florence leur donnent pour sujet l'histoire d'Artémise et de Mausole ; nous ne pouvons l'y trouver, mais plutôt, avec M. Quatremère de Quincy (*Journal des Savants*, déc. 1817, p. 225) et M. de Clarac (Musée de sculpture ant. et mod., I, p. 467 et pl. 47-50), l'histoire allégoriquement traitée de Jeronimo lui-même.

Inscription au bas de son portrait gravé par P. de Balliu pour J. Meyssens. Sandrart fait aussy mention de ce peintre à la page 312 de son livre des *Vies des peintres.* Il y dit entre autres choses que sa première profession avoit été celle de peindre sur verre, mais que dans la suitte il s'attacha à la peinture, dans laquelle il fit du progrès, ce qu'il dut à l'assiduité avec laquelle il avoit fréquenté leur académie (je croy qu'il veut parler de celle de Gerard Hundhorst établie à Utrecht dans laquelle Sandrart s'estoit formé). Il ajoute que Bronchorst gravoit aussy à l'eau forte avec succès, et qu'il exerçoit ces deux professions dans un âge avancé. Presque tout ce qu'il a gravé est d'après C. Poelenburch, qui vivoit pour lors; il y a deux de ces pièces qui portent la datte 1636 et touttes les autres, qui sont gravées dans la mesme manière, paroissent avoir été faittes dans le mesme temps; elles sont executées avec intelligence et assez bien dans la manière du peintre; sans estre trop finies, elles ne laissent pas de faire de l'effect, et ce qui est de nud est gravé assez de chair. Ou bien il y mettoit son nom tout au long, ou bien sa marque *J. G. B.* et quelquefois seulement *J. G. fecit* (1).

BROSSE (SALOMON DE), excellent architecte françois, qui vivoit au commencement du siècle dernier. Le Palais du Luxembourg et le Portail de St Gervais à Paris sont deux de ses ouvrages, et capables seuls de l'immortaliser. C'etoit lui qui avoit bâti le Temple des calvinistes à Charenton. Il etoit de leur Religion. Les auteurs de la Description de Paris le nomment *Jacques*, mais je crois qu'ils se trompent, et j'aime mieux m'en rapporter à un morceau d'architecture gravé sur les desseins de cet architecte et sur lequel il est nommé Salomon.

BRUAND (JACQUES) de Paris, architecte, a fait le portail de la

(1) Voir dans Bartsch, IV, p. 55-70, le catalogue de l'œuvre gravé de Bronchorst.

maison des marchands drappiers(1). Il est mort avant l'année 1675. Il avoit fait le modele d'une maison que le s[r] Jabach vouloit faire batir à Cologne, et qui a été gravée par Marot et insérée dans son vol. des bâtimens in-4°.

BRUGES (JEAN DE), peintre de Charles V, Roy de France, vivoit en 1371. J'ay veu de luy, à la teste d'une *Bible historiaux* ou histoires *Escolatres*, de la composition en latin de *Pierre Comestor* Mss., traduite en François par Guyard des Moulins, une miniature où étoit représenté celui qui avoit fait faire le livre, offrant cet ouvrage au Roy Charles V. En général le gout de dessein en estoit assez gothique, elle etoit peu coloriée, ce n'etoit proprement qu'un camayeu blanc et noir. J'en excepte les testes, où la couleur de la chair etoit foiblement imitée, et c'est ce qu'il y avoit de mieux. Ces deux testes sont des portraits qui paroissent avoir été très ressemblans. Vis à vis de cette miniature il y a cette inscription, en lettres d'or, où l'on apprend le nom du peintre, qui devoit pour lors être dans une grande reputation, puisqu'on le nomme à la teste d'un ouvrage qu'on dit avoir été fait avec beaucoup de depense pour un Roy, que l'on scait avoir été un des plus curieux princes de son siècle.

Anno Domini millesimo
Trecentesimo septuagesimo
Primo istud opus pictum fuit
Ad preceptum ac honorem illustris
Principis Karoli regis francie
Etatis sue trecesimo quinto et
Regni sui octavo; et Johannes
De Brugis pictor regis predicti
Fecit hanc picturam propria
Sua manu.

---

(1) Elle était dans la rue des Déchargeurs. (Piganiol, III, 96.)

Ce Mss. in-folio, qui est des plus curieux, est dans la Bibliotheque de M. l'abbé de Rothelin en 1729, — et presentement dans celle de M. Gaignat. Ce Jean de Bruges est sans doute le même que Jean Van Eyck l'inventeur de la peinture à huile. (*Dans une note, deux lignes plus bas, Mariette observe :* cela ne peut être, Jean Van Eyck n'est né qu'en 1370.) Une inscription françoise, à la fin du livre, apprend que celui qui avoit fait faire l'ouvrage se nommoit Vandetar et que c'est lui, qui est representé dans la miniature qu'on trouve au commencement de l'ouvrage.

M. l'abbé de Rothelin, qui attribue la traduction de la Bible à Guyard des Moulins, a pu se tromper. Le Pere Lelong et M. Lancelot, qui adopte son sentiment, assurent que la Bible qui fut presentée à Charles V parut vers l'année 1477 et croient l'ouvrage de Raoul de Presle (*Mém. de l'Acad. des Ins.*, t. 13). Il y a une Bible historiaux beaucoup plus ancienne, puisque l'auteur dit dans sa preface l'avoir composée et achevée en 1294. Il se qualifie de Prestre et doyen du chapitre d'Aire en Artois. Reste à scavoir si c'est le même que Guyard des Moulins, c'est ce qu'il faut examiner.

D'une écriture postérieure :

— M. l'abbé de Rothelin ne se trompoit point. Son Mss. est reellement l'ouvrage de Guyard des Moulins, qui n'a rien de commun avec la traduction de la Bible en françois, faite par Raoul de Presles, dont parlent le P. Lelong et M. Lancelot, et qui est une simple traduction de la Bible; tandis que l'ouvrage de G. des Moulins en est un commentaire et ce qu'on peut nommer une *histoire de la Bible.*

—Celui, qui a presenté à Charles V la Bible historiaux Mss. de M. Gaignat, et qui fait beaucoup valoir dans une pièce de vers françois qu'on lit dans ce Mss. les peines qu'il s'est données et les allées et venues qu'il a été obligé de faire pour faire venir à *chief* les hist. pourtraites qui enrichissent le Mss., s'y donne le nom de Jean Vandetar serviteur du Roy. Le peintre qui se nommoit Jean de Bruges seroit-il le même personnage? non assurement.

Jean Vandetar est celui qui prit soin de l'execution de l'ouvrage et qui en fut chargé par le Roi Charles V. Il s'adressa pour ces miniatures au peintre Jean de Bruge qui prenoit la qualité de peintre du Roi. Il ne faut pas le confondre avec Jean Van Eyck, natif de Bruge, auquel on attribue la découverte de la peinture à huile. Ce dernier est posterieur de plusieurs années. Sa naissance est de 1370, l'année même que le Mss. fut presenté à Charles V.

— Vers françois qui se trouvent à la fin d'un exemplaire de la Bible historiaux Mss. composé en françois par Guyard des Moulins, dans la Bibliotheque de M. l'abbé de Rothelin :

A vous Charles Roy plain d'onnour,
Qui de sapience la flour
Estes sur tous les rois du monde
Pour le grant bien qu'en vos habonde,
Presente et donne cestui livre
Et a genolz cy le vous livre
Jehan Vandetar vostre servant,
Qui est cy figuré devant,
Conques je ne vi en ma vie
Bible dystoires si garnie
D'une main pourtraites et faites,
Pour lesquelles il en a faites
Pluseurs allées et venues
Soir et matin parmy les rues
Et mainte pluye sur son chief
Ains qu'il en soit venu a chief;
Si fu au prince sus nomé
Ce livre baillé et donné
Par le dit Jeh. que je ne mente
L'an mil cccxii et soixante,
De bon cuer et vausist mil mars,
xxviii jours au mois de mars.

C'est dans cette même Bible que se trouve la miniature dont il est fait mention ci à côté. L'ouvrage est parsemé d'infinité de sujets peints en miniature et colorés à la difference de celle qui est au commencement du Livre et qui, ainsi que je l'ay observé, n'est qu'en blanc et noir (1).

BRUSAFERRO (GIROLAMO), peintre venitien, qui, s'il en faut croire le Guarienti, etoit vivant lorsqu'il faisoit mention de lui dans la n^elle^ édition de l'*Abecedario* qui a paru en 1753. Il en fait l'éloge, et vante beaucoup la facilité avec laquelle il operoit. L'auteur de la *Description des peintures de Venise* qui a paru en 1733 n'en dit qu'un mot, mais qui est fort à l'a-

(1) Dans le catalogue de la vente de l'abbé de Rothelin, faite en 1746, ce manuscrit est le n° 49 ou le n° 50 qui n'ont aucune description particulière. Dans le catalogue de la vente Gaignat, faite par Debure en 1766, il figure dans le premier volume sous le n° 48, avec les deux inscriptions (celle latine est indiquée en lettres d'or) et fut vendu 399 liv. 19 s. Dans l'introduction du premier volume de ses ducs de Bourgogne (p. XXII à la note), M. Delaborde, peut-être d'après la bibliothèque protypographique de M. Barrois, parle encore de ce manuscrit comms se trouvant en 1814 dans la bibliothèque de MM. Meerman. Il cite quelques vers de l'inscription en français, et la fin de l'inscription latine, en paraissant l'indiquer comme se trouvant après l'inscription française et de cette façon : « une autre main, peut-être plus moderne, a ajouté : *Johannes de Bruges*, etc. » Dans le catalogue de la vente des manuscrits de Meermann, faite en 1824 à la Haye, on trouve une Bible de Guyart des Moulins, qui n'est pas la nôtre, mais le n° 60 de Gaignat et le n° 8 de l'inventaire de la bibliothèque de Charles V, publié par M. Van Praët en 1836 ; celle-ci, à laquelle Mariette fait allusion, p. 197, ligne 18, est traduite par Pierre le Mangeur, commencée en juin 1291 et finie en février 1294. M. Delaborde ajoute, en faisant remarquer qu'il ne s'agit pas de Van-Eyck : « Peut-on supposer que « Jehan Vandetar, nom corrompu pour Jean Van..., fut natif de « Bruges ainsi que d'autres Vandetar qui florissent à cette époque ? ». Nous ne croyons pas qu'il faille faire un seul homme de Jean de Bruges et de Jehan Vandetar, et nous pensons plutôt que celui qui fit faire ce livre et l'offrit à Charles V, est le Jéhan Vandetar, conseiller du roi et maître de la chambre des comptes, mort en 1414, et dont on trouve l'épitaphe dans les recueils manuscrits de la Bibliothèque royale (IV, p. 336, art. de S^t^. Merry).

vantage du Peintre. Il frequenta dans sa jeunesse l'école du cav[r] Bambini, dont il suivit pendant quelque tems la manière. Dans la suite, il voulut adopter celle de Seb. Ricci, mais à la fin il s'en forma une qui lui fut particulière et qui tenoit cependant de l'une et de l'autre. M. Zanetti, le Bibl(iothecaire) de S. Marc, dans son Livre *della Pittura venez.*, p. 433, n'en dit pas davantage.

BRUNGHEL (ABRAHAM). *Après avoir copié l'article de l'Abécédario, édition de Naples, Mariette ajoute :* J'ay vu à Paris deux tableaux de ce peintre, qui étoient touchés avec beaucoup d'art; il a un pinceau très-ferme. Dans une liste des peintres et autres artistes de l'Académie de Saint-Luc à Rome, depuis son établissement jusqu'en 1695, il y est inscrit sous le nom d'Abraham Brugola avec la datte de sa réception qui est le 3 aoust 1670.

BRUYN (NICOLAS DE), d'Anvers. Je ne sais pas qu'aucun autheur ait fait mention de ce graveur, qui est pourtant un des meilleurs qui soit sorti des Pays-Bas. Il y en a eu peu, qui ayent gravé avec autant d'art et d'intelligence le paysage, surtout les lointains, et ce qu'il a fait d'animaux et d'oyseaux est touché fort moelleusement. La belle estampe de l'âge d'or, qu'il grava en 1604 d'après Ab. Bloemaert, donne une idée de ce qu'il auroit pu faire s'il eut toujours gravé d'après de bons maistres, et elle fait en mesme tems regretter que cet artiste ne se soit attaché à graver que quelques paysages de maistres flamands peu celebres, ou bien ses propres desseins, dans lesquels, par un goût aussi mauvais que bizarre, il a voulu renouveler la manière antique de Lucas, dans le choix de ses drapperies, les habillemens de ses figures et mesme dans la disposition de ses sujets. Je trouve en examinant les dattes, qu'il a mises à presque toutes ses estampes, qu'il a dû commencer à en graver, du moins de celles où il a mis son nom, en l'année 1594, et j'en remarque plusieurs avec cette datte. J'en trouve ensuite de l'année 1600 et des suivantes, et ce sont celles qui sont les plus parfaittes. Elles ont été faites dans la vigueur de son âge et dans le tems de sa plus grande force; cela se soutient assez jusques en l'année 1621, que sa manière commence à décliner, ce qui devient toujours plus sensible, plus cela va en avant; les pieces, gravées aux environs de 1635, sont d'un mauvais goût lourd et pesant; je trouve un vuide depuis cette année jusqu'en 1641, et je ne remarque aucune pièce avec une datte plus avancée que 1651; ce sera sans doute son dernier ouvrage, mais ce ne sera pas un de ceux qui luy aura fait le plus d'honneur; car c'est un de ses plus mauvais.

Les trois plus celebres pièces de son œuvre sont les trois foires ou festes d'après Daniel Vinckboons, soit par la quantité des figures, soit pour le soin avec lequel ils sont gravés; il en est de mesme de plusieurs paysages qu'il a exécutés dans sa plus grande force sur des tableaux du Breughel, de Savery et de Coninxloy.

Il est remarquable que les changements, faits après coup à quantité de ses estampes, ont été faits par lui-même. D'autres se trouvent, de secondes epreuves, avec le nom de Fr. de Wit. Après sa mort, ses planches resterent la pluspart entre les mains de François van Buesecom, marchand à Amsterdam, qui etoit son gendre, ainsy que je l'apprends d'une lettre du temps ecritte a M. Langlois, dit Ciartres, par un de ses correspondans d'Amsterdam.

L'on a mis, à la fin de ses œuvres, quelques pièces de Jean Londerseel disciple de N. de Bruyn (la plus grande partie des premiers ouvrages de N. de Bruyn ont été mis au jour par Assuérus van Londerseel); ce graveur n'avoit aucune liberté de burin, quoyqu'il ait fait pour chercher à imiter la manière de son maître, qui manioit le burin avec tant de facilité.

A la première des trois marques mises sous le numéro 28 de la planche V des monogrammes mis à la fin du père Orlandi, Mariette ajoute : Cette marque n'est point celle de Nicolas de Bruyn, comme le dit icy le P. Orlandi, mais celle d'un peintre, dont j'ignore le nom, et d'après lequel N. de Bruyn a gravé une adoration des Roys où se trouve la marque en question. Les deux autres marques suivantes sont mal figurées.

BRY (THEODORE DE) le père, de Liége, Jean Theodore de Strasbourg et Jean Israél de Bry, frères, graveurs au burin et a l'eau forte a la fin de 1500 et au commencement du siècle suivant. Comme il n'y a aucun auteur qui ait fait mention de ces graveurs, on ne peut avoir une notion de ce qu'ils etoient qu'en examinant de près leurs ouvrages, et en y cherchant quelque particularité qui conduise à cette notion. C'est ce que l'on a fait icy, et, par le portrait même de Th. de Bry l'on apprend qu'il estoit natif de Liége en 1528, puisqu'en 1597 qu'est gravé son portrait, il étoit agé de 69 ans. C'est, ayant examiné les grands voyages, que j'ay découvert que Théodore de Bry, celui dont on a le portrait, est père de Jean Théodore et de Jean Israël; il mourut en l'année 1598 le 27 mars. Ce Théodore eut pour enfans Jean Théodore, qui naquit à Strasbourg en 1561, et Jean Israël le plus jeune, qui sont certainement les deux frères, puisqu'ils s'appellent ainsi en plusieurs endroits de leurs ouvrages. Il est encore certain que Théodore étoit à Francfort en 1593, et je ne remarque aucune estampe de luy dans cette collection avec une datte antérieure ; je trouve des pièces de ce même Théodore gravees ou du moins publiees a Francfort en 1597 et d'autres publiees dans la même ville et dans la meme année par les frères J. Th. et Jean Israël de Bry. Les manières du père et des enfans sont fort semblables; cependant il faut convenir que Jean Théodore est infiniment supérieur et de beaucoup plus habile que son père. Je trouve des pièces de Jean Théodore en 1605 à

Francfort et d'autres publiées à Oppenheim en 1613. Je remarque qu'il se qualifie à cette suite *civis oppenheinheimensis* quoyqu'il prenne à beaucoup d'autres le titre de citoyen de Francfort, et c'est que, pendant tout le temps qu'il demeura à Francfort, il prit la qualite de citoyen de cette ville, et qu'étant venu ensuite s'établir à Openheim, il prit de même la qualite de citoyen de cette dernière ville. Je remarque bien des suittes gravées conjointement par les deux freres, mais je n'ay veu aucune avec le nom séparé de Jean Israël, pas même aucune avec une marque qui luy fut particuliere. Au reste ce que l'on a de meilleur de Jean Théodore Bry sont ses frises de danses et de marches de soldats, et sa foire de village d'après Sebold Beham, la Bacchanale d'après Jules Romain, l'Age d'or d'après Bloemaert, l'assemblée de nobles vénitiens d'après Th. Bernard et Goltzius, le mariage de Rebecca de Balthasar Peruzzi, le triomphe de Jésus-Christ par Titien et les deux suittes d'emblêmes, que j'ay fort bien remarqué avoir eté faittes pour servir de modèles à ces sortes de livre de gentilshommes allemands où ils font mention des gens quils ont connus. J'en ay un par devers moy peint en miniature, et j'en ay veu plusieurs autres en Allemagne.

— La devise dont s'est servy Théodore de Bry est une fourmillière avec ces paroles : *Nul sans soucy, de Bry.*

— Voyez dans Sandrart, à l'article de la vie de Mérian, ce qui y est dit de Th. de Bry, dont Mérian avait épousé la fille ainee.

— Théodore de Bry est un de ceux qui a le mieux contrefait les médailles antiques. Les curieux connoissent celles dont il a fait les coins; elles sont, ainsi que celles de Padouan, considérées comme ce qu'il y a de plus parfait dans ces médailles fausses. M. Hardion m'en a fait voir quelques unes à Versailles dans le cabinet du Roy. J'ay aussy ouy dire qu'il estoit orfèvre et je n'en doutte point.

— Devise de Th. de Bry de Liege, le pere, né en 1528, suivant l'inscription autour de son portrait, *ætat* LXIX *A°* 1597, placé a la tête des Antiquités Romaines de Boissard, une fourmy avec ces mots : ***Nul sans soucy*, *de Bry*** suivie d'une pièce de vers à sa louange qu'il faudra copier. Le meme portrait de Bry se retrouve à la deuxieme partie avec une autre piece de vers de ***Teuc. Annœus Priontus*** c'est à dire Jean Adam Lonicerus, quil faudra encore copier; on y trouve le détail des ouvrages mis au jour par de Bry.

— J. J. Boissard avoit mis en ordre deux volumes de portraits d'hommes illustres accompagnés de vers de sa façon et de dattes de la naissance et de la mort de chacun. Theodore de Bry, excellent graveur, pere de Jean Théodore et de Jean Israel de Bry, avoit pris le soin de les faire dessiner, graver, et avoit fait la dépense pour les mettre au jour. C'étoit un amusement pour lui dans sa vieillesse, et, non content de ces deux premiers volumes, il entreprit de lui même et sans autre secours, d'ajouter cinquante portraits à ceux qui avoient déjà paru; il les grava lui même et il étoit dans la résolution de pousser le travail le plus loin quil lui seroit possible, prévoyant qu'il ne pouvoit rien faire qui lui fît plus d'honneur; mais, comme il etoit dans le plus fort de ce travail, il mourut le 27 mars 1598 agé de 70 ans, *septuagenarius*. En mourant il chargea expressément ses deux fils de continuer sous son nom les ouvrages qu'il avoit commencés et, pour s'en acquitter, ils mirent en ordre le troisième volume desdits portraits qui en contiennent cinquante, et ils chargerent Teucrides Annœus (Jean Adam) Lonicerus de Francfort, poète et medecin, leur amy, d'y ajouter des distiques latins, en un mot d'exécuter le plan même de Boissard. Si cet ouvrage réussit comme ils s'en flattent, ils en donneront la suitte et ne menageront ni soins ni dépenses; (Il en fut donné en effet en 1599 la quatrième partie composée de cinquante portraits.) Cet avertissement est daté des calendes de septembre 1598; c'est de Francfort, car c'est dans cette ville que le livre a été mis au jour.

— Il avoit élevé un seigneur de la maison de Vienne; voila pourquoy il fit graver dans la suitte les portraits de Louise et Nicole de Vienne et son portrait par Nic. Lassœus.

BUIRET (JACQUES) auroit été un grand homme, s'il n'eût pas perdu la veue de si bonne heure. Tout aveugle qu'il estoit, il ne laissoit pas de donner son avis et de porter un jugement très juste sur les ouvrages de sculpture qui estoient présentés à l'Académie et cela par le seul toucher. Il mourut dans les Quinze Vingt de Paris, où le roi lui faisoit une pension.

BUNEL. Le Portrait d'Henry IVe Roy de france et de Navarre, dans un ovale, gravé en 1595 d'après Francois Bunel (par Carrache). Il a pris du soin a la graver et elle est très rare. *Henricus IIII Dei gratiâ Galliæ et Navarræ rex, ætat.* 43, autour, et au bas : *François Bunel peintre en Paris* 1595. Malvasia dit que cette petite planche fut bien payée au Carrache, et qu'il disoit que, si touttes ses pièces luy avoient valu autant que celle-là, il auroit pu vivre sans rien faire désormais. Il faut pourtant avouer qu'il n'est pas trop ressemblant, et c'est peut-être ce qui fait sa rareté (1). La planche ayant été envoyée en France et celuy qui l'avoit fait faire n'en ayant été que foiblement content, il aura négligé d'en faire imprimer, au lieu que le portrait du même prince, gravé en 1592 par Goltzius d'après un tableau que je crois du même Bunel, fut fort recherché, parcequ'en effect il est bien plus ressemblant et plus proprement gravé (2).

BUONACCORSI. J.-C. guérissant un Paralytique de trente huit ans dans la Piscine probatique; cet excellent clair obscur,

---

(1) N° 147 de l'œuvre d'Augustin Carrache dans le tome XVIII de Bartsch.
(2) Voir sur Bunel l'*Histoire de Blois*, de Bernier.

qui est de quatre couleurs, est un des plus parfaits qui ayant été exécutés sur les desseins du Parmesan ; il est assez difficile de dire quel en est le graveur. — Il ne s'y trouve aucune marque ; mon père veut que ce clair obscur soit du dessein de Parmesan, mais pour moi je ne puis me le persuader. Il me paroist convenir beaucoup mieux à Perin del Vague. — Je suis comme asseuré qu'il a été gravé par Ugo de Carpi d'après Perin del Vague. M. Vleughels, que jay consulté, m'a écrit de Rome, que c'étoit d'après un des tableaux à fresque qui sont peints avec un soin infiny par Perin del Vaga dans le lambris de la chapelle de la famille Massimi a la Trinité du Mont ; c'est cette chapelle dont le plafond est peint par Jules Romain et le Fattor. C'est donc mal a propos qu'on donne l'invention de ce beau clair obscur au Palmesan.

BUONARROTI (MICHEL-ANGE). Michel-Ange et Raphaël partagent la gloire d'avoir été les deux plus grands desinateurs qui ayent paru depuis le renouvellement des Arts. Si l'un est dans son dessein d'une sagesse et d'une simplicité qui gagne le cœur, l'autre est fier et montre un fond de science ou Raphaël lui même n'a pas eu honte de puiser. Les caractères différens de ces deux grands hommes influoient sur leur goût. Raphaël, né voluptueux, sacrifioit aux grâces, tandis que Michel-Ange, livré à la mélancolie, ne méditoit que des idées graves et sevères. Occupé presque toute sa vie à faire des dissections anatomiques ou à dessiner d'après le modèle, il étoit tellement familiarisé avec tous les ressorts qui font agir le corps humain, qu'il étoit devenu le maître de ranger chaque muscle à sa place, et de leur donner la forme que des situations variées les obligeoient de prendre. Sans cette connaissance, eut-il jamais osé introduire dans ses ouvrages, et surtout dans son Jugement dernier, des figures, dont les attitudes n'avoient encore été tentées par aucun maître ? Ce n'est pas ici le lieu d'examiner si la décence y étoit gardée ; je n'ai pour but, que de représenter Michel-Ange comme le plus terrible dessinateur qu'il y ait eu. On doit juger de l'estime, qu'il faisoit de la partie du dessein, par ce qui lui arriva lorsque le cardinal de Saint-George députa vers lui pour savoir s'il étoit réellement l'auteur d'une statue qui avoit été vendue pour antique à cette éminence. Michel-Ange ne fit autre chose que de prendre la plume, dessiner une main et la donner pour preuve de la vérité du fait. Ce dessein, dont il est fait mention dans la vie de cet artiste, se retrouve dans la collection de M. Crozat, avec quantité d'autres qui sont autant de preuves de son savoir. Les uns sont à la plume, qu'il manioit très-bien, et ce sont ordinairement ceux qu'il a fait dans son premier tems ; les autres sont au crayon, et c'est ainsi que sont faites les études du Jugement dernier que j'ai vu à Florence. M. De la Noüe et M. Jabach avoient recueilli la plus grande partie des desseins de Michel-Ange qui forment la collection de M. Crozat. (Cat. Crozat. p. 3.)

— La déesse Vénus étendue à terre sur un bout de drapperie; elle prend une flèche dans le carquois de l'amour qui est près d'elle et qui lui donne un baiser ; plus loin sur la droite est une table sur laquelle est un vase rempli de fruits, d'où pend l'arc de l'amour et deux masques (1). Il est fait mention de ce dessein de Michel-Ange dans la vie du Pontorme qu'a écrite le Vasari et du tableau que fit d'après ce dessein le Pontorme. ***Mich. Ang. inv. Martini Petri excud.***, avec ces deux vers latins: *Sæva patres miseros* etc. Assez mal exécutée au burin, je ne sais par qui. 6° Haut; 8° 0', travers.

— Michel-Angelo Bonarotti, più tosto divino, fu da Canossa sotto a Reggio, che pero figurava nella sua arme un cane che rode un osso. Nacque, mentre suo padre era podestà di

(1) La collection du château d'Hamptoncourt possède, si notre mémoire nous sert bien, un grand tableau en largeur de cette composition.

Chiusi, come anco afferma Raffaele Borghini nella vita che fa de pittori ill^{mi}, 1562. G. Borzani, nel Antiquar. Lepidi Regii; Ms. nella Libreria Reale, p. 94 (1).

— Voyez la vie de Tribolo, par le Vasari, T. 2. pag. 400, et comparez le dessein, que j'ai (2), et qui a été fait par M. Ange pour les tombeaux des Médicis dans la sacristie de S.-Laurent, avec ce qui est dit, dans l'endroit cité, des deux statues, que devoit faire le Tribolo, et vous verrez que le premier projet de ces tombeaux étoit beaucoup plus étendu (et) considérable que ce qui a été exécuté depuis. La mort de Clément VII, qui avoit ordonné cet ouvrage, et le manque de fonds obligèrent dans la suite de le simplifier et de s'en tenir aux figures, qui étoient déjà faites. Pour cela il fallut imaginer une autre décoration, qui est celle qu'on voit aujourd'hui. Encor la chapelle ne fut-elle pas entièrement finie, puisque la façade, où devoient être mises la Vierge au milieu d'un S. Cosme et d'un S. Damien, est-elle demeurée imparfaite (3).

V. L'estampe, représentant St-Antoine battu par les démons, dont il est parlé en cet endroit, est mal a propos attribuée à Martino d'Hollande. Vasari est plus correct, lors-

---

(1) Mariette n'avait pas copié entièrement ce passage; nous avons recouru au manuscrit (n° 10103) et le donnons entièrement.

(2) « Mon dessein pour le tombeau de Jules second a été gravé pour la nouvelle édition du Vasari, » écrit ailleurs Mariette. C'est bien entendu l'édition de Bottari. Cette mauvaise gravure, faite par T. Piroli, se trouve p. 181 du tome VI.

(3) Les notes qui suivent celles-ci ne sont point inédites; elles ont été imprimées en Italie à la suite de l'édition in-4° de la vie du Condivi, publiée en 1746 par Gori, et une seconde fois dans la réimpression in-8° de cette édition de 1746, faite en 1823 à Pise chez Niccolo Capurro. Mais ces deux éditions sont devenues peu communes, bien que la seconde forme le 21e volume d'une collection de bons auteurs italiens non compris dans l'édition des classiques de Milan, et nous avons cru non-seulement utile, mais nécessaire, de les insérer dans cette publication. Les choses imprimées et bien connues, comme le *Traité des pierres gravées*, *la Fonte de la statue sur Louis XV*, ou la *Lettre sur Léonard de Vinci*, n'y ont que faire; mais ces notes sur Michel-Ange ne sont pas dans le

qu'il appelle ce maitre Martino Tedesco ; mais, pour s'expliquer plus nettement, il auroit fallu le nommer Martin Schœn. Ce peintre etoit Allemand et non pas Hollandois ; il a précédé Albert Durer, et celui-ci l'a pris pour modèle. L'on a un assez bon nombre d'estampes de lui, qui, quoique dans un gout très-gothique, sont touchées avec tout l'art possible. Il n'a mis son nom à aucune, mais seulement cette marque : M. † S. Le St-Antoine, qu'a copié Michel-Ange, est un des plus beaux ouvrages de Martin Schoen.

Le Condivi accuse en cet endroit le Ghirlandaio d'avoir été jaloux des progrès subits qu'il voyoit faire au jeune Michel-Ange son disciple, ce que le Vasari a voulu réfuter, mais l'on pourroit remarquer que ce dernier s'y prend mal. Il prouve bien que Michel-Ange fut mis en apprentissage chez le Ghirlandaio, que celui-ci s'engagea de le garder auprès de lui pendant trois années, et de lui payer vingt quatre florins en trois termes différents. Mais tout cela ne lave point le Ghirlandaio, et il demeurera pour constant que le Condivi a eu raison de le taxer d'envie. Si c'etoit sans fondement, Michel-Ange, sous les yeux duquel il écrivoit, auroit-il souffert qu'on eût mal parlé en sa présence d'un maître à qui il auroit eu de l'obligation, et que, pour mieux persuader, on se fût même autorisé de son temoignage. L'on voit par l'extrait du journal rapporté par le Vasari que M.-Ange ne fut pas seulement

---

même cas. Outre leur brièveté, ce sont réellement des notes comme celles qui sont restées inédites, et que Mariette lui-même ne destinait pas à l'impression, comme on le verra dans une note inédite que nous avons trouvée dans l'exemplaire même de Mariette. Ne pas les joindre à ce que nous publions eût été laisser presque dans l'oubli — car à cause de la rareté du livre, elles ne sont pas connues comme elles devraient l'être — une suite de notes très-importantes et si identiques de forme à ce que nous publions que nous ne croyons pas pouvoir ne pas les réunir à un ensemble dont elles font partie. — Les chiffres romains indiquent les paragraphes de la vie du Condivi, auxquels se rapportent ces différentes observations.

mis en apprentissage avec Dominique del Ghirlandaio, mais encore avec David, frère de cet artiste. Apparemment qu'ils travailloient tous deux en société dans la même boutique.

VII. Je me souviens d'avoir vu dans la gallerie du Grand-Duc à Florence cette belle tête de faune qui me parut non l'ouvrage d'un enfant, mais celui d'un maitre consommé dans son art. Elle doit se trouver encore au même endroit et il seroit bon de le dire et d'en marquer à peu près la grandeur, car autant qu'il m'en peut souvenir, elle n'est pas grande. L'on peut encore remarquer à cette occasion que ce fut la vue de l'antique qui jeta Michel-Ange dans la sculpture et qui le détermina à suivre plutôt cet art que celui de la peinture à laquelle il etoit destiné.

VIII. Laurent de Medicis se plaisoit à faire voir à Michel-Ange les pierres gravées et les médailles, et le gout que Michel-Ange prit dès lors pour ces belles choses ne le quitta jamais. Il devint lui-même dans la suite antiquaire. Goltzius le nomme dans la liste qui est à la fin de son Julius Cæsar et dans laquelle il fait une enumeration de tous les antiquaires qu'il avoit connus dans ses voyages. L'on voit au cabinet du Roi une excellente gravure antique, gravée sur une cornaline qui, si l'on en croit la tradition, a appartenu à Michel-Ange; du moins on ne lui donne pas d'autre nom que le cachet de Michel-Ange. Ce qui peut faire croire que cette tradition n'est pas sans fondement, c'est que, dans la voute de la Chapelle Sixte, Michel-Ange, ayant à représenter Judith et la suivante, a employé l'idée de deux figures qui se trouvent représentées sur cette pierre; cette imitation n'est pas faite en copiste, mais en homme d'esprit qui saisit le beau où il le rencontre, et qui sait se l'approprier. C'est ainsi que Raphael en a usé en plusieurs occasions, sans qu'on l'ait pu accuser de plagiat. Ce cachet de Michel-Ange a été donné par Monsieur Chéron. Monsieur Baudelot de l'académie de Belles-lettres en a publié une explication; elle paraîtra de nouveau dans peu de temps dans la suite des Pierres gravées du Roi que je prépare (1).

X. Cette statue d'Hercule que Michel-Ange fit peu de temps après la mort de Laurent de Medicis, et que le Condivi et le Vasari disent avoir été envoyée en France à François Ier, par Jean-Batiste della Palla (commissionnaire de ce Prince) ne se trouve point dans aucune des maisons Royales. On ne sait en France ce qu'elle est devenue.

XVIII. Le Condivi rapporte à peu près de la même manière que le Vasari l'histoire de l'Amour qui fut vendu pour antique au cardinal de S. Georges, et je crois qu'il faut s'en tenir au récit du premier. Ainsi ce que dit Jean Jacques Boissard que ce fut une statue de Bacchus, qui fut vendue pour antique, paroit un conte fait à plaisir. Mais ce qui a été rapporté par M. de Thou, dans les mémoires de sa vie, au sujet de cette statue de l'amour, mérite quelque attention. Cet auteur rapporte ce qui lui avoit été dit à Mantoue en 1573 par ceux qui lui avoient fait voir cette statue de Michel-Ange et qui lui firent voir ensuite une autre statue antique du même sujet qui étoit pareillement conservée à Mantoue. Voici le passage en entier traduit du latin.

« Entre autres raretés qu'Isabelle d'Est, grand'mère des « ducs de Mantoue, princesse d'un excellent esprit, avoit rangé « avec soin et avec ordre dans un cabinet magnifique, on fit « voir à M. de Thou une chose digne d'admiration. C'étoit un « Cupidon endormi fait en marbre par Michel-Ange Buona- « rotti, cet homme célèbre qui de ses jours avoit fait revivre « la peinture, la sculpture et l'architecture négligées depuis

---

(1) La collection des dessins du Louvre possède la copie à la sanguine que Bouchardon en fit pour Mariette. Ce dessin, fort ordinaire, fut cependant acheté à la vente de Mariette 780 liv., par Lempereur. Dans les dessins faits pour le traité des pierres gravées (achetés 2812 liv. par Paillet et recédés pour 3000 liv. à Clerisseau qui a dû les porter en Russie) il s'en trouvait seulement une contre-épreuve, mais très belle, à ce que marque un catalogue annoté que nous avons sous les yeux.

« longtemps. De Thou et tous ceux qui l'accompagnoient, « après avoir considéré ce chef d'œuvre avec grande attention, avouèrent qu'il étoit au dessus de toutes les louanges « qu'on lui donnoit. Quand on les eut laissés quelque temps « dans l'admiration, on leur fit voir un autre Cupidon qui « étoit enveloppé d'une étoffe de soie. Ce monument antique, « tel que nous le representent tant d'ingenieuses épigrammes, « que la Grèce à l'envie fit autrefois à sa louange, étoit encore « plein de terre. Il sembloit qu'il venoit d'en etre tiré. Alors « toute la compagnie comparant l'un avec l'autre, eut honte « d'avoir jugé si avantageusement du premier, et convint « que l'ancien paraissoit animé, et le nouveau un bloc de « marbre sans expression. Quelques personnes de la maison « assurèrent alors que Michel-Ange qui étoit plus sincère que « ne le sont ordinairement les grands artistes, avoit prié instamment la comtesse Isabelle, après qu'il lui eut fait présent de son Cupidon, et qu'il eut vu l'autre, qu'on ne montrât l'ancien que le dernier afin que les connoisseurs pussent juger en les voyant, de combien, en ces sortes d'ouvrages, les anciens l'emportent sur les modernes. »

Cet aveu de Michel-Ange lui fait honneur, mais qu'est devenue sa statue? C'est, ce me semble, ce qu'on ignore. Aura-t-elle péri dans le sac de Mantoue?

M. Zanetti a fait graver dans son recueil une statue de l'amour endormi. Or, il est notoire qu'une bonne partie des statues de Mantoue a été transferée à Venise. Reste à savoir si la statue qu'il a fait graver vient de Mantoue, et si c'est la statue antique ou celle de Michel-Ange. Au reste je ne comprends pas la raison qui a fait supprimer au Vasari le fait de la Main dessinée par Michel-Ange et donnée par lui pour preuve que la statue du Cupidon étoit son ouvrage (1), puis-

(1) « Ma egli non avendo che mostrare, prese una penna, (perciochc in quel tempo il lapis non era in uso) et con tal leggiadria

que ce fait rapporté par le Condivi est certain. M. Crozat avoit ce merveilleux dessin qu'il avoit acquis de M. Bourdaloue fameux curieux, et c'est peut être le plus beau dessin qu'il eut. Je l'ai acheté à la vente qui vient de se faire après la mort de M. Crozat, et je le conserverai précieusement toute ma vie (1).

Car j'ose dire que personne n'est plus sensible que moi aux beautés que renferment les ouvrages du grand Michel-Ange. Avec ce dessin j'en ai acquis plusieurs autres du même maitre

---

« gli dipinse una mano, che ne resto stupefatto. » Condivi, § XVIII.

(1) S'il est un dessin fameux, c'est celui de cette main de Michel-Ange; lorsqu'il est question de donner un exemple de la hardiesse de son dessin, c'est celui-là qu'on choisit. Mariette en a parlé plus d'une fois et toujours dans les mêmes termes. On vient de voir ce qu'il en dit; dans une lettre qu'il écrivait à Mgr Bottari (Lettere pittoriche, ed. de Ticozzi III, let. CCXXIV, p. 541), il lui disait: « Io « o ho messo di parte una stampa della famosa mano fatta da Michel « Angelo, di cui io ho il disegno originale, intagliata dal sig. conte « di Caylus. Questa e una stampa rara, perche non si sa che cosa « sia stato del rame, et per fortuna io ne aveva due prove, che io « partisco con voi col più gran piacere del mondo. » Au milieu de ses notes de graveur, il écrivait: « Mon dessin de la main de Michel-« Ange gravé une première fois par M. de Caylus et une seconde « avec le chiffre *et cetera*, qui est sur le dessin, pour la seconde « édition du Vasari. » Dans cette édition, où cette nouvelle gravure se trouve à la page 69 du VIe volume, l'annotateur s'étend de nouveau sur cette main: « Ho creduto non solo di fare cosa grata al « Lettore di inserirci il disegno di essa mano, dove e da notare, « che il Bonarroti alla fine della medesima ha fatto un etc, volendo « dirci, credo io, che egli sapeva fare con quella profonda intelli-« genza, e con quella terribil bravura, quella mano, *et cetera*, cioe « tutto il resto, a cui si stendeva il suo sapere. Questo terribile e « stupendo disegno passo nelle mani del signor Bourdaloue, e poi « in quello del sig. Crozat, e ora è posseduto dal sig. Mariette, per « cortesia del quale n'è una stampa nella libreria Corsini intagliata « dal sig. conte di Caylus, grande intelligente d'ogni erudita anti-« chita e d'ogni bell'arte. » De nos jours mêmes, le dessin, qui est conservé au Louvre, a été encore gravé une troisième fois pour l'histoire de Michel-Ange de M. Quatremère de Quincy.

Cependant rien n'est moins certain que l'authenticité du dessin, ou pour mieux dire il est certain que, tout en étant très-beau, il n'est pas de Michel-Ange. Que nos lecteurs se rappellent cette main plus grande que nature dessinée sans doute avec une plume de roseau et avec un petit nombre de traits larges et grossiers; rien ne ressemble moins au faire de Michel-Ange, dont Mariette

aussi considérables dont je vous ferai ci-après la description. Je ne vous fais pas ici celle du dessin de la Main, ce dessin a été gravé assez exactement par M. le comte de Caylus, et j'en ai envoyé une épreuve à Monsieur le chevalier Gabburri, je comptois accompagner ces observations d'une semblable estampe. Mais la planche se trouve égarée.

Pour revenir encore à la statue du Cupidon, M. de Pilles dit que Michel-Ange avoit cassé un bras de cette statue, afin que,

---

parlera tout à l'heure d'une manière aussi juste et aussi fine. Que, dans la circonstance rapportée par Condivi, Michel-Ange ait dessiné une main, rien n'est plus acceptable et le fait peut être très-vrai. Mais cela ne prouve nullement que le dessin de cette main, belle d'ailleurs, soit celui de Michel-Ange. C'est dans la réunion de ces deux choses tout à fait étrangères que se trouve l'erreur, elle est bien plus ancienne que Mariette; et c'est là où est l'explication de son opinion. Le dessin était renommé depuis longtemps, et si fameux, que, comme il était beau, il n'a pas pensé que l'attribution n'en fût pas exacte et n'a pas douté de ce qui était universellement reconnu; il a accepté l'erreur, il l'a répandue, mais ce n'est pas lui qui l'a mise en circulation. Elle est d'autant plus singulière que le dessin a tous les caractères de son véritable auteur, c'est à dire, d'Annibal Carrache. C'est, depuis longtemps, l'opinion des connaisseurs les plus sûrs et les plus sincères, et, depuis qu'elle s'est produite, elle a toujours été acceptée par ceux qui aiment les opinions sérieuses et critiques; ceux-là, sans jurer aveuglément sur les paroles du maître, n'en prennent pas pour cela du mépris pour les autres et de l'orgueil pour eux-mêmes, parce qu'ils reconnaissent combien il est facile de se tromper. Une confirmation, pour ainsi dire incontestable, est venue depuis donner une nouvelle force à cette opinion; c'est la présence de mains, d'un caractère tout à fait analogue, à ce point même que la fameuse main ne peut pas être d'un autre auteur, qui sont certainement d'Annibal Carrache, et dont l'une surtout, la plus semblable précisément, se trouve au revers d'une étude pour la galerie Farnèse. Malgré la différence des matériaux, le style et la manière, surtout celle de ces hachures hardies et même un peu de pratique, sont exactement les mêmes.—Pour en finir avec ce qui concerne ce dessin nous ajouterons que cet *et cetera*, où cet annotateur italien voit tant de choses, et qui, malgré le dire de Mariette, ne se trouve pas sur la gravure faite par Piroli pour l'édition du Bottari, n'existe pas sur le dessin. Ce sont quelques traits insignifiants, qui ne sont ni de la même encre ni de la même plume que la main; car ils sont très-fins et légers alors que ceux de la main ont quelque chose comme deux ou trois millimètres de large.

rapprochant un jour, comme il le fit, le morceau qu'il conservoit, il eût de quoi convaincre ceux qui la croiroient antique; mais M. de Pilles ne dit point d'où il a tiré cette circonstance, et je n'y ajoute aucune foi, non plus qu'à ce qu'a écrit le jésuite Wallius, que Michel Ange fit voir sur cette statue son nom qu'il y avoit gravé : *Nomen tandem suum ligno insculptum ostendit* (1).

XIX. Messer Jacopo Galli gli fece fare un Bacco di marmo. C'est le beau Bacchus qui est actuellement à Florence. La première vue de Michel-Ange, etoit apparemment d'y adjouter une Tigresse et une Pantère, car j'ai les études que ce grand homme avoit fait à cet intention d'après nature, et l'on ne peut pas dire que c'est pour une autre statue, puisque sur la même feuille il y a une petite esquisse de son Bacchus (2). Ses études sont à la plume, ainsi que tout ce que Michel-Ange a dessiné dans son premier temps. Dans une suite de dessins faits par Martin Hemskerk, peintre Hollandois, pendant son séjour à Rome vers l'an 1536, lesquels contiennent des vues d'édifice, et principalement des études faites d'après des morceaux de sculpture, on en trouve un qui représente la vue de la Cour de la maison des Galli à Rome, dans laquelle est placée, au milieu de plusieurs fragments et débris de sculptures antiques, la statue de Bacchus de Michel-Ange.

---

(1) Poemata, Antuerpiœ, 1669, in Adlocut. prosphonet, p. 115. Son passage porte avec lui même sa condamnation, et la preuve que c'est une broderie; car Wallius parle de bois, alors que la statue était de marbre.

(2) Nous ne pouvons donner aucun détail sur le prix ou les acquéreurs des dessins dont Mariette parle comme étant à lui, Basan ayant trouvé plus court de dire qu'il y en avait quarante feuilles. Un catalogue annoté nous donne quelque chose de plus que le total du lot vendu en tout 818 liv. 1 s., c'est-à-dire un détail des différents acquéreurs que nous reproduisons : 8 dessins, 151 liv., Tersan; 8 dessins, 96 liv., St-Hubert; 9 dessins, 51 liv., St-Hubert; 8 dessins, 93 liv., Guichard; 1 dessin, 30 liv. 1 s, Larcher; 2 dessins, 161 liv., Radel; 3 dessins, 100 liv. St-Hubert; 3 dessins, 136 liv., Lempereur.

Elle etoit alors exposée à l'air, et il ne paroit pas qu'on en eût grand soin, non plus que de toutes les autres sculptures qui etoient dans cette maison, la main droite de Bacchus qui tient une coupe déjà brisée; il faut ou qu'on en ait fait depuis une autre ou qu'on ait rapporté l'ancienne. Il vous est aisé de voir si cette main a été en effet restaurée.

XX. Mal à propos le Condivi et le Vasari nomment-ils le cardinal de S. Denis ou le cardinal de Rouen, celui qui fit faire à Michel-Ange la statue de la vierge de Pitié. Ce fut le cardinal Jean de la Grolaye de Villiers, françois, abbé de S. Denis, créé cardinal en 1493, étant alors ambassadeur de Charles VIII auprès d'Alexandre VI. Ce cardinal mourut à Rome en 1499; et, comme il étoit abbé de S. Denis en France, on le nommoit communément le cardinal de S. Denis. Jamais il ne fut nommé cardinal de Rouen. C'étoit le cardinal d'Amboise, créé cardinal en 1498 qui étoit connu sous ce dernier nom-là. Il est de plus certain que ce fut le cardinal de la Grolaye qui, étant à Rome et ayant conçu le dessein d'orner la chapelle des Rois de France ou de S. Pétronille près de la sacristie dans l'ancienne Basilique de St-Pierre, fit faire à Michel-Ange cette belle statue, et la chapelle, où le cardinal avoit été inhumé, ayant été detruite lors de la nouvelle construction de S. Pierre, la statue a été rapportée sur l'autel de la chapelle des Chanoines où on la voit encore.

XXII. La statue colossale de David fut mise en place dans le mois de septembre de l'année 1504 (1), voyez l'Ammirato Ist. Fiorent. hoc anno. J'ai le dessein, ou première pensée, que M. Ange a faite pour cette admirable statue. Dans ce dessein David a sous le pied droit la tete de Goliath, ce qui lui fait lever la jambe, et par conséquent avancer le genou, mais il y a apparence que Michel-Ange a été obligé d'abandonner

(1) Corrigé par Mariette sur l'exemplaire de la Bibliothèque, à la place de 1604 répété par l'édition de 1823.

cette idée, qui paroit plus heureuse que celle qu'il a suivie, par les défauts ou manque de marbre. Sur la même feuille, où est cette figure, est une étude pour le bras droit du David, tel qu'il a été exécuté, et l'on y lit le nom de Michel-Ange et ce commencement de vers écrit de sa main :

Daviete cholla fromba
E io choll 'archo
Michel agnio, etc.

Le verso du même dessein est occupé par d'autres études pour un autre ouvrage, et l'on y lit encore écrit par Michel-Ange même :

Al dolce mormorar d'un fiumicello
Ch' aduggia di verd 'ombra un chiaro fonte.

Ces vers font la preuve de ce qu'on trouve écrit dans la vie de M. A. que, non-seulement il avoit du gout pour la poésie, mais qu'il en faisoit alors une partie de son occupation (1).

XXII. L'on ne connait point en France la statue de bronze que le Soderini fit faire à Michel-Ange et qui y fut envoyée, à ce que dit le Condivi. Le Vasari dit que c'etoit un David, et le Condivi fait de cette dernière statue, et de celle qui fut executée en bronze, deux statues différentes (2).

XXVI. La description, que fait le Condivi du tombeau de

---

(1) Ce dessin, passé de la collection de Thomas Lawrence dans celle du roi des Pays-Bas, a été acquis à la vente de celui-ci pour le Musée du Louvre où il se trouve maintenant. Nous ferons remarquer le calembour, si l'on peut se servir ici d'un pareil terme, renfermé dans la phrase de Michel-Ange : David combattait avec la fronde, moi je me bats avec l'archet, *arco* ayant à la fois le sens général d'arc et d'*archet*, qui est un instrument de sculpteur. Sur les éditions des poésies de Michel-Ange, voyez Brunet, *Manuel du Libraire*, I, 492.

(2) Nous ferons remarquer que le Condivi disant que David était le *col Golia sotto*, il est possible que le dessin, dont il est question plus haut, soit celui de cette statue ; prenant un autre parti pour son marbre, il se sera servi de l'autre pour le bronze.

Jules II, suivant que Michel-Ange avoit dessein de l'exécuter, est tout à fait conforme au dessein original que j'ai de cette magnifique composition (1). Sur chaque face, car le tombeau devoit être isolé, il devoit y avoir quatre figures d'esclaves debout, qui auroient paru être enchaînés à des termes, au-devant desquels ces statues auroient été placées, et à chaque extrémité de la façade, il y auroit eu, entre les statues d'esclaves, des niches, dans lesquelles auroient été les victoires ayant à leurs pieds des prisonniers attérés. Cet ordre devoit régner dans toutes les quatre faces, et au-dessus d'une corniche qui auroit couronné cette décoration, Michel-Ange y auroit placé huit figures assises, deux sur chaque face, qui auroient representé des prophètes et des vertus. Le Moyse auroit été une des statues. Elles auroient accompagné le tombeau ou sarcofage du pape Jules second, qui auroit été au milieu de ces statues, et sur le tombeau se seroit elevée une grande piramide, dont le sommet se seroit terminé par une figure d'ange portant un globe. Telle est l'idée que Michel-Ange s'etoit proposé de suivre, suivant le dessin arrêté que j'ai dans ma collection. Il est lavé d'acquarelle sur un trait à la plume, et au verso M. A. a dessiné au crayon rouge d'après nature les mains et les bras de son Moyse dans différents aspects, pour s'en servir dans l'exécution.

J'ai aussi séparément le dessin de la figure d'ange portant un globe sur ses épaules, qui est d'une élégance merveilleuse, et le dessin d'une statue assise tenant un miroir, laquelle devoit représenter la Prudence : outre cela j'ai une première pensée pour la statue de Moyse peu différente, pour la disposition générale, de ce qui a été exécuté, et sur la même feuille, plusieurs petites esquisses pour les attitudes des figures d'esclaves. J'entre dans tous ces petits détails, pour faire connaître

(1) Voyez la note 2, p. 108.

les soins que se donnoit Michel-Ange pour arriver au point de la perfection dans ses ouvrages, et pour donner une idée de celui-ci qui ne subsiste point. Car, de toutes les figures qu'il avoit ébauchées ou achevées, il ne reste que le Moyse, une des victoires et deux esclaves. Toutes les statues qui entrent dans la composition du tombeau de Jules II, qui est dans l'église de S. Pierre aux liens à Rome, n'auroient point entré, si l'on excepte le Moyse, dans le premier tombeau. Quant à la statue de la Victoire, elle est à Florence, et vous en pouvez mieux parler que je ne pourrois faire. Le Vasari dit que les deux statues d'esclaves furent envoyées par Robert Strozzi à François I, et qu'elles étoient de son temps à Cevan. Il faut lire Escoven qui est un château près de Paris bâti par le connétable de Montmorency, à qui sans doute François I fit présent de ces deux statues. Il est certain qu'elles y ont été, elles étoient placées dans des niches dans une des façades qui donnent sur la cour; on les voit ainsi placées dans une planche de Ducerceau; mais présentement elles n'y sont plus. — J'ignore le temps qu'elles ont été deplacées pour etre transferées au chateau de Richelieu en Poitou, bâti par le cardinal de ce nom, où ces deux fameuses statues attirent encore l'admiration des connoisseurs qui vont visiter cette belle maison (1).

---

(1) C'est certainement après la mort de Henry de Montmorency, décapité à Toulouse, que ces statues passèrent entre les mains du cardinal de Richelieu. Tous ceux qui ont parlé de son chateau de Poitou ont parlé de ces deux statues. Desmarets (*Promenades du château de Richelieu*) seulement en quelques vers :

Et ces nobles captifs vivant dans la sculpture,
Dont l'un brave le sort, l'autre triste l'endure;
En qui ses derniers coups l'art voulut réserver
Défiant l'avenir d'oser les achever.

La Fontaine, dans une relation adressée à sa femme de son voyage en Limousin en 1663, en parlait aussi avec détail (OEuvres diverses et poësies de M. de Maucroix, publiées par M. Walckenaer, 1820, in-8° p. 55-8). L'indication qu'il donne de leur emplacement : « On les

XXXI. Le Condivi convient avec le Vasari que Michel-Ange finit le carton pour la salle du grand conseil, lorsque, s'étant enfui de Rome, il se refugia à Florence ; mais ce carton, que Michel-Ange avoit fait en concurrence de Leonard de Vinci, étoit déjà commencé avant que M. Ange allât à Rome, où il fut appelé par Jules II vers l'an 1504. Le Vasari dit que Raphael et plusieurs autres excellents peintres qu'il nomme étudièrent avec profit d'après ce carton, et cela peut être vrai à l'égard de Raphael. Celui-ci étoit jeune, il étoit encore à Florence où il travailloit dans les principes de Pierre Perugin et Michel-Ange étoit déjà dans toute sa force. C'est donc en vain que le Bellori s'est efforcé de montrer que Raphael ne devoit rien à Michel-Ange. Il est vrai que l'un et l'autre étoient nés deux hommes supérieurs; mais M. Ange est venu le premier, et c'auroit été une mauvaise vanité à Raphael, dont il n'étoit pas capable, que de négliger d'étudier avec tous les autres

---

a placées en un lieu remarquable, c'est-à-dire à l'entrée du grand degré, l'un d'un côté du vestibule, l'autre de l'autre, » ne vaut pas celle que l'on trouve dans le livre de Vignier quelques années plus tard, en 1676 : « Sur le balcon qui est devant le dôme du grand escalier sont les deux esclaves de Michel-Ange. » Nous faisons grace à nos lecteurs des vers qui suivent. C'est ainsi en effet qu'on les voit dans les planches de Jean Marot, placées dans une niche de chaque côté d'une fenêtre ouvrant sur un balcon régnant au fond de la cour au-dessus de l'entrée.

Au milieu du siècle suivant, ces statues furent transportées à Paris par l'ordre du fameux duc de Richelieu, dans le jardin que terminait le pavillon qui s'appelle le Pavillon de Hanovre, et certainement après 1757, puisque c'est à cette époque seulement qu'il devint propriétaire de cet hôtel. Piganiol (Description de Paris, III, 134, ed. de 1765) nous dit la manière dont elles étaient disposées. Après une description de l'ensemble du parterre, à laquelle nous renvoyons, il continue : « Dans la partie du milieu qui fait le fond du parterre sont trois grandes niches en treillage élevées sur différents plans et couvertes en baldaquins avec plafonds en coupoles et campanes. (Quelque chose de sans doute assez analogue aux trois baldaquins, qui à un moment furent construits à Versailles pour les trois groupes des bains d'Apollon, et qu'on connaît par les gravures, notamment par celle de Jean Rigaud.) Dans ces trois niches sont placées trois statues qui sont d'une grande perfection. Celle du

jeunes peintres de son temps d'après un ouvrage, qui, de l'aveu de tous, étoit supérieur à tout ce qui avoit encore paru. Le Condivi paroit ignorer comment ce merveilleux carton a péri, mais Vasari le raconte au long dans la vie du Baccio Bandinelli, et il en accuse ce sculpteur; mais, comme on sait qu'ils n'étoient pas amis, son témoignage peut être suspect. Si la chose eut été notoire, elle fut venue à la connoissance du Condivi. Quoiqu'il en soit, il seroit bon de rapporter en cet endroit ce passage de Vasari, qui fait à la vie de Michel-Ange et qu'on ne va pas chercher dans celle du Baccio. Ne trouveriez-vous pas encore à propos de remarquer qu'une partie de ce carton a été gravée par Augustin Vénitien, et une autre par Marc Antoine. L'estampe de ce dernier est connue sous le nom des Grimpeurs.

Papa Giulio avendo presso Bologna, etc. Ne seroit-il pas nécessaire de fixer l'année de cette conquête, qui est, ce me

---

milieu est un Bacchus dont la suavité des contours ne doute point de son antiquité : les deux autres que l'on assure être de la main de Michel-Ange, faites pour le tombeau de Jules II, sont fort supérieures à celles de Bacchus. De ces deux-ci, l'une, etc. »

Ce ne fut pas sa dernière étape avant la révolution, car voici ce que l'on trouve dans le tome III du *Musée des Monuments français*, de Lenoir : « Après la mort du dernier maréchal de ce nom, « sa veuve les fit passer dans une maison qu'elle habitait, au « Roule, d'où elle se retira avant de leur donner une destination « définitive. Ces chefs-d'œuvre, ainsi abandonnés dans une écurie, « avec beaucoup d'autres morceaux parmi lesquels s'est trouvé le « beau Bacchus grec dont j'ai parlé plus haut, allaient être vendus « à des courtiers, lorsque j'arrivai à temps pour empêcher cette di- « lapidation (c'était en 1793). J'osai arrêter cette vente, et j'obtins « du commissaire du département la permission de faire enlever « en ma présence des monuments qui n'auraient jamais dû sortir « des mains du gouvernement. » (Voir aussi p. 327 et 281 de son Inventaire publié dans le tome III du Bulletin du Comité des monuments). Ils furent ensuite transportés au Muséum et ornèrent pendant l'Empire la petite cour du Musée, où ils étaient placés sur les deux piédestaux qui portent maintenant des candélabres de bronze. Depuis ils ont été dans la première salle du Musée d'Angoulême, et se trouvent maintenant dans la salle italienne du beau musée des sculptures de la renaissance.

semble 1506? S'il est vrai que Michel-Ange, comme le dit le Vasari, ait été 16 mois après la statue de Jules II qui fut placée au devant du portail de S. Petronne, il n'a pu retourner (1) à Rome qu'en 1508, qui est à peu près le tems que je fixe la venue de Raphaël à Rome. Ainsi Michel-Ange a du commencer les peintures de la chapelle Sixte, dans le même temps que Raphael commencoit les peintures de la chambre de la Signature, et, comme ces deux ouvrages ne tiennent rien l'un de l'autre, ni pour la composition, ni pour le gout du dessin, il faut rejeter tout ce que dit le Vasari au désavantage de Raphael, et s'en tenir au récit du Condivi qui est plus simple et plus exact. Aussi, plus je lis cette vie, plus je suis convaincu, que l'auteur l'écrivoit presque sous la dictée de Michel-Ange. Il y regne un air de vérité que n'a point celle de Vasari.

XXXIX. Michel-Ange ne fut pas le seul qui fut employé par le pape Léon X pour décorer la façade de S. Laurent à Florence. Julien de San Gallo fournit aussi plusieurs dessins. J'en ai trois ou quatre de cet architecte faits à cette occasion, et dont un porte la date de 1516, qui est le temps que Michel-Ange vint à Florence, pour y exécuter les ordres du Pape.

XLV. Le statue son quattro. Il n'y en a, ce me semble, que deux, et, par la manière dont la chapelle est décorée, il ne pouvoit y en avoir davantage. Il est pourtant vrai que le premier dessin de Michel-Ange étoit de placer deux tombeaux près l'un de l'autre dans chaque face, où il y en a présentement un (2). Je fais cette remarque, parce que j'ai un dessin original de Michel-Ange pour cette disposition qui n'a pas eu lieu; et qui en effet n'etoit pas comparable à celle qu'il a executée.

---

(1) Corrigé par Mariette, sur l'exemplaire de la Bibliothèque; au lieu *d'arriver*.

(2) Le Musée du Louvre possède deux dessins, faits sous la direction de Michel-Ange, où se trouve ce projet de deux tombeaux; ils ont été gravés en contre-partie par Caylus et Charles Coypel, et les planches se trouvent à la Chalcographie du Louvre (Nos 142 et 143 du nouveau livret).

Tout le monde connoit l'excellence des statues qui ornent ce tombeau. J'ose dire qu'on ne peut aussi rien désirer de plus fini et de plus savant que les deux dessins que j'ai, et que Michel-Ange a faits pour les statues d'homme qui accompagnent ce tombeau. J'ai aussi le dessin de la Vierge qui est d'une grande beauté. Il est trop fini, comme le sont presque toutes les études de Michel-Ange (1). Je ne sache même aucun maître qui ait terminé davantage ses études. Quand il cherche quelque attitude, il jette avec impétuosité sur le papier ce que lui fournit son imagination. Il dessine alors à grands traits. Il devient en quelque façon créateur. Mais veut-il étudier la nature, pour la représenter ensuite avec vérité dans sa sculpture ou dans sa peinture? il suit toute une autre méthode. Il caresse ce qu'il fait, il y met plus d'ouvrage. Son dessin n'est plus une esquisse, c'est un morceau terminé, dans lequel aucun détail n'est omis, c'est la chair même; aussi n'en falloit-il pas davantage à Michel-Ange pour modeler. J'ai plusieurs dessins, où l'on voit encore les repaires, ou differents points, que Michel-Ange y a mis, et qui sont autant d'indices que ses dessins lui ont servi pour modeler. La plus grande partie des dessins que je cite sont à la plume, et hachés dans le gout de la gravure. C'est la manière de dessiner la plus expressive, mais il faut aussi avouer que c'est la plus difficile. Que l'on fasse un faux trait, l'on n'y peut plus revenir; au lieu qu'au crayon on est maitre d'effacer et de corriger; et c'est ce qui fait qu'on ne voit plus guère de peintres, qui dessinent dans la manière de Michel-Ange, comme on n'en voit

---

(1) Ce beau dessin, après les collections de Crozat et de Mariette, a passé dans celles de Claussin, de Dimsdale, de Thomas Lawrence, et de celle-ci dans celle du roi des Pays-Bas, à la vente duquel il a été acquis pour le musée du Louvre où il se trouve maintenant. Il en avait été commencé un *fac-simile*, mais, comme l'artiste s'était servi de vernis mou pour faire l'eau-forte, et n'avait pas été tout à fait content du résultat, la planche n'a pas été achevée.

plus aussi qui étudient comme lui l'anatomie. Avoit-il à faire une figure? il commençoit par en établir la carcasse, c'est à dire qu'il en dessinoit le squelette, et que, quand il étoit assuré de la situation que les mouvements de la figure faisoient prendre aux os principaux, alors il commençoit à les revêtir de leurs muscles et puis ensuite il couvroit ces muscles de chair; et qu'on ne dise pas que ce que j'avance ici est une pure fiction, je suis en état d'en donner la preuve; j'ai plusieurs études de M.-Ange pour sa statue du Christ de la Minerve, dans lesquelles on peut le suivre dans toutes ses opérations.

XLVI. Il duca Alexandre molto l'odiava. Il me semble avoir lu dans l'oraison funebre de Michel-Ange par le Varchi, que cette haine etoit fondée sur les conseils violents qu'on imputoit à Michel-Ange d'avoir suggéré à l'État contre la maison des Médicis. Il seroit à propos que vous parcourussiez cette oraison funèbre, vous y trouveriez plusieurs traits dont vous pourriez faire usage dans vos notes.

XLVII. Le tableau de la Léda que Michel-Ange fit pour le duc de Ferrare, fut apporté en France, c'est une chose certaine, et il demeura à Fontainebleau jusqu'au règne de Louis XIII, que M. Desnoyers, alors ministre d'État le détruisit par principe de conscience. On dit qu'après l'avoir fort gâté, il donna ordre de le brûler; mais l'ordre ne fut pas exécuté, et j'ai vu reparoitre ce tableau il y a sept ou huit ans. Il est vrai qu'il etoit si fort endommagé qu'en une infinité d'endroits, il ne restoit que la toile; mais, à travers de ses ruines, on ne laissoit pas que de reconnoitre le travail d'un grand homme, et j'avance que je n'ai rien vu de Michel-Ange d'aussi bien peint. Il sembloit que la vue (1) des ouvrages du Titien qu'il avoit vus à Ferrare, où son tableau devoit aller, l'excitoit à prendre un meilleur ton de couleur que celui qui lui etoit

(1) Corrigé en *beauté*, dans l'exemplaire de la Bibliothèque.

propre. Quoiqu'il en soit, j'ai vu restaurer le tableau par un médiocre peintre, et il est passé en Angleterre où il aura fait fortune.

Par rapport au tableau du Jugement dernier on a reproché deux choses à Michel-Ange, qu'il avoit blessé l'honneteté en y introduisant une si prodigieuse quantité de figures nues dans toutes sortes d'attitudes, sans égard pour la sainteté du lieu ni des personnes, et qu'il n'etoit pas moins blamable d'avoir mêlé le sacré avec le profane, en introduisant dans un sujet chrétien la barque de Caron et d'autres fictions empruntées du paganisme. A cela on peut répondre que pendant longtemps ce mélange monstrueux a eu lieu en Italie, témoin Dante, Petrarque, l'Arioste, Sannazar. Michel-Ange est donc excusable de s'être donné, en peinture, une licence que tant de grands hommes se permettoient en poésie. On ne croit point pécher, quand on peut s'autoriser d'exemples reçus. Or Michel-Ange, en représentant son Caron, suivoit les idées de Dante, dont il etoit grand admirateur. Le génie prodigieux de ce grand poëte se retrouve pour ainsi dire dans le Jugement dernier de Michel-Ange. Quant au premier reproche, il est plus difficile d'excuser Michel-Ange. En tous pays, en tous temps, pour quelque motif que ce soit, il n'est pas permis de rien faire qui puisse nuire aux mœurs, ni qui soit contraire à la religion. Et par conséquent M.-Ange est fort repréhensible d'avoir exposé tant de nudités à découvert, et surtout dans un lieu destiné au culte divin. Il vouloit montrer son savoir. Mais à quelles conditions? Aussi délibéra-t-on dans la suite, de faire effacer la peinture sous le pontificat de Paul IV, et, si on la laissa subsister, ce ne fut qu'au moyen de quelques draperies dont on fit couvrir les parties les plus obscènes par un peintre qui en acquit le nom de ***Braghetone*** (1).

---

(1) Ce fut Daniel de Volterre, comme on le voit dans sa vie par le Vasari.

Un de ceux, qui s'est le plus élevé contre Michel-Ange sur ce sujet, est Louis Dolce dans son dialogue sur la peinture intitulé l'*Aretino*. Vous pouvez voir toutes les raisons qu'il met dans la bouche de l'Arétin. Il auroit pu, ce me semble, choisir un auteur plus respectable.

Et d'ailleurs l'Arétin étoit lié d'amitié avec Michel-Ange, au point de lui avoir envoyé une idée pour le tableau du Jugement Dernier. Voyez sa lettre au Tome Ier de son Recueil de lettres, p. 154, et consultez aussi celles qui se trouvent au Tome II, p. 10, T. III, p. 55, T. IV, p. 37. Ce sont autant de lettres adressées par l'Arétin à Michel-Ange qui écrivit de son côté à l'Arétin. Cette lettre de Michel-Ange est parmi *Le Lettere volgari*, imprimées à Venise en 1545. Lib. II, p. 40.

Voici un axiome de Michel-Ange qui mérite d'être conservé. Je l'ai tiré d'un livre que je citerai : « Soleva dire Michel-« Agnolo Buonarroti, quelle sole figure esser buone, delli « quali era cavata la fatica, cioè condotte con si grande arte, « che elle parevano cose naturali e non di artifizio. »

J'ai un très-beau dessin de Michel-Ange assez singulier. C'est une tête d'un faune ou satyre vu de profil, et de grandeur presque naturelle, que Michel-Ange a dessiné à la plume, avec tout l'art et la science dont il étoit capable, sur une autre tête de femme au crayon rouge, qui avoit été dessinée précédemment sur le même papier par un pauvre ignorant, peut-être le fameux Menighella de Valdarno, dont parle Vasari. On voit encore paroitre au travers du beau travail de Michel-Ange cette tête de femme au crayon rouge qui étoit aussi de profil, et il y a apparence que celui qui l'aura faite, étant venu demander à Michel-Ange qu'il la lui corrigeat, celui-ci, pour se réjouir, transforma la tête de femme en une tête de faune, parce qu'effectivement l'autre étoit si mauvaise qu'il n'etoit pas possible de l'améliorer en y ajoutant seulement quelques traits. Peut-être aussi que Michel-Ange se sera réjoui ainsi aux dépens de quelqu'un de ses condisciples, qui travailloient en dépit de Minerve; car, examinant la manœuvre du dessein, je trouve que le maniement de la plume tient beaucoup de la manière de Michel-Ange dans sa jeunesse. Il arrangeoit alors ses tailles avec plus de soin, son dessin imitoit davantage la gravure que lorsqu'il fut parvenu à un âge plus mûr. Quoi qu'il en soit, ce badinage de Michel-Ange est une chose curieuse (1).

Comme vous m'avez fait dire que vous seriez bien aise de savoir quels étoient mes principaux dessins de Michel-Ange, en voici encore un qui vient originairement du cabinet de Moselli de Vérone, et qui est curieux par l'inscription qu'on y lit. C'est une première esquisse à la pierre noire de la chute de Phaéton, mais qui ne diffère en rien du dessin arrêté qui fut fait par Michel-Ange pour son ami Thomas de Cavallieri. Michel-Ange, avant que de faire un dessin plus arrêté, leur envoya cette esquisse : « Ser Tomasso, se questo schizzo non « vi piace, ditelo a Urbin (2), a cio ch'io abbi tempo da averne « fatto un altro...... come vi promesi, e si vi piace, e vogliate « ch'io la finisca. » Je ne puis lire les lacunes où j'ai mis des points.

On trouve dans les annotations de Blaise de Vigenere sur les images ou tableaux de Philostrate un endroit qui regarde Michel-Ange et que je vais copier.

Après avoir discuté laquelle de la peinture ou de la sculpture doit avoir de la prééminence, et avoir prononcé en faveur de la derniere, Vigenere ajoute : « A ce propos, je puis « dire avoir vu Michel-Ange, bien que âgé de plus de soixante

---

(1) Il est presque inutile de dire que ce merveilleux dessin est conservé au Musée du Louvre.

(2) Il n'est pas besoin de rappeler qu'Urbino était le fidèle serviteur de Michel-Ange; tout le monde connaît l'admirable lettre où il a écrit la mort d'Urbino au Vasari; il n'y a qu'une autre lettre qu'on puisse mettre à côté de celle-là, celle de Poussin à M. de Chanteloup, pour lui recommander sa famille après sa mort.

« ans, et encore non des plus robustes, abattre plus d'écailles « d'un très-dur marbre en un quart d'heure, que trois jeunes « tailleurs de pierre n'eussent pu faire en trois ou quatre, « chose presque incroyable pour qui ne le verroit, et il y « alloit d'une telle impétuosité et furie que je pensois que « tout l'ouvrage dût aller en pièces, abattant par terre d'un « seul coup de gros morceaux de trois ou quatre doigts d'é- « paisseur, si ric à ric de sa marque que, s'il eut passé outre « tant soit peu qu'il ne falloit, il y avoit danger de perdre « tout, parce que cela ne se peut plus réparer après, ni répa- « rer comme les images d'argille ou de stuc. »

Je me souviens d'avoir vu, dans une des chambres de la gallerie de Florence, un petit modèle en cire d'une grande beauté, que Michel-Ange avoit fait pour montrer comment il s'y seroit pris, s'il avoit été chargé du soin de restaurer le fameux Torse du Belvedere qu'il regardoit comme la première statue qui fut à Rome. Autant que je puis m'en souvenir, ce petit modèle représentoit un Hercule se reposant de ses travaux (1) : ne trouveriez-vous pas à propos d'en faire mention dans une de vos notes? Vous conserveriez la mémoire d'un ouvrage qui fera toujours infiniment d'honneur à Michel-Ange. Vous êtes à portée d'en pouvoir faire une description exacte.

Vous ferez bien aussi de critiquer le Vasari dans les fautes où il est tombé en parlant de Michel-Ange, et de relever ses méprises (2) et ses contradictions. Par exemple, dans la vie de Michel-Ange, il dit que ce fut Bramante qui suggera au pape de faire peindre la voute de la chapelle Sixte, et, dans la vie de San Gallo, c'est cet architecte qui, ami de Michel-Ange, en-

---

(1) Voyez plus haut l'article d'Apollonius, p. 27-8.

(2) Corrigé par Mariette qui avait trouvé sur son exemplaire *mépris*, ce qui dut être corrigé dans la suite du tirage, car l'édition de 1822 n'a pas cette mauvaise leçon.

gage le Pape à le faire venir à Florence pour cet ouvrage, tandis que Raphaël étoit occupé à peindre les chambres, etc. Dans cette même vie, c'est encore le San Gallo qui conseille à Jules second de faire faire la statue par Michel-Ange, pour placer à Bologne. Cet endroit de la vie de San Gallo mérite d'être lu.

Il me semble que le Condivi ne parle point du Christ de pitié sur les genoux de la S. Vierge, accompagnée de deux anges, qui est dans la chapelle Strozzi dans l'église de S. André della Valle à Rome; c'est cependant, à ce qu'il me semble, un des principaux ouvrages de Michel-Ange (1).

Voici les seuls tableaux de Michel-Ange qu'on connoisse en France :

Chez le Roi : la Sainte Vierge tenant l'enfant Jésus, accompagnée de S. Joseph, demi-figure de grandeur naturelle. Le tableau a trois pieds de haut sur deux pieds cinq pouces, mais il n'est pas certain qu'il soit original (2).

Chez M. le duc d'Orléans, il s'en trouve quatre, sçavoir :

Une Descente de croix; — la Prière de J.-C. au Jardin des oliviers; — Ganymède; — une Vierge. — Je crois inutile de

---

(1) Une main que nous ne connaissons pas a écrit ici sur l'exemplaire de Mariette : « Mariette confond ici un moule de l'ouvrage « de Michel-Ange en bronze avec l'original en marbre, qui est et « qui a toujours été à St-Pierre. »

(2) Dans l'inventaire des tableaux fait par Bailly en 1709 et qu'il serait important de publier, on le trouve ainsi décrit (p. 12) : « Un tableau estimé de Michel-Ange représentant la Sainte Vierge, tenant l'enfant Jésus, accompagnez de St-Joseph, figures comme nature, ayant de hauteur trois pieds sur deux pieds cinq pouces de large dans sa bordure dorée. » Il était alors à Versailles dans le cabinet des tableaux. Lepicié en parle dans son ouvrage imprimé (I, 30): « Il représente la Vierge debout, que l'enfant Jésus embrasse, et St-Joseph, qui regarde avec respect cette action. Il faut encore convenir que les carnations donnent trop dans la couleur de brique pour les chairs, et dans le noir pour les ombres. » En 1780, le Catalogue de Durameau en constate encore l'existence à la surintendance de Versailles; mais depuis ce moment on en perd complétement la trace.

vous en faire la description qui l'a déjà été dans le livre intitulé : *Description des tableaux du Palais-Royal* (1) où vous la trouverez.

Le meilleur et le plus authentique de ces quatre tableaux est, selon moi, le Ganymède, et c'est peut-être le seul tableau de Michel-Ange que nous ayons en France (2).

Nous devrions y avoir plusieurs de ses modèles, puisqu'il est marqué dans la vie de ce grand homme que le Mini, son disciple, apporta en France quantité de modèles et de dessins, dont son maître lui avoit fait présent. Mais malheureusement ces modèles ont été apportés chez nous dans des temps de trouble, ce qui, joint à leur fragilité, ne laisse aucun lieu de douter qu'ils ont péri, car on n'en connoit aucun dans les cabinets de nos curieux. M. Crozat, qui avoit formé une si belle suite de modèles des habiles sculpteurs, n'en possédoit qu'un seul de Michel-Ange, mais il ne l'avoit pas trouvé en France; il l'avoit rapporté de Rome où il l'avoit acheté fort cher d'un particulier, qu'il me semble lui avoir ouï nommer un apoticaire. Et peut-être est-ce le Borioni, lequel, en lui vendant ce morceau singulier, avoit témoigné le plus sensible regret. C'est une figure d'un Christ mort, étendu par terre; ce n'est, au reste, qu'une esquisse, et cependant c'est une des plus excellentes choses de Michel-Ange. Ce modèle est resté entre les mains de l'héritier de M. Crozat, à qui il a été légué avec tous les tableaux et les sculptures.

Quant aux dessins de Michel-Ange, M. Crozat possédoit presque tous ceux qui étoient en France. Il n'y en a que cinq ou six de bons dans la collection du Roi. La plus grande par-

---

(1) C'est le livre de Dubois de Saint-Gelais, 1 vol. in-12, 17.

(2) Buchanan, *Memoir of paintings*, détaillant les tableaux de la collection d'Orléans qui passèrent en Angleterre, ne parle que du second et du quatrième. Le Jardin des Oliviers a fait partie de la collection de M. Henry Hope, après la vente duquel il paraît avoir passé en Allemagne.

tie de ceux de M. Crozat venoit de M. Jabach, qui les avoit eus lui-même de M. Delanoue, excellent curieux. M. Crozat comptoit avoir 120 dessins de Michel-Ange; mais il en avoit un grand nombre parmi qui n'étoient que des copies, ou qui n'étoient que des croquis peu considérables. Je crois que les vrais et bons dessins de Michel-Ange de sa collection pouvoient se réduire à une cinquantaine au plus, mais c'est encore beaucoup, vu la rareté de ces dessins. Je crois avoir fait choix des meilleurs qui sont au nombre de 36. J'ai fait mention des principaux dans le cours de ces remarques.

Outre ce que le Vasari a écrit sur le sujet de Michel-Ange, il seroit bon encore que vous prissiez la peine de lire ce qui se trouve dans la *Description de l'église de S. Pierre de Rome* du Bonani (1). Ces deux auteurs peuvent beaucoup vous aider à suppléer à ce qui peut avoir été omis par le Condivi, et de cette façon, vous faire une vie complète.

Je ne doute point que vous ne fassiez tout ce qui dépend de vous pour avoir communication des dessins que M. le sénateur Buonarotti avoit recueillis. Il y en avoit, à ce qu'on assure, de fort singuliers, et je crois avoir ouï dire à M. le sénateur Buonarotti lui-même, qu'il avoit recueilli quelques lettres et autres écrits de son habile ancêtre. L'histoire de toutes ces curiosités doit nécessairement avoir sa place dans votre ouvrage.

Le fameux bas-relief du combat des Centaures est-il toujours dans la maison de Messieurs Buonarotti? C'est de quoi

---

(1) *Templi vaticani historia a patre Philippo Bonani societatis Jesu, Romæ*, 1696. *Et iterum Anno Magni Jubilæi*, 1700, in-f° de 218 pages, avec 86 planches, excellent livre où se trouvent décrits et gravés, non-seulement ce qui a été exécuté, mais tous les projets successifs. Quant à ce qui concerne la part qu'y a eu Michel-Ange, on peut voir aussi l'ouvrage suivant consulté par le Bonani : Libro de l'architectura di San-Pietro del Vaticano, finito col disegno di Michel-Angelo Bonaroto, etc., da Martino Ferabosco. Roma, 1620, in-f°, con tav. 33.

je vous exhorte à vous informer et à en donner une description plus exacte que celle qui se trouve dans les auteurs qui ont écrit sa vie. C'est le premier morceau de réputation qu'il ait fait, et par conséquent celui qui mérite davantage qu'on en conserve la mémoire.

Il seroit bon aussi que vous fissiez une description de cette chambre ornée de peintures, consacrée chez Mrs Buonarotti à la mémoire de Michel-Ange.

Enfin, Monsieur, je n'ai rien à vous dire sur toutes les recherches qu'il est à propos que vous fassiez pour faire de votre livre un livre neuf et intéressant. Vous en connaissez mieux que moi toute l'importance et vous devez d'ailleurs y être fortement engagé par la gloire qui en revient à votre patrie; car, en relevant le mérite de Michel-Ange, un des hommes les plus singuliers qui soient sortis de Florence, vous faites ainsi, Monsieur, l'éloge de cette ville.

J'ai trouvé des gens qui étoient dans le préjugé que Michel-Ange, pour contrecarrer Raphael, avoit fait le dessin du tableau de la Résurrection de Lazare que fra Sébastien avoit été chargé de peindre pour être mis à Narbonne dans la même église où devoit être placé le tableau de la Transfiguration de Raphael; mais le Vasari dit seulement que Michel-Ange fit les dessins pour quelques parties de ce tableau, et assurément, quand on l'a vu, on est bien persuadé qu'il n'est point l'auteur de l'ordonnance générale. Ce n'est point sa manière de composer. Le tableau est assez bien peint, mais jamais il ne peut être mis en parallèle avec celui de Raphael; l'un est l'ouvrage d'un ange, et l'autre d'un simple homme (1).

(1) On sait que ce tableau fut donné à la cathédrale de Narbonne par le cardinal de Médicis, qui était archevêque de cette ville, à la place de la Transfiguration qui resta en Italie. Au commencement du 17e siècle Richelieu voulut l'avoir; Montreuil, qui nous

Les notes suivantes, qui sont inédites, ont été ajoutées par Mariette sur l'exemplaire qui lui fut envoyé et qui est conservé maintenant au département des imprimés de la Bibliothèque du Roi. Il nous a été communiqué par l'obligeance de M. Ravenel.

M. Gori avance dans sa préface (fol. 9) que le portrait de Michel-Ange, qu'il a mis à la tête de la vie de ce grand artiste, dont il donne une nouvelle édition, a été gravé sur le dessein de Jules Romain ; c'est une erreur, que M. Gori a rereconnue par la suite. Ce portrait a été gravé par Jules Bonasone. Son nom IVLIO BF se lit au bas de la planche ; il est vrai que le B est coupé par un trait qui semble en faire un R, et c'est ce qui a induit en erreur M. Gori ; il a lu Jules Romain au lieu de Jules Bonasone : une légère connaissance des estampes l'auroit cependant empêché de tomber dans cette faute.

M. Gori se trompe encore, lorsqu'en rendant compte dans la préface des additions qui enrichissent son édition, il me fait l'honneur à la page XVII de m'assigner la qualité de peintre. Elle ne m'appartient pas ; je me contente de celle de libraire et d'amateur (1). Autre négligence ; je me nomme Pierre-Jean et il ne me nomme que Pierre. Tout cela vient de ce qu'il m'a fait imprimer sans me consulter ; et c'est de quoi j'aurois à me plaindre. Ce n'est pas que je désavoue ce que

---

l'apprend dans une lettre à Mlle de Hautefort, dit qu'il en offrit en vain 40,000 écus. Le régent fut plus heureux, il l'eut pour 24,000 livres. A la dispersion de la galerie d'Orléans, il fut acheté 3,500 guinées par M. Angerstein ; quand la Transfiguration était au Louvre, le gouvernement français en offrit, dit-on, 10,000 livres sterling. M. Beckford, propriétaire de Fonthill-Abbey, en offrit 15,000 guinées. Mais M. Angerstein le garda, et il forma avec ses autres tableaux le noyau de la *National Gallery* de Londres, dont il reste un des morceaux importants.

(1) A l'endroit de la préface où l'on trouve imprimé *un si celebre dipintore*, Mariette a laissé la première syllabe *di*, effacé le reste et écrit au-dessus de sa plus fine et de sa plus charmante écriture *lettante*, en respectant le *celebre* qui précède.

j'ai écrit. Je ne crois pas m'être trompé dans la discussion des faits que j'ai rapportés; mais, si j'eusse pensé qu'on dût rendre publiques ces observations que m'avoit demandées M. le Chevalier Gabburri, peut-être n'y aurois-je rien changé pour le fonds; je les aurois seulement pu étendre davantage et je les aurois au moins travaillées avec plus de soin. Elles n'y auroient que gagné et elles m'auroient fait plus d'honneur (1).

— *Au bas du portrait, Mariette a écrit :*

Michel, più che mortale, Angel divino.

Cosi nominò il Buonarroti, il Menzini, o più tosto l'Ariosto.

— M. l'abbé Antoine-Marie Salvini, consulté par M. Apostolo Zeno sur le rapport entre un nom propre italien et ce même nom grécizé, interpretoit ainsi le nom de la famille Buonarruoto. Buonarruoto vale buona giunta, o bene aggiuntato, dal verbo arrogere, il quale ha pochi et quasi niun tempo uomo che bene si agguinge, dove è il bisogno. *Dissertaz. Vossian.* del Zeno, Tom. II, p. 323

BUONCORI (GIO : BATTISTA), peintre romain, né en 1640, commença à apprendre à dessiner sous Pietre de Cortonne, et, étant ensuite allé à Venise, il y etudia les ouvrages de Paul Veronese. Depuis, etant de retour à Rome, il entra chez le Mole et y perfectionna entièrement sa manière, s'attachant scrupuleusement à imiter la nature. On trouve plusieurs de ses ouvrages dans les Eglises de Rome. Il reussissoit aussi à peindre des veües et des paysages. Le cardinal Rospigliosi, qui

(1) Il n'y a pas à se plaindre de ce qu'elles aient été imprimées, car sans cela nous les eussions perdues; mais elles l'ont été d'une façon singulière, surtout toute cette série de questions sans réponses, alors qu'il eût été si facile à Gori de les faire et de la manière la plus précise.

le consideroit, autant pour son habileté que pour son excellent caractère, lui avoit donné un logement dans son palais, où il mourut en 1701, étant pour lors Prince de l'Académie de St-Luc (1). Il se plaisoit à enseigner aux jeunes gens, qu'il aimoit comme ses propres enfans, et il a tenu pendant toute sa vie une academie. *MSS. de Pio.* L'inscription au bas de son portrait, que M. Crozat avoit parmi ses desseins, le fait natif d'*Ascoli*, *Ascolanus*.

BURGKMAIR. A une des pièces de la suite des triomphes de Pétrarque gravée par George Pencz — c'est au triomphe de la Renommée (2),— il y a, sur des pierres qui servent de piédestal à une tête colossale, cette marque HP, qui, suivant touttes les apparences, est celle du peintre qui a donné le dessein de ces pièces. J'en suis d'autant plus persuadé que j'ay veu ceste même marque, avec la datte 1561, ainsi figurée 15 HP 61, à un portrait de Jean Dieterich Löffelholtz, sénateur de Nuremberg, gravé par J. F. Fleischberger. Or, cette marque, qui est dans le fond, est absolument celle du peintre d'après le tableau duquel ce portrait a été gravé depuis; mais il ne me semble pas l'avoir veu nommé dans Sandrart. Quoyqu'il en soit, c'est un peintre qui travailloit à Nuremberg dans le même temps que George Peintz. — Seroit-ce Hans Burghmair (3); le B. et le P étoient pris assez indifférement dans ce temps là comme je viens de le remarquer au sujet de Barthélemy Beham; (4) car celui-ci s'étoit designé par la marque B-P sur les planches des deux portraits de Charles V et de Ferdinand, et,

(1) Missirini, Storia dell' Academia di San Luca, Roma, 1823, in-4°, ne cite Buoncori qu'à la table et ne parle pas de son principat.

(2) Bartsch, VIII, 357.

(3) Dans ce cas, la date serait celle de la gravure et non celle du portrait; car la date la plus récente qu'on connaisse de Hans Burghmair est celle de 1528, époque à laquelle il avait 56 ans, ce qui met sa naissance à 1472; Bartsch VII, p. 199.

(4) Voyez pages 102 et 107.

depuis qu'il les eut retravaillés, il réforma cette marque dans celle de BB.

BURINI (ANTONIO). J'ai vu chez M. Crozat un dessein fait par ce maître, d'après ce tableau fameux d'Annibal Carrache qui représente La résurrection de N. S. et qui est à Bologne dans l'église du *Corpus Domini*, et ce dessein me donne une grande idée de l'habileté de Burini. Comment peut-on décheoir comme il a fait; car les ouvrages de sa vieillesse sont misérables. — Il inventoit facilement et mettoit beaucoup de grâces dans les tours de ses figures, mais il étoit maniéré. Presque toutes ses compositions se ressemblent; les Boulonnois le comparent à Luc Giordane, et la comparaison est juste. Ils le regardent aussi comme un autre Pietro de Cortone, mais c'est aller trop loin. J'ai vu une suite de douze desseins qu'il avait faits pour autant de tableaux sur cuivre, qui, suivant un écrit qu'on avoit mis à la tête de ce recueil de dessins, avoient été peints pour le comte P. C. A., je crois Albergati, pour lequel Burini a beaucoup travaillé, et ces dessins lui font assurément honneur. Ils sont pleins de feu. M. Chuberé les avoit apportés à Paris et j'en ai eu quatre à son inventaire, dont je fais cas (1). M. Crozat en avoit un, représentant une adoration des roy, tellement dans la manière de Paul Veronèse qu'il avoit toujours cru avoir un dessein de Burini fait d'après un tableau de Paul Veronèse, mais il se trompoit; c'étoit le dessein d'un tableau, que le Burini avoit fait dans le style de ce fameux peintre Vénitien, et qui est à Bologne dans la maison de M. Ratta. Rien de si facile que de prendre ainsi le change, quand le Burini en a voulu imposer, et qu'il a entrepris, surtout dans ses desseins, la manière des autres peintres. Il a fait des desseins au premier coup, qu'on jureroit d'Annibal

(1) Sans doute les nos 237 et 238 du Cat. de Mariette.

Carrache. Plus d'un curieux y ont été trompés. Sur la fin de sa vie il s'étoit fait marchand de tableaux et ce qu'on appelle brocanteur, et il n'étoit plus bon qu'à cela, tant il avoit dégénéré. Il se nommoit Jean Antoine Burini, étoit né à Bologne le 25 avril 1656 et mourut dans la même ville le 5 janvier 1727. — V. Storia de l'Academia Clement. T. 1 p. 319.

BUSCO (ANTONIO). Quelqu'un qui voudroit avoir une idée de la manière du peintre, peut en prendre une dans un morceau de son invention qu'il a gravé lui-même et qui se trouve dans l'entrée de Marie-Anne d'Autriche épouse de Philippe IV, roi d'Espagne, faite à Milan en 1649. On y voit un peintre très-maniéré et dont le dessein est d'une pesanteur insupportable.

BUSTI (AGOSTINO). Cesare Cesariani, dans ses commentaires sur Vitruve, le nomme *Augustino di Busto;* un des beaux ouvrages de ce sculpteur étoit le tombeau de Gaston de Foix, qui devoit lui être érigé dans l'église Ste-Marthe à Milan par les soins de Lautrec, mais qui ne fut jamais achevé, et dont tous les morceaux dispersés ont entièrement disparu (1).

---

(1) Vasari parle deux fois de ce monument; d'abord, dans la vie de Baccio et Raffaello de Montelupo (éd. de Florence, 1822, in-18, t. III, p. 259), et tout à fait au long vers la fin de la vie du Garofolo (id. IV, 413-4). Quant au sort de cet ouvrage, Mariette se trompait, et heureusement. On peut voir, dans l'Histoire de la sculpture italienne du comte Cicognara (éd. de 1824, VI, 319-30), ce qu'il dit de cet admirable monument, dont les fragments, vendus après la ruine de l'église, se trouvent, à Milan dans le Musée de sculpture, annexé à l'Ambrosienne, et dans le Musée Bréra; près de Milan, dans la villa Castellazo; près de Pavie, dans la chapelle de la villa Belgiojoso : Giuseppe Bossi en avait dans sa belle collection d'objets d'art, et il paraît même en être venus quelques-uns à Paris. Cicognara en a fait graver des parties, planches 77 et 78. — Ce n'est pas le seul ouvrage que les artistes italiens aient consacré à Gaston de Foix; car Vasari nous dit encore (Vie de Bart. Bagnacavallo, éd. de 1822, III, 435) que : « Girolamo da Codignuola peignit, d'après nature, après sa mort, Monseigneur de Foix, qui périt dans la défaite de Ravenne. »

BUTI (LODOVICO). Il fit, en 1588, un des tableaux pour l'entrée de la Grande Duchesse Christine de Lorraine à Florence.

BUTTEL (ANDRÉ), flamand, a travaillé de sculpture en marbre chez M. Coustou le jeune, et en Espagne, sous M. Frémin. Depuis, M. Bouchardon l'a pris et lui a fait travailler le marbre sous lui. Il s'en est servi pour sa fontaine de la rue de Grenelle. C'est un homme capable de préparer, mais nullement en estat de donner les derniers coups à un ouvrage.

BUTTERI (GIO : MARIA) fit un des tableaux pour l'entrée de la Grande Duchesse Christine de Lorraine à Florence, en 1588, et, dans la description qui en a été faite et qui a été imprimée, on donne à ce peintre l'epithète d'ingegnoso. La décoration, où son tableau fut employé, étoit à la Porta del Prato, et étoit du Bronzin son maître.

BUYSTER (PHILIPPE) d'Anvers, mort à Paris, en 1688, âgé de 93 ans. Après avoir été occupé pendant presque toute sa vie dans les ouvrages du Roy, il s'étoit retiré sur la fin de ses jours aux Porcherons, et il est enterré dans la chapelle de N.-D. de Lorette qui est dans le faubourg. On y voit son epitaphe en marbre qu'il fit lui-même, âgé de 86 ans. C'est un effort pour un tel âge; c'est tout ce qu'on en peut dire; son portrait en marbre, et dans un médaillon, y est placé au milieu de deux enfans qui pleurent, et au-dessus de deux inscriptions, l'une latine assez mauvaise, et l'autre en françois, qui toutes deux sont de sa composition. Le tabernacle de marbre sur le maître autel, et deux bas reliefs de terre cuite, passables pour un vieillard, lesquels représentent la Présentation de la Vierge et celle de N. S., qui sont aux deux côtés dud. maître autel, sont encore du même Buyster, et un présent fait par lui à cette église qu'il affectionnoit. Il fut reçu dans la communauté des Maîtres, en 1622, et passa dans les charges en 1631 (1).

BYSS (JEAN-RODOLPHE), né à Soleure en 1660, d'une famille noble, mais indigente, abandonna jeune sa patrie, et resta quelque tems à Rome, jusqu'à ce qu'ayant été appellé à Vienne en 1704, il y peignit, dans le palais de l'Empereur, des plafonds qui augmentèrent sa réputation. L'Electeur de Mayence se l'attacha, lui accorda le titre de son premier Peintre, et le combla de biens. Byss mourut à Wirzbourg en 1738, laissant un fils unique qui fut conseiller secret de l'Evêque de Bamberg, et une fortune très considérable. Imitateur de Vanderwerff pour le coloris, et de Breughels pour le paysage, il n'a pu se deffendre des défauts dans lesquels sont tombés ces deux peintres. Fuessli, *Vies des P. suisses*, t. 2, 2e édit.

C. (D.). On voit, dans le fond, sur le corps d'un petit obélisque, ces deux lettres D C, qui sont, suivant toutes les apparences, les lettres initiales du nom du peintre, d'après le tableau duquel cette estampe a été gravée; mais l'on n'en est pas plus avancé pour cela, car on ne trouve aucun peintre de nom, à qui on puisse les rapporter.

CABEL (ADRIEN VAN DER), peignoit bien le paysage et les animaux. Il a gravé luy mesme plusieurs paysages de son invention. Les sites en sont riches, et les arbres bien feuillés; mais les compositions en sont trop ideales. Il demeura à Paris pendant un assez long temps. Sur la fin de sa vie, il se retira à Lyon, et il y mourut dans un estat très misérable, où

---

(1) M. Louis Quicherat a publié, dans la *Revue archéologique* du 15 février 1850, p. 684-6, le devis des ouvrages faits par Buyster pour le tombeau du cardinal de la Rochefoucault. La pièce se trouve à la Bibliothèque Sainte-Geneviève.

l'avoient reduit ses débauches. Son portrait a été gravé par Bouchet de Lyon. Il avoit été à Rome avant que d'aller s'établir à Lyon, où il est mort en 1698. Il étoit né en 1631. J'ai une de ses gravures qui fait preuve que, dès 1670, il étoit à Lyon.

— Né à Ryswyck en 1691, mort à Lyon en 1698. Saint-Bruno ravi en extase. Il n'y a que le paysage, qui sert de fond à ce tableau, qui appartienne à Vander Cabel; la figure du saint a été prise dans un tableau de Mole. Aussi n'étoit-ce pas le talent de Vander Cabel de traiter l'histoire; il peignoit avec plus de succès des paysages et des animaux. Ce peintre avoit fixé son séjour à Lyon où il est mort, et c'est pour cela que, quoiqu'hollandais, on l'a mis dans le rang des peintres françois. (Cabinet Boyer d'Aguilles p. 19.)

— Adrien Van der Cabel, peintre flamand, qui a presque toujours travaillé en France, et qui a luy mesme gravé à l'eau forte tous les paysages suivants. Quoy que Nicolas Robert, qui en avoit les planches, ait fait mettre au bas de toutes, le nom de *Van der Cabel jnu et fecit*, elles ne sont pourtant pas toutes gravées de luy ; il y en a parmy quelques unes qui sont de Guérard, qui avoit appris à dessiner le paysage sous Van der Cabel ; on les peut reconnaître en ce qu'elles ne sont pas si bien touchées, ni si légèrement que les autres, quoy qu'elles soient pourtant bien. La cinquième feuille de la 5e suitte est gravée par Guérard quoiqu'il y ait au bas le nom de Van der Cabel. — A la première feuille du 6e livre, il y a cette marque sur la terrasse : N. G. 1.; c'est qu'elle est gravée par Nicolas Guérard, disciple de Vander Cabel. Toutes les six feuilles sont certainement de Guérard, et il est à remarquer que la 1re et la 2e sont des copies de la 2e et 5e feuille du livre qui suit. — Dans le 7e livre la 5e feuille ne parait point de la gravure de Van der Cabel, mais de Guérard. La 6e feuille, où l'on voit des bergers qui gardent leurs troupeaux, est de Claudine Bouzonnet Stella ; il n'y a, au bas de cette gravure, aucun nom de peintre ni de graveur. — Dans le 8e livre, la 1re, 3e et 5e feuilles, cotées *a*, *c*, *e*, sont gravées par Vander Cabel; les trois autres, cotés *b*, *d*, *f*, sont certainement de N. Guérard; l'on y voit sa marque *N. G. f.* à moitié effacée à un ou deux, mais sa manière est reconnoissable. — St Bruno, ravy en extase pendant sa prière, me paroist gravé par Van der Cabel à l'exception de la figure du saint qui est peut-être de Guérard : St Jerosme meditant dans la solitude ; pour celui là je ne doute nullement qu'il ne soit entièrement de Guérard.

— La manière, avec laquelle Adrien Vander Cabel a traité le paysage, est tout à fait agréable et tient beaucoup plus de celle d'Italie que de la manière flamande. Les sites paroissent vrais quoique fort diversifiés ; le feuiller de ses arbres est léger, ses compositions riches ; on en peut juger par la suitte de paysages qu'il a gravé luy même sur ses desseins. Vander Cabel a passé la plus grande partie de sa vie en France, il s'étoit étably à Lyon, où il mourut sur la fin du dernier siècle.

CACCIA (GUGLIELMO), dit Moncalvo. On lit dans le Ritratto di Milano del Can Torre, p. 46, que Montecalvo travailloit de stuc, et qu'il quitta cette profession pour se faire peintre. Il y a plusieurs de ses ouvrages de peinture à Milan, et je connois deux estampes gravées en clair obscur d'après ses desseins, qui l'une et l'autre ont du mérite et sont rares.

CACCIAIOLI. Une vierge en demie figure, assez grosse ; elle porte entre ses bras l'enfant Jésus qui tient une colombe ; elle est gravée à l'eau forte d'une manière assez légère, et elle passe à Bologne pour être gravée par le Cignani même. Je la crois plutôt de Cacciaioli d'après ce grand maître. Il faudrait voir l'inscription qui se trouve au bas de cette pièce, car, à l'épreuve que j'ai vue, on l'avait coupée. La pièce est en hauteur. M. Bourlac l'a dans ses recueils.

CACCINI (GIO:). Il fit trois figures pour l'entrée de la Grande Duchesse Christine de Lorraine à Florence en 1588, aparemment de stuc; on ne le dit point dans la description; on observe seulement qu'elles étoient de ronde bosse, et qu'elles avoient plus de six brasses florentines de hauteur, et l'on en parle avec éloge.

CAFFA (MELCHIORE). De son vivant, il fit graver l'autel de S. Thomas de Villeneuve dans l'Eglise de St Augustin, dont il est parlé dans cet article (*du P. Orlandi*), par P. del Pò, et en dédia luy-mesme l'estampe au Prince Pamphile; il s'y nomme *Melchior Gafa Melitensis*. Pascoli, qui a écrit sa vie, le fait naître en 1635, et mourir en 1680, et j'adopte ces époques.
(*Mariette avait écrit antérieurement :*) Il mourut à Rome en 1687. Il étoit disciple du Ferrata. Il naquit à Malthe en 1631. Sur son portrait, qu'avoit M. Crozat, et qui lui venoit de Nic. Pio, on donne à cet artiste la qualité de peintre, sculpteur et architecte.

CAGLIARI (PAOLO), *detto Paolo Veronese*, non ebbe che novanta ducati d'oro per il grandissimo quadro delle nozze di Cana, restando a suo carico la spesa dell' oltramare, si come ricavasi dei quaderni della celleraria del Monasterio di S. Giorgio Maggiore, dove è detto quadro. Opere del sig. Algarotti, t. 1, p. 326.

— Il y a erreur, ou dans la datte de la naissance de P. Veronese, ou dans celle de son âge, telles que le P. Orlandi, et avant lui le Ridolfi les ont rapportées; car, s'il avoit réellement 58 ans au jour de sa mort, il a dû naître en 1530, et non en 1532; que si la datte 1532 est bonne, il ne lui faut compter que 56 ans de vie.

Nel necrologio della Parrocchia di san Samuelle, dove abitava Paolo, stà scritto ch' egli mori nel 1588, il di 19 d'aprile in età d'anni 60. I suoi discendenti anche oggi vivono nel grado della cittadinanza. Sic, nel libro della Pittura veneziana, p. 396. — A ce compte, la naissance de Paul doit être placée en 1528, quatre années plus tost que ne le marque Ridolfi.

—Autant la plupart des peintres venitiens ont paru negliger la partie du Dessein, autant Paul Veronèse s'est-il appliqué à la cultiver. Il n'a presque jamais peint aucun tableau, dont il n'ait fait auparavant un dessein arrêté et très fini, et ce dessein étoit suivi d'études en grand. La difficulté d'opérer a sans doute empêché les autres Vénitiens d'en agir ainsi; au lieu que Paul Veronèse avoit une facilité de dessiner, qui lui faisoit trouver, dans cet exercice, de quoi même s'amuser agréablement. On voit dans la collection de M. Crozat des desseins qu'il a fait avec grand soin pour sa propre satisfaction, et où il explique les motifs qui les lui ont fait entreprendre. Ce maître dessinoit avec la même suavité qu'il peignoit. Ses plus beaux desseins sont légèrement lavés sur un trait à la plume très-ferme, et rehaussés de blanc au pinceau sur les jours. Ce blanc qui est merveilleusement bien mis, exprime différentes nuances de clair, qui conduisent par dégrés depuis la demie teinte jusqu'à la lumière la plus vive. Cette manière, qui est pleine d'intelligence, appartient en quelque façon en propre à Paul Veronèse. (Cat. Crozat. p. 75.)

— La Ste Famille se reposant à son retour d'Égypte en Judée et faisant ensemble une collation, dans laquelle ils sont servis par deux anges qui leur apportent des dattes; gravé à l'eau forte par P. Brebiette, P. Mariette exc.; on en voit des épreuves non retouchées au burin. Le tableau apartient à la famille de M. de la Vrillière.

— La sainte Vierge se reposant en Egypte, accompagnée de St Joseph, qui est presentement dans le cabinet de M. Crozat (1), pièce en hauteur, gravée à l'eau forte par H. Van der

(1) Dans le catalogue Crozat (No 682), Mariette ajoute qu'il avait

Borcht, d'après un excellent dessein de Paul Veronèse, très-fini.

— Un dessein capital représentant la sainte Vierge accompagnée d'anges qui portent les différents attributs de ses vertus. Ce dessein est lavé et rehaussé de blanc au pinceau; il étoit autrefois dans le cabinet du sieur Mozelli de Vérone, et Ridolfi en a fait mention dans la vie de Paul Véronèse. Dans un écrit qui est au verso de ce dessein, ce peintre s'y rend compte à lui-même de cette composition qui est aussi neuve qu'elle est élégante. (Cat. Crozat, n° 680.) (1).

— Deux grands desseins de Paul Veronèse, dont l'un, qui

---

appartenu « au chevalier Pietro Leli. »—Catalogue Mariette, n° 252, 25 liv.

(1) Ce magnifique dessin, un peu froid pourtant, fait maintenant partie de la collection de M. le comte de Bark; il l'a trouvé en Suède dans un admirable volume provenant du comte de Tessin, qui avait beaucoup acheté à la vente de Crozat. La complaisance de M. de Bark nous permet de donner à nos lecteurs, avec plus d'exactitude que dans Ridolfi (I, 307), l'inscription mise par Paul Véronèse au verso et déjà publiée par l'un de nous dans une étude *sur le Salon de* 1810 *de M. Guizot.* (Paris. Dumoulin, 1852, in-8 de 21 pages):

Pittura quinta.—Jo ne lo fatto una p. (per) la mia camera et da una parte del quadro è maria vergine, a sedere cò un libro inanz(i) et si sta co' gli ochi elevati, et cò le mani fermate una sul libro, l'altra al petto; et S. Anna à canto sedeva dorme riposatamente; et in questo mezzo p. tutto il quadro sono angeli interno al Giesu X°. in piedi, cò varie attitudini, et hanno in mano diverse cose, et le piu apparenti son queste. una fenice, un pelicano, una corona di stelle, una di gioie, una di spine; uno ha un sole, un'altro una luna; et sparso p. terra oliva, fiori, et frutti; quasi un' mostrare; Noi angeli siamo i tuoi ministri a governare il cielo, et la terra; et sempre saremo. come è scritto nella sacra scrittura la quale legge ma vergine et ammira; l'opera divina et i secre(ti) celesti.

Le Louvre possède le dessin, peut-être plus beau, qui formait la *Pittura quarta.* C'est, comme on sait, la Vierge entourant de ses bras l'enfant Jésus posé sur un piédestal, et coupant une portion du vêtement qui le recouvre, pendant que sept anges qui les entourent jouent de divers instruments (n° 681 de Crozat; n° 242 de Mariette, 401 liv.). Voici l'inscription, on ne peut plus curieuse:

Pittura quarta. — Infiniti sono i modi e l'attitudine (che) sono

représente Jésus-Christ et sa mère servis par les anges, vient du cabinet de Mozelli de Vérone et a été décrit par le Ridolfi (1); et l'autre est une décoration d'architecture pour un plafond. (Cat. Crozat, n° 695.)

— Le repas chez Simon, gravé à l'eau forte à Bologne, en 1660, par Joseph-Marie Mitelli d'après le tableau qui étoit à Vérone dans le monastère de St Nazare, (dans le réfectoire de ce monastère on ne voit plus qu'une copie faite par Claude Ridolfi) et qui est passé à Genes.

— Le même sujet dans le réfectoire des pères Servites à Venise, d'où il fut transféré en France, la République en ayant fait présent au Roi en l'année 1665. Valentin le Febvre en a dessiné et gravé l'estampe. C'est un grand bonheur pour le tableau d'être sorti de Venise; s'il y étoit resté, les flammes l'auroient consumé en 1769.

— Un ange aidant la sainte Vierge à soutenir le corps de J.-C., gravé au burin par Aug. Carrache, d'après le tableau qui estoit pour lors dans l'église St Jean et Paul à Venise, où il fut volé ainsy que le dit Boschini, et qui se trouve présentement en France chez M. Crozat; il l'a eu de M. d'Armagnac.

— Dans la galerie de M. Crozat le jeune, et présentement, en 1750, chez M. le baron de Thiers son héritier et son neveu,

---

state dipinte di Maria Vergine et sopra tutte da Alberto Duro, et queste quasi tutte à un modo, cò il figlo in braccio, al petto et sempre nudo. I greci, tutti lo facevano fasciato, forse p. (per) no (n) saper far nudi, et ancora p. (per) piu divotione. Qua si possano imaginare tutti coloro, i quali dipingono et son valenti huomini di disegno, ch (che) ogni atto puerili; si puo dipingere cosi vestito come nudo; Michiel Agnolo Buonarroti ultimamète l'ha fato adormètato, mentre (che) la Vergine legge. Resta adunq., (che) mai lo veduto, (che) la Vergine sia in piedi a una culla; et lo vadia vestendo; et farli attorno angeli, cò fiori et frutti in mano o cò istrumenti musicali, et cosi mezzo vestito et mezzo spogliato, o in cuna; o fuori; senza altro Joseph; o Anna; ma angeli solamète.

(1) C'est la *Pittura sesta*; les deux frères, que Ridolfi appelle *Cristoforo e Francesco Muselli*, ne possédaient que ces trois sujets.

et après sa mort, vendu avec tout le cabinet à la Czarine.

— Jésus-Christ se transfigurant sur le mont Thabor en présence de trois de ses apôtres, gravé au burin, à Venise, par Luc Kilian. — Ce tableau est, à ce que l'on m'a dit, celuy qui est à Montagnana près de Vicence, décrit par Ridolfi, p. prima, p. 302. — C'est le même dont j'ay un dessein fait par Valentin le Febvre. — L'on m'a sûrement trompé; le Ridolfi, en parlant de ce tableau, ne dit point qu'il ait été gravé; et, à l'endroit où il annonce le même sujet, qui est à Venise dans l'église des religieuses de S_t Joseph, à la chapelle Nani, il ajoute : *che si vede in stampe.*

— Jesus Christ et les Pèlerins d'Emmaüs, y ayant entr'autres choses une petite fille qui joue avec un chien, sur le devant du tableau, dont l'estampe a été gravée en hauteur par Claude Duflos. Le nom du graveur ny du peintre n'y sont pas ; c'est M. Crozat qui a fait graver cette planche; il en avoit le tableau qui est présentement dans le cabinet du duc d'Orléans (1).

— J. C. paroissant dans sa gloire au milieu des Apostres St Pierre et St Paul, gravé au burin par Michel Lasne ; dedié à Charles Lumague, Sgr de Vauvré; ce tableau est chez le roy de France (2).

— Deux grands desseins, l'un représentant l'Assomption de la Sainte Vierge, et l'autre la gloire du Paradis ; ces beaux desseins étoient à Bologne dans le cabinet du sieur Pasinelli, fameux peintre (Cat. Crozat, p. 696).

---

(1) Buchanan, *Memoirs of painting*, 1824, I., 135, dit que ce tableau avait été pris par le comte Gower pour 200 guinés.

(2) Ce tableau, dont la gravure est dédiée par Michel Lasne, non au seigneur de Vauvré mais au seigneur de La Vaure, a été donne en 1811 par le musée central au musée de Caen. Il porte à droite l'intéressante signature : *Nicolaus Cestari Neapolitanus restauravit.* Cette circonstance a déjà été relevée par un de nous dans ses Observations sur le Musée de Caen.

— Deux confrères à genoux, se mettant sous la protection de la Ste Vierge qui les reçoit à bras ouverts; gravé au burin par Aug. Carrache d'après le tableau de Paul Veronèse qui est dans l'école della Misericordia a Venise; sans aucun nom d'artistes; *Hor. Bertelli for.*; gravé tel qu'il étoit avant l'augmentation qui y a été faite par.......

— *Au N° 104 de la vente Tallard* (1), *grande composition religieuse de Cagliari, achetée* 15,101 *liv. par le roi de Prusse, Mariette a mis cette note* : C'est un tableau qui ne peut estre que dans le palais d'un Prince; il vaut, et pour la composition et pour la couleur, tout ce que j'ay veu de plus beau de Paul Véronèse; je regrette qu'il passe dans les pays étrangers avant que d'avoir été gravé. Il n'a pas tenu à M. le Prince de Monaco qu'il ne nous soit demeuré; il l'a poussé avec vigueur.

Le N° 110 *ayant été acheté* 300 *liv.* 19 *sous par Nattier, Mariette ajoute :* Extremement mauvais; je suis estonné comment Nattier a pu donner dans un pareil panneau.

— St Georges dépouillé de ses habits pour estre martyrisé et environné de prestres payens qui lui veulent persuader de sacrifier, gravé à l'eau forte par P. Brebiette, d'après le tableau du maistre autel de l'église de St Georges à Verone. — Il y en a un tableau chez le Roy; est-il original (2).

— St Mennas représenté debout et armé de toutes pièces dans une niche; gravé à l'eau forte par André Zucchi, d'après ce qui est peint sur un des ventaux qui servent de fermeture

---

(1) Ce catalogue, entièrement annoté de la main de Mariette, est maintenant en la possession de M. Niel, qui a eu la bonté de nous le communiquer, et nous en extrairons, pour les mettre à leur rang, les notes les plus précieuses. — Voyez sur le tableau le Catalogue de Matthias Oesterreich.

(2) Nous ne savons ce qu'est devenue cette répétition, qui n'est indiquéee ni dans Bailly, ni dans Durameau. Le tableau original, qui a figuré au Louvre, sous l'Empire, au-dessus de la porte de la galerie dans le grand salon, est retourné à sa place primitive.

aux orgues de St Géminien à Venise. De la suitte des tableaux de Venise nouvellement gravé sur les desseins de Silvestre Manaigo. Cette figure est des plus légères et des spirituelles qui ayent esté peintes par Paul Veronèse.

— Le clergé de la ville de Myre venant recevoir en cérémonie St Nicolas son évêque; gravée à l'eau forte par un anonyme d'après un des tableaux du plafond de l'église de S. Nicolas de' Frari à Venise. On la croit gravée par M. Blanchard le fils; c'estoit du moins luy qui en avoit la planche (1).

— St Sebastien attaché à une colonne, environné de St Jean Baptiste, de St Pierre, de St François et de deux saintes Martyres, qui tous ont les yeux tournés vers le ciel, dans lequel est assise la Vierge ayant entre ses bras l'enfant Jésus; gravé au burin par Alexandre à Via, d'après le tableau du maistre autel de l'église St Sebastien à Venise, gravé à Venise sur un dessein de J. Bapt. Thiepolo étant jeune; le nom du peintre n'y est pas marqué; mal exécuté, je l'ay eu à Venise du graveur mesme.

— Un mariage de Ste Catherine, gravé au burin par Theodore Matham, d'après un tableau du cabinet de Reinst; sans aucuns noms d'artistes. J'en ai veu des épreuves où sont écrits les noms des artistes, et où il est marqué qu'elle vient d'un tableau de Tintoret, mais c'est bien mal à propos.

— Des huit tableaux représentant des Vertus, qui sont peints dans le plafond de la salle du collège à Venise, quatre seulement ont été gravées par le Febvre; mais toutes les huit l'ont été par J. Barri: voy. Pitture di Venezia, édit. de 1733. p. 105, avec un titre. Ils sont dans l'œuvre du Roi.

— Les amours de Mars et de Vénus; ce dieu, assis sur un lict, a sur ses genoux la déesse nue; il la tient d'une main et

---

(1) Ce beau tableau est depuis 1826 dans la *National Gallery* de Londres, et nous renvoyons à l'excellent livret de M. Eastlake, 6e édition, 1850, in-8, p. 196.

luy met l'autre sur le sein, et l'un et l'autre regarde l'Amour qui met le casque de Mars. Gravé en manière noire fort mal par J. Van Sommer ; sans nom de peintre, mais il est certain que c'est d'après Paul Veronèse ; j'en ay veu le dessin dans la collection de M. Jabach.

— L'Amour redemandant son arc à sa mère qui s'en est emparée, par un anonyme et mal d'après un dessein de Paul Veronèse ; sans aucun nom ni marque. — Le même sujet, peint par Watteau, sur un dessin de Paul Veronèse et gravé par Audran.

— Léda, tableau de Paul Veronèse, du Palais Royal, gravé par Desplaces. La planche a été effacée par Desplaces par scrupule de conscience, et, comme il n'y en avoit pas eu beaucoup d'épreuves répandues dans le public, c'est un morceau rare (1).

— Un juge écoutant une femme, le Dieu Janus assis près de Junon, Cybelle, Neptune sur son char ; ces quatre sujets, qui sont représentés dans des formes ovales, sont peints dans les compartiments du plafond de la salle du conseil des Dix à Venise, le premier par Paul Veronèse, les deux autres d'ensuite par Baptiste Zilotti, et le quatrième par Bazzacco de Castel Franco ; les estampes en sont gravées à l'eau forte par Valentin le Febvre. — Le Febvre a écrit au bas de ces quatre pièces le nom de P. Veronèse, comme si véritablement les tableaux étoient de luy. Cependant lisez le Boschini, Miniere della Pittura, lisez le Ridolfi, parte 1ª, p. 297, 298 et 353, vous y verrez le contraire ; ce qui est de vray, c'est que ces deux peintres ont imité icy la manière de P. Veronèse à s'y tromper.

— La famille de Darius implorant la clémence d'Alexandre, gravé à l'eau forte par N. Bernard ; excellent tableau de Paul

---

(1) Buchanan, *Memoirs of painting*, I, 135, dit que cette peinture a été prise aussi par le comte Gower pour 300 guinées.

Veronèse ; c'est celuy dont Ridolfi fait la description, parte prima p. 322, et qu'il dit estre *in casa Pisana* ; l'estampe est très mal exécutée (1). — Quelqu'un (il se nomme Fossati) en a commencé une nouvelle planche à Venise ; mais il faut que le sort de ce beau tableau soit d'être mal gravé, car la dernière planche sera plus mauvaise que la première, si on la termine, ce que j'ay peine à croire.

— La République de Venise sous la figure d'une reyne assise dans un trône, au pied duquel sont representées la Justice et la Paix ; gravé à l'eau forte par un anonyme, d'après des tableaux du plafond de l'Anti-Collége à Venise. On croit que cet anonyme est M. Blanchard le fils ; du moins c'estoit luy qui en avoit la planche.

— Le pape Alexandre III reconnu par le doge Sébastien Ziani et par la République dans le couvent de la Charité, où il s'était retiré ; les ambassadeurs de Venise prenant congé du pape Alexandre III avant que de se rendre auprès de l'empereur Barberousse pour y traiter de la paix ; ces deux tableaux gravés à l'eau forte, par Dominique Rossetti, dans la suitte des tableaux de Venise gravés nouvellement, d'après les tableaux de la salle du grand conseil à Venise, peints après la mort de Paul Veronèse par ses héritiers, c'est-à-dire par Charles et Gabriel, ses deux enfants, et par Benoist Caliari, son frère, d'après des desseins que Paul Veronèse avoit préparés, et qui se trouvèrent après sa mort parmy ses effects. J'ay ces deux desseins que j'ay eu à la vente de M. Crozat (2). Voyez Ridolfi, Vie de Paul Veronèse.

— Les quatre tableaux, peints par Paul Veronèse, dans la

---

(1) La très-mauvaise planche des Tabellæ selectæ, dont le texte est de Caroline Patin, Patavii, 1691, est de Cochin le père. Le tableau est encore à Venise dans la casa Pisana, de laquelle il n'est jamais sorti.

(2) Cat. de Mariette, n° 248 ; vendu 160 liv.

salle à manger du Fondaco de' Tedeschi à Venise, les mêmes dont Ridolfi donne la description, p. 328, 1re partie, ont été gravés assez mal par Abraham Ramondon, et dédiés par ce graveur à Ernest, landgrave de Hesse; il y en a deux en hauteur et en travers. — Ce Ramondon étoit au service du roi de Prusse, Frederic Ier, qui le fit voyager en Italie dans le dessein de lui faire copier les plus fameux tableaux. Il s'arrêta surtout à Modène et y prit des copies des tableaux du Corrége qui sont actuellement à Dresde. Description du palais de Postdam, Sans Soucy, etc., par M. Oesterreich, p. 109.

— Insérez dans ce catalogue une notte des estampes de P. Veronèse qui se trouvent dans les recueils de Louisa, du grand Duc, de M. Crozat et de la gallerie de Dresde, de celle de l'empereur, et, outre les clairs-obscurs de Kirkal, celui, d'après mon dessein, de la Vertu qui fuit le Vice, et un morceau du cabinet d'Aiguilles (1).

CAGLIARI (CARLETTO). Le nécrologe de l'Eglise de S. Samuel à Venise, dans laquelle ce peintre a reçu la sépulture, ne lui donne que 24 ans de vie lors de sa mort, arrivée en 1596, et il faut s'en tenir à cette datte. V. le L. della Pitt. Venez, p. 267.

CAGNACCI (GUIDO). Tout ce que le P. Orlandi rapporte ici

---

(1) Quoique la lettre suivante ne se rapporte qu'à des affaires d'intérêt, nous croyons toujours curieux de l'imprimer; elle a appartenu à M. de Chateaugiron:

Mol° magco Sr mio Poii che la fortuna mia uole che tuti li fatiche mie vadi alla riversa con V. S., ancora riuoco per quanto li aueua cenato de botte 5 per far stramazi, e questo per che in posesion del Pollani non a da esser mia. Lui non na altro che li ca. 56, che gia V. S. da li suoi schriti tolssi, et a preso questo, per inpotecacione il mio danar; non si troua che una cassa rouinatta, che non val con tuta la materia d. centto et in Birri, et un'altra mista sua a S. Taponal, che val tutta per d. 3000. La divisione de fratelli non si troua; la dotte de la madre non si troua; che Ma (madonna) Hode ce maistre est fort peu correct; il cite Malvasia, et cet auteur n'en dit pas un seul mot à l'endroit cité. Il dit seulement, en deux endroits de la vie du Guide, t. 2, p. 80 et 84, que Guido Cagnacci avoit été son disciple, qu'il prit grand peine à imiter la dernière manière de peindre du Guide, qui consistoit à rompre ses teintes de chair, avec des bleus et des couleurs verdâtres, et qu'il en abuse même quelquefois. Voilà absolument tout ce qu'il en dit, et personne, que je sache, n'a encore entrepris d'écrire la vie de cet excellent peintre, qui en méritoit si bien la peine. Nous en avons peu qui aient si bien peint les carnations; il leur donne un air de fraîcheur, il y fait paroistre le sang qui coule sous la peau, il semble que ce soit la chair même, et c'est en quoy il réussissoit le mieux; car, du reste, tout ce que j'ay veu de lui ne donne pas l'idée d'un grand compositeur, et son goût de dessein n'est pas fort sublime. M. Riario, peintre bolonois, que j'ai vu icy en 1732, m'a confirmé dans tout ce que je viens d'avancer. Selon lui, ce peintre ne s'est jamais nommé autrement que Cagnacci, et le nom de Canlassi, que lui donne le P. Orlandi, n'est que dans son idée. Il prétend qu'il n'a jamais eu d'autre maistre que la nature, que c'est elle seule qu'il a toujours estudiée et que voilà pourquoy il l'a representée avec tant de vérité; qu'il n'a jamais rien peint qu'il n'eût le modèle devant les yeux, et

---

nesta non abbia r[ta] la dotte del filiollo sopras la sua dotte,— questo da il contratto de non; pur non si troua ne lialtri contratti a l'avogaria questi aquesti de le casse sopra dotte; son vecii straciati et taliatti senza sotto schriccione di che li an fatti. Lui dice che la saria, per che fusse investito in porcione tanti danari quanto portavia il sopra piu de li ca. 20, et che le case son tute sue; ma non mostra: se non fiabe, si che io mi son faticato et obligato, ne o potuto faze niente. Jò son con quella da Canpo san pirro, nè so che faro. In tanto, Vra. S., mi ami come amo lei et si rinfreschi; la salutacione in nome de tutta la cassa et amore a Mr. Federico nostro. Di Venc., li 8 Marzo 1578 il suo Sr Paullo pitor da Ver.

Al molto mag[o] et suo Sr — il Sr Marcantonio Gandin — Strada al domo in — Trevisso.

qu'il peinoit beaucoup sur ce qu'il faisoit; que c'est encore la raison pour laquelle on trouve si peu de ses tableaux. On n'en voit aucun dans les églises de Bologne, quoy qu'il n'ait jamais quitté cette ville; il se contentoit de peindre des tableaux de cabinet, la pluspart peu chargés de figures. Il mourut jeune. Il entretenoit une maitresse, belle et qui lui servoit de modele; comme il étoit extrêmement laid, il ne put si bien faire, que la fille ne partagea ses faveurs avec un autre; il l'apprit avec chagrin; bientost il sçut qu'elle l'avoit abandonné pour suivre son nouvel amant. Furieux, il se lève, il court pour la chercher, et il s'échauffe de façon qu'il y gagne une pleurésie. Il mourut à Bologne, et non point à Vienne, comme le dit le P. Orlandi.

—Ce qu'on lit ici touchant Guido Cagnacci, je l'ai presqu'entièrement écrit sous la dictée de M. Riario. Mais, depuis que j'ai lu la lettre qu'a fait imprimer un peintre de Rimini, nommé Costa, je reconnois que j'ai eu tort de m'en rapporter à un homme, qui n'étoit pas assez instruit, et qui ne parloit que sur des bruits populaires et des ouy dires. Il est presentement constant que Guido Cagnacci est né au commencement de l'année 1601, dans un lieu nommé San Arcangelo, près de Rimini, d'un père qui avoit quitté Castel-Durante, sa patrie, pour venir s'établir dans ce dernier endroit; qu'il a étudié à Bologne sous le Guide, mais qu'il n'a pas du faire un très long séjour dans cette ville, et qu'il ne s'y étoit pas apparemment fait un grand nom, lorsqu'il en sortit pour retourner dans sa patrie, puisqu'on ne trouve aucun de ses ouvrages dans les lieux publics de Boulogne; qu'il fit dans la suite de nouvelles études à Venise, d'après les tableaux des meilleurs maîtres et surtout du Tintoret, et qu'il eut des demêlés avec le Liberi; qu'il devint alors un très grand peintre, et que, sa réputation ayant volé jusqu'à Vienne, l'Empereur Leopold le fit venir et se l'attacha, qu'il mourut enfin dans cette capitale de l'Autriche, en 1681, et fut enterré dans l'Eglise des

Augustins, qui est la paroisse de la cour. Ce que j'ai marqué de cette fille, qu'il entretenoit et qui lui servoit de modèle, peut être vrai à quelques égards; il la conduisoit avec lui habillée en homme; mais il est faux que l'infidélité de cette fille ait été la cause de la mort de son amant. Il se peut faire que, dans le transport de sa colère, il se soit engagé dans quelqu'affaire, qui l'aura obligé de quitter sa maison, et même de changer de nom ; car, est-il arrivé à Venise, on ne l'y connoit que sous le nom de Canlassi; écrit-il lui-même à des amis à Venise, depuis qu'il est à Vienne, il signe toujours Canlassi et jamais Cagnacci. J'ai un certain pressentiment que ma conjecture n'est pas sans fondement.

CALANDRUCCI (GIACINTO), né à Palerme, en 1645, le 18 de juillet, après avoir appris dans sa patrie les premiers principes du dessein sous Pierre del Pò, vient à Rome, à l'insçu de ses parens, en 1669, pour y admirer les belles choses qui s'y trouvent, et se perfectionner dans son art. Il entra chez C. Maratte, et ce peintre fut si charmé de sa docilité et de son application au travail qu'il le prit en affection, et luy procura quantité d'ouvrages de considération, tant dans les palais que dans les Eglises de Rome. Etant retourné sur la fin de sa vie à Palerme, pour mettre ordre à ses affaires et voir ses parens, il y est mort le 22 février 1706, agé de 61 ans. *Mss. de Pio.*

CALCAR (GIO. VAN) est le mesme qui est nommé par Vasari *Giovanni Fiamingo;* c'est de luy que sont ces desseins des figures d'anatomie qui sont dans le Vesale, *Vasari*, p. 3a, p. 231. Sandrart luy donne le nom de *Calchar*, et M. Félibien l'appelle *Calker.*

— Il y a, dans le recueil des lettres de l'Arétin, une lettre de cet écrivain, adressée à un *maestro Giovanni Tedesco che poneva il ritratto di Tiziano in stampa,* et la lettre est dattée de l'année 1550. Cet Allemand lui demandoit un sonnet pour accompagner son estampe, et l'Arétin le lui envoya avec sa lettre. Je ne sais, au reste, quel est l'artiste qui est désigné ici, ni ne connois aucun portrait du Titien gravé par un tel maître. Voudroit-il parler de Jean de Calcar, qui en effet étoit Allemand et disciple du Titien, et à qui le Vasari attribue les figures d'anatomie du Vesale (1). J'y vois quelque apparence.

CALDARA (POLIDORO DA CARAVAGIO, DI CASA). Polidore ne fut point inhumé, comme le dit Vasari, dans l'Eglise cathédrale de Messine; il le fut, s'il en faut croire *Buonfiglio Costanzo*, dans son livre intitulé *Messina descritta*, 4°, p. 32[b], dans l'Eglise des Carmes de cette ville, où son tombeau ne se voit plus. Ce même auteur fait mention peu après d'un tableau fameux de Polidore, qui est dans l'Eglise de l'Annonciade de Castell'a mare, à Messine, et qu'il nomme *la famosa Palla dello spasimo*. C'est sans doute le tableau du Portement de croix, dont Vasari fait mention, que l'on aura surnommé à Messine *dello spasimo*, parce que le peintre y aura représenté la Sainte Vierge tombée en pâmoison. Il fait aussi mention (p. 25 *bis*) d'un autre excellent tableau de Polidore représentant la Présentation de N. S. au temple, qui est au maistre-autel dans l'eglise du collège des Jésuites à Messine, et qui étoit auparavant dans l'eglise de S. Nicolas-le-Vieux de la même ville.

— En général tout ce que Chérubin Albert, qui estoit bon peintre, a gravé d'après Polidore est estimable; il y a mis beaucoup d'esprit; il y a, dans ce qu'il a fait, de l'art et du dessein, et il a mieux réussi en gravant d'après Polydor que

(1) Celles que l'on donne habituellement à Titien. Du reste, Calcar a eu souvent son nom ôté de ses œuvres; c'est seulement dans l'excellent livret de M. Villot, que lui a été restitué, d'après l'ancienne appellation de l'inventaire de Bailly, l'admirable portrait d'homme, donné au Tintoret depuis Lépicié.

d'après aucun autre maistre. Il seroit cependant à souhaiter qu'il fut un peu moins maniéré. M (1).

— St Jérome dans le désert caressant un lion, gravé à l'eau forte par Marinus. — Voyez dans l'œuvre de Carrache une estampe du même tableau, dont l'invention est attribuée au Carrache; le goût du véritable auteur n'y est pas moins déguisé que dans celle-ci. Je crois qu'elle vient d'après M. A. de Caravage, plustost que d'après aucun autre. M.

— Scipion blessé, retiré du combat par son fils, gravé au burin en 1593 par J. Saenredam sur le dessein de H. Goltzins. — Le goût du dessein de Polydore est peu reconnaissable dans cette pièce, qui n'est estimable que par la beauté de la gravure. M.

— Camille arrivant au moment où l'on pesoit l'or, gravé par J. Saenredam sur le dessein de H. Goltzius. — Il y a peu d'estampes gravées aussi parfaitement que celle-cy, si on ne considère que la beauté et la liberté du burin; car le goût du dessein flamand y a terriblement obscurci celui de Polydor. M.

— Deux sybilles, gravées au burin par Goltzius. — Ce graveur ne s'est pas assujetti à imiter la manière de Polydor, il s'est livré à la sienne; ainsi cette pièce n'a de mérite que du côté du burin. M.

— Phalaris faisant jetter Perillus dans le taureau d'airain, gravé au burin à Rome, en 1634, par Jacques Laurenzani, et mal exécuté. Le même sujet par la Belle et beaucoup mieux exécuté. M.

— Un empereur romain assis sur le suggestum, d'où il harangue ses soldats, gravé à l'eau forte par un anonyme; c'est

(1) En haut de la page Mariette a écrit : *Les remarques marquées d'un M sont de mon père*; comme elles sont écrites par Mariette, l'indication lui était nécessaire pour se souvenir qu'elles n'étaient pas de lui.

un de ces anciens graveurs qui travailloient à Fontainebleau. Il n'est pas sûr que cette pièce soit d'après Polydor; quoyqu'il ait de sa manière, elle pourroit estre autant d'après l'antique ou d'après Jules Romain.

— Tarquin et l'augure Nevius, gravé au burin en 1545, chez Antoine Salamanque et peut-être par Salamanque même; elle est assez dans le goût du peintre, quoyque fort mal gravée.

— Moyse ordonnant aux Israélites d'apporter dans le camp la manne qu'ils ont ramassée dans des vases; gravé au burin par Michel Lucchese. — Toute mal exécutée qu'elle est, on ne laisse pas de reconnoître la manière de Polydor. M. — Je crois que c'est plutôt quelque sujet de l'histoire Romaine.

— Numa Pompélius donnant des loix aux Romains; une des six pièces gravées à l'eau forte, avec beaucoup de goût, par J.-B. Galestruzzi. Examiner si c'est bien le sujet. Il y en a une ancienne estampe gravée à l'eau forte par un des maîtres de Fontainebleau. Elle est assez mal exécutée; elle est chez le Roy, dans le volume de Jules Romain.

— Huit pièces composant une seule frise où l'on voit des hommes et des femmes se sauvant avec leurs bagages dans leurs vaisseaux qui soutiennent un combat à l'embouchure du Tibre; dessiné et gravé à l'eau forte d'après une frise peinte en grisaille par Polydor de Caravage et Mathurin de Florence, sur le fond extérieur du palais de la famille Cesi à Rome. — Il seroit à souhaiter que cette belle frise fut plus mal gravée et qu'elle conservàt mieux le goût de Polidor; car on ne peut disconvenir que P. Sante ne l'ait extrêmement déguisée; il l'a gravée d'une manière lourde et froide. M. — Des copies de ces estampes, même grandeur que les originaux, *Le Blond exc.* — La partie de cette frise où sont deux hommes qui portent des tonneaux sur un brancart, et celle où un homme monté sur un arbre joue de la trompette, les deux pièces gravées assez mal et dans le goût de F. Floris pour les caractères des testes, mais que je préfère cependant encor au travail de P. Santo. Elles ont chacune 5° 6' haut. 14° 6' travers.

CALLOT (JACQUES) nacquit à Nancy de parens nobles, qui, le destinant à toute autre profession qu'à celle du dessein, souffroient impatiemment de le voir négliger ses études, pour y donner tout son temps. Ils voulurent l'en empêcher, et ils irritèrent davantage ses désirs, jusqu'au point que, pour ne plus trouver d'obstacles, il résolut, quoyqu'à peine agé de douze ans, de quitter ses parens, et d'aller chercher en Italie les moyens de se perfectionner dans un art qui occupoit toutes ses pensées. Ainsy, sans consulter les périls auxquels l'exposoient sa grande jeunesse, son peu d'expérience, et encore plus la mauvaise compagnie de ceux, auxquels le manque d'argent l'avoit contraint de s'associer pour faire le voyage, car c'étoit une troupe de ces brigands que l'on nomme Bohémiens, il vint jusqu'à Florence, où il ne fut pas longtemps sans rencontrer des personnes de sa connoissance qui l'obligèrent de s'en retourner avec eux. Un second voyage, qu'il entreprit encore quelque temps après, ne luy fut pas plus heureux; enfin ses parens, gagnés par ses pressantes sollicitations, luy permirent de retourner en Italie pour la troisième fois, et ce fut pour lors qu'il commença sincèrement à embrasser la graveure. Philippe Thomassin, françois de nation, qui étoit étably à Rome, fut le premier qui lui apprit à manier le burin, et il travailla chez luy pendant quelque temps à des ouvrages entièrement au burin, ce qui n'estoit guère de son caractère. Il étoit né pour estre l'inventeur d'un nouveau genre de productions, qui, dans un petit espace, représentoient de très grands sujets, talent qu'il n'avoit hérité de personne, et qu'il eut occasion de mettre dans tout son jour, lorsqu'il eût essayé de graver à l'eau forte et qu'il fut venu à Florence après avoir quitté Rome. Les premiers ouvrages de cette nature, qu'il fit pour le grand Duc Cosme second, qui l'avoit pris à son service, furent bientost suivis d'autres de même espèce, où tout est sy accomply pour le dessein, l'ordonnance et la touche, qu'il n'est pas possible de rien désirer de plus parfait. Aussy, lorsque Callot revint en Lorraine, après la mort du grand Duc, son Mécène, sa réputation s'étoit déjà répandue par toute l'Europe. L'infante Isabelle, souveraine des Pays-Bas, le fit venir à Bruxelles pour dessiner le fameux siége de Bréda, qu'il grava ensuitte, comme il fit ceux de la Rochelle, du fort de St Martin dans l'île de Rhé, pour Louis XIII, qui l'avoit appelé auprès de luy. Ce sont les plus grands ouvrages qu'il aye entrepris; car presque tous les autres, qui sont en très grand nombre, sont de petits morceaux, qui, dans leur petitesse, ne laissent pas de contenir de très grandes ordonnances; tels sont la pièce où il a si bien exprimé tous les genres de supplices, la suitte des misères de la guerre, celle des sujets de la passion, de la vie de la Sainte Vierge, des martyres des Apôtres, la vie de l'enfant prodigue, et tant d'autres qui sont si agréablement inventés. Mais rien n'égale la merveilleuse qu'il grava à Florence, et qui représente la foire qui se tient tous les ans à la Madonne de l'Imprunetta dans l'estat de Florence. C'est un tableau accomply de tout ce qui se peut imaginer pour exprimer un grand concours de peuple occupé à une infinité d'actions différentes. Callot l'a exécuté le plus heureusement du monde, et rien n'est plus capable de faire connoistre l'étendue de son génie. Que de variété dans les pensées, que de noblesse dans certaines autres, que de simplicité et de naïveté dans les autres. Chaque grouppe, chaque figure contribue à former un tout ensemble, où chaque objet se trouve si bien à sa place que l'on n'y aperçoit aucune confusion. Il y a encore un autre genre où Callot a excellé, c'est à représenter des sujets grotesques, dont le ridicule est si bien marqué qu'on ne se peut tenir de rire en les voyant. Luy-mesme étoit bien aise de s'égaïer et de se délasser par ce moyen de ses occupations plus sérieuses; il avoit un génie singulier pour imaginer des postures, des phisionomies, des habillemens, des figures chimériques, toutes plus bisarres et plus burlesques les unes que les autres. La tentation de Saint Antoine est un chef-d'œuvre dans ce genre. Quelle perte qu'un si habile artiste, si aimé et si estimé de tous les Princes et grands seigneurs qui l'avoient connu, soit mort à la fleur de son âge, dans un temps où il avoit plus d'ardeur que jamais pour le travail, et où il se promettoit d'augmenter considérablement le nombre de ses ouvrages, qui firent dans son temps l'admiration de tous les bons connoisseurs, et qui présentement ne sont pas recherchés avec moins d'empressement (1).

— Dès l'année 1417, les ancêtres de Callot faisoient parler d'eux et remplissoient des charges considérables sous les derniers ducs de Bourgogne. Il étoit fils de Jean Callot, hérault d'armes de Lorraine et de Renée Brunehault, fille de Jacques

(1) On connait l'insuffisance des catalogues de Callot par Florent le Comte et par Gersaint dans le Quentin de Lorangère. Nous sommes heureux d'annoncer à nos lecteurs que, dans quelques mois, M. E. Meaume, professeur à l'école forestière de Nancy, et déjà connu par de récentes et consciencieuses recherches sur la famille des Silvestre et des Henriet, publiera une vie de Callot, d'après de nouveaux documents, et un catalogue détaillé et raisonné de toutes les planches de Callot et de leur histoire. Il y travaille depuis plusieurs années déjà, et il a, pour le bien faire, d'excellents appuis; d'abord de magnifiques recueils de Callot encore conservés chez des amateurs de Lorraine, et l'inappréciable catalogue manuscrit de Mariette, qu'il a consulté longuement. Par ce que nous publions, nos lecteurs pourront voir quel secours et quelle autorité son ouvrage en recevra. Nous aurions même eu à publier bien davantage, non pas de longues notes, mais de petites remarques, ce qui eut été fort long, par la nécessité de donner d'abord la mention de la pièce, si nous n'avions pu compter, pour les mettre au jour, sur sa publication, où elles seront tout à fait à leur place, et avec l'honneur et la reconnaissance qu'elles méritent. Nous renvoyons d'avance nos lecteurs à son travail, pour les quelques notes qu'il aurait peut-être été nécessaire de mettre ici, et qui seront chez lui beaucoup meilleures.

Brunehault, médecin de Christine du Danemarck, duchesse douairière de Lorraine; Claude Callot, son ayeul, étoit exempt des gardes du corps du duc de Lorraine, et l'épouse de ce dernier, Claude de Fricourt, étoit parente par sa mère de la pucelle d'Orléans. Cette descendance est prise sur le livre Eloge de Callot par le P. Husson, religieux cordelier; Bruxelles 1756.

— J. Callot est né (suivant son épitaphe) en 1588, se maria à 33 ans, mourut en 1631, agé de 43 ans. Crox, maître de la monnoye de Nanci, lui donna les premiers principes du dessein. Etant à Rome, il est obligé de quitter Phi. Thomassin, chez lequel il apprenoit à graver. Il étoit devenu agréable à la femme de ce graveur, qui en conçut de la jalousie et le pria honnestement de sortir de chez lui. Voyez Bibliothèque de Lorraine, par Dom Calmet, col. 185 et suivantes.

— Sur une tombe platte, au pied de l'épitaphe, est encore cette inscription, dont la moitié est cachée dessous un autel qui est auprès de l'épitaphe de Jacques Callot. — Je dois toutes ces épitaphes au soin qu'en a bien voulu prendre M. Lancelot dans le voyage qu'il a fait à Nancy : « D. O. M. — Cy gist noble hôme Clavde-Callot lvy vivât archer des-gardes dv corps de l'alteze de fev — » Le reste est caché dessous un autel.

— L'épitaphe des pere et grand pere de Jacques Callot ne consiste qu'en une lame de marbre noir gravée en lettres d'or, dans une simple bordure de plastre peint en marbre rance. Elle est posée à coté de celle de Jacques, dans le mur en retour faisant un des quatre angles du cloître des P. P. Cordeliers de Nancy :

« Devant ce marbre gisent Nobles — Clavde Callot vivant Archer des Gardes de l'Altesse dv fev dvc Charle[s] — Qui mourut le 23e jvillet 1594. — Et Noble Iean Callot son filz vivant — Heravlt d'armes dvd[t] Dvc qvi movrvt — le 12e Aovst. 1630. — Noble Iean Callot filz dvd[t] fev — Iean Callot, avssy herault D'armes, — par vn pievx debvoir a faict faire cest — Epitaphe a l'honnevr et mesmoire — desdt deffvncts. — Priez Diev povr levrs Ames. »

— Cette inscription se lit sur une tombe platte dans le Cloître des mesmes Cordeliers, à huit ou dix pas avant que d'arriver à l'épitaphe de Jacques Callot :

« Cy gist noble Pierre Rvyz — vivant vallet de chambre — ord.re a lev son Altesse — Charle IIIe d'hevrevse me - moire, qui deceda le der - nier avril 1604. — Et Dam. Claude Blanche-laine sa fème qvi movrvt le dernier doctobre — 1595. — Encor y gist Noble Iean - Francois Rvyz son filz — Bovrgeois a Nancy qvi — deceda le 20e de Novembre — 1639. — Come avssy Dam.lle Margveritte Callot son espovse — qvi trespassa le 7.e Nov.bre — 1633. — Priez Diev povr levrs Ames. » (*Avec les armes des deux familles.*)

— *Mariette avait deux desseins de la tombe de Callot. Au bas de l'un il a mis :* Ce n'est qu'une copie de l'estampe de Bosse à laquelle il ne faut point ajouter de foi (1). *L'autre, fait à la sanguine, est lavé d'encre de Chine; dans le premier tout est en contre-partie du second, sauf le portrait de Callot qui est toujours tourné à droite. Avant se trouve l'epitaphe, copiée par Lancelot :*

« D. O. M. — Viator — si legis habes quod mireris et imitari coneris — Iacobvs Callot nobilis Nanceianvs calcographiæ peritus — proprio marte, nvlloque dvcente magistro, sic claruit : vt dvm eivs gloria Florentiæ floreret, ea in arte princeps svi temporis — nemine reclamante habitvs ac à summo pontifice, imperatore, nec — non regibvs advocatus fverit : qvibvs serenissimes principes svos — anteponens patriam repetiit vbi Henrico IIo, Francisco IIo, Carlo IIIIo dvcibus, calcographus sine pari, maxime cordi, patriæ ornamento, — Vrbi de-

(1) *En cataloguant la pièce, Mariette avait ajouté :* Cette épitaphe française est bien différente de celle en latin que rapporte Baldinucci.

cori, parentibvs solatio, concivibvs deliciis, vxori svavitati — fvit, donec anno ætatis XLIIIº animam cœlo matvram mors immatura — dimittens XXIIIIº martii CIↃ CICXXXV, corpus charissimæ vxori — Catharinæ Kvttinger fratrique mœrentibvs, hoc nobilivm — maiorvm sepvlchro donandvm relinquens principem quidem — svbdito fideli, patriam alvmno amabili, vrbem cine(*re*) optimo — parentes filio obedienti, vxorem marito svavissimo, fratrem fratre dilecto privavit at nominis et artis — splendori non invidit, — (*une ligne illisible remplacée par des points*) — Stabit in æternum, nomen et artis opvs. —

En vain tv ferois des volvmes
Svr les lovanges de Callot;
Povr moy : ie n'en diray qvn mot;
Son burin vavlt mievx que nos plvmes. »

— *Le second dessin avait été envoyé à Mariette par la lettre suivante :*

Monsieur

Si jay tardé à vous envoier le dessein de l'épitaphe de Callot, c'est, comme j'ay eu l'honneur de vous faire savoir, que n'ayant eu que le temps de copier l'inscription, je priay un de mes amis de la dessiner pour que je vous la fasse tenir, ce que par sa nonchalance a tarder si longtemps (sic). Pour à l'égard des grandes (planches), ce n'est que trop vray que l'ignorance de son héritier a été si grande que de faire faire une cuvette de toutes les planches qui restoit à (*pour* de) ce grand homme, qui appartient aujourd'huy au prince de Craon qui la garde précieusement. Pour ce qui est des antiquitez des Vosges, comme j'y ait été depuis peu, j'ay appris d'un curé qu'il avoit vendû à l'ancan d'un de ses confrère l'histoire ou les antiquitez de l'église de St Diez à un de ses chanoine, mais comme ce n'est pas ce que vous souhaittez, je ne m'en suis point informer. Comme je ne puis Monsieur vous exprimer combien je suis penetré de reconnoissance de tous les égard et politesse que vous avez eu envers moy, j'ose vous offrir, s'il vous plaist, mes services et me croire extrèmement Monsieur, vostre très (sic) et très obéissant serviteur,

JADOT.

Adressez, s'il vous plait, mes respects à Monsieur Mariette pèrę.

Au dos. A Monsieur-Monsieur Mariette fils, ruë St Jacque à Paris.

A Luncsville ce 28 aoust 1732.

— Il est constant que J. Callot est mort le 24e Mars 1635 (1), âgé de 43 ans. Ainsy, je ne puis comprendre pourquoy Baldinucci, qui rapporte l'épitaphe latine de Callot, où cette date est marquée, fixe le temps de sa naissance en 1594, et Félibien, qui convient aussy qu'il est mort en 1635, agé de 43 ans, le fixe seulement en 1593, à moins que ce ne fut au commencement de cette année 1593, et pour lors, Callot étant mort le 24e Mars 1635, il n'auroit fait que commencer à entrer dans sa 43e année. Le portrait de Callot, gravé par M. Lasne en 1629, apprend qu'il estoit pour lors agé de 36 ans. Il estoit donc né en 1593, ou peut-estre sur la fin de 1592, ce qui me paroist le plus conforme à la verité.

Son père, Jean Callot, estoit roy d'Armes de Lorraine, et assistoit en cette qualité aux obsèques de Charles III, mort en 1608 (2). Les dispositions naturelles de Callot pour la graveure et pour le dessein se firent connoistre de bonne heure. Il n'avoit guères plus de onze à douze ans lorsqu'il entreprit

---

(1) Félibien dit que ce fut le 28e Mars; mais l'épitaphe de Callot, rapportée par Baldinucci, ne laisse aucun lieu de douter que ce fut le 24e Mars. (*Note de Mariette.*)

(2) Voyez les cérémonies de ces obsèques, gravées par Frédéric Brentel, sur les dessins de Claude de la Ruelle. (*Note de Mariette.*)

pour la première fois le voyage d'Italie, avec l'intention de s'instruire dans le dessein par la veue des beaux ouvrages que l'on y trouve, et il s'y arresta pour lors pendant quelques temps à Florence, où il receut quelques instructions de Canta Gallina. Il alla mesme jusques à Rome, mais il fut bientost reconduit malgré luy à Nancy. Ce fut apparemment pour lors que son père, le voulant forcer à reprendre ses estudes, et ne se sentant aucune inclination de ce coté là, il se tourna entièrement du costé du dessein, qu'il alloit étudier avec Deruet, Bellange et plusieurs autres, chez Claude Henriet, peintre de Châlons en Champagne qui s'estoit etably à Nancy et qui fut père d'Israël Henriet, qui devint dans la suitte le meilleur amy de Callot. Il ne resta gueres que deux années à Nancy, et il prit encore la résolution de retourner en Italie, mais il n'alla pour cette fois que jusques à Turin; son frère aisné, qui l'y rencontra, l'obligea de retourner avec luy. Pendant ces deux années qu'il demeura auprès de son père, il y a apparence qu'il se livra tout entier à son inclination pour le dessein, et, ce qui n'a esté remarqué par personne, il commença mesme dès lors à manier le burin, car on voit de luy le portrait de Charles III duc de Lorraine, gravé en 1607. C'est un assez mauvais portrait, de grandeur 8°, en hauteur, gravé au burin. Il y a mis son nom tout au long : *J. Callot fecit et excudit.* Il eust esté sans cela très difficile de reconnoistre dans la suitte que c'estoit son ouvrage. Car, dans ce qu'il a fait depuis à Rome et à Florence, qui sont les premiers endroits où il a fait ses ouvrages de graveure, il n'y a rien qui approche de celuy-ci; c'est une manière absolument différente (1), ce qui vient de ce qu'il gravoit ce portrait sans avoir aucun maistre qui le conduisit, au lieu qu'ayant esté à Rome, et y ayant copié les 4 saisons de Bassan, gravées par les Sade-

---

(1) Il en est à peu près de même que du portrait de son régent, que Nanteuil grava pendant ses classes. (*Note de Mariette.*)

lers, et quelques pièces des douze mois de l'année, de Collaert d'après Stradan, le tout sous la conduitte de Philippe Thomassin, il se forma une manière de graver au burin qui tenoit beaucoup de celle de Thomassin. Cela se reconnoist surtout dans les petites pièces des tableaux de St Pierre, qu'il grava, suivant toutes les apparences, étant à Rome. Je ne sache pas qu'il y ait gravé d'autres choses, du moins entièrement de luy et qui soit reconnu pour estre de luy. De Rome il passa à Florence vers le commencement de 1612.

— Le portrait de Charles III, duc de Lorraine, fort mal gravé au burin par Callot avant que d'aller en Italie. C'est un buste dans une forme ovale avec cette inscription alentour en lettres capitales. *Serenis. Carolus III. D. G. Cala. Lotha. Bav. Gueldr. Dux Marchi Mussipon. Com. pro. Vaud, Albi, etc. Æta sue anno LXV* 1607, et au bas de la planche *I. Callot fecit et excudit.* Cette inscription est pure et sans aucune altération (1). C'est aussy sur cela seul et sur la datte que l'on peut se persuader que ce portrait est de Callot, tant il est mal gravé et peu dans la manière qu'il a eu depuis. Mais le moyen ; il étoit pour lors si jeunne et n'avoit eu encore personne qui luy eut enseigné à manier le burin ; car ce n'est que depuis qu'il ala en Italie, où il aprit cette profession chez Philippe Thomassin. Il est vray que l'on dit qu'avant que d'aller en Italie, il avoit déjà appris à dessiner chez Henriet, et ce portrait cy n'est guerres bien dessiné. Il est aisé d'y répondre ; une personne qui sçait dessiner a de-là peine à le montrer, lorsqu'il en est empesché par la difficulté qu'il trouve à manier un burin, et d'ailleurs, quoyqu'on en put dire, Callot ne devoit pas être fort habile dans le dessein. Ce portrait

---

(1) Ces deux vers sont au bas de la planche :

— Heroas referens atavos, hoc Carolus œre
Austrasiæ princeps, conspiciendus erit.

(*Note de Mariette.*)

est fort singulier et unique ; il a 6° h. 4° 6' tr. Je ne l'ay veu que dans l'œuvre de M. de Beringhen. — Je l'ay veu dans les œuvres de M. Le Premier et de M. de Lorangere.

— Il y a un livre où les armoiries de toutes les maisons de Loraine ont esté autrefois gravé par Callot avec la description des blasons au dessous de chaque écusson. Extrait à la page 390 d'un livre qui a pour titre : Les diverses espèces de noblesses et les manières d'en dresser les preuves par le P. Menestrier (Jésuite), Pons Amaulry, libraire à Lyon, et se vend à Paris chez Robert J.-B. de la Caille, rue St Jacques, aux trois cailles, 1683. — Le P. Menestrier veut sans doute parler du Livre intitulé : Le crayon de la noblesse du Duché de Lorraine et de Bar par Matthieu Husson, imprimé en 1674, et l'on y trouve en effet les armoiries des principales maisons de Lorraine ; mais il se trompe quant au graveur de ces armoiries ; Callot n'y a jamais mis la main. Il y avoit longtemps qu'il n'estoit plus, quand ce livre a paru. — Il y a réellement un livre intitulé : Recueil des armes et blasons de toutes les maisons nobles et anciennes de Lorraine recherchées et gravées par le s[r] Callot, roi d'armes de Lorraine, et données par le R. P. Viguier, Prêtre de l'Oratoire (celui de qui l'on a une histoire généalogique de la maison de Lorraine) au Sr Pierre d'Hozier, juge général des armes et blasons de France, petit in-4°, sans datte ny lieu d'impression ; le volume étoit chez M. de Clérambaut, et il y en a un semblable, et même plus complet, chez le roi, dans la collection de Gasnière ; c'est l'ouvrage cité par le R. P. Menestrier, Jésuite ; mais, si l'on y fait attention, ce titre du livre ne dit pas que les planches qu'il contient soient gravées par Callot. Son père ou son frère, car tous deux ont été hérauts d'armes de Lorraine, et Jacques Callot ne le fut jamais, s'en disent les auteurs. Ce ne sont que de simples armoiries, toutes surmontées de lambrequins si uniformes qu'ils paroissent avoir tous été calqués sur le même dessein, et cela, ainsi que le blason, est d'une si mauvaise touche qu'on ne peut croire que l'habile Callot y ait mis la main, à moins que ce ne soit un premier ouvrage que son père lui aura fait faire dans le même tems qu'il gravoit le portrait du duc de Lorraine, c'est-à-dire avant son voyage d'Italie, et qu'on ne veuille dire que le père se soit fait honneur de l'ouvrage de son fils, et qu'il n'ait pas fait difficulté de s'attribuer des armoiries qu'il regardoit comme son bien, et ayant présidé au texte des blasons qui étoient de sa charge. En tout cas, Callot ne perd pas beaucoup, quand on le dépouilleroit de si faibles planches.

— J. Mariette, à l'exception du frontispice qui ne se trouve pas si facilement que les autres, et qui représente l'ancien autel de St Pierre, a toutes les planches des tableaux et statues placées sur les autels des Eglises de St Pierre du Vatican et de St Paul, hors des murs de Rome, au nombre de 30 pièces, gravé au burin par J. Callot, dans ses premiers commencemens, et apparemment dans le temps qu'il estoit en apprentissage de graveur à Rome, chez Philippe Thomassin. — Je doute de la gravure des statues de St Pierre et de St Paul, exécutées par François Mocchi, lesquelles devoient estre placées dans l'église de St Paul, et sont présentement à la porte du Peuple à Rome; je ne crois pas mesme qu'elles fussent encore exécutées, lorsque Callot étoit à Rome et mesme de son vivant; c'est ce qu'il faudra examiner plus particulièrement.

—L'arbre généalogique de la famille del Turco, gravé au burin, à Florence, par J. Callot; son nom, formé ainsi *Callot* (1), y est gravé au bas; la dédicace, adressée à Pierre François del Turco, majordome de Don Antoine de Medici, par le cavalier Jean del Turco son parent, qui avoit fait graver cette planche, est dattée de Florence, du 12e May 1612. Ainsi, on ne peut pas doutter que ce ne soit une des premières pièces

---

(1) Le C traversé par un I.

que Callot a gravée à Florence; il y paroit bien peu habile en comparaison de ce qu'il a fait depuis. L'on voit dans le fond une trouppe de cavaliers armés de lances dont un porte un guidon aux armes de la famille del Turco. Cette pièce, que je n'ay veue que dans l'œuvre de M. Beringhen, a 19° h. sur 14° tr.

— Callot étoit déjà à Florence dès l'année 1612. On n'en peut point douter, puisqu'il y grava cette mesme année l'Enfer de Dante au burin, d'après Bernardin Pocetti (1), et les figures pour le livre des obsèques de Marguerite d'Autriche à l'eau forte; ainsy, dans la mesme année, il donna des preuves de ce qu'il scavoit faire dans ces deux genres de graveure, et Baldinucci se trompe lorsqu'il dit que, depuis 1613, qui est le temps qu'il prétend que Callot arriva à Florence, jusqu'en 1615, il ne fit autre chose que s'exercer dans l'étude de l'architecture, de la perspective et de la gravure à l'eau forte, comme si c'estoit pour luy une chose nouvelle que cette pratique. Il étoit encore à Florence en 1620, et l'on pourra scavoir à peu près le temps qu'il en est sorty par la datte de la mort de Cosme second grand duc (mort le 28 février 1621), dont il a gravé le portrait, puisque ce fut peu de temps après qu'il abandonna l'Italie. Il faudra encore examiner les dattes des oraisons funèbres de Fr. Prince de Toscane (1614), du Sénateur des Statuts de l'ordre de St Etienne (1620), du livre intitulé Fiesole distrutta (1621); tout cela fixera des époques. Le parterre de Nancy est par exemple gravé en 1625, le combat à la barrière en 1627, Callot étant pour lors à Nancy. Le siége de l'isle de Ré, gravé en 1631, l'a été à Paris, et sans

---

(1) Il y grava aussy au burin, au commencement de cette mesme année, 1612, l'arbre généalogique de la famille de Turco; la dédicace est dattée du 12e May 1612. Cet ouvrage paroit avoir été fait avant l'enfer de Dante, et peut estre le premier qu'il aura fait à Florence. (*Note de Mariette.*)

doute celuy de la Rochelle y a été aussy gravé. L'on pourra, avec ces secours et ce que Baldinucci, Sandrart, Perrault et d'autres ont rapporté de la vie de Callot, en faire une plus complette et mieux suivie, et fixer l'année de la naissance de Callot, dans laquelle ils ont tous varié. J'ay joint, aux marges de ce catalogue, plusieurs remarques que j'ay faittes à mesure que je le travaillois. On pourra encore y trouver des particularités. Au reste, comme Callot a presque toujours gravé à l'eau forte, je ne me suis attaché à marquer exactement le genre de graveure qu'à celles qui le sont au burin.

— Pilate faisant montrer au peuple J.-C. couronné d'épines; gravé au burin en 1613. — On en trouve des premières épreuves avant le nom de celui à qui la planche est dédiée. — Elle porte le nom de Callot; la dédicace est dattée 1613, d'où l'on conjecture que la planche a esté gravée dans la mesme année ou du moins peu auparavant. Baldinucci prétend, et il semble avec raison, qu'il l'a faitte à Florence, et que c'est le temps que Callot a pu arriver dans cette ville. La dédicace est adressée à un florentin par un moyne servite. Le dessein paroist estre de Stradan, qui estoit pour lors à Florence; tout cela établit son opinion. — Cependant l'enfer de Dante est daté de 1612. Donc, Callot était déjà à Florence dans cette année.

— Frontispice d'un livre intitulé : l'Harpalice, tragédie de Francesco Bracciolini, al molto ill^re^ et Claris^mo^ Sig^e^ il Sig^e^ Donato dell' Antella : Con privilegio. In Fiorenza 1613. Appresso Giandonato et Bernardino Giunti e compagni. Con licenza de' superiori. Ja. Callot fe. Cette pièce est gravée au burin; c'est un frontispice d'architecture, au-devant duquel sont représentées, sur des piédestaux, deux femmes debout, dont celle qui tient le sceptre désigne l'éloquence, et l'autre, qui tient une épée, représente la tragédie; ce frontispice est terminé par un fronton, auquel sont attachées les armes de Médicis, au milieu de deux renommées. Je ne sais qui en a donné le dessein; il est très mauvais. Cette pièce est, du reste, de la même exécution que toutes celles que Callot grava au burin dans le mesme temps. — Callot a gravé ce titre de livre sur son propre dessein. J'ay veu ce dessein chez M. Boulle; il estoit lavé de bistre, le trait au crayon, manière qui a toujours esté familière au graveur. Au reste, quoy qu'il ne fut pas d'une grande manière, il étoit infiniment mieux que la graveure, ce qui fait connoistre que Callot, avant de se mettre à graver, s'étoit déjà fort exercé dans le dessein, et voilà ce qui fait qu'il est devenu si habile graveur en peu de temps.

— S[te] famille, dans une forme ronde, d'après André del Sarto, gravé au burin en 1613. Le nom de Callot n'y est pas; mais elle est cependant incontestable de luy et faitte dans la mesme année et pour le mesme P. Servite que l'Ecce Homo cy-dessus; du moins la dédicace est datée de mesme de 1613. — Le tableau original d'André del Sarto, qui est d'une grande beauté, se trouve présentement en France dans les appartemens de Fontainebleau. — Aux dernières épreuves : chez P. Mariette; le nom de Callot est gravé sur la planche.

— St Mansuet, premier évêque de Toul, resuscitant le fils d'un des princes du païs, inventé et gravé en partie à l'eau forte, et en partie au burin, par J. Callot. — Le saint Mansuet n'est pas la première pièce qu'il ait gravée à Florence; c'est une fautte de Félibien; il ne l'a mesme deu graver qu'à Nancy. Ceci mérite un examen particulier. — Il y en a des épreuves, mais elles sont d'une grande rareté, où il n'y a point encore d'armoiries sur la chappe de l'évêque, ni de raquette aux pieds du jeune homme; la date et le nom de Callot ne sont pas encore gravés; telle est une épreuve qui est dans l'œuvre de M. Béringhen. — Je crois voir, sous la figure d'un garde qui est au coin de la planche, le portrait de Callot, et le portrait du duc de Lorraine sous la figure d'un seigneur qui a un ordre de chevalerie. A l'égard des armes qui sont sur la chappe, ce sont celles de Jean des Porcelets, évêque et comte de Toul, mort en 1626. — L'épreuve que M. de Lorengere a dans son œuvre est encore avec l'armé sur la chappe; mais on y lit distinctement la datte 1616 (1) qui a été effacée depuis, d'où il s'ensuivroit que Callot auroit gravé cette planche en Italie pour estre envoyée en Lorraine, ce qui ne me paroist pas hors de vraysemblance. — Le St Mansuet a dû estre gravée à Florence, puisque sur les premières épreuves on y lit la datte 1616; et il est encore certain que la planche a esté faite pour Jean des Porceletz, évêque de Toul (voyez sur cet évêque de Toul la note qui est à la suite de l'éloge de Callot du P. Husson, p. lxxxiij), ou du moins qu'elle a esté faite pour estre présentée à ce prélat; car ce sont ses armoiries qu'on voit sur le bord de la chappe du saint. Il n'y avoit que quatre années que Callot étoit à Florence, et dans cette même année il publia la suite des bossus, les trois intermèdes, et les Feste per la venuta del duca d'Urbino in Firenze. Il se pourroit que cette planche du St Mansuet lui ait été commandée par quelque Lorrain, qui se trouvoit alors à Florence, et qui envoya de là la planche en Lorraine; car jamais la planche n'a appartenu à Callot; autrement elle se seroit trouvée dans le fond d'Israël, qui acquit toutes les planches de Callot, et celle-cy n'y étoit pas. Ce Lorrain estoit peut estre le mesme, qui, des premiers moments de l'arrivée de Callot à Florence, lui donna à graver une généalogie des Porceletz, dont M. de Clerambaut avoit une épreuve, et, dans ce cas, qui me paroit possible, la pièce n'aura point été gravée, comme je l'ai cru, en Lorraine, en même temps que le portrait du duc de Lorraine, mais en Italie, ce qui revient à peu près au mesme. Mais je préfèrerais la seconde opinion, parce que, tout mauvais qu'est le trait de cette pièce, il me paroit d'une trop

---

(1) Une note, mise en marge, d'une autre écriture affirme que la date est non pas 1616, mais 1613; l'argument de Mariette reste le même, puisque Callot était aussi bien en Italie en 1613 qu'en 1616.

grande étendue pour avoir pu être entrepris par quelqu'un dont c'étoit le coup d'essai.

— Portrait de Donato dell' Antella ; ce beau portrait de Callot, gravé à une seule taille dans le goût des Caprices de Florence, est très rare ; il se trouve à la teste de l'oraison funèbre de ce sénateur, imp. à Florence en 1618 ; cy-joint est l'intitulé de cette oraison funèbre : — Orazione di Camillo Rinuccini in lode del. sig. Donato dell' Antella, Senator fiorentino, Priore di Pistoia, nell' illustrissimo ordine di S. Stefano, Consigliere di stato del Sereniss. Gran Duca di Toscana, soprintendente de tutte le fortezze di S. A., Protettore della Communita del Dominio di Firenze. In Firenze, nelle stamperia di Zanobi Pignoni, 1618, 4°. Outre le portrait, il y a, dans la feuille du frontispice, des armes de Médicis gravées par Callot.

— Lorsque la feste, que Callot a gravé, et qu'il a renfermé dans un cartouche en forme d'évantail, se fit à Florence, elle fut annoncée par une description qui fut imprimée. Elle est de forme de 4°, est de 12 pages, et porte pour titre : Battaglia trà Tessitori et Tintori, festa da farsi in Firenze nel fiume Arno, il di 25 Luglio 1619, 4°, appresso il Ceconcelli. La planche parut en même temps, sur une feuille de papier, sur laquelle furent aussi imprimées quelques pièces de poësie italienne faites à cette occasion. J'ai tiré ceci des notes qui accompagnent le poëme de Malmantile, edit. de Florence, en 1750. L'on voit que les tenans de cette joûte sur l'eau furent les tisserands et les teinturiers de Florence, et que c'est pour cette raison que leurs chefs etoient nommés *il re Tessi* et *il re Tinta.*

— Les Caprices. L'on ne peut scavoir précisément en quel temps Callot a gravé cette suite ; l'épistre dédicatoire ne l'apprend pas. Elle enseigne seulement que ce sont là, au jugement de Callot mesme, ce qu'il avoit fait de meilleur jusques alors ; car, sans y faire mention de ses ouvrages antérieurs, il y dit que ce sont là les prémices de ses travaux, sans doutte de ceux qu'il croyoit mériter attention, et effectivement ce sont de ses meilleures choses, qu'il a du graver vers le même temps que le catafalque de l'empereur Mathias. C'est à dire vers les années 1618 où 1619.

— Suitte des principales actions de Ferdinand I, grand duc de Toscane, en 15 pièces, gravées, au burin ou à l'eau-forte, par J. Callot durant son séjour à Florence, pour le grand Duc, qui en conserve les planches dans son cabinet, d'après les peintures de Mathieu Roselli et de Bernardino Pocetti qui sont dans le Palais du grand Duc, et dans la maison de plaisance de St-Marc à Florence, où le Cardinal Charles de Médicis les avoit fait peindre. — Ou bien d'après les desseins de Tempeste. — Les planches, qui composent cette suite, se conservent dans le cabinet du grand duc, ce qui fait que les épreuves sont si rares. Callot n'a mis son nom à aucune et il étoit pourtant déjà fort avancé, à en juger par celle gravée à l'eau forte, dans laquelle il a fait voir qu'il y étoit bien plus propre qu'à manier le burin. Les autres sont cependant bien gravées, quoyque d'une manière sèche qui se ressent bien de celle de Thomassin, son maistre, et je ne voys rien de mieux de luy au burin. — Les explications des sujets, que je donne icy, m'ont été communiquées à Florence, par Mr Bianchi, antiquaire de S. A. R. et garde de ses curiosités. 1° Cérémonie du mariage de Ferdinand I avec Christine de Lorraine. Voir si ce n'est pas plütôt la cérémonie du mariage de Marie de Médicis. Il me semble qu'il y a au Luxembourg une copie de ce tableau dans le grand cabinet de l'Appartement de la Reyne. Il y avoit, dans l'œuvre de M. de Montarsis, trois épreuves de cette planche pas encore achevée, dans trois états différents, mais ce n'estoit que curiosité ; il n'y avoit rien de particulier; cela fait seulement voir que Callot faisoit pour lors imprimer des épreuves de ses planches à mesure qu'il les avançoit pour estre plus sûr de leur effet; 2° la grande duchesse Christine de Lorraine accompagne à l'église des jeunes filles dotées par elle; 3° Ferdinand I ordonnant la restauration du dôme de Ste Marie del fiore et de N. D. de l'Annonciade à Florence; 4° le même faisant fortifier le fort de Livourne; 5° les digues de Pise, nommées *Bocchette*, rétablies par son ordre; 6° levée de troupes contre les Turcs, d'après Tempeste. Callot, avant que de graver cette planche, en avoit déjà commencé deux autres du même sujet sur des desseins fort peu différents, il n'est pas aisé de deviner la raison pour laquelle, après avoir commencé à graver quelques figures, il les laissa imparfaites et en recommença une troisième. Ce qu'il y a de certain, c'est que, les planches lui étant demeurées, elles lui servirent, dans la suite, à graver d'autres choses sur le revers. Il y en eut même une qu'il coupa en deux morceaux. Le sieur Fagnani en a fait imprimer quelques épreuves dans l'état qu'elles sont pour la satisfaction des curieux; 7° le Départ des trouppes, d'après Tempeste. M. de Montarsis en avoit trois épreuves avec différence, dont deux avant que la planche fut achevée, mais il ne s'y rencontroit rien de singulier; 8° Descente en Afrique des chevaliers de l'ordre de St Etienne, d'après Tempeste. Il y a sur le devant un cavalier Turc, dont le cheval s'élance en avant; on en trouve des épreuves avant que la planche fut terminée entièrement; il y en avoit trois de cette sorte dans l'œuvre de M. de Montarsis; 9° le rembarquement de ces mêmes trouppes; il est du dessein de Tempeste; 10° Autre expédition des chevaliers de St Etienne prenant une ville d'Afrique contre les infidèles. Celle-ci est certainement de Tempeste, j'en ai veu le dessein original; il y en a encore d'autres dans cette suite qui sont d'après lui. La manière les fait reconnaître; 11° Combat naval de six galères des chevaliers de St Etienne contre trois vaisseaux Turcs; cette pièce est la seule qui soit gravée à l'eau forte; 12° autre combat naval; 13° les troupes du grand duc, jointes aux chevaliers de St Etienne et commandée par Jacques Inghirami, prennent la ville de Bonne en 1607; 14° ces mesmes troupes combattant contre les Turcs avant que de prendre la ville. Ces deux pièces sont gravées d'après le tableau de Bernardin Pocetti dans une des salles du Palais Pitti à Florence; elle se nomme *la Sala di Bona;* Baldinucci, vie de Pocetti; 15° autre sujet de la prise de la mesme ville; celuy-cy est gravé d'après le tableau de Mathieu Roselli.

— La foire del Imprunetta. Les plus belles épreuves, et celles qui sont les plus rares, sont celles où il n'y a pas encore les armes de la famille Buondelmonti (ce sont les fondateurs de cette église, voyez description de Florence de Carlieri, p. 166) d'un coté, et de l'autre, à un des coins de la planche où est ce théâtre de charlatans, celles de l'église de la Madone del Imprunetta. Dans cette église est une image miraculeuse que l'on prétend peinte par St Luc. Elle a été gravée par la Belle, et on avoit coutume de la porter à Florence dans les temps de calamité et de peste. Cette foire de l'Imprunetta se tient le 18 d'octobre, feste de St Luc; le lieu est peu éloigné de Florence. Il falloit que cette planche eût eu un succès bien favorable, pour que Callot, de retour à Nancy, entreprît d'en recommencer luy mesme une grande planche, mais celle-cy, n'ayant pas réussy à l'eau forte, ce qui fait qu'on en trouve rarement de belles épreuves, il s'en faut beaucoup qu'elle approche de la perfection que l'on admire dans la première, joint à ce que l'on a déjà fait remarquer, qu'il est presque impossible de se copier soy mesme une seconde fois et d'espérer que la copie vaille l'original. Voilà à quoy on la peut reconnoistre; il y a beaucoup de burin, cela est sensible; c'est ce qui la rend surtout moins spirituelle que celle de Florence.

— *A l'indication d'une pièce, représentant, à côté de paysans qui dansent et de joueurs de boule, des jeunes filles qui présentent un may et des fleurs à un gentilhomme, Mariette ajoute:* Si cette pièce n'a pas été gravée en Italie, du moins le dessein y a du estre fait, et c'est ce qui aura donné occasion à Callot d'y représenter ces jeunes filles qui portent un may. Car, c'est un usage à Florence et dans les environs, qu'au commencement du mois de May, les jeunes filles d'entre le peuple se rassemblent trois ou quatre, et, l'une d'entre elles portant une branche d'arbre garni de fleurs, elles vont par la ville, chantant diverses chansonnettes agréables; et, s'arrêtant surtout en présence de ceux qui leur donnent quelque argent, elles répètent leurs chansons au son du tambour de basque. Cet usage, au reste, est fort ancien et Baldinucci remarque qu'il en est fait mention dans le code, lib. II, 45, *de Majumâ*. — J'en ay veu plusieurs épreuves sans aucune lettre.

— L'arbre généalogique de la maison de Lorraine, depuis Pharamond fondateur de la monarchie françoise jusqu'à Charles III, dit communément IV, duc de Lorraine. C'est une grande pièce composée de trois planches, qui ont 2 pieds 2 pouces et demi chacune de haut sur deux pieds de large, ce qui fait en tout 6 pieds sept pouces de haut. Au pied de l'arbre est assis Pharamond revêtu d'un manteau royal sur un amas de trophées d'armes ; c'est la seule figure qui soit sur ces planches, et, au haut de la dernière planche, sont deux cartouches renfermant les armes de Lorraine. Tout le reste ne consiste que dans des noms et quelques armoiries renfermés dans des ronds attachés aux branches de l'arbre. Cette pièce est gravée dans la manière de la grande thèse, et depuis l'année 1624, que Charles IV prit la qualité du duc de Lorraine. Comme ces planches n'estoient pas fort importantes et qu'elles paroissent avoir esté gravées assez négligemment et à la hâte, Callot n'a pas jugé à propos d'y mettre son nom ; mais il n'y est pas pour cela moins reconnaissable ; ce graveur y a mis sa touche, prononcée avec sa fermeté ordinaire, et c'en est assez. Mais comme la figure est un peu grande et que c'est un ouvrage fait trop à la hâte, il s'en faut beaucoup que ce soit une de ses bonnes choses. Elle n'a que le mérite d'être extrêmement rare. Jusqu'à présent mon père n'en avoit jamais entendu parler ; M. Helle, neveu de M. d'Hermand, en a fait la découverte à Mannheim, et en a apporté à Paris une épreuve assez mal conditionnée, car elle avoit été longtemps exposée à l'air, qu'il a vendue en 1737 à M. de Lorengère, avec une épreuve de la Tentation rare, qu'il a trouvée au même endroit.

Il m'a assuré qu'il y avoit encore une généalogie, en une seule feuille, de la famille des Porceletz en Lorraine, gravée par Callot et de ses bonnes choses, dont M. de Clérambaut a une épreuve et le dessein original de Callot. — Ce rapport, que m'a fait M. Helle, n'est pas dans la vérité. Je viens d'avoir occasion de le vérifier sur l'épreuve et sur les desseins, qui appartenoient à M. de Clérambaut. L'estampe a été décrite par Gersaint, page 118 de son catalogue des estampes du cabinet de Lorangère; mais, comme il ne l'a pas fait exactement, en voici une nouvelle description. Le morceau est, ainsi qu'il le dit, de deux planches, qui, étant assemblées, portent 33 pouces de haut sur 20 pouces de large. Le centre de la planche est occupé par un espace contenant l'arbre généalogique de la maison des Porceletz, famille noble de Lorraine, et tout autour sont disposés trente-trois sujets historiques et particuliers à cette maison, douze à droite en deux colonnes, et douze à gauche dans la même disposition. Il y en a six autres en tête, en deux colonnes, au dessus desquels est placée une figure de Christ debout tenant sa croix; et au pied dudit arbre généalogique sont encore trois sujets disposés en manière de culs de lampes. C'est en cet endroit qu'on trouve d'un côté des lettres initiales, qui sont celles de celui qui a dressé cette généalogie : *I. P. M. L. M. collector*, et de l'autre côté : *Iac. Callot sculptor*. Si jamais estampe a eu besoin que celui qui l'a gravé y ait mis son nom, afin qu'on sçut de qui elle étoit, c'est assurément celle cy; car, que le nom de Callot n'y soit pas, je défie à âme qui vive de se douter qu'il y ait jamais mis la main. Elle est gravée au burin et fort mal, et d'un goût de dessein qui n'est pas meilleur, et qui ne fut jamais celui de Callot. Il est pourtant vray qu'il l'a gravée, et il ne pouvoit pas mieux faire dans ce temps là ; car c'est un de ses premiers ouvrages, et qui a dû avoir été fait dans le même temps que le portrait du duc de Lorraine, Charles III. Les desseins qu'a M. de Clérambaut, et qui sont en blanc et noir sur du vélin, sont les mêmes qui ont servi à Callot pour la gravure. C'est l'ouvrage de quelque peintre médiocre et non le sien. Ceux, qui l'avoient choisi pour graver cette planche, supposoient, et sans doute avec raison, qu'il n'en scavoit pas alors assez pour exécuter ces sujets ; ils le firent dessiner et les lui donnèrent pour lui servir de modèle, et il n'eut qu'à les réduire en forme plus petite. J'ai donc raison de dire que M. Helle, en m'annonçant ces desseins pour estre de Callot, et sa planche pour estre un de ses bons ouvrages, ne m'avoit pas accusé juste.

— Dans le livre intitulé : Recherches des saintes antiquités de la Vosge, province de Lorraine, par Jean Ruyr, chantre et chanoine de l'église collégiale de S. Dié. 1625, a S. Dié, par Jacques Marlier, imprimeur de son Altesse, in 4°, il se trouve trois pièces singulières de Callot, savoir : Le Frontispice qui est répété à la première et à la seconde partie du Livre ; il représente une composition d'architecture, au milieu de laquelle est attachée une espèce de tapis sur lequel est imprimé le titre du livre. Précisément au dessus de ce tapis, la Ste Vierge, tenant l'enfant Jésus, est représentée environnée de nuées ; la composition d'architecture se termine par le bas en cul de lampe, sur lequel sont placés, aux deux côté du tapis susdit, deux saints évêques debout, St Dié et St Hidulphe, archevêques de Trèves, tous deux patrons de la Vosge ; le dernier délivre un enfant possédé du démon ; cette pièce est gravée avec beaucoup de fermeté, et du meilleur de Callot ; elle a 6° 10' de hauteur sur 5° 3' de large. La seconde pièce est une vignette en tête de l'épistre dédicatoire; Callot y a représenté une teste de chérubin, dont les aisles, qui se terminent en rinceaux d'ornements, embrassent à droite et à gauche deux cartouches qui renferment des armoiries (qui se trouvent aussi au bas du frontispice); ce sont celles de P. de Ligneville Tantonville, grand Prévost de l'église collégiale de S. Dié et celles du chapitre de cette mesme église. Elle a 2° de h. sur 4° de large. La troisième pièce, qui se trouve à la fin du livre, à la teste de l'histoire de la Bienheureuse Vierge aux trois épics, de la ville de Mariville, dans la Haute Alsace. La Ste Vierge, tenant des épics, y est représentée apparoissant à un paysan (Maréchal), qui conduit un cheval, et lui ordonnant de bâtir en ce lieu là une chapelle en son honneur; dans le fond est un chesne sur le tronc duquel est pratiqué une espèce de petite chapelle en bois, où est une Vierge de pitié, tenant J.-C. étendu sur ses genoux. Cette pièce a 3° 6' h. sur 2° 3' tr., avec cette inscription au bas : Notre Dame des 3 épics, au dessus de Mariville, en la Haute Alsace. A toutes ces pièces, Callot a négligé de mettre son nom; elles sont pourtant bien exécutées. Ce qui les rend si rares, c'est que l'édition tout entière du livre, dans lequel elles ont servi, fut supprimée par l'auteur, à cause du grand nombre de fautes dont elle étoit remplie. Il en donna dans la suitte une seconde édition corrigée et augmentée, imprimée à Epinal, par Ambroise Ambroise, en 1633, in 4°, mais où il ne mit aucunes planches. Parmi plusieurs pièces, à la louange de l'auteur, qui sont au commencement du livre dans cette seconde édition, on en trouve une avec ce titre : Cronographium bis indicans annum 1625, quo prima operis impressio facta, et ob typorum vitia, quibus scatebat, ab aucthore ipso supressa est. La négligence, avec laquelle les planches de Callot y avoient été imprimées, répond à l'imperfection de l'édition. Mon grand père en avoit une première épreuve du titre, qui, comparée avec celles qui viennent du livre, paroist toute une autre planche. Elle appartient présentement à M. de Lorengère.

— L'entrée de Mgr Henry de Lorraine, Mis de Moüy, sous le nom de Pirmandre. — Cette mesme pièce, gravée une seconde fois, et dans une plus grande forme, par le même Callot. — Elle ne se trouve point dans le livre (*il s'agit du combat de la Barrière;* Nancy, 1627). Je croy qu'estant trop grande, il aura été obligé de la recommencer, ou peut-être l'aura-t-il fait pour mettre au-dessus de quelque sonnet; et c'est ce que je crois le plus volontiers. — Ce dernier sentiment est le vray ; depuis, la planche a été coupée en autant de morceaux qu'il y a de sujets dessus, c'est-à-dire en six morceaux.

— *A la suite de l'indication de la pièce du bras droit armé, devise de la maison de Lorraine, qui se trouve dans le même combat à la barrière, Mariette ajoute* : Une autre, où ce bras est représenté de l'autre sens, c'est-à-dire à gauche, se trouve dans quelques exemplaires du Livre du combat à la barrière, ce qui les rend rares et singuliers. — Le petit bras armé, qui est dans l'œuvre de M. de Clérambaut, et qui, par la disposition, est le même que l'autre petit bras armé, qu'on connoit, me paroit bien de Callot et assez finement touché. Je suis en cela d'un sentiment fort différent de Gersaint, qui doûtoit de son originalité.

— Les monnoyes des princes de l'Europe, principalement de ceux de l'Allemagne et d'Italie, ayant cours au commencement du 17e siècle, au nombre de 106, dessinées et gravées à l'eau-forte par J. Callot, qui les a rassemblées sur dix planches. Israël Silvestre exc. 1662. Ce sont des pièces les plus négligées de Callot, qu'il n'a pu faire plus tost que 1630, y ayant dedans des monoyes de 1629.

— Le portrait de Charles de Lorme, médecin ordinaire du Roy, dessiné et gravé à l'eau-forte, à Nancy, l'année 1630 ; elle est dédiée à ce M. Delorme, par J. Callot. C'étoit un des plus grands curieux d'estampes de son temps, surtout de celles de Callot; aparemment qu'il étoit de la suite de Gaston, duc d'Orléans, dont il estoit le p^er^ médecin, qui, dans cette année, estoit, ce me semble, à Nancy.

— Le portrait de Deruet et de son fils; les changements qu'on trouve dans les épreuves sont peu considérables; ils ne consistent qu'en ce que la face du costé du bastiment, qui est dans le fond, et qui estoit ombrée d'une seule taille dans les premières épreuves, est icy changée en deux hacheures (1).

— Les trois petites pièces ovales, que l'on nomme, entre les curieux, *les Sacrifices*. Peut-être expriment-elles le culte rendu à Dieu, au démon et aux hommes; car c'étoit un usage chez les Romains, que les soldats adorâssent l'image de l'empereur. Rares; sans son nom. — Je croyois tout d'un coup que ces trois pièces pouvoient avoir rapport aux religions payenne, judaïque et chrétienne, et j'en trouve bien deux qui y ont rapport; mais je ne scais ce que veut représenter l'autre sujet; ce n'est point, comme je le croyois, Philon en présence de Caligula. Quoy qu'il en soit, la première faite des deux planches de ce sujet, que Callot a recommencé deux fois (des gens la teste couverte de leur manteau, devant un empereur assis sur un trône) se fait reconnoître en ce que celuy, qui est le plus près du trône de l'empereur, lève des deux mains la drapperie qui luy couvre la teste, et que luy, aussy bien que les autres, sont vêtus d'habits longs au lieu des cuirasses et des corselets qu'ils ont dans l'autre planche. — M. de Lorangère a, dans son œuvre, une épreuve de cette première planche, avant que Callot y eût fait des changemens dans la drapperie de cet homme qui est sur le devant, et qui a la teste couverte d'un voile, et qui a une canne à la main; il estoit, en premier lieu, entièrement couvert d'un large manteau. Mais il y en

(1) Le Louvre possède le dessin original de Callot pour ce portrait. Voyez la vie de Deruet, dans le second volume des *Peintres provinciaux*.

eut très peu de tirées dans cet estat. Celle de M. de Lorangère, qui est peut-être unique, en est en quelque façon une épreuve. On y voit déjà la préparation que Callot méditoit de faire à cette figure, qui est sur le devant; elle est lavée de bistre, et on découvre encore quelques vestiges des traits que Callot y avoit mis pour chercher une autre forme de drapperie; apparemment qu'on luy fit apercevoir que celle, dont il avoit vestu sa figure, n'étoit pas conforme au costume. Mais ces traits ont été effacés en partie par quelque curieux, pour apercevoir le travail de la graveure caché dessous. Dans les secondes épreuves, on lui voit la tunique et le genou. Les épreuves, qu'on rencontre ordinairement de cette planche, ont été faites depuis que la planche eût été rayée, apparemment par Callot, comme inutile.

— Plan du siége de Bréda. Les explications relatives aux chiffres sont imprimées chez Plantin en 1628, ce qui me fait croire que c'est à peu près le temps que Callot a gravé les planches. Ce sont de ses plus parfaits ouvrages, et, des trois siéges, celuy qui est fait avec le plus de soin. Ce qui est incontestable, c'est qu'il n'a pas pu être gravé plus tost que 1625, ny plus tard que 1628.

— Dans le plan du siége de l'île de Rhé, gravé en 1631, si l'on y prend garde, on remarquera quelque chose qui a été effacé entre les figures de Louis XIIIe et de Gaston, qui sont représentés à cheval, sur le devant du tableau. J'ay entendu dire à mon grand père (et je crois mesme qu'il luy en estoit passé par les mains, où estoit cette particularité), que Callot avoit représenté entre ces deux princes le cardinal de Richelieu aussy à cheval et une baguette à la main, ce qui fut effacé presque sur le champ, de sorte qu'une épreuve, où cela se trouveroit, seroit d'une extraordinaire rareté. — M. Boule avoit le dessein original de Callot de ce grouppe où estoit représenté le cardinal de Richelieu au milieu du Roi et de Monsieur, tel qu'il estoit avant qu'on eût effacé sur la planche là figure du cardinal de Richelieu, ce qui est une preuve qu'elle y a esté; il est présentement passé en Angleterre. Un marchand de tableaux, anglois, nommé M. Haye, l'a achetté de M. Boulle. — J'ay veu, chez M. Boulle, un autre dessein de Callot, qui est une première pensée pour ce groupe. Gaston, duc d'Orléans, ne s'y trouve point représenté, mais le cardinal de Richelieu y est à cheval auprès du Roi. 1731.

— Le plan du siége de la Rochelle est celuy des trois plans que Callot a gravé avec le plus de négligence; il s'y est laissé emporter à son génie.

— Les planches de la Rochelle et de l'isle de Rhé avoient esté achettées par M. Delorme, celuy dont Callot a gravé le portrait. On avoit été longtemps sans savoir ce qu'elles estoient devenues; elles sont reparues, depuis un ou deux ans, entre les mains du s[r] Cars, graveur à Paris. 1725.

— De la suitte de la Passion, en 12 sujets, M. de Lorengère a une première épreuve de la planche qui représente la flagellation, laquelle est singulière en ce qu'il s'y trouve un bout de figure de plus, qui, je ne sçais par quelle raison, a été effacée depuis par Callot. Elle est placée dans l'ouverture d'une porte qui donne dans la prison, et représente un homme qui fait des fouets; cette figure parut sans doutte trop petite à Callot et nuisant à sa composition. — Elle étoit sur son dessein; car j'ai vu tous les desseins de la petite passion et ceux de quatre banquets, qui lui ont servi à graver, et qui sont de la même grandeur que ses planches. Ils sont au crayon, lavés de bistre et touchés avec un esprit infini; mais comme il n'y a que l'âme, et que rien n'est digéré, il falloit être Callot pour trouver de si jolies choses au bout de sa pointe. Il est pourtant vray que, pour ces petits desseins, il avoit fait, de chaque figure, des études, comme s'il eût dû les graver en plus grand. J'en ai plusieurs, et qui font voir combien il étoit curieux de bien faire. Il ne reparoitra pas sitost un tel homme.

— Je vois souvent que, quand on veut donner une idée du style burlesque, on emprunte la comparaison des ouvrages de Callot. Mais cette comparaison n'est point juste; le style burlesque de Scarron, de Dassoucy, etc., est un style bas et ignoble, dont ces auteurs se sont servis pour travestir le style noble de Virgile, et en cela ils ont abusé de leurs talens et se sont rendus méprisables. Pour peu qu'on ait tant soit peu de goût, on ne peut lire leurs poésies sans ennuy. Il n'en est pas de même de Callot. Il est auteur de figures grotesques, mais il les employe avec choix. On ne le voit point les employer pour dégrader des sujets sérieux; ses pantalons, ses bossus, restent dans les plans qu'ils doivent occuper, et ne passent point dans d'autres compositions que celles où ils conviennent. Le seul sujet sérieux, où Callot a introduit des figures fantastiques, et plus comiques les unes que les autres, est sa tentation de St Antoine. Mais ce sujet le comportoit; c'étoit une diablerie. Il étoit permis à Callot de donner essor à son imagination. Plus ses fictions étoient de la nature des songes, plus elles étoient propres à ce qu'il devoit exprimer. Car, le démon voulant tourmenter St Antoine, il étoit à supposer qu'il avoit dû imaginer toutes les formes les plus hideuses et les plus propres à effrayer. Voit-on Callot mettre de semblables figures fantastiques dans les sujets de l'histoire sainte, dans ses siéges, et dans toutes ses autres pièces historiques. Il est assez observateur du costume. Faute d'avoir examiné, l'on le charge fort mal à propos. Mais c'est assez que quelqu'un ait dit mal à propos que tout ce qui est hideux doit porter le nom de figures de Callot, pour qu'on répète la même chose (1).

— L'on convient qu'il n'est pas possible de mettre plus d'esprit dans sa gravure, que Callot en a mis dans la sienne. Il

(1) Cette note porte en marge la date de 1745.

est pourtant vrai que ses desseins sont encore infiniment plus spirituels. Quoiqu'en petit, tout y est prononcé avec fermeté, et, l'on ne craint point de le dire, scavamment. C'étoit le fruit des bonnes études, que cet habile artiste avoit fait à Florence. Il y avoit trouvé une manière dominante, qui étoit trop chargée, mais qui convenoit pour des sujets burlesques, tels que ceux qu'il représentoit, et même pour des sujets où il entroit des modes. Ainsi, ce qui étoit un vice dans les peintres d'histoire de ce temps là, devenoit une manière propre et faite en quelque sorte exprès pour Callot. Le grand dessein de la tentation de saint Antoine, qui est dans la collection de M. Crozat, peut être regardé comme un des chefs d'œuvre de ce maître. C'est le quatrième grand dessein terminé, que j'ai vu de lui, pour parvenir à faire cette belle estampe, qui lui a si justement mérité la réputation dont il jouit. (Cat. Crozat, p. 117.)

— Un grand dessein de la tentation de St Antoine, par Jacques Callot, différent pour la composition de celle qu'il a gravée. Ce dessein est d'une grande beauté. Il avoit été transporté en Flandres, où il a appartenu à Antoine Triest, évêque de Gand. (Cat. Crozat, n° 1000, vendu 145 liv. au comte de Tessin.)

— La tentation de St Antoine, de l'invention de J. Callot, et gravée à l'eau forte, dans les dernières années de sa vie, est un de ses beaux ouvrages. C'est même, dans son espèce, un chef d'œuvre de l'art. — Les premières épreuves de la tentation de Callot se reconnoissent à quelques différences, qui sont dans les armes de M. Phelippeaux. A celles, qui ont été tirées les premières, dans le 2e et 3e quartier des armes, il n'y a que cinq roses, posées trois et deux. Depuis, l'ordre de ces roses a été changé, et il en a été ajouté un plus grand nombre. Je présume qu'on ne fut pas longtemps à faire ce changement, duquel peu de personnes se sont aperçues, pas même Gersaint, dans le catalogue de Lorengère. — M. Boulle en a le dessein, qui est très beau; il est légèrement fait, lavé de bistre, le trait au crayon noir. Mais il falloit estre aussi foncé dans le dessein que l'étoit Callot, pour graver quelque chose d'aussi fini d'après un dessein si peu arrêté; c'est aussi la cause qu'il y a tant d'esprit dans la graveure. — M. Boulle a encore un grand dessein du même sujet de la tentation de St Antoine par Callot, qui est très beau, et exécuté dans la même manière que celui, dont il est fait mention cy à côté. Il y a de grandes différences; mais, en général, on voit que c'est ce qui l'a mené au second dessein qu'il a gravé, et l'on peut juger, de là et des autres études que j'ay veu chez le même M. Boulle, faites pour le même sujet, combien Callot se donnoit de soins pour ses ouvrages. Ces deux desseins ont esté vendus 200 liv. à la vente de M. Boulle, en 1732 (1).

— La tentation de St Antoine, traitée différemment et gravée à l'eau forte, avec esprit, en 1627, *ab Antonio Mei Tinghio* (celui, qui a imprimé le trésor de Robert Étienne à Lyon, se nommoit Philippe Tinghi et étoit Florentin), en deux feuilles, précisément de la grandeur du dessein original de Callot. Celuy-cy, ayant été fait longtemps auparavant et durant le séjour que Callot fit à Florence, a sans doute donné l'idée de l'autre. — Je l'ay veu à Florence dans la gallerie du grand Duc, et il est lavé de noir.

— La tentation de St Antoine, la mesme qu'a gravée Mei, — la grande est tournée de l'autre côté, — gravée à l'eau forte, dans la manière des Intermèdes et de ce qu'il a fait en arrivant à Florence; elle est spirituellement touchée; je n'y vois point son nom, mais il y a pu y estre mis depuis; car cette épreuve est tellement des 1res qu'il y a plusieurs endroits, qui ne sont pas finis, et mesme retouchés par Callot, mesme au pinceau au bistre. — Il a deu graver cette tentation dans le mesme temps qu'il estoit occupé à graver les batailles de Mé-

(1) Mariette a écrit 1632, mais par erreur.

dicis; car j'ay veu une épreuve d'une des dites batailles, la planche n'étant pas encore finie (c'est celle où il y a dans le milieu un cavalier qui vient en avant); il y avoit plusieurs pensées de monstres et de figures grotesques, dessinées par Callot, pour introduire dans ledit sujet de la Tentation, et l'on voit par là que, dans le temps qu'il gravoit lad. planche de bataille, il avoit l'idée pleinne de pensées pour ladite tentation, lesquelles il mettoit alors sur le papier. Cette épreuve singulière est dans l'œuvre de Callot, qu'avoit rassemblée l'abbé de Villeloin.

— *A la suite de l'indication de pièces, faussement attribuées à Callot, et que Mariette croit de la Belle, il ajoute :* Extrait de l'œuvre de M. de Montarsis, qui avoit passé à sa mort entre les mains de M. de Girangi. M. Zanetti, de Venise, la lui a achettée en **1721**; et c'est avant que de la faire partir pour l'Italie, qu'il me l'a communiquée, et que j'ay eu occasion d'en extraire ces pièces, qui sont les seules qui ne sont pas dans mon catalogue.

— J'ay veu quelques tableaux peints par Jacques Callot, entre autres les quatre de la vie des Bohémiens, qui sont chez le grand Duc, un peu plus grands que les estampes, et celuy de l'enfant prodigue perdant son bien au jeu, que Callot a aussy gravé à Nancy dans une forme ovale; la touche en estoit pesante, sans couleur; il s'en faut bien que ces tableaux approchent de la beauté de ses estampes et de ses desseins (1). Il a beaucoup dessiné; on pourroit s'étendre sur la manière dont il dessinoit.

---

(1) Le Louvre possède, dans la collection des dessins, une peinture de Callot, qui a même appartenu à Mariette, le martyre de saint Sébastien, dont il a fait une gravure. Bien que sur toile, c'est, à vrai dire, un dessin fait au pinceau et à l'huile, au lieu de l'être avec des couleurs à l'eau; mais ce n'est en rien une peinture. Il n'y a rien d'étonnant à ce que, dans sa vie d'artiste, Callot ait quelquefois essayé de l'huile; mais il y a loin de là à pouvoir ajouter à

— Portrait de Callot, gravé au burin en 1629, étant alors âgé de 36 ans, par Michel Lasne. Israël amicus optimus excudit. Jacobus Calottus nobilis Lotharingus Calcographus. An. Æt. suæ 36, 1629. Ce portrait a deu estre fait, pendant le séjour de Callot à Paris, où il estoit venu pour graver les siéges de la Rochelle et de l'isle de Rhé. Lisez l'inscription, qui est au bas du portrait; elle est bien flateuse pour Callot.

— Portrait de Callot, gravé au burin, par L. Vorsterman, d'après le tableau d'Antoine Van Dyck. De la suite des cent portraits (1). — Je ne le crois point de Van Dyck, qui n'avoit peut estre jamais eu occasion de voir Callot, mais bien gravé sous sa conduitte, d'après le tableau de quelque autre, et peut estre mesme d'après un dessein de Callot; car ce portrait a beaucoup de sa manière. — Il se pourroit pourtant que Van Dyck l'eût veu à Bruxelles, lorsqu'il y vint pour dessiner le siége de Bréda; c'est ce qu'il faudra examiner.

— Suitte de 20 paysages, gravés à l'eau forte, par Fr. Collignon, à l'exception toutefois du cartouche, qui est à la tête, gravé par mon père, d'après Corneille le jeune, le tout d'après des desseins originaux de Callot; il n'y a à aucunes le nom du graveur; aux bonnes épreuves *Israël ex.* — Avant que M. Langlois, de qui nous avons eu ces planches, les eût, elles avoient pour titre un cartouche, gravé par Collignon, avec ce titre : Divers paysages, mis en lumière par Israël, dédiés à M. Louis Crevant, marquis d'Humières.

— Plan de la ville de Vico, en Galicie, et du siége mis devant cette place, en ...., représenté dans un cartouche en

---

ses titres celui de peintre, comme l'ont voulu quelques-uns. Il y a d'ailleurs de son temps dû être fait beaucoup de copies peintes de ses estampes, à raison même de leur succès, et l'on a tort de les lui vouloir attribuer.

(1) La planche existe à la calcographie du Louvre, avec toute la suite, acquise récemment de M. Van Marck de Liége, par les soins de l'administration. (N° 4035 du nouveau Livret.)

forme d'éventail, tel qu'on les fail en Italie; l'on a mis cette pièce icy, quoyqu'elle ne soit point gravée par Callot; mais il se pourroit faire qu'elle fût de son dessein, d'autant plus que la planche se retrouve aussy dans le cabinet du grand Duc. — Aucun nom; au bas de la planche cette seule inscription: Dedicatus al. S. don Federigo Federici, R[e] di Vico, ce qui me fait croire que c'est le plan de Vico; car je n'en ay pas d'autre preuve; il s'y trouve bien des chiffres, qui font connoistre qu'il doit y avoir une explication de cette pièce, auxquels ils sont relatifs. — Il me semble que c'est plustost le plan du siége de Porto Ercole, mis devant cette place par le prince Thomas. Il faudra voir dans l'histoire de ce Federigo Federici, à qui la pièce est dédiée, si ce n'estoit pas celuy qui deffendoit la place pour les Espagnols. — C'est certainement le plan d'Orbitello et des côtes maritimes de Porto Ercole, défendues par les Espagnols, commandés par Don Carlo della Gatta, et assiégées par les Français, commandés par le prince Thomas, en 1646.

— Une suite de dix-neuf planches, dont il y en a dix-sept, sur chacune desquelles sont représentées diverses attitudes de figures ou caprices, qui ont environ 3° 6' de haut sur 5° 6' de large, et deux autres plus petites, dont l'une représente un vieil officier, et l'autre un levantin, de 4° 6' de hauteur sur 3° 6' de large. Le tout gravé par Noblesse ou d'autres disciples de Silvestre d'après des desseins de Callot; elles sont peu dans la manière, et je doute s'il n'y en a pas un plus grand nombre; les planches appartiennent à M. Fagnani; à toutes il y a le nom de Callot. — Le roy, — ou peut estre l'abbé de Chancey sous le nom du Roy — les a acquis, et toutes les planches qu'il avoit de Silvestre et la Belle, en 1730.

— Les disciples détachent le corps de J.-C. et le descendent de la croix; cette pièce, qui se joint à la suitte de la passion en huit pièces, n'a jamais été gravée par Callot, mais l'a été sur son dessein original par C.-F. Silvestre, fils d'Israël. —

Elle ne se trouve pas avec le reste de la suitte; car c'est M. Silvestre, qui en a la planche, et l'on en voit peu d'épreuves. Ce Silvestre est celuy, qui est le maître à dessiner des pages du Roi. — M. Verdier, qui a appris à dessiner de M. Silvestre, m'a dit qu'il luy avoit entendu dire plusieurs fois que la pièce du crucifiement n'estoit pas entièrement gravée par Callot; qu'il n'y avoit fait que peu de choses, et que c'estoit luy Silvestre, qui l'avoit achevée sur le dessein de Callot. Je crois effectivement qu'il a raison. A toutes les autres de la suitte, il y a le nom de Callot, suivy de ces mots *fecit* ou *in et fe;* à celluy-cy on n'y a mis que le nom de *Callot in*, pour faire connoistre qu'il n'en est que l'inventeur.

— Gros Guillaume, comédien de l'histoire de Bourgogne, représenté sur la scène dans un habit de théâtre; il tient sa toque à la main, et semble adresser la parole aux spectateurs. Cette petite pièce n'est certainement point de Callot; elle est attribuée par quelques-uns à la Belle, ce que je ne crois point encore, et par d'autres à M. le Pautre. 2° 9' h. 1° 7' tr. (1).

CALVETTI (ALBERTO), disciple du cav. Celesti, a suivi la même manière, ainsi qu'on le peut remarquer dans les ta-

---

(1) Nous ne quitterons pas les notes de Mariette, sur Callot, sans leur ajouter, en post-scriptum, les justes et intéressantes observations, que nous fait parvenir M. Meaume sur le tombeau et sur l'épitaphe de Callot, que nous avons rapportée. p. 262 :

« ..... Comme la bibliothèque de Nancy possède le marbre même, sur lequel l'inscription se trouve gravée, je ne l'ai pas relevée sur les notes de Mariette. Quant aux erreurs de la version, que vous avez transcrite, les voici : — p. 262, ligne 3e de l'épitaphe, au lieu de : *dvcente*, lisez : *docente;* — à la 7e ligne de la p. 263, il y a bien effectivement une faute sur l'original, et on y lit très-distinctement *cine*, mot qui n'appartient à aucune langue. Je ne pense pas toutefois que ce soit le commencement du mot *cinere*, que vous avez terminé ainsi (*re*). Je ne doute pas, au contraire, que la véritable version ne soit *cive*, que le graveur aura par mégarde écrit *cine*. Le mot *cive* est d'ailleurs le seul qui présente un sens.

« Quant à la ligne illisible, que vous croyez, — d'après Mariette,

bleaux de sa main, qui sont répandus dans diverses églises de Venise, et qui sont cités dans le L. della Pittura veneziana, p. 403.

CAMASSEI (ANDREA). Suivant une inscription qui accompagnoit le portrait de ce peintre, qui étoit dans une collection de desseins, formée par le S. Pio, et qui a appartenu à M. Crozat, il est né en 1592, et est mort en 1646; mais le Passeri, dans la vie qu'il a faite de ce peintre, le fait mourir en 1648, âgé de 47 ans. Le Pascoli, qui paroit avoir écrit sur des mémoires fournis par la famille, place la naissance du Camassei en 1602, et sa mort en 1649; et je crois qu'il faut s'en tenir là.

CAMASSEI (GIACINTO), de la même famille qu'André Camassei, a pareillement exercé la peinture dans Rome, mais dans un bien moindre degré d'excellence que son parent, auquel il est postérieur. J'ai une pièce gravée sur son dessein. Le Pascoli, qui le nomme dans la vie d'André Camassei, nous apprend qu'il fut reçu académicien de S. Luc, en 1679.

CAMERATA (GIOSEFFO), né à Venise, reconnoit pour maître

— remplacée par des points, elle n'existe pas. L'inscription se termine après le mot *invidit*, et présente un sens complet. Les mots *Stabit in æternum nomen et artis opus* ne sont pas sur la plaque de marbre conservée à Nancy; mais, d'après le P. Husson, qui a vu le monument entier, ils se trouvaient gravés, au-dessous, sur un petit marbre ajouté et arrondi par le bas; et ensuite on lisait les quatre vers français que vous avez rapportés. — Ce qu'il y a de bien curieux dans les deux dessins, qu'on a très-judicieusement conservés dans les notes de Mariette, c'est qu'on y trouve la preuve que la gravure de Bosse nous donne (sauf le buste) une représentation exacte du tombeau. En effet le dessin, envoyé par Jadot à Mariette, a été pris sur le monument lui-même, et il reproduit exactement, en contre-partie, l'estampe de Bosse. Donc, cette estampe avait elle-même été faite d'après le monument. Il n'y a de changé que le buste et l'inscription; c'est ce dont j'ai pu me convaincre, en comparant le dessin à l'estampe... »

Grégoire Lazzarini, et ne s'est jamais départi de la manière, qu'il avoit contractée dans cette école. Un noble Vénitien, nommé Miani, se l'étoit attaché, et en avoit fait son peintre, et il le logea jusqu'à sa mort dans son palais. Elle arriva en 1762. Il comptoit alors 94 ans. Longhi, vite de' Pitt. Venez., et le Guarienti.

CAMETTI (BERNARDINO), sculpteur et architecte, est né à Rome, en 1669. Son goust décidé pour le dessein le conduisit chez Lorenzo Ottone, chez qui il a demeuré pendant 15 ans, continuellement occupé à étudier d'après l'antique et d'après Raphael. De ses principaux ouvrages est le tombeau du cardinal Filippucci dans l'Eglise de St Jean de Latran à Rome, et ceux du cardinal Antoine et du prince Tádée Barberin, dans l'Eglise de Ste Rosalie à Palestrine. *Mss. de Pio.* Il estoit encore vivant en 1717.

CAMPAGNA (GIROLAMO), de Vérone, disciple de Jacques Sansovin, a été un très bon sculpteur; et je me souviens d'avoir vû, avec un grand plaisir, le bas-relief de marbre, dans lequel il a représenté St Antoine de Padoue, qui, pour faire reconnoitre l'innocence de son père, ressuscite un mort, qu'il étoit accusé d'avoir assassiné. Ce beau bas-relief, dans lequel il entre treize figures, presque toutes détachées du fond et quasi de ronde bosse, est dans la chapelle, où repose le corps de S. Antoine à Padoue. C'est aussi le Campagna, qui a exécuté en bronze le merveilleux tabernacle sur le maître-autel de l'Eglise de S. Georges Majeur à Venise; mais l'invention en est, à ce qu'on assure, d'Ant. Vasilacchi, dit l'Alliense (Vite de' Pittori Veron. del Pozzo, p. 144), et encore plus tôt de Paul Véronèse. J'ai un excellent dessein de ce maître, qui ne permet pas d'en douter. Jérôme Campagna, qui exerçoit son art à Padoue, en 1579 et 1583, avoit un frère nommé Joseph, qui, comme lui, étoit sculpteur. Tous deux furent employés aux statues, qui couronnent la façade des Procuraties neuves à Venise, du dessein de Scamozzi. Stringa, Venezia descritta, p. 429 b.

CAMPAGNOLA (DOMENICO). Ridolfi ne dit point qu'il fût Vénitien, ny disciple du Titien. Il paroist plus tost que cet auteur le croyoit de Padoüe, où il a beaucoup travaillé. Ce qui est de certain, c'est qu'il estoit contemporain du Titien, et qu'ils ont peint en concurrence. Campagnole avoit un talent singulier pour bien dessiner le paysage. Il y en a plusieurs de luy, gravés en bois, qu'on donne au Titien, et qui n'en sont pas indignes. M. Crozat en a un grand nombre dessinés à la plume, à l'un desquels on trouve écrit au dos, en italien, de la propre main de Campagnole, cette particularité remarquable : *En 1511, nous avons peint à fresque, en compagnie du Titien, dans la Scola del Carmine, et de compagnie nous sommes entrés dans la Scola de Padoue* (c'est celle del Santo), *le 24. 7bre de la même année.* Sur le dos d'un autre dessein, il fait mention d'un de ses frères, peintre comme luy, nommé François, et d'Étienne dall' Arzere, peintre de Padoüe. Ces desseins sont fort beaux. Vateau les copia tous, étant chez M. Crozat, et il avouoit qu'il en avoit beaucoup profité.

— Personne n'a encore mieux saisi la manière de dessiner le païsage du Titien, que le Campagnole. Il étoit son contemporain, et il a, ainsi que ce grand peintre, un maniment de plume tout à fait expressif; son feuiller est léger et de bon goût; ses lointains sont merveilleux pour leur richesse. Ces deux peintres ont pris leurs modèles dans les montagnes du Frioul; mais le Campagnole n'a pas encore toute l'intelligence du Titien; sa touche est plus égale, et les devans de ses païsages sont ordinairement pauvres. Il n'est cependant rien de si ordinaire que de voir d'excellens connoisseurs prendre le change sur les desseins de ce maître, en les attribuant au Titien; et c'est assurément le plus grand éloge qu'on puisse en faire. Les desseins du Campagnole, qui composent cette collection, sont des plus beaux qu'on connoisse de ce maître. Il s'y en trouve de deux manières fort dissemblables; les uns sont d'une plume sèche et égale, et tiennent de la manière de dessiner du Giorgion; les autres sont dans le grand style du Titien. On ne peut pas douter que les uns et les autres ne soient du Campagnole, et il a même eu le soin de mettre son nom aux premiers. Serait-ce qu'il y auroit eu deux maîtres de ce même nom, ou le même maître auroit-il ainsi varié de manière. (Cat. Crozat, p. 73.)

— *A la suite de l'indication de cinq pièces, gravées en* 1517, *Mariette ajoute :* Il y a à toutes DOMINICVS CAMPAGNOLA et les dattes. Il n'y a que la 1re, une femme nue, étendue par terre, dans un paysage, où il y a seulement. DO.—CAMP.—1517. Mais est-il possible que ce soit le mesme Campagnole, de qui l'on voit de si beaux paysages en bois? Effectivement, j'ay veu chez M. Crozat des desseins de paysages, que l'on dit de luy, et où les figures sont très mal dessinées; mais celles qui sont ici le sont encore bien plus mal, et le paysage n'est que touché en maistre, quoyque l'on voie bien que celui qui l'a fait avoit du goût de couleur. Tous ces deffauts viennent peut-estre du peu de pratique, que ce maître avoit de graver; car on voit très peu de pièces de luy.

— Jugement assez semblable à celuy de Salomon. En voicy l'histoire, telle qu'on me l'a racontée : De trois enfans d'un homme fort riche (on ne m'en a pu dire le nom), deux s'étoient éclipsés pendant sa vie; on n'en avoit aucune nouvelle, et à sa mort il ne restoit que le troisième de ses enfans pour recueillir la succession. Deux personnes inconnues se présentèrent alors et se dirent ses frères, accompagnant cela de tant d'indices qu'il étoit presque impossible de reconnoistre la supercherie. Ils demandoient instamment la succession; mais le véritable fils soutenoit toujours qu'elle ne leur appartenoit pas. Le juge enfin s'avisa d'un moyen pour éclaircir la vérité du fait. Il fit attacher le cadavre du père à un arbre, et proposa que celuy, qui luy perceroit le cœur avec une flèche, ou du moins en approcheroit le plus près, celuy-là seul seroit tenu pour le fils légitime. Les deux imposteurs acceptèrent la proposition, ils tirent chacun une flèche; mais, quand ce vint à celuy qui estoit véritablement le fils, il brisa l'arc qu'on luy avoit donné, refusant de percer le corps de son père, et priant le juge de donner plus tost la succession aux autres que de le contraindre à une semblable inhumanité. Le juge reconnut à ce trait qu'il estoit seul le fils; il le mit dans ses droits, et fit punir les imposteurs, comme ils le méritoient. Ce sujet a été présenté dans une estampe, gravée en bois, que l'on prétend estre de Campagnole. — M. Crozat a un tableau, où cette même histoire a été représentée; c'est luy qui me l'a racontée; mais elle peut estre différente en des circonstances; il faudra savoir d'où elle est tirée pour la vérifier.

— L'armée de Pharaon submergée, en douze grands morceaux, gravés en bois, qui s'assemblent et ne forment qu'une seule pièce, mise au jour à Venise, par Dominico delle Grecche en 1549. Ce Dominique est peut-être le Campagnole; il prend la qualité de peintre vénitien, sur le dessein *del grande et immortal Tiziano.*

CAMPAGNOLA (GIULIO). Ganimède enlevé dans l'Olympe, gravé au burin, par Jules Campagnola. On lit au haut de la planche JVLIVS CAMPAGNOLA. Il y a au bas un fond de paysage, mais qui n'est point du tout dans le goût de l'autre Campagnole. — Jules Campagnole étoit de Padoue; il a gravé quelques pièces, où son nom est suivi de celui de sa patrie, *Antenoreus.*

— Eve assise auprès d'Adam, 9° l'h. 6° 6' tr. Cette pièce, qui est sans nom, est, à ce que l'on croit, d'un ancien graveur italien, nommé Robetta. Après l'avoir examinée depuis, je trouve qu'elle approche encore plus de la manière de Jules

Campagnole, et je la croirois mesme assez volontiers de luy.

CAMPI (BERNARDINO) étoit assurément d'une famille différente de celle d'Antoine Campo; sans cela ce dernier n'eût pas manqué de dire à quel degré il lui étoit parent, chose qu'il a remarquée, toutes les fois qu'il parle de son père ou de ses frères. Il vivoit encore en 1583.

CAMPI (GALEAZZO), né en 1475, suivant l'inscription de son portrait rapportée par Baldinucci. Galeazzo Campi, mio padre, pittore de suoi tempi assai ragionevole, passò a miglior vita quest' anno 1536. *Storia di Cremona d'Ant. Campo, p. XXVII.*

CAMPO (ANTONIO). Scevola se brûlant la main en présence de Porsenna. Je n'ay peint encore veu de bonnes épreuves de ce clair obscur; tous ceux, qui m'ont passé par les mains, portent la marque d'Andreani; pour estre excellens, il faudroit, je pense, qu'elle n'y fust point. J'en ay une épreuve qui avoit appartenu à Collendon, qui étoit fort curieux de clairs obscurs; il l'avoit acheté à Venise, et y avoit écrit au dos le nom de *Crémonèse.* En effet, il me semble que l'invention en est d'Antonio Campo de Crémone, de qui l'on a de si beaux clairs obscurs.

CAMPO (GIULIO) étoit, au témoignage de son frère Antoine, qui a écrit l'histoire de Crémone, un des meilleurs peintres de son temps, ainsi que le montrent les ouvrages, qu'il a fait à Milan, à Plaisance, à Crémone sa patrie, et en plusieurs autres endroits de l'Italie. Antoine avoit dessein d'écrire la vie de son frère, ce qu'il n'a pas exécuté. Il remarque seulement qu'on lui fit des obsèques, que Don Emmanuel de Luna, gouverneur de Crémone, voulut honorer de sa présence, pour faire connoitre l'estime qu'il faisoit du deffunt. Sa mort arriva au mois de Mars 1572, et il fut inhumé dans l'Eglise de S. Nazaire. Il eut plusieurs disciples distingués, dont un des principaux fut Lattanzio de Bresse, surnommé il Gambara. *Hist. de Cremona, p.* 51.

CANAL (JEAN-ANTOINE), ou da Canal, (ainsi qu'il l'écrit lui-même dans un mémoire qu'il m'a envoyé, et qui contient sa généalogie), de Venise, s'est distingué dans le talent de peindre des veües, et a fait pendant longtemps des tableaux dans ce genre, que la finesse de la touche, la vérité qu'il y mettoit, et la singularité des aspects ont fait rechercher des étrangers et surtout des Anglois, pour lesquels il a beaucoup travaillé. Il a fait deux voyages à Londres, et il y a rempli ses poches de guinées. Il a travaillé dans la manière de Van Vytel; mais je le crois supérieur. Suivant sa généalogie, qu'il m'a lui-même envoyée, il est né à Venise, le 18 octobre 1697, et il a reçu au baptême le nom de Jean Antoine. Il a gravé une suite de planches, représentant des vues de Venise, de Padoue et d'autres lieux circonvoisins, où la perspective est très bien entendue, mais qui pèchent à mon avis par une touche trop égale et trop peu délicate. Le Vicentini a aussi gravé une suite assez curieuse de veues du grand Canal de Venise, d'après les tableaux, que le Canal avoit faits pour Smith, consul de la nation angloise à Venise. Il est mort à Venise, le 20 avril 1768, in contrada di S. Lio, dove abitava. Il étoit fils d'un père, qui peignoit des décorations de théâtre, et lui-même, il s'en occupa jusqu'en 1719, qu'il quitta cet exercice pour n'y plus revenir. Il avoit fait dans sa jeunesse le voyage de Rome, et, depuis qu'il eut abdiqué le théâtre, il ne s'occupa plus qu'à peindre des veues d'après nature, faisant usage de la chambre noire, dont il scavoit modérer le faux.

CANEVARO (ANTONIO), Romain, né en 1681, a appris l'architecture sous Antoine Valerij, la perspective de Pierre François Garolli et les mathématiques de Borelli. Pio, après avoir parlé de plusieurs ouvrages d'architecture de cet artiste, fait un éloge particulier des desseins qu'il avoit faits pour la nouvelle façade de S. Jean de Latran, et de son modèle pour la sacristie de S. Pierre, fait en concurrence de Valerij, son maître, et de D. Philippe Juvara. Selon lui, c'est ce qui a été fait de plus beau sur ce sujet. *Mss. de Pio.* M. Crozat avoit son portrait dessiné, qu'il avoit eu du S. Pio.

CANERA (ANSELMO) de Vérone; Palladio en a fait mention dans son livre d'architecture; il le met au nombre des bons peintres de son temps.

CANGIAGE (LUC). Jamais peintre n'a produit avec plus de facilité que celui-ci; mais jamais artiste n'a été moins arrêté. Il s'étoit fait une méthode de n'indiquer toutes les parties de ses figures, que par de simples lignes droites. On donna de grands éloges dans le tems à cette nouvelle manière; mais l'on en a reconnu l'abus depuis, et l'on ne regrette plus, comme on a fait, la prodigieuse quantité de desseins, que ce maître a détruit lui-même. Il en reste assez pour se consoler de leur perte. (Cat. Crozat, p. 82.)

CANINI (GIO : AGNOLO), né à Rome en 1609, resta auprès du Dominiquin, jusqu'à ce que ce que celui-ci alla à Naples pour y peindre la chapelle du Trésor; pour lors, il se mit sous la conduite d'Alberti de Messine, autre disciple du Dominiquin. Il dessinoit assez bien, mais il eut toujours un très mauvais goût de couleur. Il s'étoit beaucoup attaché à dessiner des monumens antiques, et cette étude le mit en estat de composer un livre des testes antiques d'hommes illustres intitulé *Iconographia*, qu'il présenta au Roy Louis XIV, lorsqu'il passa en France à la suite du cardinal Chigi, qui y vint en qualité de Légat, en 1664. Ce prince lui fit présent d'une chaîne d'or, et lui fit beaucoup de caresses. C'étoit un homme sage, et qui, faisant son unique occupation de l'étude, étoit fort retiré. Il mourut à Rome, en 1666. *Mss. de Pio.* Son livre ne fut publié qu'après sa mort, par les soins de Marc-Antoine Canini, son frère, en 1669.

— Jean-Angelo Canini, disciple du Dominiquin, a gravé le frontispice du livre *Istoria di Terni*, in-4°, et le portrait de l'Angeloni, auteur de cet ouvrage, lequel s'y trouve au commencement, et cette dernière planche est une belle chose.

CANTARINI (SIMONE). Les dessins ci-dessus viennent presque tous du comte Malvasia ou du Pasinelli, qui les avoient recueillis avec grand soin presque du vivant même du Pesarese. On y retrouve presque tous les desseins, que ce peintre gracieux avoit fait pour parvenir à ses graveures, c'est à dire ces mêmes desseins, que le Guide prisoit si fort, et qui lui avoient causé quelque ombrage. On y découvre en effet, et, principalement dans ceux qui font des études, un goût de nature et des sentimens de chair, qui ne pouvoient manquer de plaire à un peintre tel que le Guide, qui possédoit ces grandes parties dans le degré le plus éminent. (Cat. Crozat, p. 63.)

CANTI (GIO :), dont le Cadioli a fait mention, dans sa description des Peintures de Mantoue, page 115, a été, s'il faut en croire cet auteur, un excellent peintre de batailles et de paysages, et peignoit avec une telle promptitude qu'il étonnoit ceux qui le voyoient opérer. Il a fini ses jours à Mantoue; il y a reçu la sépulture dans l'Eglise de S. Ambroise, où l'on voit son épitaphe. Il étoit né à Parme. Cadioli, p. 64.

CANUTI (DOMENICO MARIA). Il y a une estampe représentant l'Éducation de la S. Vierge, qui a été gravée par Dominique Bonavera, d'après un tableau qu'a peint le Canuti, et par lequel il a terminé sa carrière. Or, si l'on y prend garde, on verra que, sur le livre dans lequel la Vierge apprend à lire, il est écrit que ce tableau a été peint en 1680, ce qui ne s'accorde point avec les dattes de la naissance et de la mort de ce peintre données par le P. Orlandi. Si l'année de la naissance est bonne, le Canuti devoit être âgé de 57 ans, et non de 55, lorsqu'il mourut; ou, s'il n'en avoit véritablement que 55, il faut avancer sa naissance en 1625. — Le chanᵉ Crespi a relevé les fautes, qui étoient échappées au P. Orlandi, et, dans la vie du Canuti, qu'il vient de nous donner, il nous apprend que ce peintre, né à Bologne, en 1620, y étoit mort, le 6 avril 1684, âgé de 64 ans.

CANY (JEAN-BAPTISTE DE) travailloit à Paris sur la fin du dernier siècle. C'étoit un peintre froid, et dont le principal talent étoit de copier avec une grande propreté. Il se faisoit estimer par sa vertu et la douceur de ses mœurs. Il n'a guères peint que des sujets de piété et des portraits.

CAPELLINO (MICHELE), surnommé il Calzolajo, peintre ferrarois, étoit déjà avancé en âge, lorsqu'ayant pris du goût pour la peinture, il se rangea au nombre des disciples du Dosso. Il vivoit en 1550, et avoit un coloris vigoureux; mais on voit peu de ses ouvrages. L'auteur de la Descriz. delle pitture di Ferrara n'en cite que deux seuls, et, dans la table des noms des artistes, qui est à la fin de son livre, il les met sur le compte d'un Gabriel Capellino, detto il Calzolaio, en même temps qu'il lui donne le nom de Michel, dans la courte notice des peintres ses compatriotes, page 13. A quoi faut-il s'en tenir?

CAPITANI (GIULIANO DE), da Triokonte, scolare di Bernardino Campi. Lamo, fol. III, lo chiama giovane di gran speranza.

CAPITELLI (BERNARDINO) étoit Siennois. Il a gravé plusieurs morceaux à l'eau forte, et toujours d'une façon peu agréable. Sa pointe étoit fort mauvaise; outre cela, il n'avoit point de touches, et il connoissoit encore moins la partie de l'intelligence. Il étoit à Rome en 1627, et il y gravoit, sur le dessein de Pietre de Cortonne, le tableau antique de la Noce aldobrandine, qui est un de ses meilleurs ouvrages. Je trouve qu'il étoit à Sienne en 1633. C'est la datte que porte une longue pièce, en manière de frise, gravée par lui, d'après un bas-relief antique de la Vigne de Médicis, à Rome, représentant la cérémonie d'un sacrifice.

CAPOBIANCO (GIO : GIORZIO), de Vicence, a fait dans son tems des ouvrages d'orfèvrerie et d'horlogerie qui ont passé pour des prodiges. On admiroit alors une petite horloge, placée dans le chaton d'un anneau, et de semblables bagatelles, qui ne valoient quelque chose que par la singularité, et les princes s'en amusoient; ce fut un bonheur pour cet artiste, car, ayant tué un homme en trahison à Venise, il alloit être exécuté, si le duc d'Urbin, Guidobaldo, touché de ses talens, ne se fût prévalu du crédit de l'Empereur Charles V, et, faisant parler ce prince, n'eût intercédé en faveur du criminel, et n'eût fait convertir en un bannissement la peine de mort qu'il devoit subir; l'auteur, dont j'emprunte tout ceci, fait la description de quantité d'autres ouvrages singuliers, par rapport à la méchanique qui les faisoit agir, et fait surtout un grand éloge d'une lampe d'argent, ciselée et enrichie de bas-reliefs, qui se voyoit de son temps dans le dôme de Milan. Capobianco est auteur d'une machine ingénieuse, avec laquelle on cure les canaux de Venise, et cela engagea la République à lever son bannissement. S'étant retiré à Rome avec son fils, qui avoit un employ dans la Bibliothèque du Vatican, il y mourut en 1570. *Marzari, Stor. di Vicenza, pag.* 189.

CAPORALI (GIO : BATTISTA). Le Caporali, qui a donné une

traduction italienne de Vitruve, se nommoit Jean-Baptiste et non Benoît (*comme le dit le P. Orlandi*). C'est ainsi qu'il s'est nommé, dans le titre du livre imprimé à Bologne en 1533 : Vitruvio, con il suo commento e figure, in volgar lingua rapportato da Gio : Battista Caporali di Perugia. Bononiœ, 1533, in-fol°.

CAPRIOLI (ALIPRANDO), graveur à Rome, et qui, s'il n'a pas été le disciple de Corn. Cort, est du moins un de ses imitateurs, étoit de Trente.

CARAGLIO (GIO : JACOPO). Il faut avoir bien peu la connoissance des estampes, pour attribuer à Luc Kilian la gravure de l'estampe de l'adoration des Bergers, sur laquelle se trouve cette marque Y 1526 (1). Suivant la plus commune opinion, c'est un ouvrage du Caralius. Du reste, personne n'a pu rendre encore raison de cette marque qui se trouve sur quelques autres morceaux, entre autres sur un portrait de l'Arétin en manière de médaille. — J'ai un pressentiment que c'est la marque de Caralius, et je vais même plus loin, je ne crois pas qu'on en puisse douter.

— Il m'est passé par les mains une petite estampe assez mauvaise, tant par rapport au dessein et à la composition que pour ce qui concerne l'exécution de la gravure. Aussi est-ce un ouvrage de la jeunesse de Caralius, et fait dans un temps où il ne faisoit que commencer à manier le burin. On y trouve cependant des traces de sa manière, qu'il n'a fait que perfectionner. Le sujet de l'estampe est un Christ au tombeau ; la Madelaine est à genoux à ses pieds ; la Vierge, St Jean, et une sainte femme sont debout à ses côtés, et aident à soutenir le corps sur le bord du sépulcre, lequel est placé

---

(1) Voyez Brulliot, I, n° 773 et Bartsch, XV, p. 68.

sous une arcade. On lit sur un des jambages, celui qui est sur la droite, le nom du graveur, disposé sur une colonne de cette manière : IOA-NO-IACO-PO-CAR-AGLIO. L'estampe n'est que singulière et n'a pas d'autre mérite. Elle porte 5° 6' h.; 3° 9' tr.

CARAVAGGIO (MICHEL-ANGELO DA). Le Gigli dans son poëme *della Pittura trionfante*, pag. 25, parle de ce peintre très avantageusement, et en fait un portrait qui m'a paru mériter que j'en rapporte quelques traits. On voit qu'il l'avoit connu de près. Il peint l'homme.

Quindi ecco s'offre di ciascuno avanti
Di fantastico umor certo bizzarro
Pallido in viso, e di capillatura
Assai grande, arricciato,
Gli occhi vivaci si, mà incaveaniti, etc.

. . . .

O felice ch' arriva à segno tale.
Quest' è il gran Michel Angel Caravaggio
Il gran protopittore,
Maraviglia del' arte
Stupor de la natura, etc.

Le Père Resta prétendoit que M.-Ang. de Caravage étoit mort en 1615, âgé de 47 ans; et, en cela, il est conforme au Baglione. Mais il faut croire que le Bellori, qui est venu depuis, et qui fixe la mort de cet artiste en 1609, écrivoit sur de meilleurs mémoires.

CARBONE (LUIGI), peintre napolitain, qui a été, à Rome, disciple de Paul Brill, et qui, après avoir parcouru l'Italie, et séjourné pendant quelque tems à Venise, revit Naples, et y fit plusieurs tableaux de paysages, qui lui firent une réputation. Il aimoit à representer des orages et des fleuves débordés, et il animoit ses compositions de jolies petites figures. Il est mort jeune, d'une hydropisie de poitrine, au commencement du XVIIe siècle. Domenici, t. 2, p. 247.

CARDI (LODOVICO), dit le Cigoli ou Civoli. Le Civoli peignit, en 1606, le tableau qui est dans l'Eglise de St Pierre, suivant qu'il est marqué au bas de l'estampe, qui a été gravée par Dorigny. Ce beau tableau ne subsiste plus; il a péri par la maladresse de celui qui l'a voulu netoyer.. — Lorsque la Grande Duchesse, Christine de Lorraine, fit son entrée à Florence, en 1588, il fit, en qualité de disciple d'Alexandre Allori, un des tableaux de l'Arc de Triomphe, dont son maître avoit fourni le dessein; et, dans la description imprimée de cette fête, à l'endroit où il est parlé de lui et de son ouvrage, on le désigne par les termes honorables de *Gentil Maestro e studioso*, et l'on ne pouvoit en effet le mieux caractériser.

CARLEVARIJS (LUCA) enseignoit à Venise la partie des mathématiques, qui sert d'introduction au dessein et à la perspective; lui-même il dessinoit et peignoit des veues et des morceaux d'architecture avec distinction. Comme il vivoit sous la protection de la maison Zenobio, on l'appeloit communement *Luca di Cà Zenobio.* Il est mort à Venise, âgé d'environ 64 ans, en 1728.

CARIANI (GIO:) vivoit dans le même temps que Laurent Lotti, et cherchoit à imiter la manière du Giorgion. Ridolfi part. 1. fol. 130.

CARIMENA, peintre espagnol, dont on voit des ouvrages à Valence en Espagne. Il peignoit les chairs avec fraîcheur, dans la manière du Titien. Préface à la teste d'un livre des principes du dessein par D. Joseph Garcia.

CARPI (GIROLAMO DEI). Le Père Orlandi a raison de dire que ce peintre se nommoit Girolamo de' Carpi et non pas da Carpi, comme l'appelle Vasari; car j'ay veu son nom écrit ainsy de sa propre main dans un livre de ses desseins. Il dessinoit volontiers à la plume, qu'il manioit légèrement et spirituellement, à peu près dans la manière de Battista Franco, mais plus sçavamment. — Girolamo de Carpi étoit à Ferrare en 1541. Ce fut luy qui ordonna les scènes de la tragédie de J.-B. Giraldi Cinthio, intitulée l'Orbecche, qui fut représentée cette année là à Ferrare. Il y est fait mention de luy au commencement en ces termes : *Fù l'architetto et il dipintore della scena M. Girolamo Carpi da Ferrara. Orbecche, Tragedia, stampata l'anno* 1547. Le même auteur Cinthio parle encore du Carpi, et en fait l'éloge dans son livre *de Atestinis principibus*, p. 49. — Gir. de' Carpi étoit à Rome en 1552, ainsi qu'on l'apprend d'une notte, qu'il a faite lui-même sur un des feuillets d'un Livre ou Journal, dans lequel il a dessiné, avec tout l'esprit possible, quantité de monumens antiques et les Grotesques de Raphaël au Vatican. Ce journal ou Livre de desseins, que j'ay vû chez M. Crozat, est un de ceux qui appartenoient autrefois au comte Bolognetti, et dont Malvasia a fait mention dans la vie du Bricci, et la note Mss. regarde certaines hardes appartenant au card[al] de Ferrare, qui étoient demeurées en dépôt entre les mains de Jérôme de Carpi; cette notte apprend encore que ce peintre étoit alors au service du cardinal de Ferrare; c'étoit Hippolyte d'Est.

— Le Vasari fait naître Jer. de Carpi en 1501, et le Superbi place sa naissance en 1488. Il faut s'en tenir à cette dernière datte, qui s'accorde avec ce que le Vasari a écrit lui-même, que Jer. de Carpi avoit peint le portrait d'Onufre Bartolini, dans le temps que ce prélat, encore jeune, faisoit ses études à Bologne, et avant qu'il fût élevé à la dignité d'Archevêque de Pise. Or, ce prélat, né en 1495 (Thesaurus Pisanæ basilicæ, ad calcem primæ partis) eut l'administration de cet archevêché n'étant âgé que de 17 ans, c'est à dire en 1512. (Vide Ughelli, Ital. sacr., t. 3, p. 580.) Carpi ne pouvoit avoir alors qu'environ onze à douze ans, et cependant le Vasari fait un grand éloge de son tableau. Il faut nécessairement le faire plus vieux, et, en reculant de 13 ans sa naissance, ainsi que le fait Superbi, toutes choses rentrent dans l'ordre et se trouvent arrangées comme il faut.

— Ces desseins de Jérôme de Carpi sont faits à la plume, avec tout le goût et l'esprit possible, dans un style qui tient beaucoup de celui de Battista Franco, mais qui est plus savant et moins maniéré. Carpi avoit dessiné à Parme les ouvrages du Corrège et du Parmesan, et à Rome ceux de Raphaël et de Polidor,, et les monuments antiques. C'étoit sur ces grands modèles qu'il s'étoit formé. Carlo de gli Occhiali, de qui M. Crozat a eu une bonne partie des desseins qui sont ici, étoit persuadé, avec tous les curieux de Rome, que c'étoient les propres études de Raphael d'après l'antique, en quoi il se trompoit; mais c'est toujours un préjugé bien fort en faveur de ces desseins. Les autres desseins du même maître, qui composent cette collection, viennent du comte Malvasia, qui en a fait mention dans la vie de Bricci, ou de M. Van Schelling d'Amsterdam. (Cat. Crozat, p. 39.)

CARPI (UGO DA). Avant que d'entrer dans le détail des pièces qui composent cette collection, il ne sera pas hors de propos d'expliquer ce que c'est qu'un clair obscur. L'on appelle ainsy toute estampe qui imite un dessein lavé au pinceau par le moyen de deux planches, dont l'une exprime le trait et les hacheures des ombres les plus ressenties, et l'autre forme les deux teintes; l'on y en adjouste souvent une troisième, et quelquefois même une quatrième, pour les teintes les plus fortes, les jours et les rehaus de blanc, que les peintres ont coutume de mettre dans leurs desseins, pour leur donner du relief, étant exprimés par le fond du papier qui reste blanc. L'on a soin que toutes ces planches soient de pareille grandeur, afin que ce qui est gravé sur l'une se rencontre juste avec l'impression et avec ce qui est gravé sur l'autre, et que cela produise un tout ensemble régulier. Presque toujours l'on s'est servi du boys, comme d'une matière plus convenable pour ce travail que le cuivre, et c'est ce qui fait que cette sorte d'estampe paroist avoir quelque chose de grossier. Cependant l'on ne pouvoit rien imaginer qui représentât plus parfaittement les desseins, et ce qui a été fait dans ce genre en Italie peut tenir lieu des plus excellens. Ce fut dans ce pays, si fertile en grands hommes, que l'on imagina cette espèce de graveure. Si l'on en croit Vasari, Hugues de Carpi, assez médiocre peintre, mais homme industrieux, en fut selon luy l'inventeur, vers le commencement du 16e siècle. D'autres, au contraire, veulent que cette pratique ait été trouvée en Allemagne, et il paroist qu'ils sont mieux fondés, puisque l'on voit des clairs obscurs de maistres allemands plus anciens que Hugues de Carpi ; il est donc à présumer que Vasari étoit mal informé, ou qu'il cherchoit à attribuer à sa nation des découvertes, dont l'honneur appartenoit à d'autres. Au reste, si les Italiens, et Hugues de Carpi en particulier, n'ont pas le mérite de l'invention, ils ont du moins celuy de l'avoir fort perfectionné, et d'avoir mis au jour d'excellens desseins de Raphael et du Parmesan. Ce dernier en fit encore graver d'autres de son invention et sous ses yeux, par Antoine de Trente. Sans l'infidélité que luy fit ce graveur, il avoit dessein de luy faire encore exécuter plusieurs autres. Joseph-Nicolas de Vicence grava aussy plusieurs desseins du Parmesan, après la mort de ce peintre, et le Parmesan luy-mesme en avoit gravé un de Raphaël, et l'avoit fait avec toute l'habileté qu'on pouvoit attendre de luy. D'un autre côté, le Beccafumi, excellent peintre de Sienne, n'avoit pas moins bien réussy dans les clairs-obscurs qu'il avoit produit d'après des desseins de son invention. Mais celui, qui a gravé le plus de choses dans ce genre, est André Andreani de Mantoue, qui, pendant un séjour à Florence, donna au public ce beau groupe de l'enlèvement des Sabines, de Jean de Bologne, et qui, de retour dans sa patrie, grava le triomphe de César, peint par André Manteigne, et bien d'autres morceaux dont l'on parlera dans la suite. L'on y nommera aussy tous les autres maistres, de qui il y a des clairs obscurs. Aussy, il n'est pas nécessaire d'en faire icy le dénombrement. L'on ne peut pourtant pas passer sous silence le Coriolan de Bologne, et Goltzius, peintre et graveur des Pays-Bas, qui sont en quelque sorte les derniers qui ayent fait des estampes en clair obscur, celuy-ci d'après ses propres desseins, l'autre d'après ceux du Guide. C'est à quoy se réduit tout ce que l'on scait de particulier sur ce sujet; mais l'on ne doit pas oublier de dire que les clairs-obscurs sont d'une grande rareté. La collection, qui en est icy, est des plus amples.

— Jésus-Christ guérissant un paralytique de trente-huit ans, dans la Piscine probatique; cet excellent clair obscur, qui est de quatre couleurs, est un des plus parfaits qui ayent été exécutés sur les desseins du Parmesan; il est assez difficile de dire précisément qu'il en est le graveur. — En verd; bonne couleur; il ne s'y trouve aucune marque. Mon père veut que ce clair obscur soit du dessein du Parmesan; mais pour moy, je ne puis me le persuader; il me paroist convenir beaucoup mieux à Périn del Vague. — Je suis comme assuré qu'il a esté gravé par Ugo da Carpi, d'après Périn del Vague. M. Vleughels, que j'ai consulté, m'a écrit de Rome que c'estoit d'après un des tableaux à fresque, qui sont peints avec un soin infiny par Périn del Vaga, dans le lambris de la chapelle de la famille Massimi à la Trinité du Mont. C'est cette chapelle, dont le plafond est peint par Jules Romain et le Fattore. C'est donc mal à propos qu'on donne l'invention de ce beau clair-obscur au Parmesan.

—Thesauro de Scritori, opera artificiosa, la quale, con grandissimo arte insegna a scrivere diverse sorte di littere, sive Cancellaresca, Merchantesca, formata, cursiva, antiqua, moderna et bastarda, etc., tutte extratte da diversi et probatissimi autori et massimamente da lo pleclarissimo Sigismondo Fanti nobile Ferrarese, mathematico et archittettore eruditissimo, intagliato per Ugo de Carpi. Ne' lanno di nostra salute. M. D. XXXV. Il ne paroist point en quel endroit le livre a pu estre imprimé. C'est un petit in-4°, qui contient quantité d'exemples de diverses sortes d'écritures gravées sur des planches de bois. Il y a dans le titre deux mains, dont une tient un compas et l'autre une plume; on ne peut rien de plus mal dessiné, ce qui sert de preuve à ce qu'avance Vasari sur le peu d'habileté de Ugo da Carpi dans la partie du dessein. Ugo da Carpi, lorsqu'il mit au jour cet ouvrage, le premier de son genre, étoit déjà connu par les clairs obscurs qu'il avoit exécutés avec tant de succès. Le privilége qu'il en avoit obtenu du pape Léon X est de l'année 1518.

CARPIONI (GIULIO). Il a gravé lui-même à l'eau-forte quelques-uns de ses desseins, et ces estampes sont recherchées; elles sont touchées avec esprit. L'auteur, sans être correct, a de la grâce; il inventoit facilement. Ses desseins, qui ordinairement sont au crayon de sanguine, font l'ornement des cabinets; j'en trouve cependant le faire un peu sec, et il me paroit qu'ils manquent d'une certaine intelligence. Sa manière de poindre et de composer ne tient en rien de celle de son maître (Alessandro Varotari).

— *A la suite de l'indication de quinze pièces du Carpioni, Mariette ajoute :* Il y a son nom à presque toutes. Les planches appartenoient à un Matteo Cadorin, detto Bolzetta, demeurant près le Bò à Padoue.

CARACCI (AGOSTINO). La plume d'Augustin Carrache, secondée par une main légère et un génie riche et habile, lui a fait produire une grande quantité de desseins, où il règne un esprit et une touche qu'on ne peut trop admirer. On y découvre un peintre du premier ordre, qui n'ignore aucune des règles de sa profession; mais l'on y apperçoit aussi un habile graveur, qui sçait l'art d'arranger les tailles, et qui les fait servir à exprimer avec justesse et avec grâce les différents objets qu'elles doivent figurer. (Cat. Crozat, p. 49.)

— On prétend, et Malvasia l'assure, que cette teste de victime, gravée en cuivre, qui a été faite pour la seconde édition des emblèmes de Bocchi, publiée à Boulogne en 1574, et qui remplace la planche du même dessein, qui apparemment se trouvoit égarée, et qui n'étoit qu'une gravure en bois dans la première édition de 1555, est un ouvrage d'Augustin Carrache. On dit aussi que ce portrait de Bocchi, dont la planche étoit usée, a été retouchée, comme on le voit ici, par le même Aug. Carrache. Cela peut être, et je crois qu'il faut s'en rapporter sur cela au témoignage de Malvasia, qui, étant sur les lieux, a dû être mieux instruit qu'un autre; il a écrit ce qu'une tradition constante lui avoit appris. Le Carrache avoit alors 17 ans, et c'est l'âge, où quelqu'un, qui se destine à une profession, commence à être en estat de l'exercer. Il est pourtant vrai que les premiers ouvrages, que l'on connoist de cet habile homme, sont postérieurs de plusieurs années à cette date. Ceux, qui portent une datte plus ancienne, ne sont que de 1580. — Cela est faux; il y en a de 1575.

— J'ai examiné avec attention et conféré les deux petites pièces d'Augustin Carrache, représentant le Christ montré au peuple (1), et le corps mort de J.-C. soutenu par des anges (2), avec les deux estampes d'une composition, presque sembla-

(1) Bartsch, n° 19.
(2) Bartsch, n° 100.

ble, qu'a gravées Vespasien Strada, et j'y ai trouvé des différences, qui m'ont convaincu que les unes et les autres étaient des imitations plustot que des copies, et, comme je vois que Vespasien Strada n'a pas fait difficulté de s'avouer l'auteur d'une pièce, représentant le mariage de Ste Catherine, qu'il a gravée d'après un morceau du Parmesan, je suis comme assuré que, lorsqu'il a gravé les deux pièces ci-dessus mentionnées, il avoit sous les yeux celles du Carrache, qui étoient au jour dès l'année 1581 ; et que, s'y étant permis quelques changemens, et les ayant ensuite traduites en plus grandes formes, il s'est cru autorisé à y mettre son nom et à s'en attribuer l'invention. Si c'est un plagiat, il en est coupable, et non le Carrache.

— Malvasia dit formellement qu'Aug. Carrache n'avait que 14 ans, lorsqu'il grava ces sortes de petites pièces, dont on en verra encore plusieurs dans la suite, et il ajoute que c'est Stephanoni, qui, en ayant eu les planches d'un nommé Locatelli, a fait écrire au bas le nom de Roma, comme si elles y avaient effectivement été gravées. Si ce discours de Malvasia était véritable, elles ont donc été gravées en 1571. Mais, comment cela se peut-il faire, si ces deux-ci sont d'après Vespasien Stradan? Car l'on trouve dans Baglione que ce peintre mourut à Rome, sous le pontificat de Paul Ve, âgé de trente-six ans. Or, Paul V n'étant monté sur le S.-Siége qu'en 1605, il s'en suit que, quand mesme Stradan seroit mort cette mesme année, 1605, il n'auroit pu naistre plustot que 1569, et il n'auroit eu que deux ans en 1571, année dans laquelle Malvasia suppose que le Carrache a gravé touttes ces petittes pièces, ce qui est une impossibilité; d'ailleurs, il est probable que Stradan a gravé les estampes originales, d'après lesquelles le Carrache a gravé celle-cy, vers l'an 1595. Car l'on en voit une gravée cette mesme année, qui est dans la mesme manière; cela supposé, quelle difficulté y a-t-il de croire que le Carrache a gravé tous ces petits sujets pendant son séjour de

Rome, et que, si il s'y est fort négligé, c'est qu'il les faisoit pour des moines, de qui il ne recevoit aucun argent? Cette opinion me paroist assez vraysemblable, d'autant plus que; si on examine ces petites pièces de près, on y découvrira une touche de maistre.

— Deux scènes de théâtre, où, dans l'une est représentée l'Eternité paroissant dans le ciel au milieu de plusieurs nymphes, et, dans l'autre, Persée, qui descend du ciel pour combattre le dragon; elles sont toutes deux de l'invention et de la gravure d'Augustin Carrache.

Ces deux pièces ont deues estre gravées pour la Descrittione dell' apparato e de gli intermedij fatti per la comedia rappresentata nelle nozze de Serenissimi dom Ferdinando Medici et Mad^{a} Christina di Lorena, gran duchi di Toscana. Du moins, il y a un livre in-4°, imprimé à Florence en 1589, intitulé ainsi; et, si ces deux planches ne s'y trouvent pas, elles n'en ont pas été moins faites pour ce sujet. Je les ay vues rangées avec plusieurs autres planches, qui y faisoient suite et qui représentoient les autres décorations du même opéra et toutes les décorations des arcs de triomphes et machines, pour l'entrée dans Florence de la D. Christine de Lorraine en 1589, différentes de celles qui se trouvent dans le livre de cette entrée que l'on a. Celles-cy sont d'un graveur que je ne connois pas; mais la pluspart des décorations des scènes de théâtre sont de Dom Epiphane, moine de Vallombreuse, et l'une de ces dernières pièces est dattée 1592, et peut-être que le Carrache aura aussi gravé les siennes dans cette année, parce qu'on aura voulu renouveller pour lors cette feste. M. le baron de Tessin dit, dans le catalogue de son cabinet, p. 83, que les deux pièces de Carrache, qu'il attribue à Annibal Carrache, et cela fort mal à propos, représentent le combat d'Apollon et du serpent Pithon pour le premier opéra qui ait paru, en 1588, à Florence; il donne cependant le titre d'un opéra représenté dans la mesme ville de Florence, en 1585, ce qui me feroit croire qu'il peut se tromper dans cette indication qu'il donne de ces deux scènes d'Aug. Carrache (1). Il est à observer que le Carrache a gravé les portraits de Ferdinand de Médicis et de Christine de Lorraine son épouse (2), et quelques pièces d'après *Vanius*. Ainsi, son mérite estoit assez connu à Florence pour qu'on pût penser à lui confier la graveure de deux pièces comme celles-cy, et il seroit fort à souhaiter qu'il les eût toutes faites.

— Quelques beaux esprits de l'Académie de Gelati, de Boulogne, fondée par le docteur Melchior Zoppio, ayant fait imprimer à Bologne, chez J. Rossi, en 1590, un recueil de poésies galantes, sous le titre de : Ricreationi amorose de gli academici Gelati, 12, Augustin Carrache, qui étoit membre de cette académie, fut prié de graver un frontispice pour ce livre et les devises des académiciens, qui avoient composé ces poésies. Il représenta dans le frontispice la devise de l'Académie, qui est une forêt dépouillée de ses feuilles, et, pour accompagnement de ce cartouche, les quatre Saisons; outre cela, il y grava neuf devises, dont celle qui représente un mûrier, qui commence à perdre ses feuilles, est touchée avec un esprit merveilleux. Ces planches ont été faites dans son meilleur tems; elles ont aussi servi depuis dans une édition des Rime de gli academici gelati, en 1597. Mais les planches étoient alors fort usées. Il faut avoir l'édition de 1590, où les planches sont neuves; mais elle est fort rare (3).

— Ces *Rime de Gelati*, imprimées à Bologne en 1597, sont d'autres poésies que les *Ricreationi amorose*. Il y a dans les *Rime* seize planches de devises, parmy lesquelles il y en a six de celles qui avoient été employées dans les *Ricreationi*, sçavoir : celles dell' Caliginoso, Incolto, Tenebroso, Imma-

(1) Bartsch, nos 121-2.
(2) Bartsch, nos 140 et 141.
(3) Bartsch, no 231.

turo, Improviso et Faunio. Mais les planches sont fort usées. Les dix autres planches sont de différents mauvais graveurs, qui me sont inconnus; ce sont les devises des académiciens Avvelenato, Diretto, Avido, Rugginoso, Irrigato, Informe, Deliberato, Tetro, Involto, et Indefesso. Malvasia attribue au Carrache celles des académiciens il Tetro et l'Arido. Mais il est indubitable qu'il se trompe; jamais le Carrache, même dans sa plus tendre jeunesse, n'en a fait de si imparfait. Il n'y a aucune touche dans ces petits morceaux, et le Carrache n'a rien fait qui ne fût touché avec esprit. L'on a fait servir dans cette édition le même titre du livre, qui avoit été fait pour les Récréations, en en réformant seulement le titre. Mais la planche est encore fort usée. Au reste, il faut que le petit livre des *Recreatione* soit bien rare, puisque Malvasia ne paroist pas l'avoir vu. Il auroit cité toutes ces devises du Carrache qui s'y trouvent, et il n'en cite que deux, celles du Faunio et del Tardo. — Je me trompe, il le cite (1).

— Jésus-Christ en croix, adoré sur la terre par le pape, le doge, le sénat, et le peuple. Cette pièce est une des plus parfaites d'Augustin Carrache, et qu'il a gravée au burin avec tout l'art possible, pendant son séjour à Venise. Il n'y a pas mis son nom. J'en ay veu le dessein original, très-beau, chez M. Crozat. Ce dessein, que j'ai acheté, n'est pas entièrement conforme à la graveure; c'est seulement le même sujet (2).

— Un enfant, assis sur une teste de mort, s'occupant encore à faire des bulles de savon, gravé, sous la conduite d'Henry Goltzius, d'après Aug. Carrache. Peut-estre aussy que le Carrache a gravé la sienne sur le dessein de Goltzius, et je serois assez porté à le croire. — Le goût du Carrache est icy bien peu reconnaissable, et, son nom n'y étant pas, il

---

(1) Bartsch, nos 231-248.
(2) No 313 du Catal. de Mariette.

seroit presque impossible d'avancer ce que je dis icy, n'étoit que j'ay veu une estampe, gravée par Aug. Carrache, et mise au jour chez Goltzius, d'après laquelle celle-cy a été gravée. Au reste, cette estampe d'Aug. Carrache a esté, ce me semble, jusques à présent inconnue à tous les curieux, quoyque ce soit pourtant de ses belles choses (1).

— Un satyre jouissant des embrassemens d'une nymphe. J'en ay vu des épreuves, avec la datte 1559, et cette datte paroissoit avoir été gravée sur la planche par le Carrache même. Il la mit, sans doute, pour donner le change, en faisant croire que cette abominable pièce, car on ne peut rien [voir] de plus lascif, n'étoit pas de luy, puisqu'elle portoit une date antérieure à celle de sa naissance; mais cet expédient étoit inutile; il y avoit mis sa manière, plus certaine et plus suffisante que tout ce qu'il auroit pu y mettre pour se faire connoistre. Quelque chose qu'un peintre fasse, il se manifeste toujours malgré luy-même, lors même qu'il prend plus de tâche de se contrefaire; le mieux est de ne rien produire, dont on ne puisse se déclarer l'auteur sans rougir (2).

CARACCI (ANNIBALE). Annibal Carrache est, sans contredit, un des plus fiers dessinateurs qui ait jamais été. Il s'étoit exercé toute sa vie à dessiner d'après nature, ou à jetter sur le papier les différentes pensées que son imagination lui suggéroit. Ce fréquent usage de dessiner, qui lui avoit été inspiré par Louis Carrache, comme l'unique moyen de se rendre supérieur dans son art, lui avoit rendu la pratique du dessein extrêmement facile; insensiblement elle étoit devenue pour lui un objet de délassement. Mais autant se plaisoit-il à cet exercice, autant étoit-il indifférent pour tout ce qu'il avoit pro-

---

(1) Elle n'est pas non plus indiquée par Bartsch.
(2) Bartsch, n° 134.

duit : si on ne lui avoit pas, pour ainsi dire, arraché des mains ses desseins, à peine en resteroit-il aujourd'hui quelques-uns. C'est-à-dire, qu'il manqueroit à la curiosité ce qu'elle a de plus précieux. (Cat. Crozat, p. 48.)

— La Ste Vierge, veue de profil, ayant sur ses genoux l'enfant Jésus, qui donne à boire dans une tasse à St Jean-Baptiste, en présence de Ste Elisabeth, en demy corps. Cette pièce, que les curieux désignent par le nom de la vierge à l'écuelle, est inventée et gravée à l'eau forte par Annibal Carrache. C'est une de celles de son œuvre, qui a le plus de réputation, et, en effet, il y en a peu qui soient aussy terminées, tant pour la graveure que pour le dessein, qui y est fort précis (1). — M. Crozat en a le dessein original, qui est bien plus beau que l'estampe, en blanc et noir, et fort patrouillé. L'estampe est d'un goût sec et roide en comparaison. Il faut pourtant avouer qu'il y a bien des indécisions dans le dessein de M. Crozat, et qu'il falloit estre un aussi grand homme qu'Annibal, pour graver d'après ce dessein une estampe aussi châtiée que celle-cy. — J'ai présentement ce beau dessein (2).

— Jésus-Christ nouveau né, couché dans une crèche, adoré par les anges et les bergers, gravé au burin par Charles Simonneau. — Lequel est un chef-d'œuvre. Le Carrache, en le faisant, avoit en veue la Nuit du Corrége ; et son tableau, qui produit un même effet, ne me paroît pas moins excellent. Il est aussi bien composé ; l'effet de clair obscur n'en est pas moins admirable, et il est mieux dessiné. Il ne le cède que parce qu'il est venu le second. — M. Coypel, le père, qui le fit graver, l'a recomposé pour en faire une planche, qui pût servir en thèse.

— La Ste Vierge, assise dans un paysage, ayant à ses pieds l'en-

(1) Bartsch (n° 9), qui a copié textuellement la dernière phrase.
(2) N° 302 du Catalogue de la vente de Mariette.

fant Jésus qui caresse un agneau; gravé au burin par C. Bloemaert (1). — Le tableau est à Rome, dans le palais Justinien.

— Le corps mort de Jésus-Christ, descendu de la croix et étendu sur les genoux de la Ste Vierge, qui s'évanouit, gravé à Caprarole, en 1597, sur une planche d'argent, à ce que quelques-uns prétendent (2). Je n'en crois rien; elle est au contraire gravée sur un mauvais cuivre. Le Carrache a pris l'idée de cette admirable composition dans le beau tableau du Corrége, qui est dans l'église de St. Jean à Parme; mais il l'a prise au grand maître, sans se rendre servile imitateur.

— Les apostres regardant avec étonnement la Vierge monter aux cieux. Il y en a un autre tableau de ce mesme projet, qui est authentiqué d'Annibal, dans l'église de la madona del Popolo; celuy du Roy de France n'en est, à ce que quelques-uns prétendent, qu'une copie faite par le Dominiquin (3).

— St Pierre et St Paul, tous deux dans une gloire. Ces deux tableaux sont dans le palais Justiniani, à Rome, et toute la suite des apostres y est aussi peinte par Ann. Carrache.

— St Hyacinthe à genoux devant la Vierge, pièce gravée par un anonyme. On en a deux qualités d'épreuves. Les premieres, et qui sont les plus rares, sont pures d'eau forte; dans la suite, la planche, étant tombée entre les mains d'un marchand d'estampes de Venise, qui y a fait mettre son adresse, elle a été retouchée au burin, et je trouve que le travail, qu'on y a mis, n'est pas d'un ignorant, et c'est d'un habile homme. Et pourquoi ne seroit-ce pas Annibal? C'est son goût de dessein; c'est sa pointe.

(1) Le Blanc, n° 15. Le tableau est de Louis.

(2) Bartsch, n° 4.

(3) Il est ainsi indiqué dans l'inventaire de Bailly : « Un tableau représentant l'Assomption de la Vierge; figures de demi-nature, ayant de hauteur quatre pieds trois pouces sur trois pieds un pouce de large, dans sa bordure dorée. Versailles, grand apartement du Roy. »

— Mercure apportant à Pâris la pomme d'or. On m'a dit à Bologne que l'on croyoit cette pièce gravée par J. André Podesta, et je trouve de mesme dans le catalogue de Rossi.

— Le dieu Silène, couché par terre au milieu d'un faune et d'un satyre, qui luy font boire le vin, dont est rempli une outre, que ce dernier porte sur son épaule. Des deux côtés sont de jeunes faunes, montés sur deux ceps de vigne, chargés de raisins, qui, prenant naissance dans un mesme endroit, et se recourbant pour aller rejoindre ensemble leurs branches par le haut, forment une espèce de guirlande de forme ronde, qui enferme le sujet qui est représenté au milieu. Cette estampe est la plus singulière qu'il y ait dans les œuvres des Carraches, et on la peut mesme regarder comme une pièce unique. C'est une épreuve de ce qu'Annibal Carrache a gravé dans le fond d'une soucoupe d'argent, que l'on admire encore aujourd'huy parmi les autres curiosités du palais Farnèse. Il fit ce travail, dans le temps qu'il étoit occupé à Rome à peindre la galerie de ce mesme palais, c'est-à-dire pendant le temps de sa plus grande force. Aussy y trouve-t-on le dessin et les expressions poussés à leur dernière période (1).— Il fit cette graveure pour Don Juan de Castro, confident du cardinal Farnèse, qui l'en sçut si mal récompenser en persuadant au cardinal que 500 écus d'or suffisoient pour tout le travail de sa belle galerie. M. Crozat en a le dessein original (2). — Cette soucoupe, qui étoit à Parme, est maintenant à Naples, chez le Roy des Deux-Siciles, et j'ay obtenu, par le moyen de M. le comte de Tessin, une épreuve de ce qu'Annibal Carrache a gravé. J'avois fourni un mémoire à M. de Tessin, qu'il a envoyé à la cour de Naples, et c'est en suivant la méthode,

---

(1) Bartsch, n° 18, a copié textuellement cette note, en sautant la phrase : *Cette estampe est la plus singulière.....* et en changeant *que l'on admire encore aujourd'huy* en *que l'on admirait autrefois.*

(2) Cat. Crozat, n° 441.

que j'avois tracée, qu'on a fait tirer deux épreuves qu'on a envoyées à M. de Tessin, et dont il m'a fait présent d'une. Elles ont le défaut d'être neigeuses dans quelques parties; mais il n'est pas possible qu'elles soient autrement, vu la difficulté d'imprimer cette soucoupe d'argent.

— Hercules détachant Promethée de dessus le mont Caucase; Mercure apportant la lyre à Apollon, qui garde les troupeaux du Roy Admète; Silène couché par terre et appuyé sur un faune et un satyre; deux jeunes gens accourant au secours d'une nymphe. Ces planches (1) sont encore dans la famille de Jabach, entre les mains de ses petits fils, qui n'en ont jamais fait tirer d'épreuves.

— Annibal Carrache s'est donné beaucoup de peine, pour trouver l'attitude de son Hercule, portant le globe céleste, qui est un des tableaux du cabinet Farnèse à Rome. J'ai plusieurs desseins pour cette admirable figure, qui font la preuve de ce que j'avance (2). Oserai-je cependant faire remarquer que l'attitude, dont il a fait choix, il l'a trouvée dans une des planches du livre d'emblèmes du Bocchi, livre qui ne devoit pas lui être inconnu, puisque c'est à Boulogne que l'édition s'en est faite, que c'est un livre qui paroit avoir été fait pour les peintres, et que son frère avoit été choisi autrefois pour en retoucher les planches, lorsqu'on en a donné une seconde édition en 1574. Je ne voudrois pas cependant qu'on s'imagine qu'en faisant cette remarque, j'eusse dessein de déprécier Annibal Carrache, en le taxant de plagiat. Je veux seulement faire voir que, dans les choses difficiles, il consultoit et ne s'en rapportoit pas entièrement à ses propres idées; mais, en adoptant celles des autres, il les sçavoit améliorer de manière qu'elles devenoient les siennes; c'est ainsi qu'un

(1) Elles sont seulement gravées d'aprés Augustin Carrache.
(2) Ils sont compris dans le nº 311 de son catalogue.

habile homme doit tourner à son profit tout ce qui se rencontre sous sa main.

— Les cérémonies des festes lupercales, où de jeunes gens couroient après des femmes et cherchoient à les frapper d'une lanière, croyant par là les rendre fécondes. Ce sujet est représenté dans ce tableau, qui est au-dessus de ladite salle (1).

— Ces quinze estampes ont été gravées, sur les desseins de François Tortebat, en partie par Jean Lepautre, et en partie par Louis Chatillon, à l'eau forte. Celles du premier sont gravées avec plus de fierté, au lieu que celle du second sont traitées d'une manière plus moelleuse; les unes et les autres ont été terminées au burin par J. Boulanger, qui y a mis un grand fini.

— La galerie Farnèse est l'ouvrage pour lequel le Carrache semble avoir fait un plus grand nombre d'études. C'est aussi celui qui lui a mérité une plus grande réputation. L'Angeloni avoit rassemblé jusqu'à six cents de ces desseins. Ceux-ci faisoient partie de son recueil. M. Pierre Mignard les apporta en France, et il en composa plusieurs volumes, qui tous, à l'exception d'un seul, sont passés dans le cabinet de M. Crozat (2). Les desseins sont faits sçavamment, et avec encore plus de fermeté que tout ce qu'Annibal avoit fait précédemment, lorsqu'il n'avoit pas encore vu les statues antiques et les peintures de Raphaël et de Michel-Ange. (Cat. Crozat, p. 51.)

— Ces belles académies, ces têtes et ces autres études des Carraches, sont dessinées avec tant de justesse, qu'elles seroient capables de rétablir la peinture dans sa pureté, s'il étoit possible qu'elle tombât; il est donc à désirer qu'on continue

---

(1) Probablement au palais Farnèse.

(2) Mariette en a eu ensuite un grand nombre, qui sont, pour la plupart, arrivés au Louvre. Une partie des plus beaux a été exposée dans le nouvel arrangement des salles de dessins.

de les conserver avec toute l'attention qu'elles méritent. (Cat. Crozat, p. 52.)

— Iris coupant le cheveu fatal, qui retardoit la mort de Didon. Ce tableau est sur une cheminée, dans le palais des marquis Zambeccari, autrefois le palais Angeletti.

— Roland délivrant Olympie, qui étoit exposée à un monstre marin, gravé par Fr. Bartolozzi (1). Je crois que Kent et Boydell, ayant acheté la planche, l'a insérée dans son premier volume. Le tableau, d'après lequel elle a été gravée, appartient au lord Scarsdale, et c'est une assez bonne estampe.

— Les cris de la ville de Bologne, au nombre de quatre-vingts, gravés à l'eau forte à Rome, en 1646, par Simon Guillain, parisien. Ce Simon Guillain, mort jeune, travailloit pour lors à Rome, sous l'Algarde; il estoit fils de Simon Guillain, sculpteur, mort recteur de l'Académie de peinture et sculpture à Paris.

— Les cris de la ville de Bologne, ou les représentations de tous les gens de métiers qui vont par les rues de cette ville, en quarante pièces, gravées à l'eau forte, en 1660, par Joseph Marie Mitelli. — L'on m'a assuré, à Bologne, que cette suite n'avoit pas été gravée sur les desseins de Carrache, et que c'étoit Mitelli qui en étoit l'inventeur aussy bien que le graveur. Il les fit dans l'idée de celles des Carraches, dont il avoit veu les desseins, qui ont été gravés par Guillain, et Rossi, à qui les planches tombèrent, y mit le nom d'Ant. Carrache à la teste, pour leur donner plus de crédit.

— *Mariette donne la description suivante de l'allégorie, au milieu de laquelle se trouve le portrait d'Annibal.* — Cette pièce représente Annibal Carrache, qui aide à la peinture à se relever. Il est suivy de son génie, qui porte un flambeau

---

(1) Le Blanc, n° 312.

allumé, et l'on voit sur le devant deux fleuves qui expriment le Tibre et le Reïn. Au haut cette inscription : Jacentem picturam Annibal Carraccius è tenebris suo lumine restituit et ad Apollinis et Palladis œdem perduxit, dessiné par Carlo Maratti, ou plus tost les ornements qui l'accompagnent (1).

CARACCI (ANNIBALE ET AUGUSTINO). La Ste Vierge, assise par terre, donnant à téter à l'enfant Jésus; derrière elle est saint Joseph, appuyé sur un morceau de rocher, gravé par Massé. La Ste Vierge et St Joseph se reposant au bord d'une rivière, dans laquelle un ange abreuve l'asne, qui leur sert de monture. — Ces deux paysages, et tous ceux qui suivent, jusques à la fin de ce volume, sont gravés à l'eau forte, d'après des desseins d'Annibal et d'Augustin Carrache, et de quelques paysagistes de leur école, comme le Gobbo, le Viole, le Francisque Bolognèse, etc., dont il est fort difficile de faire la distinction, parce qu'il n'y a guère que la touche, qui puisse aider à distinguer les différentes manières dans le paysage, et qu'elle n'est pas toujours rendue exactement dans la graveure. Ce fut M. Jabach, célèbre curieux de France, qui fit faire toutes ces planches vers l'an 1666, d'après les desseins originaux qu'il possédoit, et qui sont passés depuis dans le cabinet de M. Crozat et dans le cabinet du Roy de France, et il employa à ce travail plusieurs peintres et dessinateurs de France, entre autres les deux frères, Michel et Jean-Baptiste Corneille, qui en ont gravé une grande partie, Pesne le peintre, Massé, et Rousseau le paysagiste, qui a peint des perspectives. Comme l'on ignore à présent ce que sont devenues

(1) Ce dessin, qui fait partie du n° 312 de la vente Crozat, a été gravé par Pietro Aquila pour être mis en tête de la galerie Farnèse. Il appartient maintenant à M. le comte de Bark, qui l'a trouvé dans le volume du comte de Tessin, dont nous avons déjà eu occasion de parler.

toutes ces planches, et qu'il n'y en a jamais eu qu'un très petit nombre d'épreuves d'imprimées, elles sont devenues d'une si grande rareté, qu'il seroit presque impossible d'en retrouver un second recueil, aussi complet que celuy-cy, d'autant plus que c'est celuy mesme que les sieurs Corneille avoient rassemblé pour eux (1). Les planches sont encore dans la famille de Jabach.

— Les paysages des Carraches, qui sont ici en grand nombre, sont fort agréables; ils sont facilement faits, et quoiqu'on n'y trouve pas la même vérité que dans ceux du Titien, leur belle touche et la richesse des sites leur donnent une autre espèce de mérite, et ne les font pas moins rechercher. Ceux d'Annibal approchent plus de la manière du Titien; Augustin est un peu plus maniéré dans les siens, mais sa plume est d'un beau coulant et d'une légèreté merveilleuse; quant à Louis, il a un faire particulier, qui est infiniment spirituel, et qui va plus au vrai que celui de ses deux cousins. Ses desseins de paysages sont aussi beaucoup plus rares que les leurs; ce qui vient de ce qu'il en a moins fait. (Cat. Crozat, p. 53.)

CARRACCI (Antonio). Antonio Carracci sarà da noi frà quindeci o vinti giorni. Ora è in Siena per ricuperarsi bene per quel suo male pericoloso, ed io lo aspetto in casa mia. Extrait d'une lettre de Louis Carrache, datée de Boulogne, le 19 juillet 1617. Elle se trouve imprimée dans le recueil des lettres écrites par les plus célèbres peintres (2).

— Si ce jeune peintre eût vécu plus longtemps, il est cer-

---

(1) M. Robert Dumesnil a catalogué les pièces de J.-B. Corneille (VI, nos 52 à 96), de Michel Corneille (VI, nos 38 à 102), de Jean Pesne (III, nos 98 à 151), de Jacques Rousseau (IV, nos 9 à 19) et de Charles Massé (VI, nos 7 à 111). Le cabinet des estampes en possède un très-bel exemplaire.

(2) Ed. de Ticozzi. Tome I, p. 287. — Voyez aussi, sur Antoine Carracci, Malvasia, Felsina Pittrice, éd. de 1678, I, 517 et 599.

tain qu'il auroit relevé le nom des Carraches. L'on voit ici de ses desseins de paysages qui vont de pair avec ce qu'Annibal et Augustin ont fait de plus beau. (Cat. Crozat, p. 54.)

CARRACCI (LODOVICO). Si la manière de Louis Carrache n'a pas la fierté de celle d'Annibal, l'aimable simplicité qui y règne, et les grâces naïves, dont elle est ornée, ne la rendent pas moins admirable. Ses compositions sont même d'un style plus neuf et plus sublime que celles de son cousin, et ce style approche davantage de celui du Corrége. Il ne manque à ce grand peintre que d'être plus connu. Comme il n'a travaillé, presque toute sa vie, que dans des lieux publics à Boulogne, sa gloire est, pour ainsi dire, renfermée dans l'intérieur de cette ville ; et c'est cela même qui donne un grand prix à ses desseins, puisque ce n'est guères que par leur moyen que l'on peut avoir une idée du mérite de ce grand homme. Ceux qui sont ici, ont été pour la plus grande partie, rassemblés à Boulogne même par le Malvasia, le Pasinelli et le sieur Boschi ; ainsi, l'on ne doit rien craindre sur leur authenticité. (Cat. Crozat, p. 46.)

— La Ste Vierge, assise près d'une table, ayant entre les mains un livre ouvert, et à ses pieds l'enfant Jésus assis, qui tient d'une main un des pans de son manteau, et de l'autre une poire. *Lud. Caraccio fece.* 1604. Mais je ne crois pas que cette date soit celle de la graveure. Je crois plustost que c'est celle de l'année, que P. Stephanoni a mis la planche au jour. La copie qui est icy est fort semblable, et comme elle porte le mesme nom du Carrache et de P. Stephanoni, il est assez facile de s'y méprendre, à moins que l'on ne sache que, dans l'original, l'enfant Jésus tient la poire de la main gauche, ce qui est le contraire dans la copie (1).

---

(1) Bartsch, n° 3 ; il n'indique pas de copie.

— Jésus à l'agonie dans le jardin des Oliviers, à la veue des instrumens de la passion, consolé par un ange, qui descend du ciel, gravé par Jean Moyreau, d'Orléans, en 1731. D'après un très beau tableau de Louis Carrache, qui est à Paris chez un particulier, et dont la pensée est fort belle. — J'ai retrouvé ce tableau chez M. Pasquier, et j'ai été tout étonné de voir un ouvrage qui, pour le faire, le goût de dessein, et j'ose dire, la composition, n'a jamais appartenu au maître auquel on le donne, et est d'un pinceau lourd. Fiez-vous après cela au témoignage des graveurs.

— St Hyacinthe, de l'ordre des frères prêcheurs, priant à genoux, les mains croisées sur la poitrine, et intercédant pour le salut du genre humain auprès de la Ste Vierge, qui paroît dans le ciel, accompagnée de l'enfant Jésus. Au-dessous de ce groupe, sur un des côtés, est un petit ange, montrant une table, chargée d'une inscription en lettres, qui explique ce sujet. Ce tableau, qui est à l'autel de la chapelle Turrini, dans l'église de St Dominique, est une des plus étonnantes peintures de Louis Carrache. Il y en a une estampe, gravée à l'eau forte, fort scavamment, et que je ne trouve point indigne d'Annibal; c'est assez sa pointe et son goût de dessein. Les tailles en sont un peu grossières, et, comme c'étoit peut-être la seule chose qu'on y peut trouver à redire, quelqu'un, dont la main m'est inconnue, a entrepris, dans la suite, de terminer la planche, et d'y mettre plus d'accord, en la travaillant au burin d'un bout à l'autre, et y ajoutant des points, qui y mettent plus d'empatement. Celui, qui a fait ce travail, ne l'a pas fait en ignorant; mais je préfère cependant les premières épreuves, qui ont en outre ce mérite d'être fort rares. On n'y trouve aucuns noms d'artistes, non plus qu'aux épreuves de la 2e édition; mais à ces dernières, on lit le nom du marchand, établi à Venise, qui les débitait : Stefano Scolari forma, in Venezia, a S. Zulian.

— St Pétrone, évesque et patron de la ville de Bologne,

adorant le saint suaire de Jésus-Christ, qui est soutenu en l'air par trois anges. Cette pièce, que Malvasia attribue improprement à Annibal Carrache, est gravée au burin, par François Bricci, d'après Louis Carrache (1). Cette pièce se trouve dans le livre dont le frontispice est cy-après : Esplicazione del sacro Lenzuolo, etc.

— Les peintures de Louis Carrache, dans le dôme de l'église cathédrale de Plaisance, dessinées et gravées, en 1750, par Antoine Bresciani, et se vendent chez lui à Plaisance ; en six morceaux. Dans un, les anciens patriarches dans le ciel ; un ange leur annonce la Ste Vierge. Cette pièce est dédiée par Ant. Bresciani au marquis Gaetano Malvicino Fontana di Nibbiario, ch[er] de Malthe, et l'auteur y reconnoit que c'est ce seigneur qui l'a fait instruire dans le dessein, l'ayant pour cela envoyé à Boulogne dans l'école du ch[er] Donato Creti, di felice memoria. — Deux morceaux en travers ; des concerts d'anges, jouant de divers instruments. Un morceau en travers, un ange tenant une palme et une couronne. Ces deux autres en hauteur, où des anges lient des couronnes, et sont accompagnés, dans un morceau, d'anges qui portent des vases remplis de lys, et, dans l'autre, d'anges qui tiennent des livres ouverts. Ces trois morceaux paroissent faits pour être joints ensemble et paroissent être peints sur quelque arc doubleau. Le tout est composé dans le plus grand style, et tout à fait dans la manière du Corrége ; la graveure, toute mauvaise qu'elle est, rend assez la manière de Louis Carrache ; elle est cependant par trop sèche. Tout cela se trouve peint dans la voûte, où le Procaccini a peint aussi, conjointement avec Louis Carrache.

— Le portrait de Louis Carrache, gravé à l'eau forte, par D.-M. Canuti. Mais, je crois, pour moi, que la gravure est

---

(1) Bartsch, n° 6 du Bricci. Dans le même volume XVIII.

effectivement de Santi, et l'invention du Canuti. — Je le crois, quoyque j'y lise au bas : Can[us] S. Car ce portrait est gravé dans la mesme manière, que celuy du Pesarèse, au bas duquel il y a le nom de Dominique Santi. Peut-être est-ce du Canuti, et on l'assure à Bologne.

— Il y a certainement trois suites de livres de principes de dessein des Carraches, l'une mise au jour par P. Stephanoni où l'on voit au bas de chaque planche cette marque P..... S..... F., une autre suite, où l'on voit à chaque planche, qui sont cottées, L. C., qui est la marque de Luc Ciamberlan, et enfin la 3e suite en travers. Personne n'a ce semble encore fait cette distinction, et on les a attribuées indifféremment à Aug. Carrache ; de ce nombre est Malvasia, quoy qu'il n'y ait pourtant aucune apparence qu'il y ait travaillé, j'entends du côté de la gravure ; car, pour celuy du dessein, l'on ne doute pas que luy, son frère et Louis Carrache n'y ayent contribué. Pour moy, je serois assez du sentiment de croire que cet ouvrage a été fait sous les yeux de Louis Carrache, plus tost que d'aucun autre, pour l'usage de l'Académie de peinture de Bologne, d'après différents morceaux de son invention et de ses cousins, et que les graveurs, qui y ont été employés, sont le Bricci, et Luc Ciamberlan ; l'on en verra une feuille dans la suite de L. Ciamberlan, c'est la 7e, où il y a la teste de St Jérosme d'Aug. Carrache, celuy qui a été rachevé par le Bricci, ce qui pourroit faire croire que cette suite n'a été gravée qu'après la mort d'Aug. Carrache. Quoy qu'il en soit, voicy ce qui est représenté dans chaque feuille. *Suit la description de toutes les pièces de cette suite* (1).

CARRENO (DON JEAN), peintre de chambre de Charles II,

---

(1) Bartsch les a cataloguées comme appendice à l'œuvre d'Augustin, p. 158-70.

Roy d'Espagne, cité avec éloge par D. Joseph Garcia, dans la préface, au devant de son livre des principes du dessein. Son témoignage m'est cependant suspect; il parle d'un peintre, dont il se dit le disciple, et il est lui-même un peintre bien médiocre, à en juger par l'ouvrage qu'il donna au public, et qu'il lui présente comme des modèles qui peuvent servir de guide à ceux qui veulent s'instruire des règles de l'art du dessein (1).

CARRIERA (ROSALBA) — Zanetti m'a écrit presqu'au moment de la mort de la Rosalba, arrivée le 15 avril 1757, qu'elle étoit alors âgée de 84 ans et quelques mois; par conséquent sa naissance doit être de l'année 1673. Cependant il m'est venu un mémoire, qui a été dressé à Venise par la femme de Pellegrini, sœur de Rosalba, et suivant lequel il paroit que cette habile fille est née en janvier 1670 (1671), ce qui lui donne, à sa mort, 86 ans et quelques mois, et je suis tenté de m'en tenir à ces dernières dattes.

— Vleughels, ami de Rosalba, m'a dit qu'avant de se mettre à peindre, cette savante fille n'avoit d'autre occupation que de faire des desseins pour les dentelles appelées Points de Venise, et que, la mode s'en étant passée, elle se trouva assez embarrassée, car il falloit subsister, et ni elle, ni ses parents n'en avoient le moyen. Dans cette détresse, un peintre françois, nommé Jean Steve, et à Venise, M. Jean, qui peignoit des tabatières, dont la mode s'établissoit, lui persuada d'en faire autant, et, comme elle avoit déjà des principes de dessein et de couleur, elle suivit son avis et s'en trouva bien. C'est ainsi que les grandes choses sont amenées par les plus

(1) Voyez son article dans Bermudez, Diccionario historico de las mas illustres professores de las bellas artes in Espana. Madrid, 1800, in-12, I, 261-71.

petites. Zanetti contredit pourtant cette anecdote, mais je ne scais s'il a raison.

— Rosalba Carriera est venue en France en 1720 (1) et a été reçüe à l'Académie Royale de Peinture et Sculpture, le 26 octobre de cette année. Elle avoit été reçue à l'Académie de St Luc de Rome, le 27 septembre 1705, et à celle de Bologne, le 14 janvier 1720. Je trouve que dans ses airs de têtes (celles des femmes) Mlle Rosalba a beaucoup mis de la manière de Pietro Liberi ; ce sont souvent les mêmes caractères, les mêmes formes de bouche surtout, avec cette différence, que les têtes de la Rosalba sont beaucoup mieux coloriées que celles de Liberi, qu'elles ont plus de fraîcheur et plus de vérité. Leur belle couleur fait oublier leurs incorrections, car, il faut l'avouer, la Rosalba est fort incorrecte ; mais il en est d'elle comme du Correge, ses incorrections visent au grand, et lui sont, ce semble, permises. Ceux qui lui mirent le crayon à la main étoient ou des disciples, ou des amateurs de Liberi, dont les ouvrages jouissoient de la plus grande réputation ; lorsque Mlle Rosalba entra dans la carrière de la peinture, ils durent lui proposer, pour modèles, les tableaux de ce maître, et, comme on ne se défait pas aisément de la première manière qu'on a contractée, il n'est pas surprenant que Mlle Rosalba s'en soit ressentie toute sa vie. En tout cas, elle ne risquoit rien à la conserver ; la manière étoit agréable. Elle fit le voyage de Vienne en 1735, y fut très accueillie et eut l'honneur de donner des leçons de pastel à l'Impératrice régnante ; cela se met volontiers dans une vie d'artiste et sert à la re-

---

(1) Son voyage, écrit par elle, a été publié à la fin du dernier siècle sous ce titre : Diario degli anni 1720-1721 scritto da propria mano in Parigi da Rosalba Carriera, dipintrice famosa ; posseduto, illustrato e publicato dal sig. D. Giovanni de Viannelli, canonico, Venezia, Coletti, 1793, in-4°. C'est un livre aussi rare qu'il est curieux.

lever, quoyqu'apprécié à sa juste valeur, ce ne soit pas grande chose.

Sa sœur cadette Giovannina, qui peignoit comme elle en miniature et qui lui aidoit à préparer des fonds, des drapperies, etc., est morte le 9 may 1737. C'étoit la meilleure fille du monde, qui étoit la meilleure amie de la Rosalba, et qu'elle n'a pas encore oubliée. Elle même est morte à Venise, le 15 avril 1757, et elle a été enterrée dans l'Eglise de St Vitto, sa paroisse. Elle avoit pour amie la Signora Luisa Bergalli, qui s'est distinguée dans la Poësie. M. Apostolo Zeno, excellent juge en cette matière, fait, en plusieurs endroits de ses lettres, l'éloge des pièces de poësie Italienne de cette savante fille. Apparemment que Mlle Rosalba lui avoit appris à peindre, car M. Apostolo Zeno, lui demandant son portrait au nom du Comte Collalto, lui dit qu'il le souhaiteroit peint par la Rosalba ou par le vieux Bellucci, mais au cas, ajoute-t-il, que vous le vouliez faire vous même, il le recevra avec encore plus de plaisir. Lett. del Zeno, t. 2, n° 168.

Rosalba avoit été appelée en 1723 à Modène, pour y faire le portrait des princesses. Elle les fit, autant que je puis m'en souvenir, à la sollicitation de Mad. d'Hanôvre, leur grand mère, que Mlle Rosalba avoit connue à Paris, et qui avoit en cela ses veües ; elle leur vouloit chercher des maris.

Ce fut en 1746 qu'elle perdit la veüe. Peu de temps auparavant, elle avoit peint au pastel cette belle tête d'un jeune homme, dont elle m'a fait présent, qui est digne du Correge, et que la circonstance du tems, où elle a été faite, rend encore plus intéressante (1). En 1749, elle se résolut à souffrir l'opération des cataractes. Elle se fit au mois de may, et au mois d'aoust suivant, je reçus une lettre de sa main où elle m'annonçoit elle-même le succès ; elle retomba bientost

(1) N. 6 du cat. de Mariette ; vendue 350 liv.

dans son premier état d'aveuglement et n'en sortit plus.
— *Deux pastels, la Paix et la Justice, la poësie religieuse et la poësie enjouée, vendus chez M. de Tallard*, 2,800 liv. *inspirent cette note à Mariette* : Il y a bien du beau, mais on voudroit que la Rosalba y eut employé davantage de ses teintes brillantes, qui rendent si piquants ses autres pastels, d'ailleurs les compositions ne sont pas heureuses ; elle se reposoit sur le Pellegrini, son beau-frère. Avec un peu moins de modestie, elle auroit pu faire quelque chose de plus agréable. (Cat. Tallard.)

CARRO (FRANCESCO DEL). St Charles Boromée donnant la communion au Bienheureux St Louis de Gonzague, âgé seulement de 13 ans. Ce S[t] cardinal est à l'autel ; ce jeune enfant, en habit du temps, se présente à genoux, et est accompagné de son père et de sa mère, aussi à genoux, et de son frère Rodolphe, qui tient un flambeau allumé. Cette estampe, assez mal gravée, par Henry Causée, à Anvers, en 1695, vient d'après un tableau du chevalier François del Carro, qui est à Milan dans l'Eglise du collége des Jésuites sur l'autel consacré au Bienheureux Saint. Elle est plus dans le goût flamand que dans le goût italien.

CARS (LAURENT), l'un de nos meilleurs graveurs, est né à Paris, au mois de mai 1699. Il est mort le 14 avril 1771.

CASANOVA (FRANCESCO), peintre de batailles, né à Londres, d'où, n'ayant encore que six ans, il a passé à Venise, et comme c'est de là qu'il est parti le pinceau à la main, cela a fait croire qu'il étoit né à Venise. Il est venu à Paris, et, après avoir été ignoré pendant des temps, il a fait paroître quelques tableaux, qui ont fait jetter les yeux sur lui ; on a trouvé qu'ils étoient vigoureusement peints et composés avec feu, qu'ils pouvoient figurer avec ce qu'on connoit de mieux dans ce genre. On n'a pas autant applaudi à son goût de dessein, et peut-être auroit-on pu étendre la critique sur sa touche qui est pesante, et sur sa couleur qui est outrée. Tost ou tard ses tableaux noirciront et ne se verront plus. Cela n'empêche pas qu'il n'en ait eu un prompt débit, et qu'ils ne lui ayent été payés très cher. Ses desseins n'ont pas été moins courus. Il a été reçu dans l'Académie en 1763. Il a beaucoup couru et vécu, de façon à pouvoir faire craindre que la fin de sa vie ne soit pas heureuse, car il aime furieusement la dépense. Je doute que le même empressement pour avoir de ses ouvrages se soutienne encore longtems. — Il continue, malgré ma prophétie, à travailler et à se faire considérer, quoy que dans la dernière exposition qui s'est faite au Sallon du Louvre, en 1769, il ait éprouvé des critiques, mais il a sçu les repousser vivement, et ne paroît pas s'en être fort allarmé. C'est auprès de Simonini, dans le tems que ce dernier étoit à Venise, qu'il a pris les premières leçons de la peinture, et, qu'à son exemple, il s'est adonné à peindre des paysages et principalement des batailles, où il ne pouvoit guère manquer de réussir, car ce genre demande un feu de génie prodigieux, et de ce côté là personne n'en peut montrer autant que lui; il est tel qu'il n'a jamais pu se captiver à copier l'ouvrage d'autrui, et lui-même lorsqu'il peint un tableau, il en arrange du premier coup l'ordonnance sur la toile, et, sans trop faire d'études, il la retourne et la change à mesure qu'il avance et que son goût le lui dicte. On voit par là qu'il doit tomber nécessairement dans la pratique. Aussi est-ce un défaut qu'on lui reproche, et dont il ne se corrigera jamais. En sortant de Venise, il passa en Allemagne, et vint à Dresde, où le Roi l'occupa pendant quelque temps, et où il fit une étude particulière de la manière de peindre de Dieterich. Son inconstance naturelle lui fit quitter cette cour, et je pense qu'avant de venir s'établir à Paris, il vit l'Angleterre, où il ne fut pas apparemment autant accueilli qu'il se l'étoit promis. Il a été plus heureux en France, et il faut souhaiter qu'il en profite. — Il a un frère qui demeure à Dresde et qui y exerce la peinture. Il se nomme Jean, et traite l'histoire. On ne dit pas que ce soit un grand Grec. — C'est de lui-même que j'ai sçu qu'il étoit né en Angleterre de parens italiens.

CASELLA (GIACOMO ET GIOV. ANDREA) de Lugano, étoient cousins, et ont été employés par Charles Emmanuel II, duc de Savoye, pour enrichir de peintures les chambres du palais de la Venerie Royale, que ce prince avoit fait bâtir. Veneria Reale descritta dal conte di Castellamonte, p. 65.

CASEMBROT (ABRAHAM), Flamand, a dessiné et gravé une suite de veues de quelques endroits du port de Messine en 13 planches.

CASTELLINO (GIOSEFFO ANTONIO). Un de plus considérables ouvrages de ce peintre est la perspective qu'il a peinte dans le jardin de M. Jean-Antoine Paravicino à Milan : profitant en habile homme de toutes les irrégularités d'un mur de clôture, contre lequel quelques maisons voisines sont adossées, il a peint sur la surface de cette muraille ou plutost les pignons desdites maisons, une aisle de palais qui forme un angle avec deux autres ailes contigües et l'illusion est telle que quoyque le tout soit sur une superficie platte, on jureroit que le mur fait un reply en cet endroit. J'en fus si surpris que, quoyque prévenu, je ne pouvois pas me persuader que la chose fût telle qu'on me l'avoit dit. L'on peut lire une description bien faite de cette perspective dans le tome XII du *Giornale de' letterati d'Italia*, p. 214. L'on y apprend que les figures qui ornent cette perspective, et qui représentent la réception que fait à son fils le père de l'Enfant Prodigue, sont de Pierre Maggi, peintre milanois.

CASTIGLIONE (GIO : BENEDETTO). Suivant un Ms. de la composition d'un nommé Pio, Romain, qui avoit amassé un assez grand nombre de desseins qui sont passés depuis dans le cabinet de M. Crozat, ce peintre naquit à Gennes, en 1616, et fut élève de Sinibaldo Scorza. Ses ouvrages ont une merveilleuse force de couleur, et il réussissoit surtout dans la représentation des animaux et des paysages. Il fut fort estimé de son vivant, mais son caractère violent le faisoit craindre, loin de le faire aimer. L'on raconte que MM. Lomellini lui ayant fait peindre un grand tableau pour l'église de l'Annonciade à Gennes, et ses ennemis qui étoient en grand nombre ayant persuadé à ces gentilshommes que ce tableau, qui étoit cependant excellent, ne méritoit pas l'honneur d'estre placé dans cette église, MM. Lomellini, qui ne s'y connoissoient pas autrement, vinrent le prier de vouloir bien y consentir, s'offrant de le payer tout ce qu'il voudroit. Mais le Castiglione n'ayant aucun égard aux politesses qu'ils lui témoignoient devint si furieux à cette proposition, qu'ayant pris un couteau, il hacha le tableau en pièces, jurant que jamais les Génois n'auroient de ses ouvrages; et, en effet, il partit sur-le-champ de Gennes et vint à Rome, habillé en arménien, et se faisant passer pour Grec. Pellegrino Peri, brocanteur de tableaux, dont la boutique étoit près de la place de Navonne, et chez qui il vint demander à travailler, fut si surpris de la belle manière de peindre de cet inconnu qu'il n'hésita pas à l'occuper sur-le-champ, et il vouloit même lui donner un appartement pour peindre avec plus de commodité; mais Benedette, qui avoit ses veües, répondoit constamment à cette proposition *Voglio far in potteca.* C'étoit pour qu'on le vit opérer, et son dessein lui réussit; car le duc de Mantoue, qui étoit pour lors à Rome, ayant entendu parler de ce nouveau peintre, voulut l'avoir auprès de lui, et lui ayant donné une pension considérable, il le conduisit avec lui à Mantoue, où Benedette continua de faire pour ce prince et pour d'autres, quantité d'excellens tableaux jusqu'à sa mort, qui arriva à Mantoue, en 1690. Mais j'appréhende que ces dattes ne soient fausses, car Soprani, qui écrivoit avant 1672, dit formellement que le Castiglione estoit déjà mort. Peut-être qu'au lieu de 1690, il faut lire 1670. — Et cela est vrai : il étoit âgé de 54 ans; voyez son portrait et l'abrégé de sa vie dans le t. III du Recueil des portraits des peintres de la galerie de Florence. — Le Benedette a eu sa sépulture dans l'église cathédrale de Mantoue, où l'on voit son épitaphe et son portrait en médaille; et s'il en faut croire l'auteur de la description des peintures de Mantoue, p. 33, il est mort en 1665.

— Les desseins de Benedette Castiglione qui sont ici, sont très considérables, et l'on n'en peut guères désirer de plus beaux. Ce sont des préparations pour ses tableaux, où le clair obscur fait déjà tout son effet; car c'est à quoi cet auteur paroît s'être borné dans ses desseins. Il n'y faut pas chercher la régularité des formes, elle y est entièrement négligée (Cat. Crozat, p. 83.)

— Noé ordonnant aux animaux d'entrer dans l'arche. Je crois, et n'en doute point, que cette première épreuve en est une de la planche qui avoit manqué à l'eau forte, et que Benedette, l'ayant revernie, l'a regravée par dessus une seconde fois; car j'y vois plus d'eau forte que de burin dans la deuxième (1).

— L'invention des corps des SS. apostres St Pierre et St Paul (2). C'estoit M. Le Blond qui en avoit la planche, aussi bien que de plusieurs autres pièces de Benedette; Chereau le jeune les a présentement.

— Le miracle arrivé à Cordoue, en 1002. Cette ville étant affligée de la peste, le gouverneur ordonna qu'on porteroit

---

(1) Barstch XXI, n° 1.
(2) Barstch, n° 14.

en procession la statue de St Nicolas de Tolentin, ce qui, ayant été fait, l'on vit cette statue s'incliner, lorsqu'elle approcha d'un crucifix porté par les Pères français, et le corps du Christ de ce crucifix se détacha de dessus la croix pour embrasser le saint. Voilà ce qui est représenté dans l'estampe, gravée au burin, par I. Mosin, d'après un dessein du Benedette, ainsi qu'il est gravé sur la planche, et sans cette précaution, on ne se douteroit certainement pas de la manière du peintre génois sous ce déguisement. Au reste, c'est bien surprenant que, cette planche ayant été gravée pour mon grand père, et son nom étant au bas comme marchand, il n'en soit resté aucune épreuve dans la maison. Celle de M. Chubéré m'a fait penser qu'elle a été apportée par lui d'Italie.

— La Charité, représentée par une femme, qui tient un enfant sur le bras, et en a deux autres à ses côtés, dans une forme ovale; gravée au burin par Michel Lasne. M. de Julienne a le tableau; il fait presque pendant avec un autre représentant la Foy. On les lui a vendus pour estre du Poussin. Il doit y en avoir un troisième ayant pour sujet l'Espérance (1).

— Le portrait d'Antoine-Jules Brignole Sale, noble génois et homme de lettre, gravé par Benedette, en 1641, se trouve dans le livre *Le glorie de gli Incogniti*, imprimé à Venise, en 1647. Il s'en faut beaucoup que la planche ait réussi à l'eau forte; on n'y voit presque rien du travail de Benedette, et, pour comble de malheur, un graveur ignorant s'est avisé d'y mettre quelques coups de burin, qui ont entièrement gaté la

---

(1) Ils sont en effet sous le nom de Poussin, dans le catalogue de M. de Julienne, 1767 : « N° 210. Deux tableaux sur bois de forme ovale et convexe; chacun porte 10 pouces de haut sur 6 pouces 6 lignes de large. L'un représente une femme avec trois enfants, dont un dort entre ses bras; l'autre une femme qui a la main gauche posé sur un faisceau d'armes, vendus 861 liv. 19 s.

planche, où est au bas écrit par le Benedette mesme : G. BENEDICTVS CASTILIONE. 1681 (1).

CATALANO (ANTONIO), peintre de Messine, dont Bonfiglio fait mention dans sa description de la ville de Messine, p. 19b et 54b. Il rapporte un tableau de ce peintre représentant Notre-Dame des Anges, qui est au maître-autel de l'église de Ste Claire à Messine, et qui est, dit-il, un morceau fort estimé des connoisseurs, (et qui a dû estre fait sur la fin du seizième siècle.) Bonfiglio qui écrivoit en 1606 remarque que ce peintre étoit mort alors.

CATALANO (THEODATO), peintre de Messine, dont le nom est rapporté dans la description de Messine de Constanzo, p. 54b. — Ce peintre n'étoit plus, lorsque cet auteur écrivoit en 1606 (2).

CATANIO (COSTANZO), né à Ferrare, en 1602, reçut les premiers enseignements du Scarsellino, qu'il quitta pour se rendre à Bologne, où il étudia sous le Guide. Il retourna dans sa patrie et y mourut, le 3 juillet 1665. Un goût décidé pour les armes ne lui fit que trop souvent perdre de veüe la peinture et l'empêcha de s'élever au-dessus de la médiocrité. Il eut pour disciple Camillo Setti. Le P. Orlandi le nomme Francesco Costanzo. Voyez p. 97 (édit. de 1719).

CATELANI (PIETRO). J'ay veu chez M. Crozat deux parfaitement beaux desseins de ce maistre, d'une belle et riche composition, et d'un goût de dessein léger et agréable. Il les

(1) Bartsch, n° 19.

(2) Ce Théodato Catalano est bien certainement le même que l'Antonio Catalano cité plus haut par Mariette, d'autant plus que le Bonfiglio et le Costanzo qu'il cite dans chacun des deux articles n'est qu'un seul et même personnage.

avoit trouvés dans une célèbre collection de desseins faite anciennement en Italie par le cardinal Santa-Croce. Le nom de chaque maistre étoit écrit sur chaque dessein, et c'est par ce moyen que s'est conservé le nom du peintre dont il est question icy, et dont il n'est parlé que je sache dans aucun auteur, quoy qu'il le méritât autant et plus qu'aucun autre.

— M. de Piles avait apporté d'Espagne une partie de ces desseins (ceux des peintres espagnols que possédait Crozat). Les autres y avoient été rassemblés par le chanoine Vittoria, qui, étant de Valence, n'a pas dû se méprendre sur ceux de Jean de Valence qui sont estimables et fort rares. Les desseins du Catelani ne le sont pas moins, et il est surprenant qu'aucun auteur n'ait parlé de ce maître. M. Crozat a trouvé ces derniers desseins dans la collection du cardinal de Sainte-Croix. (Cat. Crozat, p. 86.)

CAURIOLI. — Il Caurioli fu Pittore Reggiano, molto diligente ne suoi tempi, di cui si vede nel coro della confraternita della concettione della B. V. un altare lavorato a tempera molto stimato nel 1470. — G. Borzani nel Antiquarium Regii Lepidi Mss. della Libr. Reale, p. 74.

CAVAGNA (GIO : PAOLO). Le Gigli le met au rang des peintres de Bergame, et comme il le met le dernier en ordre, il y a apparence qu'il vivoit pour lors en 1615.

> Il Cavagna d'un far tutto, servile
> Giampagolo chiamato, d'aureo vanto
> E da ciascuno celebrato tanto.

N'ayant point vû de ses ouvrages, je ne puis dire si ces lonanges sont méritées.

CAVALLERIIS (JEAN-BAPTISTE DE) travailloit à Rome au milieu du XVIe siècle, et n'a pas été un fort habile graveur.

Je le crois disciple de Nicolas Beatrizet, gr. lorrain, et je le soupçonne auteur des planches qui entrent dans le livre de Salvien sur les poissons. Il a fait quelquefois suivre son nom du mot Lagberinus. Peut-être est-ce celui de sa patrie, mais je n'ai encore pu trouver personne qui me l'ait pu expliquer. Son meilleur ouvrage est un Massacre des innocens, qu'il a marqué avoir gravé dans la maison du médecin Hippolyte Salvien, *in ædibus Salvianis.*

CAVEDONE (JACOPO). Le Malvasia et le Pasinelli avoient rassemblé les plus beaux desseins du Cavedon; M. Crozat les a eus tous, et l'on y retrouve un peintre qui, tant qu'il a été dans sa vigueur, s'est distingué par la beauté de ses compositions dignes de Louis Carrache, et par une intelligence de clair obscur qui ne le cède point au Titien. (Cat. Crozat, p. 59.)

CAVINO (GIO : DAL), Padoano, e suo figliuolo furono ambidue eccellenti imitatori di medaglie antiche, facendone nuovi cogni di acciaio. Fiorivano nell' età d'Enea Vico, il quale ne fece mentione nei suoi *Discorsi sopra le medaglie degli antichi.* — C'est ici apparemment ce fameux Padouan, qui a si bien sçu contrefaire les médailles. — C'est lui-même; voyez ce que le P. Du Moulinet en dit dans le cabinet de Ste Geneviève. — Il a eu la sépulture dans l'église de S. Jean di Verdara à Padoue. Rossetti, Pitture di Padova, p. 184.

CAYLUS (ANNE-CLAUDE-PHILIPPE DE THUBIÈRES DE GRIMOARD DE PESTELS DE LEVI, COMTE DE), fils de Jean-Anne, comte de Caylus, Menin de Monseigneur, et de Marthe Marguerite de Valois, marquise de Villette, nièce de Mad^e^ de Maintenon. Il naquit le 31 octobre 1692, et commença par porter les armes. N'étant encore que mousquetaire, il se distingua à la bataille de Malplaquet, de façon qu'au retour de la campagne, le roi, par amitié pour Mad[e] de Maintenon, le prit sur ses genoux, en disant : « Voyez mon petit Caylus; il « a déjà tué un de mes ennemis. » Un goût naturel pour la peinture et pour tous les arts dépendant du dessein, lui a fait connoître et aimer tous les habiles gens qui ont paru de son tems. Il a eu surtout des liaisons étroites avec Wateau, et dès lors il s'occupoit à dessiner avec lui et même à peindre. Lorsqu'il eût connu M. Crozat, et qu'il eût pénétré dans son beau cabinet, il lui emprunta des desseins, les copia, et finit par en graver un grand nombre. Il se rabattoit ensuite sur ceux du Roi, et pendant plusieurs années il ne fit autre chose que d'en faire des gravures. Il étoit alors très lié d'amitié avec M. Coypel, qui en avoit la garde. Il ne cessa de s'en occuper que lorsqu'il cessa de fréquenter M. Coypel aussi souvent qu'il l'avoit fait. L'amitié se refroidit, sans que l'estime en souffrît ni pût s'altérer. M. Coypel devint premier peintre et Directeur de l'Académie, et M. de Caylus fut le plus ardent de ses défenseurs contre une cabale qui auroit bien voulu s'opposer à ce choix. Il a beaucoup aimé Bouchardon, et ce dernier lui doit une partie de sa fortune. Il l'a protégé et lui a valu, par le moyen de M. de Maurepas, ami intime et parent de M. de Caylus, l'ouvrage de la fontaine de la rue de Grenelle, la statue équestre du Roi, d'autres ouvrages considérables, et la place de dessinateur de l'Académie des Belles-Lettres. M. de Caylus qui, dans sa jeunesse, avoit beaucoup écrit, mais pourtant des bagatelles, avoit pris du goût pour les meilleures études, et cela lui avoit fait avoir une place, en **1741**, dans la même académie. Il se servit du crédit qu'il s'y étoit acquis, pour faire le bien de Bouchardon, et lui-même il se consacra tout entier à l'étude de l'antiquité et à celle des arts pratiqués par les anciens. Son extrême vivacité ne lui a jamais permis d'être un moment oisif, et de là la prodigieuse quantité de livres et d'autres productions qu'il a répandues dans le public. Il auroit voulu que tout le monde eût mis la même ardeur dans son travail, et pour y encourager davantage, il a eu la générosité de fonder un prix considérable, qui se distribue tous les ans dans l'Académie des Belles-Lettres à celui qui a le mieux discuté un point d'antiquité proposé par lad. académie. Il a aussi, en 1759, fondé un autre prix, que l'Académie de peinture, dont il est amateur depuis 1731, distribue à celui des élèves qui a le mieux rendu une expression. Dans sa jeunesse, en 1714, il avoit fait le voyage d'Italie, et y étoit demeuré une année; voyage qui, en 1716, fut suivi d'un second dans le Levant. J'en ai les relations écrites par lui-même. — Il est mort à la suite d'une longue maladie, qui avoit fait de son corps un vrai squelette, le jeudi, 5 septembre 1765, à sept heures du matin.

— M. le comte de Caylus étoit brouillé avec la cour de Naples, mécontente de ce qu'il avoit donné dans ses Recueils d'antiquités, et sur des copies fort infidèles, divers morceaux provenant des fouilles d'Herculanum. Elle étoit encore plus piquée de ce qu'il se fût fait un mérite de la prévenir dans un travail dont elle vouloit avoir tout l'honneur, et qu'elle étoit jalouse de ne partager avec personne. De son côté, il n'étoit pas accoutumé à se voir contrarié, et des gens charitables lui avoient rapporté des discours qui avoient été tenus sur son compte, et qui avoient vivement allumé sa bile. Dans cette disposition d'esprit, quelqu'un lui parla d'une lettre écrite en allemand qui, tout récemment, venoit de paroître à Dresde, et dans laquelle l'abbé Vinckelman, qui n'avoit pas craint de s'en déclarer l'auteur, s'étoit permis des libertés, et avoit révélé, si l'on veut, des vérités, dont la cour de Naples s'étoit trouvée offensée. L'occasion parut favorable à M. de Caylus; il ne fut pas fâché de prendre sa revanche, et de la mortifier à son tour en faisant passer cette lettre dans une langue devenue celle de l'Europe entière, et la rendant par ce moyen d'un usage plus général. Il en demande un exemplaire qu'il obtint avec assez de peine, car la lettre étoit devenue rare, et l'ayant reçue, il le remit entre les mains d'un interprète, qui, peu versé dans notre langue, et encore moins dans celle de l'art, fit une traduction barbare et presque inintelligible. Personne ne voulut y mettre la main, et M. de Caylus me trouva tout aussy rétif que les autres. A la fin, à force de sollicitations, il eut le pouvoir de me réduire, et moi la foiblesse d'y consentir, et de me charger d'un travail ingrat, et qui ne me devoit faire aucun honneur. Il falloit entrer dans des explications avec le mauvais traducteur; je lui fis mes objections, je me fis rendre, le moins mal que je pus, le vrai sens de l'auteur, et toujours à tâtons, toujours avec répugnance, sans rien changer au fond des choses, et, cherchant seulement à améliorer le style, je suis parvenu à conduire l'ouvrage, encore fort éloigné de sa perfection, au point qu'il pouvoit, à toute rigueur, soutenir l'impression. Elle auroit été plus correcte, si l'on n'avoit pas choisi pour la faire le tems que j'étois à la campagne dénué de tout secours (1).

— *On voit par cette note de Mariette que le caractère de M. de Caylus, n'était pas toujours sans défauts. Nous croyons curieux d'y joindre l'appréciation d'un autre contemporain, qui, pour être évidemment très-exagérée, n'en reproduit pas moins un côté de l'opinion de son temps :*

« Parmi les amateurs qui étoient de ses dîners (de Mme Geof-
« frin, les lundis) il y en avoit d'imbus d'assez bonnes étu-
« des. Avec ceux-ci, je n'étois pas en peine de varier la
« conversation, ni de la ranimer lorsqu'elle languissoit; et ils

(1) Cette note se trouve sur le feuillet de garde du livre : Lettre de M. l'abbé Winckelmann à M. le comte de Brühl. Dresde, 1764. — Ce vol. a été vendu 55 liv. 1 sol, à la vente de Mariette, n° 1322. de son catalogue; il contient à la fois la traduction française et le texte allemand, l'exemplaire même sans doute sur lequel la traduction a été faite. Il est maintenant entre les mains de notre ami, M. Georges Duplessis, qui a bien voulu nous donner copie de cette très curieuse annotation.

« me sembloient assez contents de ma façon de causer avec « eux. Un seul ne me marquoit aucune bienveillance, et, dans « sa froide politesse, je croyois voir de l'éloignement; c'étoit « le Comte de Caylus.

« Je ne saurois dire lequel des deux avoit prévenu l'autre; « mais à peine avois-je connu le caractère de ce personnage, « que j'avois eu pour lui autant d'aversion qu'il en avoit pour « moi. Je ne me suis jamais donné le soin d'examiner en « quoi j'avois pu lui déplaire; mais je savois bien, moi, ce « qui me déplaisoit en lui. C'étoit l'importance qu'il se don- « noit pour le mérite le plus futile et le plus mince des ta- « lents, c'étoit la valeur qu'il attachoit à ses recherches mi- « nutieuses et à ses babioles antiques; c'étoit l'espèce de « domination qu'il avait usurpée sur les artistes, et dont « il abusoit, en favorisant les talents médiocres qui lui fai- « soient la cour, et en dépréciant ceux qui, plus fiers de leurs « forces, n'alloient pas briguer son appui; c'étoit enfin une « vanité très adroite et très raffinée, et un orgueil très âpre et « très impérieux, sous les formes brutes et simples dont il sa- « voit l'envelopper. Souple et soyeux avec les gens en place « de qui dépendoient les artistes, il se donnoit, près de ceux-là, « un crédit dont ceux-ci redoutoient l'influence. Il accostoit les « gens instruits, se faisoit composer par eux des mémoires « sur les breloques, que les brocanteurs lui vendoient; fai- « soit un magnifique recueil de ces fadaises, qu'il donnoit « pour antiques, proposoit des prix sur Isis et Osiris pour « avoir l'air d'être, lui-même, instruit dans leurs mystères, « et, pour cette charlatanerie d'érudition, il se fourroit dans « les Académies, sans savoir ni grec ni latin. Il avoit tant dit, « tant fait dire par ses proneurs qu'en architecture il étoit le « restaurateur *du style simple, des formes simples, du beau sim- « ple*, que les ignorants le croyoient; et par ses relations avec « les *Dilettantes*, il se faisoit passer en Italie, et dans toute l'Eu- « rope pour l'inspecteur des Beaux-Arts. J'avois donc, pour

« lui, cette espèce d'antipathie naturelle que les hommes sim-
« ples et vrais ont toujours pour les charlatans. » Marmontel. Mémoires, livre VI. Verdière, **1818**, I, 359—60.

CAZES (JACQUES). Il se nommoit Pierre Jacques, et nacquit à Paris en 1676. Il y est mort le 25 juin 1754. Il composoit facilement et avec grâce; mais toujours dans la même manière, de sorte que lorsqu'on a vu un de ses tableaux, on les a vus tous. Elève de Bon Boulogne, il en été le sectateur, et s'est fait une espèce de loi de marcher exactement sur ses traces. Cela a fait qu'il n'a point été un peintre original, et qu'étant sans verve, sa couleur ni son dessein n'ont rien de piquant ni de fort élevé, quoyque l'un et l'autre soient assez soignés. Un de ses principaux ouvrages est la suite de grands tableaux, qu'il a peints dans le chœur de l'Abbaye de St Germain des Prés. Son caractère doux l'avoit rendu fort aimable.

CECCHINI (ANTONIO). Peintre vénitien, dont il y a des tableaux dans les Eglises de Venise. Voyez la description des peintures de Venise.

CELESTI (ANDREA). Le cavalier André Célesti avoit une manière de peindre assez singulière; il ne faisoit point le mélange de ses couleurs sur la palette. Il mettoit sur la toile des tas des différentes couleurs qu'il vouloit y employer, et les mêlant ensuite ensemble, suivant le besoin qu'il en avoit, il formoit ses teintes, qui en devenoient plus pures et plus vierges et qui auroient donné de la durée à ses peintures, s'il avoit été plus soigneux de n'employer que de bonnes impressions; pour y avoir manqué, ses tableaux n'ont pas tardé à changer, et aujourd'hui presque tous sont anéantis. Voyez le L. della pittura Venez. p. **401**.

CELIO (GASPARO). Voyez Baillet, jugements des savants, poëtes modernes, article **1358**.

CELLINI (BENVENUTO), scultor Fiorentino, che si trovava in Roma nel tempo del sacco di Roma, hà lasciato scritto d'essere stato quello, che tirò in quella nebbia dell' assalto l'archibusata di cui fu ferito il Borbone, non come à Borbone, ma come a quello che di altezza superava gli altri. *Note mss. di Scipione Amirato il giovine sopra l'Istorie Fiorentine di Scipione Amirato il vecchio. Vol. 3, p.* 372 (1).

Suivant la préface qui est à la teste de la nouvelle édition du traité d'orfèvrerie du Cellini, cet artiste est mort en 1570, le 13 février. Il y a, dans cette préface, plusieurs traits qui peuvent servir à la vie de ce sculpteur.

Dans le temps que le Cellini travailloit aux ornements de la porte de Fontainebleau, le Primatice faisoit le voyage de Rome pour y faire mouler les plus belles statues antiques, et cela arrivoit aux environs de l'année 1543. Cellini, p. 229.

En 1544, le Cellini demande au Roi la permission d'aller en Italie, et pour l'obtenir plus facilement, il cite l'exemple du Primatice, auquel cette permission avoit été accordée. De la façon dont il s'exprime, on doit présumer qu'elle étoit de fraîche datte.

CERQUOZZI (MICHEL-ANGELO) *delle battaglie*, excelloit à peindre des fruicts et des raisins; il a quelquefois peint des figures dans des tableaux dont les fonds étoient ornés de perspectives peintes par le Salucci ou Saluzzi. Malvasia, p. 4ª, p. 50 et 129. Ce que j'ay veu de tableaux de Michel-Ange des Batailles m'a plu infiniment. Je ne connois guère de peintre qui ait un pinceau aussy ferme, et dont la touche soit aussy scavante. Ce qu'il peint paroit de relief, et comme s'il étoit modelé, tant les touches y sont données à propos, et cela sans aucune sécheresse; ses préparations sont excellen-

(1) Il tenait probablement ce fait de Cellini lui-même, qui le raconte de la même façon dans ses mémoires.

tes, son travail est léger et extrêmement varié. Je comparerois assez volontiers la manœuvre de son pinceau et son goût de couleur à ce que le Bourguignon a fait de plus beau. Ce que j'ay veu de Michel-Ange des Batailles qui m'a fait un si grand plaisir, et sur quoy j'ay fait ces remarques, est un tableau où il avoit représenté, pour son étude, des champignons dans diverses situations, et un panier remply d'oiseaux morts. M. l'abbé de Maroulle, à qui il appartenoit, en faisoit un cas singulier, et son jugement étoit d'autant plus certain qu'il étoit excellent connoisseur et d'un goût exquis. Il est né à Rome, le 2 février 1602, et est mort dans la même ville, le 6 avril 1660. Sa vie a été écrite par le Pascoli. Ses desseins sont fort rares et c'est grand dommage, car il avoit une plume aussi expressive pour le moins que son pinceau. Quant à ses tableaux ils ne sont plus si recherchés, parce qu'ils ont beaucoup noirci.

CERRUTI (MICHEL-ANGELO), peintre, né à Rome, en 1664; après avoir étudié pendant 15 ans auprès de Joseph Passeri, il passa en Lombardie, où il demeura pendant 10 ans, presque toujours à Turin, et il est ensuite revenu à Rome, où il continue à travailler avec succès. *Mss. Pio*, en 1717.

CERVELLI (FEDERICO), de Milan, s'étoit établi à Venise, où il vivoit en 1690. Il y tenoit une école, et sa principale gloire est d'avoir servi de maître à Sébastien Ricci.

CESARI (ALESSANDRO), fameux graveur de pierres gravées et de médailles, étoit surnommé le Grec.

CESARI (GIOSEFFO), d'Arpino. Dans les Mss. de Bethume, qui sont à la Bibliothèque du Roi, il y a une lettre originale du cardinal de Richelieu, écrite à la Reyne (Marie de Médicis), et dattée du camp de Morienne, vers le tems de la journée des dupes. Le cardinal propose à la Reine *Josépin* pour peindre la seconde gallerie du Luxembourg, et assure Sa Majesté que ce peintre l'exécutera au même prix que le s[r] *Rébens*; c'est ainsi qu'il écrit le nom de ce célèbre artiste (1).

— Si le cavalier Josépin est mort à Rome en 1640, le 3 juillet, ainsi que l'a écrit le Baglione, il étoit plus vieux qu'il ne le fait, car il ne lui donne que 80 ans au jour de sa mort, tandis qu'il est constant par l'inscription qui est autour de son portrait qu'a gravé de son vivant J. Matham, qu'il étoit né en 1568; par conséquent il avoit 88 ans lorsqu'il mourut; mais il paroissoit en effet beaucoup plus jeune, tant il jouissoit d'une belle vieillesse; il marchoit encore d'un pas aussi ferme que s'il n'eût eu que trente ans.

CESI (CARLO). Il nacquit près de Rieti dans un lieu nommé Antrodoco, en 1626, et étant passé à Rome, il n'en sortit que pour aller sur la fin de sa vie finir ses jours à Rieti, en 1686. Le Pascoli a écrit sa vie. Pietre de Cortonne n'a guère eu de meilleur élève. Il dessinoit purement, et ce qu'il a gravé en donne la preuve. On a de lui en gravure la galerie des Carraches au palais Farnèse, celle de Pietre de Cortonne au palais Pamphile de la place Navone, la coupole du Lanfranc à S. André della Valle, et les peintures du même Lanfranc dans une chapelle de l'église de S. Augustin à Rome; tous morceaux où il règne de la correction, et où l'on peut tout au plus reprendre un manque de chaleur, ce qui cependant me paroit moins choquant que certaines licences auxquelles s'abandonnent des génies plus ardens, qui voulant mettre de l'esprit dans ce qu'ils dessinent ou qu'ils gravent d'après d'autres

---

(1) Cette lettre, retrouvée par M. de Laborde, a été publiée par lui dans le 1er volume de son ouvrage : La Renaissance des arts à la cour de France, p. 332. — Voyez Archives de l'art français. I, 93 à la note.

peintres, altèrent les manières et prêtent aux auteurs qu'ils copient des idées qu'ils n'eurent jamais (1).

CESPÈDES et non *Cespade* (PAUL DE), connu sous le nom de *Racionero*, qui est celui que portent en Espagne les prébendiers dans les églises cathédrales; et, en effet, Cespèdes étoit pourvu d'une prébende dans l'église cathédrale de Cordoue sa patrie. Pacheco, dans son traité de peinture, a remarqué que cet artiste modeloit dans la plus grande perfection des figures en cire coloriée. Il avoit écrit en vers espagnols un cours de peinture. Pacheco, qui avoit eu le Mss. entre les mains, en a rapporté plusieurs fragmens dans son ouvrage, et le Palomino qui a écrit une vie de Cespèdes rapporte son épitaphe, suivant laquelle il paroît que sa mort arriva en 1608. Le même auteur juge sur un portrait de Cespèdes qui lui étoit passé entre les mains, que ce peintre pouvoit être âgé pour lors de 70 ans. La manière de Michel-Ange, qui étoit pour lors en grand crédit, étoit celle qu'il suivoit. Pacheco a fait aussi observer que Cespèdes a modelé des figures en cire coloriée, et cela dans le tems qu'il demeuroit à Rome (p. 29.) (2).

CHALES, le sculpteur, reçu académicien en 1756, mort en 1765, né en septembre 1719; son nom est Simon.

Le peintre, actuellement professeur de perspective, élu en 1758, est né en aoust 1718, académicien en 1753; le roi lui a accordé des lettres de noblesse en 1770.

CHAMPAGNE, ou plustost CHAMPAIGNE (PHILIPPE DE).

---

(1) Voir dans Bartsch XXI, 101-19, le catalogue de l'œuvre de Cesio.

(2) Voyez Bermudez. I, 316-29.

« Le mesme jour, 12e août 1674, mourut à Paris Philippes « Champagne, natif de Bruxelles, qui s'estoit acquis une « grande réputation par son habileté dans l'art de la pein- « ture, mais qui s'est rendu encore plus recommandable par « sa piété. Il a toujours été fort attaché à ce monastère, où il « avoit une fille religieuse, et dont il avoit épousé les inté- « rêts, qu'il a soutenus en toute occasion, souvent mesme au « préjudice des siens et de sa propre tranquillité. Comme il « avoit beaucoup d'amour pour la justice et pour la vérité, « pourvu qu'il satisfît à ce que l'une et l'autre demandoient « de luy, il passoit aisément sur tout le reste. Il a donné à « nostre maison plusieurs autres marques encore plus effec- « tives de l'affection qu'il luy portoit, en luy faisant présent « de plusieurs tableaux de piété, et luy léguant six mille « livres d'aumône. Il est enterré à St-Gervais, sa paroisse. » Nécrologe de Port Royal des Champs, p. 336. Voyez Félibien, t. 2, Moréry et de Piles. Ces auteurs ont rapporté sa vie plus au long.

— Le fils de Philippe de Champagne se nommoit Claude, et étoit âgé de 3 ans 9 mois en 1637, ainsi qu'on l'apprend d'une inscription mise au bas de son portrait, dessiné par son père. — Des deux filles de Champagne, l'une s'appeloit Françoise, et l'autre Catherine (1), celle-ci née en 1637.—Jean Baptiste de Champagne avoit épousé Geneviève Janson. — Des inscriptions mises au bas de portraits de toutes ces personnes me donnent ces noms.

— S'il est dangereux de s'abandonner à un génie trop impétueux, et de ne représenter la nature qu'en suivant ses propres idées et sans la consulter, une imitation trop scrupu-

---

(1) C'est celle qui fut plus tard religieuse à Port-Royal, sous le nom de Catherine de Sainte-Suzanne ; on connaît le sublime portrait que Champaigne en a fait en 1662 et a offert en remerciement de sa guérison ; il est maintenant au Louvre.

leuse et trop servile de la nature n'est pas moins pernicieuse. Comme il est très rare de rencontrer toutes les beautés réunies dans un même sujet, il n'est aussy que trop ordinaire de la voir avec ses deffauts, et, si le peintre n'a pas l'habileté de les écarter, ou qu'il n'ait pas assez de génie pour y suppléer, ses ouvrages seront immanquablement dépourveus de ces grâces qui ont seules le pouvoir de plaire. On n'en a que trop d'exemples, et, si l'on peut reprocher quelque défaut à Philippe de Champagne, c'est précisément celuy là. Il peignoit agréablement et avec facilité, colorioit de bonne manière ; son desseln mesme estoit assez précis ; l'on ne pourroit guère mieux peindre une teste ; ses portraits estoient toujours fort ressemblants ; il faisoit aussy parfaitement bien le paysage. Mais d'un autre côté, esclave de l'objet qu'il traitoit, il le rendoit servilement, sans pouvoir en quelque façon sortir de son sujet. Son génie, qui n'estoit pas assez rempli de feu, ne lui laissoit rien imaginer au-delà. Aussi, soit qu'il connût mieux que personne la nature de ses forces, soit par un zèle de piété, car il menoit une vie très religieuse, on ne luy a guère vu représenter que des sujets de dévotion, qui ne sont point si susceptibles de passions et de grands mouvemens que les autres sujets tirés de l'histoire ou de la fable. Ce genre d'ouvrage et les portraits auxquels il s'étoit consacré, sa modestie, la droiture de ses mœurs, son désintéressement presque sans exemple, luy avoient fait de toutes les personnes vertueuses de son siècle autant d'amys, et il s'estoit toujours veu extrêmement occupé. Son école devenue fort nombreuse, estoit composée, d'élèves qui avoient un respect aveugle pour leur maistre et qui, en cherchant à imiter sa manière de peindre, ne prenoient pas moins de soin à se rendre vertueux comme luy ; son atelier estoit tout à la fois une escole de peinture et une escole de sagesse.

Jean-Baptiste de Champaigne, son neveu, qu'il avoit fait venir de Bruxelles, pour luy tenir lieu de fils, après avoir perdu le seul qu'il avoit, fut celuy de ses élèves qui se distingua davantage; il succéda aux talens de son oncle, et se rendit un digne héritier de sa bonne réputation. Il fut comme luy de l'Académie royale de peinture.

Jean Morin mérite aussy d'estre distingué parmy les élèves de Champaigne (1). Il étoit peintre et insensiblement il devint graveur, la nouvelle manière de graver qu'il imagina ayant esté bien reçeue. Elle est pittoresque, sans manquer du costé du finy, très propre à exprimer les différens degrés de teintes et tous les tons de la couleur, et qui se remarque surtout dans cette belle Vierge qu'il a gravée d'après le Titien, et dans le portrait du cardinal Bentivoglio, peint par Van Dyck. Ces deux estampes ne seroient pas désavouées par les deux excellents peintres qui ont produit les premières idées. Elles laissent seulement à désirer que Jean Morin n'en ayt pas exécuté un plus grand nombre d'après d'aussy bons tableaux; mais, attaché comme il l'estoit à son maistre, il se faisoit une espèce de devoir de ne travailler que d'après luy, et, comme il estoit dans les mesmes principes de religion, il se voua comme lui aux sujets qui pouvoient inspirer de la piété, et à graver des portraits de gens illustres. Il mourut fort jeune, laissant après luy Nicolas de Platte-Montagne, son neveu, à qui il avoit appris à dessiner et à graver. Celuy-cy suivit la manière de graver de son oncle; mais il abandonna dans la suitte cette profession pour se donner entièrement à la peinture. Son père, Mathieu Van Plattenberg d'Anvers, qui, en s'établissant en France, se fit appeler de Platte-Montagne, y avoit acquis de la réputation. Il peignoit parfaitement bien le paysage, et surtout des marines. A l'imitation de Morin, son beau-frère, il se mit aussi à graver (2). L'on trouvera de lui, dans ce recueil,

(1) Son œuvre a été catalogué par Robert Dumesnil, II, 33-79.

(2) L'œuvre des deux Montagne a été catalogué par M. Robert Dumesnil dans son tome V.

plusieurs paysages, dont il y en a surtout un d'après Fouquière, représentant un hyver, qui est fait avec une merveilleuse intelligence. Ce fut aussi l'exemple de Morin qui détermina J. Alix, autre disciple de Champaigne, à graver quelques morceaux d'après ce peintre, précisément dans la même manière que Morin. L'on a joint ensemble tous les ouvrages de ces différens maistres; ils auroient infiniment perdu de leur prix en les séparant l'un de l'autre.

— Le centenier se convertissant à la veue des prodiges qui arrivent à la mort de Jésus-Christ, gravé à l'eau forte dans la manière de Jean Morin, d'après Philippe de Champaigne. — Il n'y a point de nom de graveur et peut estre est-elle de Morin ou d'Alix. Cette planche paroist estre demeurée imparfaite, y ayant quelques endroits qui sont finis au burin d'une autre main.

— Buste de J.-C. veu de face, gravé à l'eau forte par Jean Morin. Autre épreuve avec des changements, surtout dans les cheveux; l'on y a aussy supprimé la couronne de lumière qui estoit autour de la teste, mais ces changements n'ont point esté faits par Morin.

— Les disciples ensevelissent le corps mort de J.-C., en présence de la Ste Vierge, gravé à l'eau forte par S. Bernard (1). — S. Bernard, qui a la manière de graver de Morin, seroit-il son disciple?

— La Ste Vierge transportée dans le ciel par des anges, gravé à l'eau forte par Jean Morin, d'après un plafond peint par Ph. de Champaigne. MM. Montagne en ont la planche.

CHAMPAIGNE (JEAN-BAPTISTE DE), neveu de Philippe, mort à Paris, en 1681, le 28 octobre, âgé de 50 ans, suivant la liste des peintres de l'Académie, dressée par Reynez, et de 43 ans

---

(1) Robert Dumesnil, VI, no 7 de l'œuvre de S. Bernard.

relativement à la notice, qu'a donnée M. Dandré Bardon de nos peintres françois. J.-B. de Champaigne étoit né à Bruxelles; c'étoit un génie froid.

— La sainte Vierge retrouvant Jésus-Christ dans le Temple, y disputant avec les docteurs de la Loy, gravé à l'eau forte, sous la conduite de Bernard Picart, d'après le tableau de J.-B. de Champaigne, qui est au maître-autel des Chartreux de Paris. Pour une perd'heure espagnole, où M. le Clerc a gravé quelques pièces.

CHANTREAU. Voir si c'est lui qui eut querelle avec Godefroy (1).

CHAPRON (NICOLAS) étoit de Châteaudun, et fut disciple de Vouet. Il le quitta pour aller à Rome, où il fit un long séjour. Il y étoit en 1640, et n'en étoit point encore sorti en 1649, puisque ce fut dans cette année qu'il y publia la suite d'histoires de l'ancien Testament, peintes par Raphaël dans les Loges du Vatican. Il en avoit fait les desseins, et les planches, qui sont gravées de bon goût, furent très-bien reçues. Il les fit paroître sous les auspices du sieur Renard, qui étoit alors l'homme à qui les artistes s'adressoient le plus volontiers pour avoir de la protection. Je n'y trouve qu'une chose à redire, c'est trop de pesanteur : Raphaël est tout autrement léger dans ses figures. Il est vrai que les élèves qu'il employa à peindre ces tableaux y mirent de leur manière et sortirent en cela du caractère de leur maître. Mais cela n'empêche pas que Chapron n'ait outré et que ses copies n'aient le défaut que je leur reproche. De la façon dont Félibien le place dans ses entretiens sur les vies des peintres, on doit présumer que sa mort arriva en 1656. Il devoit avoir à peu près 50 ans.

---

(1) Voyez plus haut la note de l'article Autreau.

Outre les Loges du Vatican, l'on a de lui des bachanales dans le goût de Vouet, qui sont gravées avec esprit et composées avec feu. Il s'est représenté dans la planche qui sert de frontispice à la suite des Loges, assis près d'un piédestal sur lequel est placé le buste de Raphaël que couronne la Renommée, et ce morceau qui est de son invention est composé de très bonne manière.

— Nicolas Chapron de Chasteaudun n'a pas été un des moindres élèves de Vouet. Ses tableaux étoient peints et dessinés dans la même manière; mais comme il mourut jeune il ne luy fut pas possible d'entreprendre aucun ouvrage considérable. Ainsy on le connoit davantage par ses estampes que par ses tableaux. Ce qu'il grava, étant à Rome, d'après les peintures de Raphaël, dans les Loges du Vatican, est ce qui luy fait le plus d'honneur, et c'est peut-être ce qui a été gravé avec le plus de goût par les modernes d'après les ouvrages de cet excellent maistre. L'on y retrouve la fierté des expressions, la noblesse des caractères et l'élégance du dessein qui se font principalement admirer dans les originaux (1).

CHARDIN (JEAN-BAPTISTE-SIMÉON) (2). Après avoir appris à dessiner pendant quelque temps chez M. Cazes, et avoir mesme remporté quelques médailles à l'Académie, M. Chardin, n'espérant pas de réussir, autant qu'il l'auroit désiré, dans le talent de l'histoire, se détermina à suivre un genre

(1) Voyez le catalogue de son œuvre dans M. Robert Dumesnil, VI, 211-31, et les lettres du Poussin pour les mentions qu'il fait de Chapron pendant son séjour à Rome.

(2) A la marge, Mariette a écrit la date de 1740.

— Le Louvre possède le portrait de Chardin, peint au pastel par Latour; il vient de l'ancienne Académie. Il est difficile de croire que Latour n'ait pas flatté et surtout rajeuni son modèle en voyant son pastel à côté des deux portraits de Chardin par lui-même, faits seulement onze et quinze ans après; — ils sont datés tous deux, l'un de 1771, l'autre, comme aussi celui de sa femme, de 1775, — l'un en bonnet et avec un pince nez, l'autre avec des lunettes et

particulier auquel il se forma, et voicy ce qui lui fit embrasser celui avec lequel on l'a vu entrer dans la carrière de la peinture. On lui avoit fait présent d'un lièvre; il le trouva beau et il hazarda de le peindre. Des amis, à qui il montra ce premier fruit de son pinceau, en conçurent le plus favorable augure et l'encouragèrent de leur mieux. La toile, qui luy étoit tombée sous la main et dont il s'étoit servi, n'étoit pas à beaucoup près couverte par la représentation de ce lièvre; il put donc ajouter quelques ustensiles de cuisine, et son tableau devint une composition qui ne tarda pas à trouver maître, mais ce fut à condition qu'il y auroit un pendant, et un canard fut donné pour sujet. Ces deux premiers tableaux furent suivis de plusieurs autres dans le même genre. On y trouvoit de la vérité, et une assez bonne intelligence, une fonte de couleur et une touche grasse. Cependant M. Chardin, n'imaginant pas qu'il y en eût assez pour lui mériter une place dans l'Académie royale, se fit recevoir maître peintre, lorsque, prenant sa première femme, on exigea de lui qu'il prit aussi un estat. Mais bientost ses amis, augurant mieux de ses succès, l'engagèrent à se mettre sur les rangs, et lui promirent que ses démarches ne seroient point infructueuses. Ils ne se trompoient point. M. Chardin, ayant fait porter plusieurs de ses tableaux à l'Académie, toutes les voix se réunirent en sa faveur, et, en 1724, il fut reçu le même

---

un abat-jour sur les yeux, acquis en 1839, et en vente publique, celle de M. Bruzard, pour l'incroyable somme de 218 fr. Derrière celui de Latour, on lit les mentions suivantes que nous reproduisons parce qu'elles sont données par Chardin lui-même :

« Jean-Baptiste-Siméon Chardin, né à Paris, le 2 novembre 1699 : agréé et reçu académicien le même jour, 25 septembre 1728; conseiller le 28 septembre 1743; trésorier le 22 mars 1755; pensionnaire du Roy en 1752; logé aux galleries du Louvre en 1757; peint en 1760, par M. de la Tour, et donné à l'Académie, par M. Chardin, au mois de juillet 1774; *et enfin d'une autre écriture :* de l'Académie royale des sciences, belles-lettres et arts de Rouen, en 1766. »

jour que de Bar, imitateur de la manière de Watteau et qui demeuroit alors chez M. de la Faille, fut pareillement admis, et, ce qui ne se voit guères, on se contenta pour ses deux morceaux de réception de deux de ces tableaux qu'il avoit présentés, parmi lesquels il y en avoit un, où estoit représentée une raye, qui étoit peint depuis plusieurs années, et dans un temps où il ne pensoit certainement point que ce morceau pût lui mériter quelque jour l'honneur qu'il recevoit (1).

Il continuoit de s'occuper de pareils ouvrages, lorsqu'un incident lui fit faire un pas de plus dans la peinture. M. Aved, peintre de portraits, étoit son amy, comme il l'est encore, et ils se voyoient souvent. Un jour, une dame étoit venue trouver M. Aved pour avoir son portrait; elle le vouloit jusqu'aux genoux et elle ne prétendoit en donner que quatre cents livres. Elle sortoit sans avoir conclu son marché, car, quoyque M. Aved ne fut pas alors aussy employé qu'il l'a été depuis, cette offre lui paroissoit de beaucoup trop modique; M. Chardin, au contraire, insistoit pour qu'il ne laissât pas échapper cette occasion, et lui vouloit prouver que quatre cents livres étoient bonnes à gagner pour quelqu'un qui n'étoit encore qu'à demi connu. Ouy, lui dit M. Aved, si un portrait étoit aussy facile à faire qu'un cervelas. C'est que M. Chardin étoit pour lors occupé à peindre un tableau de devant de cheminée, dans lequel il en représentoit un dans un plat. Ce mot fit impression sur luy et, le prenant moins comme une raillerie que comme une vérité, il fit un retour sur son talent, et plus il l'examina, plus il se persuada qu'il n'en tireroit jamais un grand parti. Il craignit, et peut-être avec raison, que, ne peignant que des objets inanimés et peu intéressants, on ne se lassât bientost de ses ouvrages, et que,

---

(1) Nous n'avons pas besoin de rappeler que ce tableau est au Louvre.

voulant essayer de peindre des animaux vivants, il ne demeurât trop au-dessous de MM. Desportes et Oudry, deux concurrents redoutables, qui avoient déjà pris les devants et dont la réputation étoit établie.

Dès ce moment il prend la résolution de renoncer à son premier talent; il en falloit choisir un autre, et le hazard sembla encore le lui offrir. Il eut occasion de peindre une teste de jeune homme qui fait des bulles de savon, et qu'on a en estampe; il l'avoit fait avec soin d'après nature, et s'étoit attaché à lui donner un air naïf: il le fit voir; on lui en dit du bien; les maîtres de l'art louèrent les efforts qu'il avoit faits pour arriver jusque là, et les envieux, en montrant de l'empressement pour ce nouveau genre, le déterminèrent à l'embrasser. Ce fut quelque temps après qu'il fit, pour le chevalier de la Roque, les deux cuisines qu'a gravées M. Cochin. Mais ce qui le mit tout à fait en réputation, ce fut le tableau de la gouvernante, qu'il croyoit avoir fait pour M. de Jullienne, qui avoit paru le désirer, mais qui, ayant été acquis par un banquier nommé Despuechs, a été achetté 1800 liv., par M. le prince de Lichtenstein dans le tems de son ambassade en France. Chaque exposition de tableaux, qui s'est faitte dans le salon du Louvre, a été marquée par de nouveaux applaudissements que le public s'est empressé de donner aux ouvrages que M. Chardin luy a offerts, et le roy a voulu avoir dans son cabinet deux de ses tableaux, le *Benedicite* et la *Mère laborieuse* (1). Les étrangers les ont recherchés peut-être encore avec plus d'empressement. M. le comte de Tessin lui en a fait faire plusieurs, et actuellement il en fait un pour le prince royal de Suède, qui représente une mère

---

(1) Mariette avait laissé le nom du second en blanc. Ce sont évidemment les deux pendants du Louvre indiqués sur les inventaires comme provenant de l'ancienne collection. Ils ont été gravés par Lépicié.

ou gouvernaante, qui fait réciter l'Evangile à une petite fille, pour faire pendant avec un autre tableau qu'on a vu exposé au dernier sallon et qui a pour sujet un jeune élève dessinant, d'après le Mercure de M. Pigal. Les estampes, qu'on a gravées d'après les tableaux de M. Chardin, n'ont pas fait une moindre fortune; elles sont devenues des estampes de mode, qui, avec celles de Teniers, de Vauvermans, de Lencret, ont achevé de porter le dernier coup aux estampes sérieuses des Le Brun, des Poussin, des Le Sueur et même des Coypels. Le gros public revoit avec plaisir des actions qui se passent journellement sous ses yeux dans son ménage, et leur donne sans hésister la préférence sur des sujets plus élevés, mais dont la connoissance demande une sorte d'étude. Je ne veux point examiner si cela va au détriment du goust; je me contenterai de remarquer qu'à le bien prendre, le talent de M. Chardin n'est qu'un renouvellement de celui des frères Le Nain. Comme eux, il fait choix des sujets les plus simples et les plus naïfs, et, pour parler avec vérité, son choix est encore mieux fait. Il saisit très-bien les attitudes et les caractères et il ne manque pas d'expression. Voilà même, à ce que je crois, ce qui a le plus contribué jusque ici à donner de la vogue à ses tableaux et à leur mériter une place auprès des Téniers et des autres peintres flamands, qui ont travaillé à peu près dans le même genre que luy, quelque distance qu'il y ait entre leurs ouvrages et les siens. Car, il faut en convenir, les tableaux de M. Chardin sentent trop la fatigue et la peinne. Sa touche est lourde et n'est point variée. Son pinceau n'a rien de facile; il exprime tout de la même manière, et avec une sorte d'indécision, qui rend son ouvrage trop froid. Sa couleur n'a pas en général assez de vérité, quoyqu'en général il y ait de l'accord (1). Faute d'être assez foncé

---

(1) Cette opinion de Mariette est singulière. Quelque chose que

dans le dessein et de pouvoir faire ses études et ses préparations sur le papier (1), M. Chardin est obligé d'avoir continuellement sous les yeux l'objet qu'il se propose d'imiter, depuis la première ébauche jusqu'à ce qu'il ait donné les derniers coups de pinceau, ce qui est bien long et capable de rebuter tout autre que lui. Aussi a-t-il toujours à la bouche que le travail lui coute infiniment. Quand il voudroit le cacher, son ouvrage le déceleroit malgré lui.

CHARLES (CLAUDE) de Nancy, peintre ordinaire de Léopold, duc de Lorraine, hérault d'armes de Lorraine, et ancien directeur de l'Académie de peinture, établie à Nancy, mourut en cette ville, le 4 juin 1747, âgé de 87 ans. Il étoit élève de Gérard, peintre lorrain, connu dans la province par ses beaux ouvrages, et son élève, après avoir été longtemps en Italie, revint dans sa patrie à la fin du dernier siècle, s'y établit et y a fait quantité d'ouvrages. Les principales églises de Nancy en sont remplies. On dit qu'il dessinoit bien, qu'il avoit un bon coloris, et que ses ordonnances étoient riches. Entre ses disciples, on compte MM. Joseph Chamant, directeur de l'Académie à Florence, Girardet, Racle, Durand, Provençal, etc. — *Mercure de France, aoust* 1747, *p.* 183 (2).

CHARMETON (GEORGE), né à Lyon en 1619, mort en 1674.

---

les tableaux de Chardin puissent devoir au temps, et ce ne serait pas un défaut d'avoir travaillé pour gagner en vieillissant, ils ne devaient pas être alors le contraire de ce qu'ils sont aujourd'hui. Ne serait-ce pas plutôt que les meilleurs amateurs n'ont pas toujours les yeux et le jugement aussi justes pour leurs contemporains qu'ils les ont à propos des anciens maîtres.

(1) Cela explique très-bien la rareté des dessins de Chardin; M. Reiset possède cependant dans sa magnifique collection une *Leçon de lecture*, aux trois crayons et au pastel, qui est admirable; elle est, du reste, traitée avec le plus grand fini. (N° 305 de son Catalogue.)

(2) Sur Claude Charles et ses élèves, voyez l'*Histoire de Nancy*, par l'abbé Lionnois, *passim*.

CHARPENTIER (ÉTIENNE), graveur, élève de Baléchou.

CHARPENTIER (J.-P.), graveur, né à Blois.

CHARPENTIER (RENÉ), sculpteur ordinaire du roy et de l'Académie royale de peinture et sculpture, mort à Paris, le 15 may 1723, n'étant âgé que de 43 ans. Il joignoit à beaucoup de talent dans son art, une grande probité et une piété singulière. Entre les ouvrages publics qu'il a faits dans Paris, on estime particulièrement ceux dont il a enrichi l'église de S. Roch sa paroisse, et surtout le tombeau du comte Rangoni, qui y est placé dans la chapelle de la Vierge (1). Il avoit été chargé de conduire tous les autres ouvrages de sculpture de cette église, et il y travailloit lorsqu'il mourut. *Voyez le nouveau supplément du Morery.* J'ay connu ce sculpteur, qui ne manquoit pas de génie; mais je lui ay toujours trouvé une manière sèche. Il a beaucoup travaillé sous M. Girardon, mais je ne scais trop s'il est son disciple. Je lui ay ouï dire que M. Girardon lui avoit fait travailler sur ses modèles au tombeau que le célèbre sculpteur s'est érigé dans l'église de Saint-Landry. Ce fut encore lui dont M. Girardon se servit pour dessiner les figures de son cabinet, dont il a même gravé une partie (2). Il dessinoit en effet avec assez de facilité. Il aimoit passionément les ouvrages de Piétre Testa.

— Jésus-Christ expirant sur l'arbre de la croix; le corps mort de Jésus-Christ descendu de la croix par ses disciples. Cette pièce et la précédente sont inventées et gravées par René Charpentier, sculpteur, disciple de François Girardon. — Je crois que les planches n'ont jamais été achevées et n'ont point paru.

CHATEAU (GUILLAUME) d'Orléans. Ceux qui embrassent

---

(1) Piganiol, II, 423.
(2) Voyez plus haut, page 28, note 2.

des professions qui ont pour objet principal le dessein sont si persuadés de la nécessité de voyager en Italie et de séjourner principalement à Rome, qu'il n'y en a presque point qui n'entreprennent ce voyage. Les françois surtout le regardent comme très utile, et ce que nous avons eu de plus illustres, parmy les graveurs, ont presque tous été à Rome pour y puiser dans la source cet excellent goût, que l'on acquiert plus aisément lorsque l'on est au milieu des belles choses. Persuadé de cette vérité importante, Chasteau entreprit fort jeune ce voyage de Rome. Entre plusieurs excellens artistes qu'il y trouva, il fit choix de Fréderic Greuter, l'un des meilleurs graveurs d'Italie, dont il tâcha d'imiter la manière. Ce graveur dessinoit bien et sacrifioit même le plus souvent à cette partie la propreté de la touche. Comme luy, Chasteau négligea d'acquérir la liberté du burin, et s'attacha particulièrement au dessein. Cette méthode luy réussit, et il eut à graver plusieurs planches, pendant le séjour qu'il fit à Rome, qui luy firent honneur. Revenu en France, il continua de travailler sur les mêmes principes, et lorsque le roy entreprit de faire graver les tableaux de son cabinet, on luy en distribua plusieurs des plus considérables. M. Colbert fut si satisfait de la manière dont il les avoit exécutés qu'il luy fit donner une gratification considérable. En effet, Chasteau y avoit donné tous ses soins, et il eût été à souhaiter qu'une meilleure santé luy eût permis de travailler pour lors avec plus d'assiduité. Il étoit dans la force de son âge, et en estat de recueillir le fruit des études de sa jeunesse, mais ses maladies ne lui laissoient que peu d'intervalles de repos. Heureusement il avoit fait de fort bons élèves, qui pouvoient le soulager; le plus souvent ils luy préparoient le travail; il ne luy restoit que le soin de le conduire et d'y donner la dernière main. Benoist Farjat fut un de ses élèves; Chasteau l'amena de Lyon à Paris à son retour d'Italie; il luy apprit la graveure, et l'ayant mis en estat de faire le voyage de Rome,

Noël Coypel l'y conduisit en qualité de pensionnaire du roy. Farjat goûta le séjour de Rome et il n'est plus revenu en France. L'on a joint ce qu'il a gravé de plus considérable à la suite des ouvrages de son maître, et pour rendre le volume plus raisonnable, l'on y a aussi ajouté à la fin le peu de pièces qui ont été gravées par François de Louvemont. Ce graveur promettoit beaucoup; il avoit demeuré à Rome, et surtout à Naples où il a le plus travaillé; mais étant revenu en France, il abandonna bientost sa profession pour embrasser la vie religieuse.

— St Etienne lapidé par les Juifs, d'après le tableau d'Annibal Carrache, du cabinet du Roy ; à cette épreuve il y a les armes de Colbert, qui ont depuis été effacées, le Roy ayant acquis la planche (1).

— Philippe de France, duc d'Orléans, frère unique du Roy, représenté à cheval, victorieux et précédé par la renommée, etc.; grande pièce dont le dessein a été donné par Noël Coypel, et qui a été gravée par Guillaume Chateau pour une thèse soutenue en 1678, par Adrien-Alexandre de Mannevillette. M. Simonneau y a eu plus de part que personne. Chateau étoit malade lorsqu'il entreprit cet ouvrage; il s'en déchargea sur Simonneau; ainsi on peut regarder cette pièce comme son ouvrage propre.

CHATILLON (LOUIS DE), né à Sainte-Menehould, en 1639, fut envoyé jeune à Paris, dans l'intention d'en faire un orfèvre. On le fit entrer chez un maître nommé Pezey, qui étoit ami de Petitot et qui peignoit lui-même en émail. Ce fut là que Chatillon en prit les premières leçons. Mais s'étant mis à dessiner par le conseil de Petitot, et s'étant introduit chez M. Le Brun, il devint sans le penser graveur, talent qu'il

---

(1) Cat. de la calcographie, n° 31.

exerça pendant quelque temps, mais qu'il abandonna dans la suite pour se livrer entièrement à la peinture en émail, où il fit assez de progrès pour être regardé comme le meilleur artiste de ce genre qui fut alors en France. Cela lui fit avoir un logement aux galeries du Louvre (1), et l'exécution de tous les portraits du Roi en émail qui se donnoient enrichis de pierreries aux ambassadeurs. Il avoit aussi été choisi pour être le dessinateur de l'Académie des sciences, et ce fut en cette qualité qu'il dessina et qu'il grava un nombre considérable de plantes qui, jointes à celles qu'avoient gravées autrefois Robert et Bosse, devoient former un recueil qui auroit été le plus curieux dans cette espèce s'il eût été fini. Celles de Chatillon sont assez spirituellement dessinées, mais les botanistes les trouvent maniérées, et en général je n'ai pas vu qu'ils en fissent beaucoup de cas. Les desseins en sont à la bibliothèque du Roi (2). De Chatillon se faisoit estimer par la douceur de son caractère. On aimoit à le voir et à converser avec lui. Quoyque parvenu à un âge où peu de gens arrivent sans être incommodes aux autres et à eux-mêmes, il étoit affable et d'une humeur enjouée qui charmoit. Il avoit élevé une de ses nièces, d'une société des plus aimables, qui a épousé un des fils de M. Ant^e Coypel. De Chatillon étoit âgé de 95 ans, lorsqu'il mourut en 1734.

CHAUFOURIER (JEAN) faisoit sa profession de dessiner des veues, et comme il sçavoit assez bien la perspective, il les faisoit fidèlement; mais je ne dirai pas qu'il y mît beaucoup de goût. Il s'étoit fait une manière qui étoit petite et mesquine

---

(1) Voyez son brevet de logement dans les *Archives de l'Art français*, I, 237.

(2) Sur ces dessins, voyez *Archives de l'Art français*, I, 281. Les dessins sont maintenant au Jardin des Plantes. Les gravures sont à la calcographie du Louvre (chapitre XI du nouveau catalogue).

et qui ne tiroit point à l'effet. Ce fut un malheur pour cet artiste d'avoir étudié dans sa jeunesse, d'après les ouvrages de Séb. Leclerc, et d'avoir cru qu'on ne pouvoit bien faire qu'en les imitant. Il dessina cependant le paysage beaucoup mieux que son modèle. Aussi, non-seulement il avoit fait des études d'après nature, mais il avoit aussi copié des desseins de bons maîtres pous se former une bonne manière. Quelquefois il a colorié légèrement ses desseins de veuës en se servant de couleurs à l'eau, et j'en ay veu qui étoient proprement faites et qui avoient de l'agrément. Il fut reçu à l'Académie Royale de peinture en 1735, et nommé adjoint à professeur de perspective. La protection de Mr. le duc d'Antin, alors surintendant des bâtiments, le conduisit à cette place, et bientôt à celle de dessinateur de l'Académie des belles-lettres, à laquelle il fut nommé après la mort de M. de Boullogne en 1733 (1). Mais, comme on s'aperçut qu'il n'étoit point là à sa place, et qu'un dessinateur de paysages n'étoit point fait pour donner des médailles, M. de Maurepas, qui eut dans son département la direction de l'Académie des belles-lettres qu'avoit eue M. d'Antin, fit ôter la place de dessinateur de cette Académie à Chaufourier, et la fit donner à M. Bouchardon en 1736.

(1) Nous devons à l'obligeance de M. Niel, bibliothécaire du ministère de l'intérieur, la connaissance d'un curieux volume exécuté par Chaufourier et conservé dans cette bibliothèque. C'est un recueil in-folio, relié aux armes du duc d'Antin, et composé de vues et de plans du château de Petit-Bourg, qui lui appartenait, comme on sait. Nous y remarquerons que dans une pièce se trouve accroché au mur l'*Eliézer et Rebecca*, de Véronèse, qui faisait partie du cabinet du roi et qui est maintenant au Louvre. Comme le duc d'Antin était garde de ce cabinet, — c'est lui qui a fait faire en 1709 et 1710, par Jacques Bailly, l'inventaire dont l'impression serait si désirable — il était tout simple, à cette époque, qu'il mît chez lui ce qui lui convenait. Un petit boudoir est plein de petits tableaux ayant sans doute la même origine ; mais on ne les peut reconnaître, et c'est dommage, car ce seraient de nouveaux renseignements pour l'histoire de quelques morceaux de la collection.

Chaufourier se voyant peu occupé, prit son parti et ne tarda pas à se retirer à St Germain en Laye pour y vivre tranquillement. Il y est mort le 27 9bre 1757, âgé de 82 ans. Il y avoit épousé une fille du célèbre graveur G. Edelinck, et il étoit Parisien. J'ai appris de lui à dessiner. Il a gravé quelques petites planches de veües des environs de Paris, dans le goût de Leclerc; mais, s'il n'avoit fait que cela, il ne mériteroit guères d'être nommé.

CHAUVEAU (FRANÇOIS). S'il y a du mérite à bien exécuter en graveure les ouvrages des plus excellens maistres, et à en imiter parfaitement toutes les beautés, il y en a certainement davantage à travailler d'après ses propres desseins, puisqu'il faut alors posséder en même temps des talens différens, celuy de la graveure et celuy du dessein, et que la partie de l'invention, qui n'est pas moins nécessaire, demandant plus d'esprit que celle de l'exécution, qui ne consiste le plus souvent que dans la pratique, il est plus rare de rencontrer des génies qui y réussissent, et tels que l'avoit appris François Chauveau, celuy dont l'on a rassemblé icy les ouvrages. Il avoit appris le dessein dans sa jeunesse, sous Laurent de la Hire, un des meilleurs peintres qui fussent alors, dans l'intention d'embrasser la peinture; mais l'exemple de son maistre, qui gravoit à l'eau forte avec succès, luy ayant fait naistre l'envie de manier la pointe (c'est l'outil dont on se sert pour graver à l'eau forte), et y ayant trouvé de la facilité, insensiblement il se tourna du côté de cette profession. Après avoir gravé quelques tableaux de son maistre, il hazarda de graver de ses desseins; ce qui luy ayant réussy, il ne pensa plus à graver d'autres productions que les siennes. Il avoit une imagination extrêmement féconde, il disposoit agréablement ses sujets, il les inventoit avec une facilité merveilleuse, il ne s'en tenoit pourtant presque jamais à ses premières idées, car après avoir jetté sur une ardoise ou sur le papier ce que le premier feu de son génie luy inspiroit, il l'effaçoit, il le reformoit une infinité de fois jusqu'à ce qu'il l'eût réduit au point où il le souhaittoit. Dépouillé de toute prévention, il avoit autant de peine à se satisfaire qu'il étoit propre à saisir les pensées de ceux qui le faisoient travailler : souvent même, en les exprimant telles qu'on les luy avoit montrées, il y adjoutoit de luy-même certaines circonstances poëtiques qui les relevoient infiniment; de là vient qu'il réüssissoit si bien dans les sujets romanesques, de sorte que ce qu'il a gravé dans ce genre n'est pas moins propre à exciter la curiosité de ceux qui les regardent et à les remplir d'idées magnifiques et extraordinaires, que la lecture mesme des romans dont elles font l'ornement, et l'on peut dire avec assurance qu'il y entre encore plus de poésie que de peinture. Chauveau avoit un esprit assez cultivé pour un homme de sa profession, il étoit extrêmement laborieux, il ne s'est presque point fait de livre considérable de son temps où il n'y ait quelques planches de sa main, et il étoit encore fort occupé à dessiner pour d'autres graveurs, et même souvent pour des peintres qui luy demandoient secrètement des desseins de tableaux dont ils se faisoient honneur. Il étoit conseiller dans l'Académie royale de peinture et de sculpture lorsqu'il mourut en l'année 1676.

CHEDEL (QUINTIN-PIERRE), graveur, né à Châlons, mort à Paris, en 1762, âgé de 57 ans.

CHERON (ÉLISABETH-SOPHIE). Une suite d'étude de testes, de pieds et de mains, extraites des plus beaux ouvrages de Raphael, d'Urbin en trente-six planches, gravées par Mlle Cheron, de la même grandeur que les tableaux originaux. — Il y en a du moins trois gravées par N. Henin, et avec cette marque N. H., l'autre est une teste qui peut être de Mlle Chéron. Ces desseins, qui sont à M. Crozat, sont à la sanguine, et je les crois plustost de Polidor que de Raphael. M. de Piles

les apporta de Portugal avec beaucoup d'autres de même école.

— Mlle Chéron, par Chereau. Ce portrait a été gravé pour M. Le Hay, pour être mis à la teste des ouvrages de cette illustre personne; mais M. Le Hay étant mort et sa succession étant fort derrangée, il n'a pas encore paru (1).

CHERON (FRANÇOIS) est un des meilleurs graveurs en creux que nous ayons eu. Il a gravé les médailles de Pietre de Cortonne, du Bernin et de plusieurs autres artistes, étant à Rome; dont je fais grand cas. Je crois qu'étant revenu en France, il y mourut. Il étoit à Rome vers l'année 1670, et il y a demeuré du temps. J'écris ceci pour que la mémoire d'un si habile artiste ne se perde pas tout à fait.

CHERON (LOUIS), de Paris, né en 1660, frère d'Élisabeth-Sophie Cheron, a fait plusieurs choses dans sa jeunesse qui promettoient beaucoup; il avoit du génie; ce qu'il a gravé, entre autres la suitte de sujets tirés des Pseaumes de David, en est une preuve, mais il n'a jamais sçu peindre de bon goût de couleur; la religion reformée qu'il professoit l'obligea de sortir du royaume; il se réfugia en Angleterre, en 1695, et s'établit à Londres, où je pense qu'il est mort de-

(1) « On reconnoit aisément les femmes coquettes à la manière de s'habiller, au monde qu'elles reçoivent chez elles, à leurs domestiques, à leur façon de parler; mais on les reconnoit aussi au nombre de copies qu'elles font faire de leurs portraits. Une de ces femmes s'étant fait peindre un jour par Mlle Le Hay, elle fit faire cinq copies de son portrait. « Eh! mon Dieu, dit un cavalier, pourquoi cette femme fait-elle faire tant de portraits? — *Quoniam multiplicatæ sunt iniquitates ejus*, dit agréablement Mlle Le Hay. » *Fureteriana*, p. 248. — M. Jean Fermel'huis, régent de l'Académie de médecine et honoraire de celle de peinture, a laissé d'elle un éloge assez rare, Paris, Fournier 1712, in-8; on recourra plus facilement à d'Argenville (IV, 230), et à Piganiol, article Saint-Sulpice (VII, 340-2).

puis quelques années, environ l'an 1715. — Il est mort d'apoplexie à Londres, en 1713.

CHIARI (GIUSEPPE), de Luques, mort à Rome, d'une attaque d'apoplexie, le 7 septembre 1727, âgé de 73 ans. Il a été inhumé dans l'église de Sainte-Susanne. (*Gazette du mois de septembre* 1727.) — Le *Ms. Pio* dit effectivement qu'il étoit né en 1654, le 18 mars. Son portrait, chez M. Crozat, venant de la collection de Pio, dit de même.

CHODOWIECKI. — *DCh*[ki]. Marque qui se trouve sur quelques petites planches qu'a gravées à Berlin le peintre D. Chodowiecki, et qui sont spirituellement faites. Ce sont des caprices (1).

CHRISTOPHE (JOSEPH), peintre, professeur en l'Académie royale de peinture, né à Verdun, fut receu académicien en 1702. *Description de l'Académie*, p. 194. Il est élève de Bon Boullogne; mort en 1748 ou 1750.

CIAMBERLANO (LUCA). Estampe de S. François recevant les stigmates d'après le Baroche. Franciscus Villamena nuper à se sculptam denuo scalpendam curavit, etc. Romæ, etc.; anno sesquimillesimo nonagesimo nono. Luca Cianberlano fe. Même côté de gravé que l'original et même inscription. Il en faut conjecturer que Ciamberlan est disciple de Villamena.

CIAMPANELLI (MICHELE-ANGELO), fit un tableau pour l'en-

(1) Pour le catalogue de l'œuvre gravé de Chodowiecki, voir Heineken, t. IV, et les indications qu'il donne, et aussi le catalogue postérieur de Jacobi : Chodowiecki's Werke oder Verzeichniss sämmtlicher Kupferstiche, welche Dan. Chodowiecki verfertigt. Verfasst, chronol. geordnet und herausg. Von Jacoby. Mit dem Bildniss. Berlin, 1814, in-8.

trée de la grande duchesse Christine de Lorraine à Florence, en 1588, et, comme il fut mis à la porte du palais, et vis à vis de celui du Poccetti, il faut croire que le Ciampanelli étoit en réputation de bien faire.

CIAMPELLI (AGOSTINO). Il devoit être, quand il mourut, bien plus âgé que ne le fait ici le P. Orlandi (*le P. Orlandi le fait mourir vers 1640, âgé de 62 ans*); car, suivant son compte, il seroit né en 1578, et cependant, en 1588, il fut employé dans les décorations qui se firent à Florence pour l'entrée et les nopces de Christine de Lorraine, épouse du grand duc Ferdinand Ier. Il fit un des tableaux qui entrèrent dans ces décorations; c'étoit, il est vrai, l'ouvrage d'un jeune homme, mais ce ne pouvoit être celui d'un enfant de dix ans. Il n'étoit pas encore sorti de l'école de Santi Titi. La faute vient de ce que le P. Orlandi, de son propre mouvement, fixe l'année de la mort de Ciampelli à 1640. Le Baglione s'est contenté de marquer qu'il étoit âgé de 62 ans à sa mort; reportez-la dix ans plus tost que ne l'a fait le P. Orlandi, les choses se retrouveront dans l'ordre. Le Ciampelli né en 1568 et étant âgé de 20 ans en 1588, il étoit en état de faire les ouvrages énoncés ci-dessus. Peut-être aussi le Baglione s'est mépris sur les années que le Ciampelli comptoit au jour de son décès, et qu'au lieu de 62 ans, il faut lire 72.

CIARTRES. — F. L. D. Ciartres, c'est-à-dire François Langlois dit Ciartres, étoit un marchand d'estampes à Paris et n'a jamais gravé. — François Langlois, dit Ciartres, parce qu'il étoit natif de Chartres.

CIBO, *Monaco dell' isole d'Oro*, appelé en françois le Monge des isles d'Or. Voyez ce qu'en rapporte du Verdier dans sa *Bibliothèque*, p. 884.

CICCHINI (TOBIA), aquilano. J'ay veu une estampe, d'après ce peintre, représentant un Christ mort, étendu sur les genoux de la Ste Vierge, et je juge, à sa manière, qu'il est disciple de Pompeo Aquilano, d'après lequel il y a eu plusieurs estampes gravées.

CIGNAROLI (GIO : BATTISTA) de Vérone, est disciple de Santo Prunato, peintre de Vérone, et il lui fait honneur. Il est né en 1706, et il jouit d'une réputation méritée. Il a du génie. Ses compositions tendent au grand et sont agréables. C'est une suite du goût qu'il a toujours eu pour la poésie. Ses tableaux sont recherchés. Quelqu'un m'a voulu persuader qu'ils ne brilloient pas par la couleur. Il m'a fait un dessein d'une fuite en Égypte, qui a plu à tous ceux auxquels je l'ai fait voir. Il a rassemblé tous les desseins qu'il avoit faits, et en a composé trois volumes qu'il a fait relier. Il est déterminé à n'en détacher aucun, et il s'est refusé à la proposition que je lui faisois faire de m'en céder encore au moins un ou deux. Il faut s'en consoler. — Il est mort à Vérone en 1770, le 1er décembre. *Vid. Longhi, vit. de pitt. venez.*

— Gio Bettin (1) Cignaroli (2), pittor veronese, che nel corrente anno 1765 conta l'eta di cinquanta nove anni, nacque in Verona di Leonardo Cignaroli onesto negoziante e di Rosa Lugiati sua moglie. Sino all' eta d'anni quindeci attese alli studi delle belle lettere, passando poi nella scuola di Santo Prunato pittor veronese ad attendere alla pittura, non tralasciando pero d'erudirsi nelle scienze e nozioni universali. Nudriva un gusto non ordinario nella poesia, onde con sorpresa uni-

(1) Battista, écrit Mariette entre parenthèses.

(2) Cet article, écrit sur les deux côtés d'une feuille de papier italien, en caractères très-menus et très-élégants, est de la main du Cignaroli lui-même, et a été envoyé par lui à Mariette, qui l'a mis dans son exemplaire du P. Orlandi.

versale s'udiva in quell' eta rispondere in versi ad ogni quesito, talche sino a Parigi ne fu fatta menzione in un libro intitolato le Pour e Contra (1). Esso, pero che andava all' eccellenza della pittura, si scanso a poco a poco del verseggiare, solo, oltre il disegno, occupandosi ne' studj di prospettiva, architettura, ne lasciando di sempre piu erudirsi l'animo su' i libri.

L'opere di lui fatte sono in gran numero, atteso che, nulla altro gustando fuor della pittura, sempre in essa s'impiega. Lasciando da parte le opere private da lui dipinte, si accenneranno solamente le fatte per vari sovrani e personaggi di conto, indi quelle che sono esposte al pubblico in varie citta, non facendo nemmeno menzione delle poste nelli territorj e chiese di campagna che non sono poche.

Le pitture dipinte a sovrani sono le seguente :

Parigi. Nelli gabinetti di Sua Maesta due quadretti con S. Luigi, e S. Adelaide ordinategli dalle defonta duchessa di Parma.

Madrid. La tavola all' altar maggiore del tempio delle Salesiane fatta per commission del re defonto.

Altra tavola nelle regia capella di S. Ildefonso commessa della Real Madre di S. M.

Altra tavola per il principe abate della Mirandola.

Russia. Per S. M. l'Imperadore un Angelica e Medoro.

Pietro burgo. Per il baron di Strogonof una Tamar.

Mosca. Per il felt-marescial Rozomousky la favola d' Io.

Pietroburgo. Per il conte di Scaulorof N. Signora col bambino.

Vienna. Per S. M. il fù Imperator una Venere.

---

(1) Il est facile de reconnaître le *Pour et le Contre*, le journal in-12 de l'abbé Prévost. On trouve le passage, dont Cignaroli se souvient avec tant de plaisir, dans le tome III, 1734, in-12, p. 242-5.

Versovia. Per S. M. il re presente due quadri, cioè Danae ed una Leda.

Torino. Per S. M. due quadri, N. Signora ed un San Giovanni.

Anhalt-Dessau. Per il principe Leopoldo un quadro con una mendica.

Colonia. Per l'elettor deffonto un Davidde.

Fiandra. Per il duca d'Arembergh una Susanna.

Parma. Per S. Altezza il Real deffonto duca una figura dell' Innocenza.

Roma. Per il fu cardinal Valenti N. Signora col bambino.

Milano. Per il conte di Firmian due quadri, cioè la morte di Socrate ed il fine di Catone; et in Salisburgo un quadro al fratello del sopradetto.

Naistad. Per il vescovo e principe Mr Allevain una Susanna ed una Maddalena.

Ungheria. Per il conte Estherasi due quadri.

Pressanon. Per il cardinal ed arcivescovo di Vienna Mighazzi la tavola d'altar con S. Giovanni Nepomuceno.

Gorizia. Per quel Mr Arcivescovo d'Athenes una tavola d'altare.

Parigi. Per il cavalier d'Autroche una Danae.

Venezia. Sono suoi dipinti ne palazzi Corner, Pisani, Barbarigo, Pesaro.

Londra. Per il cavallier Le Creve Ettore che si licenzia da Andromaca e per M. Udny una Susanna.

Oltre le sopradette molte altre opere sono appresso cavallieri in varie citta d'Italia, fuori che si tralasciano per noverar le dipinte o in publico, in tavole d'altare, o in vaste tele, che sono le seguenti.

In Veronna 14, Mantova 1, Viadana 1, Casal Maggior 1, Chioggia 1, Vicenza 2, Venezia 2, Brescia 3, Crema 2, Bergamo 15, Parma 3, una dei quali è la fuga in Egitto, di cui lo schizzo, molto pero vario dal dipinto, è in poter di un cavallier francese (1), Piacenza 2, Pontremoli 1, Pisa 1, Trento 3. Modena 2, Ferrara 2, S. Benedetto nel Po 1, Lonato 1, Chiari 1, Rovato 1, Possolengo 1.

Il carattere o sia costumo del Cignaroli è ingenuo, sciolto e unicamente propenso allo studio dell' arte sua, senza pero affettar astrazione di mente. Ha egli ricusato di gire al servizio delli Sovrani, ove con larghe offerte piu volte è stato invitato. In riguardo alla pittura egli si sforza di cercar l'ottimo in ogni parte ad essa spettante, maravigliandosi di coloro, che ad una seccola attenendosi, l'arte non curano. Mentre, come dice, è segno di somma stoltezza il non conoscere le qualita che anno in se, benche diverse, la scuola romana, veneta, lombarda e bolognese, etc., questo quanto, etc.

— Il a oublié de me dire qu'il avoit un frère sculpteur qui, dans la chapelle de S. Vincent Ferrier, dans l'église de S. Dominique à Ferrare dont le tableau d'autel est du Cignaroli, a fait une figure en marbre qui symétrise avec une autre qui est un ouvrage de Canoli, autre sculpteur de Vérone. *Pitture di Ferrara*, p. 63.

CIOLI (VALERIO). Il fut employé comme sculpteur aux décorations pour l'entrée de la grande duchesse Christine de Lorraine à Florence, en 1588. Voyez la description imprimée de cette fête en 1589.

CIRO FERRI. M. Crozat avoit dans sa collection le portrait de Ciro Ferri dessiné; il l'avoit eu du sieur Pio, et voici l'inscription qui y avoit été mise : *Cirus Ferri, pictor et architectus romanus natus anno* 1628, *obiit anno* 1692. J'ai sa médaille faite par le Soldani avec cette légende : Cyrus Ferrus

---

(1) Mariette a ajouté entre parenthèses son propre nom, *M. Mariette*.

pictor et archit. ætatis 46. 1680. Il faut s'en tenir à la datte de la médaille. Elle se rapporte à celle qu'a suivie le Pascoli dans la vie qu'il nous a donnée du Ciro, dont la mort arriva le 13 septembre 1689. Voyez aussi l'abrégé de sa vie dans le t. 3 du recueil des portraits des peintres de la galerie de Florence. Le P. Orlandi commet la plus insigne bévue lorsqu'il lui met le burin à la main, et qu'il lui fait graver diverses pièces de son dessein et de celui d'autres maîtres. Jamais le Cire ne mania la pointe ni le burin. Il se contenta de faire des desseins pour l'usage des graveurs, et peut-être s'en occupa-t-il trop souvent; c'est un reproche qu'on a à lui faire.

— Adam rendant grâce à Dieu après la création ; J.-C. prêchant sur la montagne; transfiguration de J.-C.; descente du S. Esprit; Christine, reyne de Suède, aux pieds de la Religion, laissant derrière elle la Suède affligée, et accompagnée de l'Erreur et de la Discorde, d'après Cyre Ferre. Ces vignettes ont été placées dans un livre intitulé : Alla sacra Real maestà di Christ. Reg. di Suezia libro p° dell' opera intitolata Difesa della divina providenza contra inimici della vera relligione, composta dal P. N. Max. Palavicino, Romæ 1679. — J'ay ces desseins originaux (1) sur lesquels ces belles pièces ont été gravées par Roullet. On ne peut rien de plus agréable ni de plus fini. Roullet a apporté le même soin à ces planches, et je crois que, quand il ne l'auroit pas voulu, les desseins l'y auroient obligé. Le Cyre les faisoit sans doute pour la reyne de Suède, et il y mettoit tout ce qu'il scavoit faire. J'ay vu une première esquisse du sujet où il a représenté Christine aux pieds de la Religion. Il n'auroit pas fait plus d'étude

(1) N° 387 du catalogue de Mariette; vendus 145 livres. Les six feuilles sur lesquelles Mariette avait disposé ses dix-neuf desseins sont arrivées au Musée du Louvre. (N° 2440 à 2445 de l'inventaire des dessins.)

pour un tableau. C'est M. Chubéré qui a cette esquisse.

CITTADINI (CARLO) peignoit en petit, et s'y est fait une réputation. Il florissoit, suivant le Masini, t. 1, p. 617, en 1650, et voici comment il s'explique sur le compte de cet artiste : *Nel dipingere figure picciole vien molto commendato.*

CLANY (JEAN DE), ou DE CLAGNY, ne s'étoit jamais exercé qu'au crayon, plustost encore d'un instinct naturel propre en luy et incliné à la portraiture que par art acquis; néanmoins il a conduit assez heureusement le Louvre de fond en comble, comme on le voit, combien que ceux qui sont versés en l'art y remarquent tout plein d'erreurs tant par dedans que par dehors, et, à la vérité, ces grandes pièces méritent bien de passer par les mains de ceux qui ont fait leurs apprentissages et coups d'essais en d'autres moindres, suivant le dire commun italien *Guastando s'impara.* C'est la remarque que fait Blaise de Vigenère dans ses notes sur les tableaux de Philostrate, p. 855, et il le nomme feu M. de Clany; il en résulte que ce dernier ne vivoit plus lorsque Vigenère écrivoit. La seconde édition, ornée de planches, du Philostrate, est de 1614; mais il doit y en avoir une précédente. — La première édition a paru sans figures en 1578; Bibl. de La Croix du Maine (1).

—Il se nommoit Pierre Lescot, seigneur de Lisy et de Clagny. Il étoit conseiller au parlement, abbé de N. D. de Clermont, et chanoine de N. D. de Paris, en 1554 (2). Il mourut le 10 janvier 1578, et est inhumé dans cette dernière église.

---

(1) Dans cette première édition ne se trouve pas le passage relatif à Pierre Lescot.

(2) Sauval, dans le volume des preuves de son *Histoire de Paris*, parle (p. 80) d'une pièce très-curieuse, tirée du répertoire des *Chartes de l'église de Paris*, qui est une permission faite par le chapitre à Révérend Père en Dieu, maître Pierre Lescot, seigneur de

Le roy François Ier, par commission du 4 août 1546, l'avoit choisi pour avoir la conduite du nouveau bâtiment du Louvre, dont led. s^r^ de Clagny avoit donné les dessins, employ dans lequel il fut maintenu par Henry II après la mort de François Ier, par des lettres du 15 avril 1547.

CLAUDION. Claude-François. . . . . . , neveu d'Adam le sculpteur et son disciple, est né à Strasbourg, et se distingue dans la profession de sculpteur qu'il exerce. Il y a des modèles en terre cuite de lui, qui sont tout à fait bien ; ses tours de figures sont agréables ; ils ont de la souplesse et sont remplis de grâce. Il est resté à Rome dont le séjour lui plaît, et où il n'est pas sans occupation. Il est connu sous le nom de Claudion. — Il est de retour en France cette année 1771.

CLEEF (GUILLAUME DE), frère de Henry et de Martin, peintres comme luy à Anvers ; il leur survéquit et mourut fort vieux. Voyez l'article de Martin de Cleef. — W. C. I. E. F. - 1. 5. 8. 6. Ces lettres se voyent au pied d'une estampe gravée au burin, aux Pays-Bas, laquelle représente la sainte Vierge assise, et jettant les yeux sur l'Enfant Jésus qui est sur ses genoux, et tient un oyseau attaché au bout d'un fil. On dit dans le pays que c'est un ouvrage de Guillaume de Cleef, et que ce sont les premières lettres de : *Willelmus Clevensis invenit et fecit.* La datte se rapporte au temps que cet artiste vivoit. La Vierge est assise sous un portique, et l'on

---

Clagni, conseiller et aumônier ordinaire du roi, abbé de Clermont et chanoine de Notre-Dame, d'être reçu chanoine de ladite église avec sa barbe, par protestation que ladite permission qui s'en en suivra, soit sans aucunement innover, déroger ni préjudicier aux statuts, privilèges et coutumes de l'église. Le mercredi douzième avril 1556. — Son épitaphe dans Gueffier, *Cur. de l'église de Paris*, 234-5.

voit dans le fond, au travers d'une porte et d'une fenêtre ouverte, l'intérieur de sa chambre. Grandeur de l'estampe, 10º 2' H. 8º 4' tr.

CLEEF (MARTIN DE) ou de Clèves. J'ai quelques pièces gravées par les Wierix, d'après des dessins de ce maître, et entr'autres une suite de huit morceaux qui représentent les différents états d'un champ que son propriétaire a converti d'une forest, dont il étoit planté dans son origine, en un champ de bled. Les compositions qui, dans leur simplicité, ont de l'agrément, sont dans le goût du vieux Breughel, et l'on y peut prendre une idée assez juste de la manière et de l'habileté de Martin de Clèves, qui, dans son temps, a joui d'une réputation. Il est désigné sur ces estampes par cette marque (M. V. C. en monogramme). Martin, Henry et Nicolas étoient frères.

CLEF (JOAS). C'est Josse de Clèves. Vasari en parle en ces termes : Gios de Clèves étoit un grand coloriste qui peignoit parfaitement bien les portraits. Il en fit plusieurs pour le roy de France. Vasari, t. 3, p. 268.

CLERION (JACQUES). Il y a plusieurs de ses ouvrages dans les jardins des maisons royales, et, lorsqu'il se fut retiré en Provence, il eut la maladresse de vouloir lutter avec le célèbre Puget, et à force d'intrigues, il emporta un ouvrage qui étoit destiné à ce grand homme, mais qui heureusement n'eut pas lieu.

CLÉRISSEAU (JACQUES-LOUIS), né à Paris en 1718, se destina à l'architecture, et ayant gagné le prix que propose chaque année à ses élèves l'Académie royale d'architecture, il mérita d'être envoyé à Rome en 1751, et d'y remplir une des places d'élèves que le roi y entretient. Il y étudioit depuis deux années avec fruit et avec distinction, lorsqu'une malheureuse affaire, qui n'avoit rien de déshonorant pour lui, mais dans laquelle il fit paroître trop de vivacité, le brouilla avec M. Natoire, directeur de l'Académie de Rome, et le fit exclure de lad. Académie. Il y fut pourtant rétabli par la suite, après avoir essuyé une maladie qui le conduisit aux portes de la mort, et que le chagrin de se voir traiter ainsi lui causa. Il reprit alors ses études avec plus de ferveur que jamais, et, non content d'avoir dessiné dans Rome les antiquités que renferme cette grande ville, il se détermina à faire les mêmes recherches dans toutes les parties de l'Italie. Il alla à Naples, et il n'y eut pas un coin des environs qu'il ne fouillât. Il se disposoit à passer en Sicile avec des Anglois qui avoient sur cela de grands desseins demeurés sans exécution. M. Adam, architecte anglois, fut plus heureux. Ils partirent ensemble de Venise au mois de juillet 1757, et se rendirent à Spalatro, sur les côtes de la Dalmatie, ville célèbre pour avoir servi de retraite à Dioclétien lorsqu'il eût abdiqué l'empire. Clérisseau y dessina avec autant de goût que de précision les restes du vaste palais que cet empereur y avoit fait construire, et, de retour à Venise, il présida aux gravures qui en furent faites par le Bartolozzi, le Santini, et d'autres artistes, et il mit M. Adam en état de publier son ouvrage, qui a paru à Londres en 1764. Cette entreprise terminée, il s'en présenta une autre qui n'auroit pas été moins intéressante. Des Anglois lui proposèrent de passer avec eux en Grèce, et d'y prendre les dessins des antiquités, dont on n'avoit pas encore donné de représentations, et peut-être la moisson eût été abondante. Ce projet échoua, et Clérisseau, après avoir beaucoup travaillé pour l'abbé Farsetti, qui lui demanda des projets de bâtiment, dont l'exécution étoit au-dessus des forces d'un particulier, à en juger par les dessins que Clérisseau m'en a fait voir, ce dernier se détermina à revenir en France; il prit son chemin par la Provence, et, toujours avide d'antiquités, il dessina dans un grand détail, en 1767, les différents vestiges d'antiquités qui subsistent dans nos provinces méridionales. Son dessein, en faisant ce travail, est d'en faire part au public par le moyen de la gravure. Il avoit pareillement résolu, étant à Rome, de donner une nouvelle édition des antiquités qu'a publiées autrefois Desgodetz, et de la purger de nombre de fautes que cet architecte, à l'entendre, avoit commises dans ses mesures, ce que j'ai peine à croire, vu l'exactitude scrupuleuse dont se piquoit Desgodetz. Mais, quoiqu'il en soit, je crains fort que tous ces grands projets n'aboutissent à rien par la difficulté de trouver des graveurs, et par les dépenses énormes qu'entraînent avec elles des entreprises pareilles. Clérisseau est arrivé à Paris en 1768, et jusqu'à présent je ne le vois occupé qu'à faire pour l'Angleterre des dessins de ruines, qu'il compose de son invention, et qui lui sont très-bien payés : si j'avois quelque chose à y reprendre, ce seroit un peu trop de pesanteur. Du reste, ils sont faits avec intelligence. J'en ai deux qu'il m'a envoyés d'Italie, qui sont fort beaux ; les figures en sont dessinées par un Vénitien nommé Zucchi, actuellement en Angleterre. Il s'est présenté, en 1769, pour être admis dans l'Académie de peinture, en qualité de peintre d'architecture ; et, sur des morceaux peints à gouache qu'il a fait voir, il a été reçu sur le champ tout d'une voix. En 1771, il a passé en Angleterre, et c'est ce qu'il pouvoit faire de mieux. Il ne restera pas, comme à Paris, les bras croisés.

CLOUET (FRANÇOIS). Son nom étoit François Clouet et Janet son surnom. Sur la médaille que j'ai, il est nommé : IEHANNET CLOVET PICTOR FRANC. REGIS, et il faut s'en tenir là. M. le Maréchal de Vieilleville parlant de certaines médailles qu'il avoit répandues en Allemagne, et sur lesquelles il avoit fait mettre d'un côté le portrait de Henry II, et de l'autre celui de Catherine de Médicis, dit, et cela dans l'intention d'en faire connoître l'excellence : « La reyne s'y vit « si bien représentée, que le plus habile peintre de France « ne l'eut sçu mieux pourtraire avec le pinceau, par la con- « fession même de Jannet, le plus excellent ouvrier de ce « temps-là. » C'étoit en 1558, et cela montre combien étoit grande la réputation dont jouissoit Jannet à la cour de France. Je pense, au reste, que l'ouvrier, qui avoit fait ces mé- dailles pour M. de Vieilleville, étoit Pierre Woeiriot, graveur et orfèvre lorrain, le même qui grava en 1564 le portrait du même maréchal. Ce qui me le persuade, c'est qu'elles ont été faites en Lorraine pour le gouverneur de Metz, et que j'ai toujours soupçonné Woeiriot de n'avoir pas fait sa princi- pale profession de la gravure en taille douce, ainsi que beau- coup d'orfèvres de son temps, qui tous ont gravé et fait des médailles. Il falloit alors plus d'une profession pour faire subsister un artiste, surtout quand c'étoient des professions où l'ouvrier pouvoit être employé par toutes sortes de gens. Mém. de Vieilleville, tome IV, p. 125 (1).

CLOVIO (DOM GIULIO). Voici son épitaphe rapportée par Ciaconius, tome IV des vies des papes et cardinaux, p. 545 : « D.O.M. — Vrbano VIII. pont. max. — Laudiivio Zacchia « cardinali titulari (id est Eudoxiæ). — Domino Julio Clovio « de Croatia — Ex canonicis regularibus S. Petri ad vincula « — Pictori eximio, principibus charo — In quo diligentia in « minimis maxima — Conspicua gratia, immortalis gloria « Vixit ad ultimam senectutem operando — Et Roma mor-

(1) Dans le premier volume de son ouvrage, *la Renaissance des arts à la cour de France*, M. de Laborde a publié sur les trois Clouet les renseignements les plus nouveaux et les plus précieux. M. Salmon a retrouvé depuis une pièce où Janet figure avec sa femme, qui était la fille d'un orfèvre de Tours ; nous avons le plaisir d'annoncer qu'elle sera publiée prochainement dans les *Archives de l'Art français*.

« tuus in hac basilicâ tumulatus. — Canonici Regul. olim « socio suo P.P. », ce qui ne doit point s'entendre de la mort de Dom Giulio; ceci est une mémoire plutôt qu'une épitaphe, et la date marque le temps qu'elle a été posée; il y avoit pour lors déjà longtemps que Dom Giulio étoit mort. Félibien le fait mourir en 1578, âgé de 80 ans. T. I, p. 700. — Borghini le dit aussi, p. 533.

— On voit à Naples, dans le palais du roi, un livre de prières qui a appartenu à la maison Farnèse, et qui est enrichi d'un grand nombre de miniatures qui sont peut-être ce que Dom Clovio a fait de plus beau. Elles y sont répandues en grand nombre. On y lit à la fin cette inscription : Julius Clovius Macedo monumenta hæc Alexandro Farnesio cardinali domino suo faciebat. MDXLVI.

COCHIN (NICOLAS), de Troyes en Champagne, étoit fils d'un peintre sur verre, et il exerça luy même cette profession avant que d'embrasser celle de la graveure. Comme il ne manquoit pas de génie, et qu'il dessinoit en petit avec assez de facilité, il se proposa d'imiter la manière d'Etienne de la Belle, sur les dessins duquel il a gravé quelques planches qui ne sont pas de ses moindres ouvrages. Ceux de son invention où il réussissoit le mieux étoient des campements, des siéges, des batailles et tout ce qui concerne les actions militaires; il les accompagnoit de paysages qu'il gravoit avec beaucoup de propreté.

— Noël R. Cochin François, établi à Venise, excelloit à dessiner et à peindre le paysage. J'ay quelques dessins de paysages de luy, que j'estime beaucoup. Il vivoit dans le milieu du 17e siècle. — Le graveur du même nom et de la même famille, qui se nommoit aussi Noël ou Nicolas, et qui a gravé dans la manière de la Belle, est mort à Paris, où il étoit établi, on dit vers l'an 1648, âgé de 80 ans. L'abbé de Villeloin ne l'appelle jamais que Nicolas, et l'on doit s'en tenir à son témoignage. Il étoit son contemporain et son ami. Il étoit né à Troyes en Champagne.

— Noël Cochin, de Troyes, a gravé en 1660 pour le Puffendorff.

COCHIN (CH.-NICOLAS), le père, mort en 1754, âgé de 66 ans.

COCHIN (CHARLES-NICOLAS), dessinateur et graveur, est né à Paris, en 1715, et a été instruit dans son art par son père, qui s'est lui-même fort distingué dans sa profession. Ses premiers ouvrages lui assurèrent de très-bonne heure une réputation qui s'est fort étendue, surtout depuis qu'il eut pris des liaisons avec plusieurs de nos beaux esprits qui ont pris à tâche de le célébrer. Il se fit connoître de Mad. la Marquise de Pompadour, qui, ayant résolu de faire faire à son frère M. le Marquis de Marigny, pour lors appelé simplement M. de Vandières, le voyage d'Italie, pour y prendre le goût des arts, et se mettre en état de remplir dignement la place de directeur des bâtiments du roi, qui lui étoit destinée, et voulant lui former une compagnie qui le servît utilement dans ce projet, jetta en particulier les yeux sur M. Cochin. Il accompagna donc M. de Vandières dans cette course, et revint avec lui en France en 1752, dans l'année même que mourut M. Coypel, auquel il succéda dans l'emploi de garde des dessins du cabinet du roi. Quatre années après, Lépicié, secrétaire de l'Académie royale de peinture, mourut encore, et Cochin fut choisi pour remplir la place qu'il laissoit vacante, et qu'il étoit digne d'occuper, tant parce qu'il a le talent d'écrire, que parce qu'il a de la souplesse dans l'esprit, et, s'il faut le dire, du manège. Il s'y est soutenu et est parvenu à acquérir la confiance de M. de Marigny, qui, dans ce qui concerne l'Académie, ne fait rien que par son organe. Cette situation, qui est assurément très-flatteuse, lui a fait sacrifier les talents qu'il avoit pour la gravure; et, depuis cette époque, il n'a presque plus manié la pointe ni le burin. Il s'est contenté de dessiner et d'affecter dans ses dessins d'y mettre ce qu'on appelle de la grande manière. Mais il y a des gens qui regrettent celle qu'il s'étoit faite autrefois, et qui, pleine de gentillesse, paroissoit lui avoir été dictée par la nature seule. Je n'en puis dire davantage; mais quand je considère le dessin, dans lequel il a représenté l'audience que le roi donna à l'ambassadeur de la Porte Ottomane dans la grande galerie de Versailles, et que je le compare à ces compositions allégoriques qu'il fait graver pour en enrichir la dernière édition de l'abrégé chronologique du président Hénault, il me semble que ma réflexion n'est pas hors de place. Il a donné, conjointement avec Le Bas, les gravures des tableaux des ports de mer de la France, qu'a peints M. Vernet, et il a arrêté sur le cuivre le trait de toutes les figures qui y entrent; c'est la seule part qu'il ait à ces planches parfaitement bien exécutées (1).

CODAZZO (NICOLAS-VIVIANI), peintre d'architecture et de perspective, de l'Académie royale de peinture et sculpture de Paris, mort à Gennes, le 3 janvier 1693, âgé de 46 ans. Gist en l'église de San Vitto. Communiqué par M. Reynez.

COEDYK, peintre hollandois, dont il y a deux tableaux dans le cabinet de M. Braemcamp, à Amsterdam, dont il est parlé avec le plus grand éloge, par l'auteur de la description de ce cabinet, l'un des plus considérables de la Hollande; ils sont composés et peints dans la manière de Gérard Dow, et

(1) Pour l'œuvre gravé par et d'après Cochin fils, il a été détaillé avec le plus grand soin par Jombert dans un volume spécial, in-8, 1771, et, pour les gravures publiées depuis 1771, elles se trouvent dans le tome IV de Heineken.

l'on nous assure qu'ils vont de pair avec eux pour le terminé du pinceau. Il est assez surprenant qu'aucun de ceux qui ont écrit sur les peintres qui ont fleuri dans les Pays Bas, n'ait fait mention de celui-ci.

COELEMANS (JACQUES), d'Anvers, disciple de Vermeulen. Il avoit dessein de passer en Italie ; mais il se fixa à Aix en 1690, et y fut employé pendant quinze années par M. Boyer d'Aguilles, qui lui donna à graver les tableaux de son cabinet. C'est ce qu'il a fait de mieux et de plus considérable. Faute d'occupations, il devint sur la fin de sa vie un fort mauvais graveur, ainsi qu'il paroit dans une infinité de portraits qu'il fit alors. Il est mort à Aix, le 3 juin 1731, âgé de soixante à soixante-dix ans.

COLDORÉ. Julien Fontenay, valet de chambre de Henry IV, et graveur de pierres fines, est nommé parmi ceux qui occupèrent les premiers logemens que ce prince avoit fait construire sous la grande galerie du Louvre, pour y mettre des artistes distingués dans leur profession. Les noms de ces artistes se trouvent dans l'arrêt d'établissement desdits logements. J'ai un pressentiment qu'il est le même que Coldoré; voyez ce que j'ai écrit sur ce sujet dans mon Traité des pierres gravées (1).

COLIGNON (FRANÇOIS), né à Nancy, étoit à Augsbourg en 1631. J'ai une estampe, espèce de frise qu'il a gravée d'après une peinture de Mathias Kager, que j'estime avoir été peinte sur quelque muraille, et qui représente la reine de Saba visitant Salomon.

---

(1) Le n° 941, des pierres gravées de Crozat, est un portrait de Henri IV, gravé par Coldoré sur une agathe.

COLINS (FRANÇOIS-LOUIS), de Bruxelles, est mort à Paris en 1760. Son talent se réduisoit à faire des copies de tableaux flamands; mais il entendoit encore mieux à les nettoyer, et cela l'avoit fait choisir pour avoir l'entretien de ceux du Roi, conjointement avec la veuve Godefroy. Quelqu'expérimenté qu'il fût, il y avoit toujours beaucoup à risquer pour les tableaux qui passoient sous sa main, car tout tableau nettoyé est un tableau gâté; chose dont les marchands ne conviennent jamais, mais qui n'en est pas moins vraie. Il se piquoit aussi d'être grand connoisseur; il l'étoit, mais ce n'étoit guères qu'en tableaux flamands. M. de Voyer et M. de Gaignat lui avoient donné leur confiance.

COLLAERT. Je croirois assez que Jean Collaert seroit l'aîné d'Adrien, quoy que je n'aye d'autres preuves pour le croire que celle que je tire de l'estampe du rocher, d'après Lambert Lombard, que je trouve gravée par Jean dès l'année 1555, et je n'en vois aucune d'Adrien avec une datte si avancée; quoy qu'il en soit, Jean a changé deux ou trois fois de manière; il a quelquefois affecté, je crois mesme dans ses commencements, à graver d'une graueure fine comme Wierix, et d'autre fois il a gravé d'une manière aussi ferme que son frère Adrien, mais en mesme temps plus roide, témoin les chasses de Stradan; je dis celles qui composent la 2e partie : généralement cependant Jean a suivy la manière de son frère Adrien, beaucoup plus habile que luy et plus curieux de terminer ses ouvrages. Adrien mesme a trauaillé beaucoup plus que Jean, et, des suittes qu'ils ont grauées conjointement ensemble, il en a toujours fait plus de la moitié. Au reste, Adrien étoit gendre de Philippe Galle, pour lequel il a gravé quantité de choses, et il se peut faire mesme qu'il en fust le disciple. L'épitaphe suivante, où j'ay appris cette circonstance, est gravée sur une tombe dans l'église cathédrale d'Anvers, où je l'ay copiée à mon passage par cette ville :

Adriano Collaert sculptori præclaro et Justæ Galleæ Philippi f. illius conjugi 1617. Près de là est celle de leur père ou beau-père où l'on apprend l'année de sa mort et celle de sa naissance : *Philippus Galleæus mortuus anno* 1612 *ætatis* 75. J'ay remarqué qu'Adrien auoit laissé un fils nommé Jean, dont on voit encore quelques pièces marquées ainsy : *Joannes Adriani Collaert fec.* Mais il est si peu habile qu'il ne mérite pas qu'on en fasse mention. Voilà tout ce que j'ai pu apprendre jusques à présent sur le sujet de ces deux artistes, dont aucun auteur n'a encor parlé, et qui méritent pourtant qu'on fasse mention d'eux, quand ce ne seroit qu'à cause de la quantité de pièces qui sont sorties de leurs mains, et qui sont travaillées avec un soin infini ; s'ils avoient eu plus de goût ou qu'ils eussent travaillé au moins d'après de meilleurs maîtres, leurs estampes seroient beaucoup plus recherchées des curieux et leur nom plus connu. L'on voit qu'Adrien surtout a cherché à imiter la manière des Sadelers, qui estoit pour lors une de celles qui estoit la plus estimée aux Pays-Bas. Peut-être aussi Jean Collaert est-il père d'Adrien, car je n'oserois trop assurer qu'ils fussent frères. Quoy qu'il en soit, il faut que Jean soit mort ou ait discontinué de travailler vers l'année 1581.

— H C (*en monogramme*). Cette marque (*n° 24 de la Tavola V d'Orlandi*), non plus que les deux lettres H C, qui se voyent sur quelques estampes gravées aux Pays-Bas, n'appartiennent point à Hans Liefrinck ; l'un et l'autre sont les monogrammes de Hans ou Jean Collaert.

COLLE (RAFFAELLINO DAL). L'abbé Titi, dans son Studio di Pittura, édition de 1708, p. 28, remarque que ce peintre n'est point né dans le Borgo San Sepulcro, ainsi que l'a écrit le Vasari, qui en cela s'est trompé, mais dans un village nommé *Colle*, situé dans le territoire de Citta Castello ; ce lieu n'est pas éloigné du chemin qui conduit à Borgo San Sepulcro, et n'est même distant de cette dernière ville que d'une heure de chemin. Le Vasari, né en Toscane, a bien voulu, par amour pour sa patrie, lui donner cet habile peintre, et l'abbé Titi, animé par un semblable motif, a cru devoir le revendiquer pour la sienne. On voit encore, à ce qu'il assure, des ouvrages considérables de peinture de cet excellent artiste dans plusieurs églises et palais de Citta di Castello.

COLLET (JACQUES). Un jeune homme debout, armé à la romaine tenant d'une main un étendard, et de l'autre une bouclier, sur lequel est écrit : *La poverta contenta*, et le nom du graveur *Jac. Collet f.* La conformité de nom a fait attribuer ce titre de livre à J. Callot par quelques curieux, mais mal à propos. Il est dans la manière de Jac. Piccini de Venise et apparemment de quelqu'un de ses élèves.

FIN DU TOME PREMIER.

Imprimerie de PILLET FILS AINÉ, rue des Grands-Augustins, 5, à Paris.

www.ingramcontent.com/pod-product-compliance
Lightning Source LLC
LaVergne TN
LVHW010534100826
845148LV00001B/180

* 9 7 8 2 0 1 2 5 2 1 7 8 0 *